탈근대 군주론

국립중앙도서관 출판시도서목록(CIP)

탈근대 군주론 / 존 산본마쓰 지음 ; 신기섭 옮김
-- 서울 : 갈무리, 2005
p. ; cm. -- (카이로스총서 ; 6)

번역서명: The Postmodern Prince
원저자명: John Sanbonmatsu
인명, 용어 색인수록
ISBN 89-86114-81-X 04300 : \16000
ISBN 89-86114-63-1(세트)

340.24-KDC4
320.53-DDC21   CIP2005001620

 카이로스총서6

탈근대 군주론 The Postmodern Prince

지은이 존 산본마쓰
옮긴이 신기섭

펴낸이 조정환 장민성
책임운영 신은주 편집부 최미정 마케팅 오정민

펴낸곳 도서출판 갈무리 등록일 1994. 3. 3. 등록번호 제17-0161호
용지 화인페이퍼 인쇄 한영문화사 제본 한영제책사
초판인쇄 2005년 8월 15일 초판발행 2005년 8월 25일

주소 서울 마포구 서교동 375-13 성지빌딩 101호 (121-839)
전화 02-325-1485 팩스 02-325-1407
website http://galmuri.co.kr e-mail galmuri@galmuri.co.kr

ISBN 89-86114-81-X 04300 / 89-86114-63-1 (세트)

값 16,000원

탈근대 군주론

The Postmodern Prince

존 산본마쓰 지음

신기섭 옮김

2005

The Postmodern Prince
by John Sanbonmatsu

Copyright ⓒ 2004 by Monthly Review Press
All rights reserved

Korean translation copyright ⓒ 2004 by Galmuri Publishing House.
Korean translation rights arranged with Monthly Review Foundation,
through Eric Yang Agency

이 책의 한국어판 저작권은 에릭양 에이전시를 통한 Monthly Review Foundation사와의
독점계약으로 한국어판권을 '도서출판 갈무리'가 소유합니다.
저작권법에 의하여 한국 내에서 보호를 받는 저작물이므로 무단전재와 복제를 금합니다.

이 책을 모린과 이매뉴얼에게
그리고 안토니오 그람시를 기리는 데 바친다.

감사의 말씀

이 작업은 비록 결함이 많지만 10년 이상 진행해온 것이다. 그래서 책임을 전가할 사람들이 아주 많다.

먼저 샌타크루즈 캘리포니아대학 교수진들을 언급하고 싶다. 내가 아는 것의 대부분은 그들에게서 배운 것이다. 그 가운데서 특히 피터 유벤(나에게 마키아벨리와 정치 이론을 소개해준 책임이 있는 이), 밥 코널(나에게 지식사회학을 가르쳐 준 이), 윌리 골드프랭크, 짐 오코너, 크레이그 라이너만이 있다. 칼 보그스는 나의 논문 작성에 많은 도움을 줬으며, 지금도 가까운 동지로 지내고 있는 게 나로선 큰 행운이다. 무엇보다 샌타크루즈대학에서 나의 논문 지도교수를 맡은 바버라 엡스타인에게 감사하고 싶다. 그는 고민을 터놓을 수 있는 소중한 친구이며 나를 박사과정에 들어가게 부추겼고 사적으로나 학문적으로 셀 수 없이 많은 방법으로 나를 후원해줬다. 그람시가 말하곤 했듯이, 바버라 당신을 품에 안는다.

가까운 친구와 정치적 동지들과 나눈 수많은 대화가 나의 급진적 정치학에 대한 이해를 풍부하게 해주고 이 책에 담겨 있는 나의 생각을 명료하게 하는 데 크게 도움을 줬다. 특히 에린 덜레이니, 로리 프렌더개스트, 캐시 미리엄, 샘 디너, 밸러리 스펄링, 로널드 로플러, 낸시 자이글러, 팻 샌드, 에릭 베글라이터, 에디 유언, 로빈 코언, 피터 크위크, 맷 굿맨, 빅토리아 존슨, 산테시 조지, 아이크 밸버스, 메리 홀름키스트, 샌드라 버트키, 앨 레톱스, 찰스 W 밀스, 제인 글라우브먼, 글렌 미뮤러, 지오바나 디치로, 사이너 사이디, 엘런 스콧, 브루스와 줄리 새뮤얼스, 보니 맨, 크리슨 메츠, 낸시 메이어, 무제브 칸, 키스토퍼, 에릭 클리넨버그, 미키 캐쉬턴, 르네이 러츠먼에게 감사한다. 또 감사할 친구들로, 테스 올리버, 다이앤 데루, 제시 웹, 에터 워딩턴, 밸러리 로스, 수지 시그노리니, 안드레아 야바지안, 짐 오코넬, 더크 재스트로, 리자 웹, 쉴러 포이제, 캐런과 미셔 피어러, 찰러 오가스, 모리스 스티븐스, 그리고 얼마 전 작고한 친구 다이앤 그랜트가 있다. 샌타크루즈대학 사회운동연구집단의 친구들, 특히 샌드라 메우치도 나에게 지적 자극을 주는 대화와 토론, 그리고 맛난 식사를 제공해줬다.

햄프셔대학 시절 정치사상 내 급진적 전통을 소개해준 마거릿 처울로와 캐럴 벤겔스도프에게도 감사한다. 비판적 정치학을 가르쳐 준 앨런 크래스와 내 친구이기도 한 마이클 클레어도 빼놓을 수 없다. 내가 이 책을 완성하는 과정에서 많은 지원을 해준 워스터폴리테크닉대학의 인문, 예술학과 동료들에게도 감사의 말을 전한다. 특히 패트릭 퀸, 루스 스미스, 톰 섀넌, 미셸 이프럼, 매리벌과 H.J. 맨저리, 그레이 터틀, 그리고 친구이자 스승인 로저 고틀리브가 있다. 또 학교를 거쳐간 수많은 대학원생들이 나를 깨우쳐줬는데, 특히 (몇 명만 거론하자면) 인더 칼서, 아이언 메인, 메이건 홈스, 앤드루 비안치가 있다. 먼슬리리뷰출판부의 뛰어난 편집자 앤드루 내시에게는 인내를 갖고 편집하고 내 작업을 믿어준 데 대해 특별히 감사를 드리고 싶다. 앤드루의 수많은 제안과 수정작업은 이 책을 훨씬 훌륭하게 만들어줬다. 그럼에도 남아있는 약점은 그의 탓이 아니라 내 탓이다.

내가 이 작업을 구상하고 마침내 완성하기까지 오랜 시간 동안 나와 나의 동반자를 정서적으로, 그리고 때때로는 금전적으로 지탱해준 친인척들이 있다. 팻과 캐럴 설리번, 루스 프랭크, 실비아 슈롤, 아키라와 조앤 러브리지-산본마쓰, 빅터 브루드니, 고인이 된 줄리엣 브루드니, 팀 프라이, 제이브드 라먼, 댄 브루드니, 엘런 로전데일, 여러분 모두에게 감사한다. 우리는 제인 조던, 캐설린 리치, 고인이 된 매들린 존의 도움도 받았다. 피터 티슈너는 논문 작업의 가장 힘든 때를 내가 극복하게 해줬다. 그의 시혜와 격려에 특히 감사한다.

마지막으로, 이 작업을 포함해 모든 것을 빚진 나의 가족에게 감사하고 싶다. 아버지 요시로는 그의 예술작품과 다방면의 지성, 정의에 대한 사랑을 통해 계속 나에게 영감을 주셨다. 어머니 머리앤은 공감과 용서를 가르쳐 주셨다. 누이들인 리자와 키라는 사랑과 우정으로 매일매일의 나를 지탱해줬고, 우리 가족 막둥이들인 다나와 바버라도 내 삶에 없어서는 안 되는 이들이다. 심히 교활한 고양이 친구들, 매들린, 퍼시, 프로도, 사샤, 앨피는 우리의 일상생활에 아름다움과 사랑을 불어넣어줬다. 어려운 시절 이들이 우리에게 가져다준 축복을 고백하고 싶다. 마지막으로, 하지만 가장 덜 중요하진 않은, 내 인생의 동반자 모린 E. 설리번에게 감사하고 싶다. 그의 동지애와 실존적 위안은 단지 감사하다는 말로 옮길 수 있는 게 아니다.

차례

------ 감사의 말씀 7
------ 한국어판 서문 15
------ 서문 23

1장 좌파를 낭만화하기 43
　　감정의 낭만적 구조 47
　　믿음 대 행함 61
　　노먼 O. 브라운의 오순절 신비주의 73
　　병적인 증상이 등장하다 87
　　표현주의적 유산 91

2장 방언으로 말하기 97
　　사이보그가 방언으로 말하다 105
　　'침묵 깨기' : 포스트모던 정체성 정치 118
　　말은 계속된다?(La Lingua Continua?) 125
　　표현주의 대 사물화 128

3장 장식적인 이론 133
　　'사용 가치'와 이론의 장식적인 무기 141

상품 미학　160

　　이론의 '추세 혁신'　167

　　이론의 자율성에 반하여　177

　　실천으로서의 이론　181

4장　프랑스 이데올로기　185

　　알튀세, 푸코, 그리고 경험의 청산　189

　　"둘, 셋… 많은 정신들": 사물화와 자동인형 제국　209

　　실천의 교리문답　219

5장　군주와 고고학자　229

　　모범적 삶들　230

　　근대 군주의 능력　238

　　전략과 근대 군주　243

　　푸코의 전략에 대한 '위대한 거부'　250

　　권력 독해력 가르치기　261

　　페다고지(교육학)에 반해서　269

　　운명(포르투나)의 반전　279

6장 탈근대 군주 285

근대 정치 사상에서 형식 291

레닌의 리바이어던 306

입장하다, 왼쪽 무대로: 근대 군주 312

단결과 차이: 번역의 도전 321

탈근대 군주 330

총체성과 지각 345

새로운 총체성 이론을 향하여 359

7장 메타인문주의 365

타자에 대한 공감과 주목 373

인문주의, 고통, 그리고 사랑 385

새로운 영적 지식 394

에로스를 위한 투쟁 401

맺음말 403

— 옮긴이 후기 409
— 인명 찾아보기 413
— 용어 찾아보기 419

일러두기

1. 외국어의 우리말 표기는 관례로 굳어진 사람 이름 등을 빼고는 외래어 표기법에 따랐다.
2. 본문 내용 가운데 단행본과 정기간행물은 『 』로, 논문은 「 」로, 단체는 〈 〉로 표기했다.
3. 「인명 찾아보기」에 간략한 인물 정보를 넣었다.

한국어판 서문

『탈근대 군주론』의 한국어판 서문을 특별히 써줄 것을 부탁받은 것은 나에겐 영광이다.[1] 세계체제의 '반(半)주변부' 지역의 운동들 가운데 남한 좌파 운동처럼 지역 정치에 꾸준한 영향력을 끼친 것은 아주 드물다. 20세기 후반, 남한 좌파 운동은 전체 아시아 대륙에서 민주적 사회 평등을 가장 전투적으로 옹호하는 운동으로 자리매김했다. 1980년대 광주항쟁과 학생-노동운동의 역사적 연대 활동은 미국의 뒷받침을 받던 독재 정권을 종식시켰으며, 지금까지도 집단 행동과 연대의 감동적인 전범이 되고 있다. 한국 노동운동이 최근 좌절을 겪기는 했지만, 오늘날 남한 내 시민운동의 다양성과 폭넓음은 새롭고 더 유망한 저항과 혁명의 형식들이 미래에 한반도에서 등장할 것이라는 희망을 지니게 한다. 그래서 내가 한국 좌파들에게 직접 발언할 작은 지면을 제공받은 게 특히 기쁘다.

---

[1] 이 서문을 쓰도록 격려해주고 도움을 준 한국어판 번역자에게 감사한다. 이 글에 표현된 관점과 혹시 있을지 모르는 정치적 판단 실수는 모두 본 저자의 책임이다.

이 책이 주로 미국 내 사회 운동의 유효성 감소 추세와 비판적 이론 내부의 '장식적인' 포스트모던 경향이 서구 저항 운동에 끼친 해악을 주로 다루기는 하지만, 상당 부분은 한국 독자들에게도 관심있는 내용일 것이다. 왜냐하면 오늘날 미국 좌파를 혼란스럽게 만드는 문제들은 단지 미국만의 문제가 아니기 때문이다. 이 문제들은 전 세계 저항 운동들과 공히 관련되는 중대한 역사적 위기의 징후이다. 세계체제의 병적인 현상들이 모든 문화에 무차별적으로 영향을 끼친다는 뜻은 아니다. (예를 들어) 남한은 명백히 고유의 역학과 독특한 병리현상을 지니고 있다. 예를 들어 경제 영역의 재벌 문제 같은 것이 그렇다. 그렇지만, 우리의 위기 국면이 독특한 것은, 지구의 문화, 경제적 통합이 모든 차원 곧 지구적 · 지역적 · 국가적 · 국지적 · 생태적 차원에서 동시에 위기를 느끼게 만든다는 점에 있다. 그래서 미국식 소비자 자본주의라는 단일한 발전 모델을 따르도록 강요받는 반주변부 지역의 문화적 조건이 이른바 '중심부'의 조건들과 '가족적' 유사성을 띠고 있음을 보게 되더라도 놀랄 게 없다. 자본주의가 어떤 궁극 목표를 지니고 있다면 결국 그건 보편적인 혁명이 아니라 보편적인 타락일 것이다. 그리고 이 부정적인 보편주의는 모든 곳의 역사적 경험에 어떤 규격화를 강요한다. 성 매매가 됐든 아니면 학교 내 살인이 됐든, 부패와 타락의 형식들이 날로 서울, 도쿄, 카라카스, 로스앤젤레스에서 서로 닮아가고 있다. 한 국가의 정당성 위기가 모든 국가에 악영향을 끼치듯이 말이다. 마찬가지로, 우리는 세계체제 내의 서로 다른 지역에서 유사한 정치적 조건들이 나타나는 걸 점점 더 자주 목격하게 된다.

세계화는 동과 서의 좌파를 단결시키는데, 이 단결의 방식이 언제나 적절한 것은 아니다. (이 서문에서 내가 주장하는 것과 특히 잘 연관되는) 예를 한 가지만 들자면, 저항적 지식 그 자체가 상품과 화폐의 유통을 통해 형성된 전 세계 무역망을 따라 주로 유통되고 있다. 현실에 있어서 이것이 뜻하는 바는, 중심지의 운동에 타격을 준 이론 형식들이 이제는 주변부와 반주변부의 운동에도 똑같이 피해를 끼친다는 점이다. 중심지 곧 북부와 서방의 일류 대학과 문화 중심에서 생산된 최신 유행의 지식 상품들이, 태평양 연안과 남아메리카, 인도, 방글라데시의 해변에 밀려든다. 마치 홈이 있는 나이키의 스니커스 신발처럼 말이다. 안토니오 네그리와 마이클 하트의 포스트구조주의 서사시, 『제국』이 떠오른다. 『제국』은 미국 시장이 포화 상태에 이르자 외국 시장에 덤핑 수출됐다. 그리고 이 때문에 현지에서 생산된, 그리고 아마도 더 정직한 지식 상품들의 가치를 떨어뜨렸다. 간단히 말해, 한국과 여타 '중심부'가 아닌 지역에서 포스트구조주의 규범이 지니는 유혹은, 아마도 이 규범 자체의 독특하거나 명백한 매력보다는 미국의 문화적 헤게모니의 놀라운 폭과 깊이와 더 밀접하게 연결될 것이다.

그러나 이와 비슷하게, 오늘날 미국 좌파가 직면한 전략적 도전들은 남한 좌파들이 직면한 도전과 많이 다르지 않다. 다른 지역과 마찬가지로 남한 좌파들은 이쪽저쪽으로 끌려다니면서 혼란에 빠져 있다. 노동계급의 정체성이 약해지고 노조가 약화되며 수많은 소규모의 항의 집단과 쟁점들이 등장하면서, 한국의 좌파들은 분명한 구심점을 잃은 상태다. 많은 운동들이 있지만 서로 흩어져 있고, 방향성도 없다. 물론, 〈자유무역협정 세계무역기구 반대 국민행동〉 같은 반세계화 운동들이 저항을 집중하고 국제통화기금, 세계무역기구와 기타 유사한 자본가 조직들의 신제국주의 정책을 부각시키는 데 기여해왔다. 그렇지만 다른 지역의 반세계화 운동들과 마찬가지로, 한국 내 반세계화 운동은 지금까지 브뤼셀과 워싱턴의 신제국주의 구조에 대한 비판세력으로 유효성을 발휘한 만큼 국가 차원과 초국가 차원의 제도적 구조들을 바꿀 잠재력을 지닌 대중운동 주도세력으로서도 유효성을 증명하지는 못했다. 이른바 '신사회운동' 곧 여성주의운동, (환경운동연합 같은) 환경·생태운동, 동성애운동, 동물보호운동 같은 운동들도 비슷한 문제로 어려움을 겪고 있다. 이런 운동들은 거대한 젊은 에너지를 지니고 있으며 어떤 면에서는 과거의 노동 지향적 운동들보다 일반 대중의 관심 및 가치와 더 '통하는' 도덕적 전망을 지니고 있다. 그렇지만, 새로운 운동들 또한 효과적인 정치적 세력으로 응집하지 못했다.[2] 이는 부분적으론 만연한 편향 때문이다. 이 편향은 이론과 실천적 풀뿌리 조직화에 공통적으로 존재하는데, 세계적인 것을 희생하고 '지역적인 것'에 우위를 두는 것이다. 자본가들은 전 세계를 날아다니고 생산을 조정하기 위한 주례 원격 화상회의를 진행하며, 은행가들은 매일 수조 달러의 돈을 국제적으로 주고받는다. 그런데, 진보 세력들은 지역주의적 사고 방식과 행동 방식에 묶여 있다. 심지어 유사 국가주의적 방식을 보이기도 한다.

    그런데 남한의 맑스주의와 사회주의적 좌파들은 어떤가? 1990년대 이후 정부에 의한 노동운동 억압 및 체제 내 흡수 시도가 노조 조직화와 사회주의적 행동주의에 많은 손실을 끼쳤다. 특히 더 전투적인 맑

---

2. 이시재, 환경운동연합뉴스, 1997년 봄.

스레닌주의 조직들과 이념 집단이 입은 피해는 훨씬 컸다. 남한에서 언제나 도전 과제였던, 노동계급의 대중적 기반 형성의 어려움이 아마도 맑스주의적 좌파의 전위적 경향을 더욱 강화시킨 듯 하다. 나는, 현재 한국 좌파의 위기의 깊이가 바로 전통적인 맑스주의적 전략 행동 패러다임이 더 이상 한국 상황에서 유효하지 않다는 것을 증명한다고 주장하고 싶다.

레닌주의는 본래 제정 러시아의 총체적으로 불평등한 개발이라는 상황과 절대주의 왕정에서 비롯된 것임을 상기해야 한다. 레닌이 국가에 대한 전면적인 공세를 통해서 권력을 장악한다는 정치적인 문제를 강조한 것은 결과적으로 시민사회와 문화에 거의 주의를 기울이지 않게 만들었다. (혁명 전 러시아에서 사실상 시민사회라고 할 게 전혀 없었다. 기껏 있다면 다방, 귀족과 지식인 계층의 여름 별장 정도였다.) 그래서 1993년 자유민주주의로 이행하기 전 한국 상황에서, 레닌주의는 어떤 면에서 일리가 있었다. 볼셰비즘이 번성한 혁명 전 러시아에서처럼, 한국의 저항세력들은 부패하고 무능하며 억압적인 정부기구에 맞섰다. 또 마오주의가 번성한 혁명 전 중국에서처럼, 제국주의와 외세의 지배 문제가 중대하게 보였다. 그래서 남한의 학생운동과 노동운동이, 민주주의와 인권 측면에서는 의심스럽지만 쉽사리 부정할 수 없는 전략적 성공을 거둔 아시아의 혁명 전통 곧 반제국주의적이고 레닌주의적인 전투성에서 많은 걸 빌려온 것은 자연스런 현상이었다.

냉전 시기 동안 한국의 저항세력들은 부정적으로 곧 명백하게 불공평하고 비민주적인 정치질서에 대한 거부로서 스스로를 규정할 수 있었다. 정치, 사회 생활은 먼저 남북한의 전쟁에 의해서, 그리고 다시 미국 지배에 의해서 과잉 결정됐다. 자유주의적이고 진보적인 세력들이 권위주의적 정부에 맞서 결집하는 한, 이념적이고 사회적인 문제들 곧 한국의 사회주의적 대안의 성격 문제 또는 한국사회에서 여성의 지위 문제 같은 것들은 뒷전으로 미뤄둘 수 있었다. 그렇지만 냉전 종식은 정치 상황을 명료하게 해주기는커녕 도리어 모호하게 만들었다. 반어적으로, 자유민주주의로 이행하면서 한국의 좌파는 서방의 저항세력들과 비슷한 처지에 놓이게 된 걸 깨닫게 됐다. 대중적 에너지를 집중할 구체적인 기구 또는 기구들이 없는 선진자본주의적 상황에 놓인 것이다. (자유민주주의의 역설 한 가지는, 새로운 시민적 자유가 장기적인 급진적 또는 혁명적 사회 운동 발전에 반드시 기여하는 게 아니라는 사실이다.) 게다가 미국식 상품 물신주의가 전 세계에서 거둔 승리는, 삶의 본능의 좌절을 유발하는 동시에 이를 헤픈 씀씀이를 통해 승화시킴으로써 대중적 저항의 본능적 기반을 약화시키는 경향을 띤다. 오늘날 대중의 아편은 종교가 아니라 소비주의다. 그리고 이는 집단행동에 심각한 걸림돌들을 만들어낸다. 한국의 좌파는 '가톨릭' 곧 관료적이고 권위주의적인 정부에 맞서 싸우는 법을 알지만, 새로운 '개신교' 곧 개인주의와 사유화와 값싼 소비재 상품의 이념에 맞서 싸우는 법은 아직 깨닫지 못했다고 말할 수 있을 것이다.

자유민주주의와 복잡한 시민사회를 특징으로 하는 남한과 같은 '선진'자본주의적 상황에서는, 내가 이 책에서 정교하게 다듬으려 시도한 정치이론을 제기했던 20세기 초 이탈리아 맑스주의자 안토니오 그람시의 사상이 레닌이나 트로츠키의 사상보다 훨씬 정치적으로 시사하는 바가 크다. 또 윤리적으로도 더 바람직하며, 전략적으로 더 큰 도움이 된다. 왜냐하면 그람시는 자본주의 아래서 시민사회가 점점 더 복잡해지면서 새로운 종류의 정치가 필요하다는 걸 이해했기 때문이다. 새로운 정치는, 전면적 공세('기동전')를 통해 국가를 장악하는 데 초점을 두는 것이 아니라, 사회 전반에서 곧 문화적·경제적·정치적·윤리적 차원에서 섬세하고 유연한 투쟁을 벌이는 데 초점을 두는 것이다. 그람시가 참호 속 전투에 비유한 이른바 '진지전' 상태에서, 좌파는 끊임없는 전투성보다는 '도덕적이고 지적인 지도력'을 제시하게 된다. 끈기있고 부지런하게 통일적인 정치운동을 건설하는 걸 통해서, 다시 말해 서로 다른 분야와 이해관계들을 하나로 뭉친 헤게모니 블록을 형성함으로써, 혁명적 운동은 새로운 질서(l'ordine nuovo)를 만드는 데 충분한 사회적 지지를 확보할 수 있다.

이렇게 그람시의 관점에서 보면, 현재 남한 시민사회의 활력과 동력은 좌파에게 도전과 기회를 동시에 제시한다. 한편으로, 대중 의식의 분열적 성질 곧 복합적인 사회적 기능과 소외된 삶의 양식은 어떤 종류건 정치 운동을 조직해 유지하기 어렵게 만든다. 다시 한번, 마르쿠세의 용어로 표현하자면 인간의 에로스 또는 리비도적 삶-본능은 "억압적 탈승화" 곧 창조적 가능성과 실존적 실현을 지체시키는 구실을 하는 거짓 표현 방식의 등장에 의해 왜곡된다. 다른 한편, 이념적 영역의 개방성과 사회 내 소외의 폭과 넓이는, 완전히 다르고 더 급진적인 잠재력을 지닌 '총체성' 개념을 씨 뿌릴 비옥한 토양을 창출한다. 기본 물질적 필요를 충족시킴으로써 대중 소비사회는, 누구나 목격하듯이, 인간 개인의 충족되지 않은 진정한 심리-사회적, 영적 욕구를 무의식적으로 드러낸다. 그래서 해방은 단순한 물질적 필요의 충족 이상의 어떤 것, 예를 들면 (자본의) 경제적 독재를 (프롤레타리아트의) 다른 독재로 대체하는 것 등으로 해석되기 시작할 수 있다. 사회주의 개념 그 자체가 이제 자유 곧 세계 내 인간 및 인간 아닌 존재의 정신적·감각적·성적·사회적 실현과 공존하게 된다. 사회주의의 과제는 더 이상 단순히 자본주의 거부가 아니다. 자유로운 의식과 경험의 새로운 방식을 적극적으로 구성하는 것이기도 하다. 자본주의가 거부되어야 하는가? 의심의 여지 없이 그렇다. 그렇지만 사회주의 기획은 자본에 대한 투쟁을 초월한다. 왜냐하면 진정한 또는 보편적인 해방을 위해서는, 모든 형식의 지배를, 그것이 여성에 대한 남성의 지배건, 이성애자의 동성애자 지배건 아니면 인간에 의한 동물의 지배건 그 어떤 지배도 없애는 것이 요구되기 때문이다.[3]

그래서 전 세계 좌파가 직면한 도전은 낡은 맑스주의적 패러다임을 새로운 총체성 개념으로 대체하는 것이다. 이 새로운 총체성은 여성주의, 생태학을 비롯한 많은 해방 기획들을 일체화하는 것이다. 그래서 새롭고 이중적인 종합이 시급하다. 그건 새로운 실천철학을 개발하는 이론 영역의 종합과 우리의 뿔뿔이 나뉜 사회 운동들을 통일시키는 실천 차원의 종합이다. 아시아에서건, 라틴아메리카에서건, 아프리카에서건, 유럽에서건, 우리 앞에 놓인 역사적 과제는 근본적으로 동일하다.

---

3. 이와 비슷한 주장으로는 특히, Isaac D. Balbus, *Marxism and Domination: A Neo-Hegelian, Feminist, Psychoanalytic Theory of Sexual, Political, and Technological Liberation* (Princeton: Princeton University Press, 1982)을 보라.

서문

> 뱀이 허물을 벗을 때 외침이 세계의 한쪽 끝에서 다른 쪽 끝까지 미치지만,
> 그 소리는 들리지 않는다.
>
> 미드라쉬. 서기 약 650-900년

토니 쿠시너의 서사 유토피아 연극 〈미국의 천사들〉의 2막 '페레스트로이카'는 베를린 장벽이 무너지기 몇 년 전인 1986년 모스크바 크레믈린의 의사당 앞에서 "세계 최장수 볼셰비키" 역을 맡은 알렉시 안테딜루비아노비치 프렐라프사리오노프가 연설하는 것으로 시작한다. 맑스의 얼굴이 수면을 운행하시고 혁명의 "씨앗 말씀"이 널리 퍼져 뿌리를 내리던 사회주의 창세기 때부터 존재하던 '대홍수 이전'의 사회주의자인 프렐라프사리오노프는, 모든 이들을 하나의 말씀을 통해 단결시킬 수 있는 아름다운 이론의 보호막을 내팽개치려고 하는 동료들을 꾸짖는다. "새 껍질이 준비되기 전에 뱀이 허물을 벗으면, 뱀은 세상에서 알몸만 남아 혼돈 세력의 먹이가 될 것이다. 껍질이 없으면 허

무너지고 일관성을 잃고 죽게 될 것이다."[1]

어떤 면에서 보면, 이 책에서 제기되는 질문은 프렐라프사리오노프의 연설 마지막에 허공 속을 떠도는 바로 그 질문이다. 역사에 의해 사회주의와 인터내셔널과 당이라는 '껍질'을 포기하도록 떠밀려 지금은 뿔뿔이 흩어진 해방 세력들이, 새로운 형식을 발견하거나 고안할 수 있을까? 너무 늦기 전에, 흩어지고 혼란스러워하며 상당히 반동적으로 바뀐 인자들이 결합해 불의를 퇴치하고 새로운 문명을 창출할 수 있는 길이 있는가? 그런데 그 시한이 점점 빠르게 다가오고 있다.

세계체제론자들은 우리 시대의 이례적인 경제, 사회, 정치, 생태의 위기가 자본주의 전반의 체제 위기 곧 500년 전에 자리잡은 근대 세계체제의 해체에서 발생한다고 주장한다. 이들과 여타의 비평가들이 지적했듯이, 이 위기 해결을 어렵게 하는 점은 이 위기의 결과 가운데 하나가 국민국가의 쇠퇴라는 사실이다. 지구 전체 차원에서 압박해 들어오는 사회 문제에 맞서기 위해 양심적이고 협력적인 지도력이 필요한 바로 그 순간에, 자유주의적 정치 권위와 국제 협력의 기반이 무너지고 있는 것이다.[2] 세계체제가 불안정해질수록, 세계 역사에서 가장 강력한 헤게모니 세력인 미국의 지배계급은 원심력에 대한 통제를 시도하지만, 그들의 시도는 국외에서 적대감과 저항을 더 촉발하는 쪽으로 가고 있다. 간략히 말해, 미국 지배권과 그에 부속된 세력이 한편

---

1. Tony Kushner, *Angels in America: A Gay Fantasia on National Themes, Part Two: Perestroika* (New York: Theatre Communications Group, 1994), 13-14쪽.
2. Jean-Marie Guéhanno, *The End of the Nation-State* (Minneapolis: University of Minnesota Press, 1995)도 보라.

을 이루고 인류 대부분이 다른 편을 형성해 벌이는 중차대할 수 있는 폭력적인 대결이 점차 자라나고 있다.³

이매뉴얼 월러슈틴은 급진적인 사회 변화를 추구하는 이들의 결단에 반동세력이 실로 폭력적으로 저항하는 "지구상에 지옥이 도래하는 시대"를 예측한다.

> 우리는 단순하고 느긋한 정치 논쟁을 목격하지 않을 것이다. 사느냐 죽느냐 차원에서 벌어지는 전 지구적 투쟁이 될 것이다. 왜냐하면, 우린 지금 앞으로 500년을 지속할 역사 체제의 기초를 다지는 것에 대해 말하고 있기 때문이다. 그리고 지금 우리가 논쟁 벌이고 있는 것은, 특권이 유지되고 민주주의와 평등은 최소 수준인 또 다른 역사 체제를 세우려는 것인지, 아니면 우리가 아는 한 인류 역사상 처음으로 이와 반대 방향으로 가려고 하는지에 대한 것이다.⁴

월러슈틴은 이 정치 투쟁에서 위기에 처한 것은 격변과 폭력의 시기 뒤에 등장할 것으로 예상되는 전 세계적 질서의 조건, 곧 유럽 식민정책이 만들어 놓은 옛 질서를 대체할 새로운 사회 협정의 형성 그 자체라고 주장한다. 역설적이게도 막연히 현재 질서를 지키려는 이들의 힘이 강하지만 "혼돈 상황이라는 건… 인간의 의도적인 개입에 가

---

3. Leo Panitch and Colin Leys 엮음, *The New Imperial Challenge*, Socialist Register 2004 (London: Merlin Press, 2003); Chalmers Johnson, *The Sorrows of Empire: Militarism, Secrecy, and the End of the Republic* (New York: Metropolitan Books, 2004). [한국어판:『제국의 슬픔 : 군국주의, 비밀주의, 그리고 공화국의 종말』, 안병진 옮김, 삼우반, 2004.]
4. Immanuel Wallerstein, *Utopistics* (New York: The New Press, 1998), 82쪽. [한국어판:『유토피스틱스 : 또는 21세기의 역사적 선택들』, 백영경 옮김, 창작과 비평사, 1999.]

장 민감하게 영향을 받는다. 인간의 개입이 중요한 차이를 만들어내는 때는 상대적인 질서의 시기가 아니라 혼돈의 시기이다."[5] 다른 말로 표현하면, 규율 있고 집중적인 초국가 사회 운동, 또는 일련의 운동들이 앞으로 실현될 질서를 형성하는 데 중요한 구실을 할 수 있고, 심지어 쇠락하고 있는 현재 상황에 자신들의 의지를 관철할 수 있다. 필요한 것은 낡은 체제를 대체할 "집단적 창조물을 제시할 수 있는 실질적인 대안"[6]이라고 그는 (『자유주의 이후』에서) 제시한다.

문제는 누가 그런 대안을 제시할 것인가다. 뿔뿔이 흩어진 힘없는 이들이 아니라는 것은 분명하다. 사방으로 내쫓겨서 전략이나 방향을 잃은 그들은 지난 2세기 동안 확보한 민주적 진전을 지키는 것도 힘든 처지에 있다. 그러니 새로운 문명적 질서의 터전을 마련하기 위해 창조적인 방식으로 현재의 지구적 위기에 강력하게 개입해 들어가는 게 불가능한 건 말할 것도 없다. 신자유주의 개혁과 점증하는 사회적 불만 사이에서 진퇴양난에 빠짐으로써, 자유주의 국가의 합법성 위기는 깊어가고 있다. 하지만 날로 커지는 위기 상황을 이용하고 있는 세력은 좌파가 아니라 우파다. 우파는 전통적인 가부장적 가치와 인종간 위계질서를 지키고, 반대세력에도 끄떡없는 물샐 틈 없는 기업 중심 세계질서를 만들려는 강한 꿈을 지키기 위한 보복적 '진지전'을 벌이고 있다. 우리 앞에 놓인 거대한 역사적 도전과 좌파 운동세력의 최근 혼란스런 대응 사이에 간극이 있다면, 그건 날로 벌어지고 있는 듯 하

---

5. Immanuel Wallerstein, *After Liberalism* (New York: The New Press, 1995), 44쪽. [한국어판: 『자유주의 이후』, 강문구 옮김, 당대, 1996.]
6. 같은 책, 218쪽.

다. 셀 수 없이 많은 소집단들이 기업의 약탈로부터 숲과 강을 지키거나 여성에 대한 남성의 폭력을 끝장내기 위해, 또는 신자유주의 자본주의가 내팽개친 수십억 명의 인류에게 피난처, 식량 또는 의료혜택을 제공하기 위해 용감하게 싸우고 있다. 하지만 이렇게 서로 나뉘어 있는 부문들을 모두 합쳐도 우리가 희망하는 수준에는 크게 못 미친다.

인정받기 위해 투쟁하는 국가들과 사람들을 보면서 헤겔은 이렇게 말했다. "세계사에서는 오직 국가를 이루고 있는 민족들만 우리의 주목을 받을 수 있다."[7] 오늘날도 이와 엇비슷하게, 인지할 수 있는 형식이나 형태를 갖추지 않은 현재의 사회 운동들은 인류 대부분에게 현실감 있게 받아들여지기 힘들다고 결론내릴 수 있다. 전 지구적 '좌파'라는 걸 의미 있는 범위에 국한해 말하자면, 게슈탈트로스[8] 곧 '형태 없는' 상태라고 할 수밖에 없다. 그런데 현실 세계에서 '실체'가 없는 것으로 비치는 운동이라는 건, 아무도 알아차리지 못하는 가운데 이 땅을 떠돌 운명이다. 마치 신비스럽고 일시적인 출몰 소문을 통해 살아있는 이들을 종종 놀라게는 하지만 인간사에는 아무런 영향도 주지 못하는 빼앗긴 영혼들과 같은 처지다.

언제나 이런 식은 아니었다. 지난 한 세기 이상, 사회주의는 세계의 좌파 상당수에게 형태 또는 형식을 제공해왔다. 사회주의의 힘은 유토피아적 상상력에 있었다. 그건 바벨탑에서 잃어버린 인류의 단결을 되

---

7. G. W. F. Hegel, *Reason in History* (New York: Macmillan, 1953), 51쪽. [한국어판: 『역사 속의 이성』, 임석진 옮김, 지식산업사, 1993.]
8. [옮긴이] 게슈탈트는 어떤 사물이나 현상을 지각할 때 떠오르는 어떤 형태를 말한다. 독일 심리학자 베르트하이머가 인간이란 개별적 부분의 조합을 인식하기보다는 전체로 인식하는 존재라면서, 게슈탈트 심리학을 주장했다.

찾자는 고대 종교적 이상과 닿아있다. "사회주의는 단지 노동 문제가 아니다."고 『카라마초프의 형제들』의 화자는 말한다. "그건 무엇보다 미학 문제이고 오늘날 무신론이 취한 형식의 문제이고, 또 신 없이 건설한 바벨탑의 문제, 땅에서 하늘로 올라가는 게 아니라 이 땅에 하늘을 건설하는 문제이다."[9] 사회주의는 이 문제를 논했고, 일시적으로 설득력 있는 답을 제공했다.

고대 문명의 한 전형인 바벨탑 이야기는 분열·갈등·오해의 경향이 있는 인류라는 종에 대해 말한다. 성경의 창세기에서는 대홍수 이후 지구가 한 가지 언어, 한 가지 방언의 땅이었다고 말한다. 모든 나라가 인간성의 탑 하나, "도시 하나와 하늘에 이르는 탑 하나"를 건설하기 위해 모였다. 그 자리에서 그들은 "온 지면에 흩어짐"을 면하려 이름을 짓기로 결정했다. 그러나 하느님은 이를 보고 기쁘지 않았다. "보라. 이 무리가 한 족속이요, 언어도 하나이므로… 그들이 하기로 상상한 일을 무엇도 금지할 수 없으리라." 하느님이 땅으로 내려와서 "그들의 언어를 혼잡하게 하여 그들이 서로의 말을 알아듣지 못하게 했다." 서로 말을 알아듣지 못하게 된 그들은 "온 지면에" 흩어졌다. 바벨탑 이야기의 교훈은 이 땅에서 인간의 노력을 통한 단결은 불가능하다는 것이다. 또 우리의 마음속에 품을 수 있는 그 무엇이라도 창조할 수 있다고 상상하지 말라는 것이다. 우리가 창조할 수 있다고 꿈꾸면, 우리의 교만이 우리를 파괴할 것이다. 한마디로 전 지구적으로

---

9. Fyodor Dostoevsky, *The Brothers Karamazov* (New York: Modern Library, 1949), 26쪽. [한국어판:『카라마조프가의 형제들』, 이훈섭 옮김, 정음사, 1959 등 다수.]

생각하지 말고 지역적으로(또는 부족적으로) 생각하는 게 좋다는 거다.

하지만 계속 반역하지 않는다면 인간이 아니다. 이 땅에서 보편적인 화합을 이룬다는 유토피아적 표상을 후대가 계속 보존해왔다. 고대 유대교 신비주의자들은 하느님의 말씀(성스러운 로고스)이 애초에 하나라고 생각했다. 처음에는 말과 사물의 구별이 없었다. 인간 존재의 비극은, 기호가 성스러운 본질에서 분리되는 데까지 거슬러 올라갈 수 있다. 그 분리는 신으로부터의 소외의 원인이자 인간의 국가들 사이의 영원한 갈등의 원인이었다. 그 이후 영지주의자들과 유대신비주의자들은 인간을 태초의 순수한 말씀으로 다시 이끌어갈 수 있는 비밀 단서를 발견하려는 희망을 품고, 외경과 기타 모호한 문서들을 연구했다. 조지 슈타이너는 이렇게 말한다. "아주 큰 모험이었다. 흩어지고 오염된 말[바벨탑의 파편]이라는 감옥 벽을 인간이 허물 수 있었다면 실체의 내부에 다시 도달할 수 있었을 것이다. 진리를 말하면 진리를 알 수 있다. 게다가 타인으로부터의 소외, 알 수 없는 말과 모호함으로의 내쫓김도 종말을 고할 수 있다."[10]

기독교가 그리고 후에 이슬람교가, 하나가 된 세상이라는 오랜 꿈을 보편적인 정의라는 자신들의 꿈의 밑바탕으로 삼았다. 한참 뒤 계몽사상은 바벨탑 복원에 대한 아브라함의 열망을 세속화했다. 근대 이성의 꿈속에서, 18세기 백과전서파와 자코뱅파로부터 19, 20세기 사

---

10. George Steiner, *After Babel: Aspects of Language and Translation* (New York: Oxford University Press, 1977), 60쪽.

회주의자와 무정부주의자에 이르기까지, 바벨탑을 재건하고 전체를 복원하려 했다. 그 탑의 벽돌과 모르타르를 이용해 인간은 이 땅에 존재해야 할 것 곧 지상의 천상 도시, 새 예루살렘과의 큰 괴리를 메울 수 있는 통일된 구조를 건설하려 했다. 포이어바흐가 종교의 폐지를 인류의 출발점이라고 했을 때 뜻한 바는, 사랑의 다른 이름인 성스러운 것의 근원이 우리 자신임을 인식하면 우리가 스스로를 만들어가는 주인이 될 수 있다는 것이다. 맑스는 신이 인간 본질의 반영이라는 포이어바흐의 말에 동의하고, 구체적이고 감각적인 실천만이 우리의 본질을 보편적인 의식으로 외화할 수 있게 해준다는 그의 주장을 따랐다.[11] 그가 포이어바흐와 갈라서게 된 지점은, 세계변혁을 가져오는 실천이 어떤 종류이냐와 관련된 것이다.

맑스의 생각은 흩어진 노동계급을 단결시키고 역사적 건설 또는 포에이시스(poeisis)라는 공통의 기획의 바탕을 창조할 수 있는 공통의 정치 언어를 향한 탐구를 대표했다. 맑스는 자본주의가 자연을 망치고 수 없는 사람의 정신과 육체를 파괴했지만, 엄청난 생산력을 분출시키고 국가적·문화적 차이 등을 없애는 동시에 공통의 보편 문화, 새로운 '세계-역사적 존재'의 바탕을 사실상 창출해내는 혁명적 힘이기도 했다고 믿었다. 역사를 모태로 태어난 사회주의 혁명 이후, 각자는 자연의 열매를 공평하게 나누고 보편적인 인류의 이해와 조화를 이루는 가운데 각자의 창조적 능력을 성취하게 된다는 것이다. 세계는 하나가

---

11. Daniel Brudney, *Marx's Attempt to Leave Philosophy* (Cambridge, Mass.: Harvard University Press, 1998).

되고 인류는 '다시' 공통의 언어, 말을 쓰게 된다. "에스페란토(희망하는 사람이란 뜻)라는 이름 속에는 고대의 억누를 수 없는 희망의 뿌리가 위장되지 않은 채 담겨 있다."[12]고 슈타이너는 지적한다. 사회주의는, 옛날엔 표면상으로만 달랐지 본질적으론 그렇지 않던 노동계급의 많은 '나라들'을 단결시키는 공통의 언어, 일종의 에스페란토어였을 것이다.

그러나 20세기 말에 이르자, 바벨탑은 거의 포기됐다. 몇 십 년의 역사적 실패를 겪은 뒤 사회주의는 역사의 신기루처럼 흩어졌다. 강력한 적들(적들은 많았다)의 희생양일 뿐 아니라 자신의 버거운 꿈들의 희생양이기도 한 채로 말이다. 정치를 실천하고 상상하는 방식 전체가 사라져버린 듯 했고, 이와 함께 비판적 실천을 지탱하고 지상 유토피아를 향한 집단적 꿈을 실천하기 위한 틀 개념도 소멸한 듯 했다. 세계화는 정치와 공공영역에서의 광범한 후퇴, 지역의 '고립된 땅'으로의 후퇴를 재촉했다.[13]

일부 활동가들은 참여민주주의와 보편적 인권에 대한 전망을 품고 공공영역에 다시 활기를 불어넣으려고 애썼고, 다른 이들은 여전히 모든 운동의 목표를 포괄할 대표할 일관되고 통일적인 운동을 만들어내는 게 시급하다고 주장했다. 리디아 사전트는, 이런 통일적 접근이 없이는 좌파의 개별 운동들이 "사람들 마음속에 집단적인 기획으로 존재할 수" 없다고 논했다. 그는 오늘날의 분산된 운동이 "서로 상대 진

---

12. Steiner, *After Babel*, 60쪽. (강조는 원 저자).
13. Carl Boggs, *The End of Politics* (New York: Guilford Press, 2001)를 보라.

영의 행동에서 영향을 받으면서 상호 관계 속에 성장"하는 대신 "그저 병렬적으로, 그리고 때로는 놀랍게도 경쟁적인 상태로 공존한다.… 조직과 전략이 없으면 할 일이 없는 법이고, 우리가 한 일을 평가할 길도 없다."14고 주장했다. 다른 운동 지도자들도 비슷한 정서를 1980년대와 90년대 미국 내 진보 언론과 풀뿌리 잡지를 통해 표현했다. 예컨대, 평화운동, 동성애운동 지도자들, 주도적인 여성주의자들과 환경운동가들, 유색인종 운동가들이 그런 이들이다.15

---

14. Lydia Sargent, "The Big Picture", *Z Magazine* 2:4 (1993): 4, 6쪽.
15. "지금이야말로, 운동이 기계에 맞설 만한 강력한 새로운 전국적 연합으로 많은 분파들을 뭉칠 적기이다.… 여기에 참여하는 집단들은 각자 자신들의 정체성을 유지하면서 통일의 효율성과 공통 목표를 창출하고 분열적 경향을 버려야 한다."(「생존을 위한 단결」(Unite for Survival), Architects/Designers/Planners for Social Responsibility, *Nuclear Times*, 1980년대 중반) Andrea Ayvazian and Michael Klare, "The Choice: Decision Time for the American Peace Movement", *Fellowship*, Sept. 1986, 그리고 Bruce Birchard and Rob Leavitt, "A New Agenda", *Nuclear Times*, Nov/Dec. 1987, 12쪽도 보라. "하나의 이슈에 집중된 활동 공간이 있어야 한다. 그러나 다양한 이슈들에 접근하는 방식을 취하는 모든 집단을 받아들이고 조정하는 것 또한 필요하다. 우리는 활동들을 계획할 능력이 있어야 한다.… 목표들을 분명히 규정하는 활동들을 말이다."(Tom Wall, 「풀뿌리 평화운동을 위한 전략과 전술들」(Strategy and Tactics for the Grassroots Peace Movement), Nashua Peace Center, *The Drinking Gourd* 4, no. 11 [Nov. 1985]: 10쪽). "아마도 '유색인'이라는 용어가 새로운 전략적 통일성의 기반이 될 수 있을 것이다."(Manning Marable, 「새로운 흑인 정치론」(A New Black Politics), *The Progressive*, August 1990, 23쪽; 같은 호의 Charlotte Bunch, 「모든 지배 형식에 저항해서」(Against All Forms of Domination), 21쪽도 보라). "우리가 우리만의 이해관계 밖에 있는 어떤 것과 결합할 수 없다면, 우린 남성 동성애 공동체 속에서 섬으로 남을 것이다."(Scott MacLarty, 「저 밖에」(Out There), *In These Times*, Nov. 14, 1994, 27쪽). "[하나의] 급진 운동은… 단지 성적 취향에 국한되지 않는 더 넓은 분석이 필요하다. 이 분석은 아직 우리가 명확히 정의하지 못한 것이다. 우리는 단지 견해 표명을 넘어 인종, 성별 차이, 성적 특징, 경제적 불평등, 그리고 모든 종류의 억압이 어떻게 또는 왜 서로 연결되어 있는지 아직 해명하지 못했다. 또 이런 문제에 바탕을 둔 운동들이 어떻게 공통의 전략을 필요로 하는지도 아직 해명하지 못했다. 유색 여성 동성애자들은 이런 분석을 제시하려는 시도를 벌이면서 다문화주의를 창출하는 데 기여했다. 그러나 이 주의를 규정한 것은 반발이었다.… 우리는 인민들의 공통 언어, 우리의 공통

하지만 대학 내 비판적 이론계에서는, 이론과 실천의 새로운 결합 필요성을 논하는 것에 단호한 거부반응을 보이는 이론적 편향이 강하게 등장했다. 특히 포스트모던 논자들은 결합이 아니라 결합 논의의 해체를 옹호했고, 연대가 아니라 '차이'를 지지했다. 그래서 서유럽의 유명한 지식인 두 명(펠릭스 가타리와 다니엘 콘벤디트)이 1987년에 함께 발표한 성명은 이런 내용을 담고 있다.

[실천]의 목표는 현안 문제 전체를 거론하는 몇 가지 일반적인 주장에 대한 대강의 합의를 도출하는 게 아니다. 그와 반대로 우리가 불일치의 문화라고 부르는 것, 곧 각자의 견해를 더욱 심화하고 개인과 소집단을 다시 부각시키려는 시도를 옹호하는 것이다. 모든 사람 곧 이민자, 여성주의자, 록음악가, 지역운동가, 평화운동가, 생태주의자, 해커가 사물에 대한 한 가지 전망에 동의해야 한다고 주장하는 게 얼마나 어리석은 짓인가! 우리는 차이를 지워버리는 실용적인 합의를 목표로 해선 안 된다.16

이 두 사람은 모두 1968년 5월 프랑스에서 벌어진 아주 특별한 사건과 관련해서 세계의 주목을 받기 시작한 인물들이다. 다니엘 콘벤디트(빨갱이 대니)는 학생운동의 대변인이 된 자칭 '반자코뱅'이고, 펠릭스 가타리는 이 학생운동에 열광한 사람이다. 사실, 오늘날 이론에 나

전망으로 분명히 말하는 명석한 이론가들과 예술가들이 필요하다."(Urvashi Vaid, 「우리는 여기서 거기로 갈 수 있다」(We Can Get There from Here), *The Nation*, July 5, 1993, 31쪽)

16. Feliz Guattari and Daniel Cohn-Bendit, "Contribution pour le mouvement", *Autogestion, l'Alternative* (November 1986); Luc Ferry, *The New Ecological Order* (Chicago: University of Chicago Press, 1995), 112-113쪽에서 재인용. (강조는 필자).

타나는 결합에 대한 반감의 뿌리는 바로 1960년대까지 거슬러 올라간다. 당시는, '신좌파' 운동이 집단적인 행동에 대한 서구 지식인의 시각에 엄청난 변화를 불러오면서 맑스주의 정통의 지혜에 도전하던 때다.

　이 책의 전반부는, 서구적 실천의 종교적인 수사에서 나타나는 변천 곧 바벨탑을 재건하자는 사회주의적 꿈에서 '각자의 방언으로 말하기' 즉 차이를 표현하는 언어로 말하기라는 포스트모더니즘적 표상으로의 변천을 촉발한 지적·문화적·경제적 요인을 검토할 것이다. 1, 2장에서 나는 정치적 실천의 궁극적인 지평으로서의 '황홀경적' 발언의 가치판단이 어떻게 1960년대의 '감정 구조'까지 거슬러 올라갈 수 있는지 제시할 것이다. 청년 운동의 두 상징 곧 허버트 마르쿠제와 노먼 O. 브라운의 공개 논쟁을 꼼꼼히 읽음으로써, 나는 전략과 미적 표현의 상대적 가치에 대한 신좌파들의 중요한 논쟁에서 어떻게 표현주의자들(expressivists)이 승리했는지, 그리고 어떻게 이 표현주의적 경향이 결국 비판적 사회사상의 주도적 영역에서 '상식'이 됐는지를 보일 것이다.

　이어 3장에서는, 사회 운동의 쇠퇴 그리고 이론과 실천의 괴리 확대가 비판적 이론을 1980년대와 90년대 지식 생산의 정치경제학 변화(대학의 합리화)에 무방비로 노출되게 만들었는지 제시할 것이다. 포스트모던 문헌의 '장식적인'(baroque) 또는 피상적인 형식적 깊이는, 그 전엔 침해당하지 않던 비판적 사고의 영역에까지 상품화 논리가 침투한 사실을 대변한다는 점도 제시할 것이다. 4장에서는 프랑스 구조주의자들이 주관적 경험을 이론적 지식의 기반으로 인정하지 않은 것이, 결국 하트와 네그리의 『제국』과 같은 최근 저작에 나타나는 실제 사회 관계의 신비화까지 유발했다고 논할 것이다. 그리고 이로써 '장식적인' 포스트모더니즘 논의의 등장을 『독일 이데올로기』에서 맑스와 엥겔스가 행한 관념론 비판과 연결지을 것이다.

5장 「군주와 고고학자」는, 그람시의 정치 행동, 지도력, 형식의 전략적 '현상학'을 확장함으로써 실천 이론의 바탕 재구축을 모색하는 6장 이후 부분과 4장까지의 부분을 연결하는 다리 구실을 한다. 5장의 '군주'는 정치 영역에서 집단적 사회주의 미덕과 '의지'를 실현하는 방법론을 제공한 그람시이다. 반면 '고고학자'는 미셸 푸코다. 나는 모든 종류의 전략적 정치 사상을 폭넓게 비판한 이 포스트구조주의 비평가가 급진적 전통에 가장 큰 해악을 끼쳤다고 주장한다.

6장과 7장은 그람시가 '근대 군주'라고 부른 새로운 형식에 관한 그의 이론을 오늘날 되살리는 시도를 한다. 이 책의 제목 '탈근대 군주론'은 사실 근대 정치사상의 두 가지 '군주론'을 반영한다. 첫 번째는 물론 마키아벨리의 『군주론』이다. 이 책은 16세기 초 군주들이 어떻게 정치적 힘을 확보하고 유지할 것인지에 대한 안내서다. 이 책은 서구 정치 사상에서 최초로 명백히 '현실주의적인' 작품이다. 외관상 이 책은 권력에 내한 뻔뻔스린 찬양과 도덕적 관습에 대한 표면적 무관심 때문에 여러 세대의 독실한 독자들을 분노하게 만들었다. 거의 5세기 만에 이 책은 애초의 논쟁적 기운을 어느 정도 띠게 됐다. 학자들은 여전히 이 책을 쓴 마키아벨리의 주요 동기가 군주들과 지배자들을 교육하기 위한 것인지 아니면 군주의 무자비한 성질에 대해 일 포폴로, 곧 인민들을 가르치려는 것이었는지를 놓고 티격태격하고 있다.

마키아벨리가 숨진 지 몇 세기 만에 또 다른 이탈리아 사상가가 마키아벨리의 원칙을 사회주의 혁명 문제에 적용하려 했다.

모호한 작품인 '근대 군주론'을 안토니오 그람시라는 맑스주의 혁명가이자 정치가, 언론인이 썼다. 1920년대 파시스트 반대 활동과 사회주의 정치 활동으로 투옥된 그람시는 인생의 말년을 감옥에서 번민하다가 1937년 46살의 나이로 숨졌다. 감옥에서 그는 급진주의 전통의 영원한 유산이 된 작품인 『옥중수고』를 썼다. 정치, 지식인, 맑스주의, 이탈리아 역사, 문학에 관한 단편적인 관찰 기록들을 모은 이 매력적인 책 곳곳에 흩어져 있는 '마키아벨리에 관한 기록들'을 찾을 수 있다. 이 기록들은 그가 '근대 군주'에 관한 작품으로 출판하려고 희망했던 논문의 바탕이 되는 것들이다. 그람시는 실제로 '근대 군주론'의 모델을 『군주론』에서 가져왔다. 마키아벨리의 책에는 이런 제목의 장들이 있다. '경멸과 미움을 피하는 것에 관해' '복합 군주국에 관해' '군대의 다양한 종류와 용병에 관해'. 그람시의 '마키아벨리에 관한 기록들'도 비슷하게 사회주의적 실천의 요소들을 '상황 분석' '정치의 요소들' '고정률의 공리' '대리 정부 체제에서 숫자와 질' '자발성과 의식 있는 지도력' 등의 부제 아래 나눠놓고 있다.

많은 면에서 그의 작품 가운데 가장 일관되고 이론적으로 독창적인 '근대 군주론'은 마키아벨리의 환상을 배제한 정치학 이론과 맑스의 역사 이론을 종합한 것이다. 마키아벨리가 중세 질서의 붕괴라는 체제적 혼돈과 무질서의 순간에 새로운 사회적·정치적 질서를 확립하는 데 적합한 정치론을 제시하려 한 것과 똑같은 방식으로, 그람시는 1, 2차 세계대전 사이 유럽의 체제 위기 상황에 적합한 '집단적 주체'의 육성을 이론화했다. 베네디토 폰태너는 이렇게 보고 있다.

> 그람시에게 있어서 마키아벨리의 가장 큰 중요성은, 정치 활동과 사회 관계의 모든 전통적, 그리고 물려받은 형식들이 해체되고 있다는 심오한 통찰에 있다. 그 중요성은 또 의미 있는 문화적·정치적 질서를 재구축하기 위한, 새로운 동시에 영원히 모호한 성격의 진부한 주제에 대한 후속 탐구에 있다. 사회정치적 구조·제도의 해체와 역사의 새롭고 강력한 세력으로 떠오르는 '대중' 또는 인민의 병치야말로, 근대 사회 일반의 이론적, 이념적, 사회정치적 투쟁의 조직적 핵심을 형성한다.17

마키아벨리와 마찬가지로 그람시에게도 사회를 이끌 수 있는 결합, 집단적 의지의 구성 방법 문제가 지상 과제였다. 사회주의 운동이 노동계급과 주변 연합 세력의 동의를 얻어 새로운 민주 질서 건설을 이끌길 원했다면, '근대' 군주라는 형식을 취했어야 했다. 그람시는 이렇게 썼다. "근대 군주, 곧 신화·군주는 실제의 한 인격, 구체적인 개인일 수는 없다. 그것은 오직 이미 인정받았으며 어느 정도까지는 행동을 통해 스스로를 확인한 어떤 집단 의지가, 이 유기체 안에서 구체적인 형식을 갖추기 시작하는 유기체, 복합적인 사회 요소일 수밖에 없다."18

결국, 인민과의 변증법적 대화를 통해 정치적·문화적 프로그램을

---

17. Benedetto Fontana, *Hegemony and Power: On the Relation between Gramsci and Machiavelli* (Minneapolis: University of Minnesota Press, 1993), 13쪽.
18. Antonio Gramsci, *Selections from the Prison Notebooks*(*SPN*), Quentin Hoare 엮음 (New York: International Publishers, 1971), 129쪽. [한국어판: 『그람시의 옥중수고』, 이상훈 옮김, 거름, 1993.]

구성함으로써 근대 군주는 어쩔 수 없이 사회의 정신적·사회적 힘을 자기 주위로 모으게 된다. 이 집중 작업은 자신의 가치가 현재 지배적인 질서의 가치를 대체할 때까지 계속된다.

똑같은 맥락에서, '탈근대 군주'도 새로운 집단적 주체의 이름이다. 이 주체는 수많은 분산된 저항 행동과 문화 운동들을 단일 운동이라는 형식(form)[19] 속에 모으게 될 것이다. 그리고 이 단일 운동의 외부적 확장은 진정으로 민주적이고 윤리적인 인간 문화를 형성하는 데 이르게 될 것이다. 통일된 정체성과 세계관 속에 결합하는 것을 통해서만, 분산된 좌파 잔존 세력들은 국가의 합법성 위기와 상품에 의한 생활세계의 식민지화에 의미 있게 대응할 잠재력이라도 얻을 수 있다. 이 형식에 탈근대 군주라는 이름을 붙이는 것은, 탈근대성의 조건이 그런 통일된 정체성을 위한 투쟁을 포기하도록 요구하지 않는다는 걸 보이기 위해서다. 더 정확히 말하자면, 우리는 현재의 역사적 조건에 전략적으로 적합한 '구체적인 형식'을 이론화하고 건설해야 한다.

그래서 새 군주를 묘사하는 데 내가 탈근대(포스트모던)[20]라는 표현을 썼다고 해서, 나의 작업이 포스트모더니즘 또는 포스트구조주의

---

19. [옮긴이] 저자는 이 책 전반에 걸쳐서 '형식'(form)을 강조하고 있으며 필요 없어 보이는 구절에서도 이 단어를 자주 쓴다. 여기에는, 형식을 갖추지 못한 내용 또는 본질은 타인에게 인식될 수 없기에 정치 또는 운동 영역에서 형식이 극히 중요하다는 저자의 생각이 담겨 있다. 저자가 제시하는 '탈근대 군주'는 21세기에 걸맞은 사회 운동의 형식이다. 이런 점을 고려해, 원문에 'form'이 나오면 극히 몇몇 경우를 빼고는 문맥상 필요 없더라도 '형식'으로 번역했다.
20. [옮긴이] 저자가 제기하는 'postmodern prince'라는 형식에서 'postmodern'의 의미를 일반적인 의미와 구별하기 위해, '탈근대'라는 용어를 썼다. 그리고 일반적인 'postmodern'은 '포스트모던'이라고 표기했다.

의 감수성과 유사함을 보여주는 것으로 오해하지 말아야 할 것이다. 이 표현은 단지 우리 시대의 이행적 성격을 표현하기 위한 것이다.[21] 몇 가지 체제 위기 곧 근대와 관련된 제도, 문화, 기호, 공동체, 생태계 배열의 붕괴가 동시에 나타나면서, 권위와 문화적 재생산의 전통적 기반이 붕괴하고 재구성되고 있다. 이에 따라 우리의 실천 기반도 같은 과정을 겪고 있다. 데이비드 하비가 특징화한 것을 보면, '포스트모던의 한 조건' 곧 시간과 공간에 대해 우리가 과거와 다르게 파편적이고 압축된 경험을 하는 것은 세계 자본주의의 경제적·상징적 조직이 1970년대부터 지금까지 오면서 근본적인 변화를 겪은 데 원인이 있다. 이 변화는 자본 축적이 포스트포드주의 체제로 전환한 것 곧 다국적 생산, 분산 또는 '일관' 생산, 전 세계 금융자본의 통합과 같은 변화가 나타난 것과 연관된다.[22] 이런 변혁의 결과, 우리가 '포스트모던'으로 생각하는 사회 경험과 문화적 모순들의 범위는 유럽의 근대성과 오랫동안 연결되어 있던 것들과는 확연히 다르다. 근대성에 연결되어 있던 것들이 무엇보다 유럽 국민국가 체제의 등장, 역사를 이성이 드러나는 발현 지점으로 보는 생각, 식민지화 정책, 인종적으로 단일한 세계 엘리트층의 등장이라면, 포스트모더니티는 자유주의적 국민국가의 성동성 위기, 지역이라는 공간의 파괴, 기술적 확장, 유럽의 세계 경제와 문화 '중심' 또는 핵심이라는 지위 약화, 하위 계층의 경험에

---

21. Terry Eagleton, *The Illusions of Postmodernism* (Cambridge, UK: Basil Blackwell, 1996), 134쪽. [한국어판:『포스트모더니즘의 환상』, 김준환 옮김, 실천문학, 2000.]
22. David Harvey, *The Condition of Postmodernity* (Cambridge, MA: Blackwell, 1990). [한국어판:『포스트모더니티의 조건』, 구동회·박영민 옮김, 한울, 1994.]

바탕을 둔 반서사(反敍事)의 등장과 확산으로 구성된다.

'탈근대 군주'라는 나의 용어 사용은 스티븐 길의 사용법과도 다르다. 길은 그람시와 마키아벨리를 따라서, 기존의 집단적 실천 관행을 바탕으로 탈근대 군주론의 개발을 촉구한다. 그는 환경운동가, 노동권 옹호론자, 시민권 활동가와 기타 반세계화 운동가들이 신자유주의적 자본주의 질서의 '합리적' 구조에 도전하고 새로운 민주적인 경제적·사회적 참여의 전망을 만들어내기 위해 잠재적인 통일세력으로 수렴하는 듯해 보인다고 논한다. 이런 운동들은 "사회 정의와 연대, 사회적 가능성, 지식, 해방, 자유에 관한 혁신적인 개념"을 바탕으로 해서 "열려 있고 포괄적이며 유연한 다수의 정치 형식에 일관성을 부여하는, 아마도 효과적인 한 가지 정치 형식"을 향할 것이라고 한다.[23] 신자유주의 세계경제가 만들어내는 '새로운 전략적 맥락' 또는 포르투나(운명)[24] 속에서, '탈근대 군주'는 체제에 도전하는 비르투(능력)의 표상으로, 다시 말해서 "새롭고, 윤리적이며 민주적인 정치제도와 실천의 형식들"의 새로운 형식으로 등장한다고 그는 쓰고 있다.[25]

이런 주장 상당 부분에 동의한다. 하지만 분산되어 있고 서로 차별

---

23. Stephen Gill, *Power and Resistance in the New World Order* (New York: Palgrave, 2003) 221쪽. 이 책의 결론 부분인 「탈근대 군주를 향하여」(Toward a Post-Modern Prince)는 "Toward a Postmodern Prince? The Battle in Seattle as a Movement in the New Politics of Globalisation", *Millennium: Journal of International Studies* 29:1 (2000), 131-140쪽에 처음 실렸다.
24. [옮긴이] 포르투나와 비르투는 마키아벨리의 『군주론』에 중요하게 등장하는 용어다. 포르투나는 인간사에 개입하는 힘 또는 주재자를 뜻하거나 우리의 통제를 벗어난 사건이나 행위를 뜻하는 것으로 쓰인다. 비르투는 미덕이나 능력, 힘 등을 뜻한다. (『군주론』, 강정인·문지영 옮김, 까치글방, 2003, 한국어판 용어 해설을 참조.)
25. Gill, *Power and Resistance in the New World Order*, 218쪽.

적인 운동들이 의미 있는 한 가지 '형식'을 갖추고 있으며, '다른' 운동들의 결합을 유도하는 실천을 더 선호한다고 말할 수 있을지에 대해서는 그보다 훨씬 확신이 적다. 사회주의자, 무정부주의자 그리고 학계 비평가들은 반세계화 운동을 평가함에 있어서 '식자의 낙관론'으로 흐르는 경향이 있다. 다시 말해, 반세계화 운동의 성과를 과장하고, 일관된 이념과 공통의 전략적 전망이 없는 이런 다양한 운동들이 자본주의와 기타의 지배체제, 불평등 체제를 의미 있게 위협하지는 못할 것이란 점을 과소평가한다. 이런 경향의 결과는 다시 한번 이론이 실천에 뒤쳐지는 것이다. 비평가들은 당면 실천(praxis)과 관련해 가장 특이한 것이 무엇인지 파악하는 데 실패하고 말았다. 그건 차이가 아니다. 스스로의 역사적 과잉결정과 모순을 의식하지 못하는 실천이 당장의 사건들이 만들어내는 먼지 폭풍 속에서 용감하지만 맹목적으로 실패를 거듭하는 와중에, 절실하게 다가오는 연합의 필요성이다. 그러나 요즘 이론이 당면한 도전은 단지 현재의 운동을 분석적으로 이해하는 게 아니다. 운동을 추진하는 가장 깊숙한 필요성과 욕구를 밝혀내고 그것이 꽃피어나도록 돕는 것이다. 어떤 의미에서 이론은 실천이라는 도양에 파묻혀 있는 진실들이라는 배아에 물을 줘야 한다.

그래서 나는 탈근대 군주의 물질적 그리고 역사적 기반의 하나가 반세계화 운동이라는 점에서는 스티븐 길과 생각이 같지만, 이 군주가 운동과 하나로 합칠 수 있다거나 합치게 될 것이라고는 생각하지 않는다. 6장과 7장에서 다시 논하겠지만, 현재의 해방 운동이 제기하는 주장의 총체성은 본질적으로 세계 자본주의 비판을 넘어서서, 기존 인류 문명에 더 깊은 도전을 제기하는 것이라고 본다. 게다가 탈근대 군주의 등장이 자본주의 경제의 조건·추세와 중요하게 연관되어 있기는 해도, 단순히 거대구조적 모순이 존재한다는 사실만으로 탈근대 군주의 등장을 예상할 수는 없다. 예상의 근거는 (인간을 포함한) 동물 존재의 정신적·물질적 생활의 요구에서 찾아야 한다. 자본주의의 모순이 마찰과 저항의 지점을 만들어내지만, 그래서 등장하는 대항정체성(counter-identities)과 대항담론(counter-discourses), '저항정체성'은 다양한 형식을 띨 수 있고, 그 형식이 모두 진보적인 것은 아니다. 그래서 더할 나위 없이 중요한 것이 바로, 탈근대 군주의 단결의 존재론적 근거는 물론이고 규범적 근거까지 구체화하는 것이다. 이를 위해서 나는 메타인문주의(metahumanism)라고 내가 이름붙인 것 곧 탈근대 군주의 단결과 궁극의 목적에 철학적 근거를 제공할 보편적 존재론과 윤리에 대해 약술하는 것으로 결론을 대신할 것이다. 메타인문주의는, 탈근대 군주가 "근대 문명의 우월하고 총체적인 형식의 실현"[26]이라고 그람시가 표현한 것을 달성하려고 할 때 필요한 삶철학이다.

---

26. Gramsci, 『옥중수고』(*SPN*), 133쪽.

1장
좌파를 낭만화하기

> 파시즘은 대중에게 권리를 주는 데서가 아니라 그들에게 표현의 기회를 주는 데서 자신의 구원을 본다. 대중은 소유물의 관계를 바꿀 권리가 있다. 파시즘은, 소유물은 지키면서 표현만 넘겨주려고 시도한다.
>
> 발터 벤야민

맑스주의적 사회주의가 위기에 처하고 실천의 적합한 수단과 목적에 관한 새로운 '상식'이 급진적 정치사상에서 형성되던 얼마 전의 중요한 순간을 되돌아보는 것으로 글을 시작하려고 한다. 1960년대와 70년대 초의 신좌파와 대항문화(counter-culture) 운동은 근대 기술 중심 사회의 소외와 위선, 폭력에 맞서는 열정적이고 뿌리 깊은 낭만적 외침, 한마디로 근대성 자체에 대한 반역을 대변했다.

지금 우리가 단순히 '60년대'라고 부르는 시절은 체계적이고 뿌리 깊은 권력구조에 맞서는 상상력 풍부한 문화적, 정치적 반역을 대표했다. 신좌파, 흑인의 힘(블랙 파워)[1], 반전운동의 등장은 식민 세계체제의 잔존 구조, 자본주의, 부르주아의 타당성을 무너뜨리려는 내부적인 충동을 대변한다. 신좌파의 주장은 정치적인 만큼 문화적이었다. 허버트 마르쿠제의 표현대로 생활세계의 기술 중심적 합리화와 지배에 대한 '위대한 거부'였던 것이다.

그러나 또한 적어도 초기에는 맑스주의의 진실성을 거부하는 것이기도 했다. 세계를 바꾸고 싶어했던 몇 세대의 노동자와 지식인들에게, 맑스주의는 토마스 쿤이 사용한 의미에서 '패러다임'의 모습을 띠는 것이었다. 셸던 월린은 맑스주의를 "서구 정치 사상사에서 가장 비범한 패러다임의 하나"[2]라고 올바르게 표현했다. 다른 형식의 정치적 실천 가운데서도 중요한 것들이 있었고 그 가운데 여성주의와 아나키즘을 빼놓을 수 없지만, 맑스주의는 오랜 세월 동안 저항적 운동과 비판적 철학이 꽃피는 곳이라면 어디서든 동류 가운데 으뜸이었다. 그 어떤 이론이나 실천도 혁명을 일으키고 실제 사회관계의 특징을 파악하기 위한 도구를 제공하지 못했다. 어떤 것도 이처럼 사회 비판과 집단적 행동의 힘있는 언어를 제공하지 못했거나, 억압받는 이들을 위한 희망의 전망을 이처럼 기대할 만하게 제시하지 못한 듯 하다.

그러나 많은 비평가들에게 1960년대의 실험적 사회 운동은 전혀 새로운 이론과 실천의 형식을 만들어내는 것으로 보였다. 1971년에 쓴 글에서 마시모 테오도리는 이 새로운 "정치-조직적 실천"[3]의 핵심에

---

1. [옮긴이] 흑인 인권운동가 스토클리 카마이클이 만들어낸 말이다. 그는 미국 흑인들에게 비폭력 저항을 버리고 더 급진적이고 혁명적인 전술을 채택할 것을 촉구했다.
2. Sheldon Wolin, "Paradigms and Political Theories", Preston King and B. C. Parek 엮음, *Politics and Experience: Essays Presented to Michael Oakeshott* (Cambridge: Cambridge University Press, 1968), 143쪽.

놓인 다섯 가지 주제를 제시했다. 첫째, 신좌파는 사회에 대한 '도덕적 반란', 개인적 자기표현에 뿌리를 둔 반란을 강조했다. 둘째, 사회의 전체 문화적, 정신적 구성을 세밀하게 해명하는 모습을 띠면서 맑스주의보다 훨씬 폭넓고 깊이 있는 비판을 포괄했다. 셋째, 훨씬 전통적인 정치 참여 영역을 회피하면서 대신 직접행동 전술을 강조했다. 넷째, 신좌파의 지지자들은 일반적으로 풀뿌리 또는 '참여' 민주주의에 대한 헌신을 강조했다. 마지막으로, 이 운동은 전반적인 "구조와 행동의 탈집중화와 다양성"4에 헌신했다. 이 마지막 요소가 아마도 구좌파와 신좌파가 결별하는 가장 현저한 지점일 것이다.

테오도리는 이 운동에 폭넓게 공감했지만, 이 운동의 이상향적 활력이 아직 효과적인 정치로 전환되지는 못했다고 우려했다. 그래서 아직 이 시점까지 신좌파는 "새로운 세력이 따라야 하는 전반적인 전략의 문제를 해결하는 데"는 성공하지 못했다고 봤다. 이 문제는 "사소한 것이 아니었고 미국의 신좌파는 아직 이 문제를 해결하지 못했다."5 신좌파에게 결여된 것은, "미국 사회의 구조 분석, 미래 사회의 전망, 한쪽에서 다른 쪽으로 이끌어 가는 변혁을 촉발할 방법과 수단"을 제공할 수 있는 '새로운 이론적 종합'이었다. 테오도리는 이렇게 결론짓는다.

---

3. Massimo Teodori 엮음, *The New Left: A Documentary History* (Indianapolis, Ind.: Bobbs-Merrill, 1969), 37쪽.
4. 같은 책, 36-37쪽.
5. 같은 책, 79쪽.

신좌파는… 이상이 결여된 것도, 부분적 분석과 정치 행동의 방법을 위한 제안이 결여된 것도 아니다. 사실 결여된 것은 근거의 통합적 틀, 다양한 투쟁 지점에 적용될 우선 순위, 기존 질서의 대안 정치 세력을 형성해야 한다는 내부적 인식이다. 정치 투쟁이 취할 방향에 대한 이론적 반성의 필요성을 채우기 위해 많은 시도가 이뤄졌지만, 지금까지는 그 어느 것도 신좌파의 이론이라고 인정받을 정도로 포괄적이지 못하다. 이론을 형성하는 과정은 역사적이다.… 이는 아마도 긴 과정일 것이다. 최소한 한 세대의 헌신이 필요하고 현재와 미래에 나타나는 투쟁의 실천에만 철저하게 집중하는 것이 필요한 과정이다. 비록 아주 미약하지만 몇몇 증표를 이미 볼 수 있다.[6]

하지만 이런 종합은 결코 이뤄지지 않았다. 행동에 우선 순위를 매길 '근거의 통합적 틀'은 나오지 않았고, 신좌파의 '부분적 분석'에 더 강한 일관성과 효율성을 가져다주는 일도 없었다. 전반적인 전략 또한 없었다. 대신 그 이후 몇 년 동안 신좌파와 시민권 운동은, 정치적으로 고립되고 이념적·사회적 모순 탓에 내부적으로 지쳐, 서로 경쟁하는 10여 개의 파벌, 운동, 정체성으로 뿔뿔이 흩어졌다. 하지만 1960년대는 서구적 실천에 감수성 또는 '양식'의 변화를 유발했다. 이 변화는 전략, 이론적 일관성 또는 대항헤게모니 운동의 끈기 있는 구축보다는 내부의 '급진적' 성향의 감성적·미학적 표현을 결정적으로 우위에 두는 것이다. 그 이후 몇 십 년 동안 1960년대의 '감정 구조', 충동과 억제와 감수성의 특징적 요소들이 사회 운동의 실천 속에 자리잡

---

6. 같은 책, 80쪽.

아, 학계 지식인층의 '장식적인' 담론 밑 침전물이 됐다.

감정의 낭만적 구조

1960년대가 특정한 감정 구조를 지니고 있다는 사실은 그 시대를 산 사람 누구에게나 명백할 것이다. 이 구조는 경험과 행동과 탐구 방식에 일정한 제한을 가하는 것이다.7 그 시대의 참여자들과 비평가들은, 미래의 전망과 효과적인 행동 형식, 정치적 전략, 이론적 일관성, 심지어 다수결의 정치를 창출해내는 것보다 더 중요해 보이는 건 정치적·문화적 표현의 근원적 순간(ur-moment)이라는 걸 목격했다. 나이절 영은 나중에 이렇게 말했다. "당시 분위기는 학계의 과장 또는 이론적 장황함에 맞서고, 제3자적 분석을 회의주의로 여기고, 참여와 실험적 명상을 선호하고, 계산되고 측정된 것을 반대하고 대신 자발적이고 자기표현적인 걸 신뢰하는 것이었다. 1960년대는 '반성'의 시대가 아니라 '촉발'의 시대였다."8

찰스 테일러는 (유사한 용어인 이사야 벌린의 '표현주의'expressionism를 따라서) 표현주의(expressivism)라는 용어를 써서, 18세기 말 낭만주의의 도래와 함께 나타난 유럽 문명의 큰 변화를 문학적·

---

7. Raymond Williams, *Marxism and Literature* (Oxford: Oxford University Press, 1977), 132쪽. [한국어판: 『문학과 문화이론』, 박만준 옮김, 경문사, 2003.]
8. Nigel Young, *An Infantile Disorder? The Crisis and Decline of the New Left* (London: Routledge and Kegan Paul, 1977), 39쪽.

문화적·정치적 순간으로 묘사한다. 낭만주의는 많은 측면에서 서구 세계 자체의 근대성과 산업화에 대항하는 심장의 외침이었다. 돌바흐와 엘브티우스는 '인간'을 합리적이고 자기본위인 주체, 그리고 조작할 수 있는 객체로 묘사했다. 이런 합리주의적 관점은 문화와 자연, 주체와 객체, 생각과 감정 등을 날카롭게 나눈다. 인간 주체를 단지 우주의 또 다른 객체로, 기계적 그리고 자연적 법칙의 산물로 보는 경향이 있는 이런 과학적 관점에 맞서, 칸트는 무조건적이고 절대적인 자유를 회복시켜줌으로써 인간 주체를 구제하는 철학을 형성했다. 주체의 자유는, 이성과 자율의 능력, 자연과 개인 성향과 욕망에서 벗어나 진리에 따라 행동할 수 있는 능력에서 비롯된다. 그렇지만 낭만주의자들에게 자아의 본성은 개작하는 것이다. 첫째로는 감정을 느끼는 자아로, 두 번째로는 지식과 가치의 원천 또는 발원하는 샘으로 말이다. 독일 낭만주의자들은 감정을 이성의 압제에서 구하려고 애썼다. 낭만주의자들은 인간 존재를 "각 부분이나 측면이 전체와 관계에서만 적절한 의미를 지니는 예술작품의 통일성과 유사한 통일체"로 부각시켰다. "인간의 삶은 어떤 중심의 고갱이로부터 펼쳐졌다."[9] 세계에서의 우리의 의도와 행동의 조화에 가치를 두는 계몽시기 이전 관점에 맞서고, 개인의 의지와 절대적 도덕률의 일치를 강조하는 칸트의 생각과도 대조적으로, 낭만주의자들은 행동을 내적 본성에 결부시켰다. 그들은 주체의 내적 본성이 존재론적으로 우선한다고 봤으며, 모든 가치의 근원

---

9. Charles Taylor, *Hegel and Modern Society* (Cambridge: Cambridge University Press, 1979), 1-2쪽. [한국어판: 『헤겔철학과 현대의 위기』, 박찬국 옮김, 서광사, 1988.]

이라고 생각했다. 이성보다는 감성이 자아의 더 확실한 안내자였던 것이다.

근대 이전의 아리스토텔레스적 관점은 생각과 행동을 연결함으로써 미덕을 세계 내 우리의 행동 결과로 봤다. 그러나 낭만주의자들은 미덕을 주체의 세계에 대한 감정에 위치시켰다.[10] 피히테는 『전체 지식론의 기초』에서 이렇게 썼다. "자신에 주목하라. 당신의 관심을 당신을 둘러싼 모든 것에서 당신의 내적 삶으로 돌려라. 이는 철학이 원칙으로 삼아야 할 첫 번째 요구다. 우리의 관심은 당신 밖에 존재하는 그 어떤 것도 아니다. 당신 자신일 뿐이다."[11]

그러나 자신의 내적 진실, 내적 경험과 '접촉하는 것'으로는 충분하지 않다. 그것의 본성도 표현해야 한다. 우리의 내적 본성을 표현함으로써만 우리는 우리 자신이 될 수 있고 자신을 정의할 수 있다. 테일러의 표현으로 하면 "우리가 본성에 접근하는 것은 우리 내부의 목소리 또는 충동을 통해서이기" 때문에 "우리는 우리 내부에서 찾은 것을 분명히 발언함으로써만 이 본성을 온전히 알 수 있다."[12] 인간 존재는 "표현 활동을 통해서 자신의 최고 성취 상태에 이르렀다."[13]

테일러는 도구적 이성과 삶의 좀더 전체적이고 영적인 개념간의 갈

---

10. Charles Taylor, *Sources of the Self: The Making of the Modern Identity* (Cambridge, Mass.: Harvard University Press, 1989), 372쪽.
11. J. G. Fichte, *The Science of Knowledge*, Peter Heath and John Lachs 엮음 (Cambridge: Cambridge University Press, 1982), 6쪽. [한국어판: 『전체 지식론의 기초』, 한자경 옮김, 서광사, 1996.] Bob Fitch, *On Nietzsche: The First Philosopher of the Last Man* (ca. 1998), 미출간 원고, 9쪽에서 재인용.
12. Taylor, *Sources of the Self*, 374쪽.
13. Taylor, *Hegel*, 2쪽.

등, 말하자면 프랜시스 베이컨의 과학주의와 윌리엄 블레이크의 반율법주의 간 긴장을 묘사한다. 그리고선 지난 세기 동안 이 갈등이 서구에서 주기적으로 표면화했으며 가장 최근 예로는 1960년대와 70년대의 대항문화에서 겉으로 드러났다고 주장한다. 테일러는, 사람들이 여전히 "낭만주의적 표현주의의 형식… 에 의존해" 살고 있음을 대항문화가 증명한다고 주장한다. 왜냐하면, "1968년 5월 파리의 반란에 영감을 불어넣은 목표는 그 어떤 20세기 저술가보다도 실러에 가까운 것이었다. 장벽 제거 곧 예술과 삶, 일과 사랑, 계급과 계급의 경계 허물기의 결과로 얻어지는 개인 내부 및 사람들 간의 조화를 회복하는 모습 그리고 더 충만한 자유라는 이 조화의 표상, 이 모든 것이 본디 낭만주의적 동경과 잘 어울리기"[14] 때문이다.

낭만주의 시대와 마찬가지로, 1960년대 운동의 정치적·문화적 표현은 위대한 내부적 열기와 정열로 타올랐다. 감정은 이성보다 우월한 것으로 여겨졌고, 실천(praxis)은 정서적이고 종종 미적인 용어를 통해서 창조적이고 자발적인 포에이시스(poeisis)[15] 또는 '창출'의 기획으로 표현됐다.[16] 신좌파 지도자 톰 헤이든은 활동가들에게 "이론보다는 감정에 더 의존하라."고 조언했다. 왜냐하면 "행동은 이론만으로는 이뤄낼 수 없는 스스로의 증거를 만들어내기"[17] 때문이라는 것이다. 문

---

14. Taylor, *Sources of the Self*, 496-497쪽. 373쪽도 보라.
15. [옮긴이] 포에이시스는 생산 또는 창조를 뜻하는 그리스어다. 시학(poetics)이 이 말에서 나왔다.
16. Teodori, *The New Left*, 49쪽을 참조하라.
17. Tom Hayden, *Participatory Democracy*, T. E. Cook and P. N. Morgan 엮음 (New York: Harper and Row, 1971), Young, *An Infantile Disorder?* 39쪽에서 재인용.

제는 현재에서 "혁명을 살아가는" 것이다.18 다니엘 게랭은 자신의 유명한 아나키즘에 관한 안내서(『현대 아나키즘』)에서 각 개인은 힘과 영감의 원천으로서 자기 내부를 돌아보아야 한다는 막스 슈티르너의 금언을 긍정적으로 인용함으로써 이런 기질을 집약해 보여줬다. "자기 거부에서 자유 곧 자신을 거부하는 자유를 찾지 말라. 대신 자기 자신을 찾으라.… 당신들 각자가 전능한 나 자신이 되도록 하라."19 짧게 말해, 표현주의적 감정 구조는 말과 주체의 내부적 진실과 행동 또는 실천이 대등성을 이루는 사슬에 뿌리를 두고 있다.

많은 1960년대 평론가들은 대항문화와 낭만주의적 감수성의 유사성을 명백히 묘사했다. 한편으로, 젊은 세대와 신좌파에 대해 비판적인 이들은 신좌파와 반전운동을 공상적이고 성숙하지 못하며 비현실적이라고 치부하는 데 익숙하다. 하지만 운동에 공감하는 평자들 또한 1960년대 말에는 그저 '운동'이라고 줄여 부르던 이 운동과 낭만주의의 유사성에 주목했다. 예를 들어, 시오도어 로셔크는 1968년에 내놓은 연작 논문에서, 초기 낭만주의자들이 초기 자본주의 근대성의 영적 공허함에 도전했던 것과 마찬가지로 신좌파와 대항문화의 말기 낭만주의자들도 근대 사회의 소외와 비인간성 곧 삶과 경험과 자연을, 합리화한 질서와 관료주의 그리고 이익추구로 환원하는 데 반대했다고

---

18. Young, *An Infantile Disorder?* 44-46쪽을 보라. Josephine Donovan, *Feminist Theory: The Intellectual Traditions of American Feminism* (New York: Continuum, 1985), 152쪽도 참조하라. [한국어판: 『페미니즘 이론』, 김익두·이월영 옮김, 문예출판사, 1993.]
19. Daniel Guerin, *Anarchism* (New York: Monthly Review Press, 1970), 28쪽. [한국어판: 『현대 아나키즘』, 하기락 옮김, 신명, 1993.]

봤다. 신좌파의 상징인 허버트 마르쿠제와 노먼 O. 브라운의 글들을 비교하면서, 그는 이렇게 지적했다. "우리는 맑스가 이른바 '과학적' 사회주의를 위해서 포기했던 풍요로운 독일 낭만주의 전통의 주류로 되돌아간다. 사후적 깨달음 덕분에 [마르쿠제와 브라운은] 처음부터 끝까지 광기와 환희, 영적인 갈구에 집착한 질풍노도와 같은 낭만주의 감수성이 맑스가 생각했던 것보다 훨씬 더 탁월한 통찰력을 창출했음을 볼 수 있었던 것 같다. 특히 이 전통은 위대한 파우스트적 영혼의 심리학자들인 프로이트와 니체의 작품 속에서 표현될 예정이었다."[20]

1960년대 말에 '웨더 언더그라운드'의 폭력, 애비 호프만과 청년국제당원들(Yippies)[21]의 극적 정치 또는 국내 및 제3세계의 카리스마적 혁명가와 스스로를 낭만적으로 동일시하는 운동 경향에서 표현주의 강조 현상을 볼 수 있다는 견해를 반박할 이는 아마 거의 없을 것이다. 그런데 논란의 여지는 있으나, 원시 표현주의적 요소는 〈민주사회를 위한 학생들〉(SDS)[22]의 설립과 자유발언운동(Free Speech Movement)의 등장과 함께 신좌파의 아주 초창기 움직임에서도 이미 보였

---

20. Theodore Roszak, *The Making of a Counter-Culture: Reflections on the Technocratic Society and Its Youthful Opposition* (New York: Doubleday, 1969), 91쪽.
21. [옮긴이] 웨더 언더그라운드는 조직원이 수백명에 불과한 작은 단체이지만 폭력적인 행동 때문에 널리 알려졌다. 국제청년당원들은 1968년 시카고에서 열리는 대규모 베트남전쟁 반대 행사의 긴장감을 완화하기 위해 음악회를 기획하자는 취지에서 모인 소규모 집단이다. 반전행사를 정부가 강경 진압하면서 이 단체도 함께 주목을 받게 됐다.
22. [옮긴이] 민주 사회를 위한 학생들은, 1960년에 결성된 급진적 학생조직이다. 베트남전쟁 이후 미국 사회의 전망으로 참여민주주의 확립을 제시해 학생운동에 많은 영향을 끼쳤다. 특히 베트남전쟁 반대 운동이 확산되면서 주목받기 시작했고, 1968년 컬럼비아대학에서 벌어진 대규모 반전 시위를 주도했다. 이 시위로 700명 이상이 체포됐다. 그 해 내부 분열로 조직이 와해됐다.

다. 〈민주사회를 위한 학생들〉 창립문인 「포트 휴런 선언」은 사실상 전형적인 공개적 정책 문건에 반하는 모습을 띠었다. 열정이라고는 없는 정부 또는 랜드연구소 계획서의 관료적 문장과 정반대로, 젊은이들이 미국에서 태어나 자란 경험을 진지하게 가슴에서부터 털어놓은 말들에다가 "외로움, 불화, 소외"에 대한 인간적인 언급이 곁들여진 미국 사회에 대한 세련된 사회학적 분석을 결합한 것이다.[23] 바로 이 인간적인 충동은 1964년 버클리에서 벌어진 자유발언운동의 격렬한 이상주의를 포함한 전 세계 모든 학생 운동을 불 지핀 충동이다. "결과가 있는 그 어떤 발언"도 두려워한 대학 관료들은 학생들의 "가장 창조적인 충동을 억제"하려 했다고 마리오 사비오는 (점거농성 연설에서) 주장했다.[24]

4년 뒤 똑같은 표현주의적 정서가 다시 등장했는데, 이번엔 대서양 반대편에서 나타났다. 자유발언운동처럼 1968년 5월 파리 거리에서의 폭발은 프랑스 대학 체제와 전후 서구 경제, 문화 내부의 심화하는 모순에서 직접적으로 기인했다. 1960년대의 갑작스럽고 놀라운 사회적 항의는 전후 정치·사회·문화 질서 곧 근대 사회 전체에 대한 대중적 불만의 결괴였으며, 이 항의는 거의 모든 영역에서 터져 나왔다. 사르트르와의 유명한 인터뷰에서 5월운동의 눈부시고 천재적인 대변인인 다니엘 콘벤디트 곧 '빨갱이 대니'는 이 운동의 힘은 '정확히' "통

---

23. 「포트 휴런 선언」(1962년 6월15일), James Miller, *"Democracy Is in the Streets": From Port Huron to the Siege of Chicago* (New York: Simon and Schuter, 1987), 332쪽을 참조하라.
24. Mario Savio, "Free Speech", 버클리에서 벌어진 점거농성 연설문, 1964, Teodori, *The New Left*, 161쪽에 수록.

제할 수 없는' 자발성"에 있다고 설명했다. 콘벤디트 등 운동가들은 이 자발성을 새로운 경지로 이끌어 가려고 했지만, 이 자발성을 어떤 프로그램이나 요구로 몰아가려고 하진 않았다. 대신 운동은 "즉각적으로 조직을 구성하거나 프로그램을 규정하는 걸 피해야 했다. 이런 행동은 불가피하게 우리를 무기력하게 만든다." 단기적인 목표는 누군가 파리 길거리 벽에 "표현을 해방하라!"고 낙서했듯이 발언이라는 행동을 통해서 사회의 일상을 깨뜨리는 것이었다. 콘벤디트는 사르트르에게 이렇게 말했다. "이 운동의 유일한 기회는 무질서에 있습니다. 사람들이 자유롭게 말하게 해주는 무질서, 자기조직화 형식으로 귀결될 수 있는 무질서에 있습니다." 또 "파리에서 말이 갑자기 해방됐기에, 이제 필수적인 것은 무엇보다 모든 사람이 자신을 표현하는 것입니다."[25]

하지만 5월 폭동이 약간의 체제 내 개혁 이상의 성과를 내지 못하고 결국 실패할 것이라는 점은 금방 분명해졌다. 샤를 드골 대통령은 상황을 교묘하게 완화시켰고, 채 몇 달도 지나지 않아 노동자들은 일터로, 학생들은 학교로 돌아갔다. 그들이 얻은 것은 약간의 개혁과 해방된 '상상력'이었다. 하지만 프랑스 국가 기구들과 자본주의적 소유권엔 아무 변화가 없었다. 사회학자 알랭 투랜은 당시에 대해 분석하면서 이렇게 무미건조하게 썼다. "5월운동은 몇 주간의 집단 행동 이후 정치 생활을 변혁시키거나 사회 혁명을 폭발시키는 데 성공하지 못했다. 운동은 에너지 상당 부분을 폭력 또는 자기표현 곧 말들에 소모하

---

25. Daniel Cohn-Bendit, "Daniel Cohn-Bendit, Interviewed by Jean-Paul Sartre", Hervé Bourges 엮음, *The Student Revolt: The Activists Speak* (London: Panther Books, 1968).

기 시작했다. 많은 이들은 5월 한 달의 최대 행사는 이 자기표현이라고 여겼다. 이 견해는 내 생각이 아니다."[26]

1968년 5월은 급진주의 전통의 전환점을 대변했다. 프랑스공산당은 젊은 시위대에 반대하고 그들을 '모험주의자들'이라고 비난했으며, 질서 회복을 촉구함으로써 실제로 연방 정부를 편들었다. 그래서 파리 거리 반역자들의 관점에서 볼 때, 그들의 봉기는 단지 소외, 소비주의, 제국주의, 기술관료정치뿐 아니라 맑스 사상과 실천의 현 상태에 대한 반대이기도 했다. 1년 뒤 알프레드 빌레너는 이렇게 서술했다. "사회주의 '체제'가… 이제 붕괴됐다. 지난 15년 동안 사회주의 내부에서 나타난 역사적 진화는 전체 체제를 뒤집어엎어 폐허로 만들었다."[27] 당시 운동에 공감한 한 프랑스 학자의 표현으로 말하자면, 5월 사건은 "혁명당이 취해서는 안 되는 것에 대한 비판"[28]을 대표한다. 반면에 또 다른 학자는 이렇게 말했다. "5월에 청산되어야 했던, 그리고 실제로 청산된 인물은 레닌이었다. 물론 역사적 인물 레닌을 말하는 게 아니라 모델로서의 레닌을 뜻하는 것이다. 그리고 이는 우리가 다른 눈으로 맑스를 다시 읽을 수 있게 해줬다."[29] '반자코뱅주의자' 다니엘 콘벤디트는 사르트르와 인터뷰에서 이 봉기를 레닌주의 전통에 대한 반란으로 묘사함으로써 이 운동의 본질적인 사발주의를 옹호했다. "지난

---

26. Alain Touraine, *The May Movement: Revolt and Reform* (New York: Random House, 1971), 242쪽.
27. Alfred Willener, *The Action-Image of Society: On Cultural Politicization* (New York: Pantheon Books, 1970), 195쪽.
28. 같은 책, 87쪽.
29. 같은 책, 90쪽.

2주 동안 벌어진 일은 내 생각으로는 대중 운동을 이끄는 세력으로서의 '혁명 전위' 이론에 대한 반박입니다.… 우리는 '선도하는 전위' 이론을 포기하고, 이를 더 단순하고 더 솔직한 이론 곧 행동을 이끌지 않으면서 추동하는 영구적인 효모로 작용하는 적극적인 소수라는 이론으로 대체해야 합니다. 누구도 인정하지 않을지라도, 사실은 볼셰비키당이 러시아혁명을 '이끈' 것이 아닙니다. 그건 대중에 의해 태어난 것입니다."[30] 실제로 1960년대에 이르러 선진국들의 많은 지식인들과 젊은 급진주의자들은, 비판적 실천이라는 당시를 지배했던 패러다임을 '개편할 기회'가 왔다고 단정했다. 말하자면 맑스의 '가톨릭교리'를 몰아낼 '종교개혁'의 기회라고 본 것이다.

  1950년대에 이미, 오래 전부터 맑스주의 전통 내부에서 존재하던 변칙들이 과거 어느 때보다 크게 부각되는 듯 했고, 1950년대 말에 이르러서는 서구의 이론과 실천에서 기존 패러다임이 한계점까지 밀리는 상황이 됐다. 1956년 소련의 헝가리 침공과 (그 자체로 새로운 형식의 사회주의 실험인) 프라하의 봄 이후, 많은 유럽 지식인들에게는 사회주의 이론의 수정이 절박하다는 게 명백해졌다. 동시에 실천의 주도권이 유럽에서 민족 해방을 위한 원주민들의 반제국주의 운동이 전면에 부상한 주변부 곧 제3세계로 옮겨가기 시작했다. 국가 차원의 정치 문화에 사회주의가 실질적인 영향을 끼치지 않은 지 이미 오래된 미국에서조차, 사회주의 사상이 재검토되고 수정되어야 한다는 증표들이 나타났다. 1957년 A. J. 머스트는 새로운 민주적 미국 사회주의

---

30. Cohn-Bendit, "Daniel Cohn-Bendit, Interviewed by Jean-Paul Sartre", 102쪽.

를 주장했다.31 더 중요하게는, 미국의 시민권 운동이 계급적 정체성 대신 급진적 평등의 이념을 바탕으로 한 전혀 새로운 정치투쟁 형식이 가능하다는 걸 보여주기 시작했다.

많은 이들에게, 미국에서 〈민주사회를 위한 학생들〉과 반전운동의 등장은 새로운 개념의 행위력에 대한 약속을 동반하는 것으로 보였다. 1969년에 테오도리는 이전 몇 년 동안의 경험을 상기하면서 이렇게 썼다.

'새로운'이라는 관형사는… 1960년대에 형성된 정치적 현상을 1930년대의 정치활동(이 활동은 전통적인 좌파의 몰락을 상징하는 1948년까지 지속됐는데)과 대비하는 용어로 쓰였다. 1930년대의 정치활동은 공산주의와 다양한 형태의 사회주의, 그리고 부분적으로는 무정부적 조합주의(아나코생디칼리즘)의 형태를 띠었으며 이 운동의 조직적 표현은 본질적으로 노동운동을 통해서 이뤄졌다. 그러나 무엇보다 '새로운'이라는 관형사가 지칭한 것은, 과거의 정치적 전통처럼 특정한 때나 세대가 아니었다. (아직 세력이나 조직적 운동이 아니었던) 신좌파의 등장은, 특정 기획들간의 경계를 넘어서고 서로 다른 운동들의 공통적인 핵심 경험을 형성하는 일련의 질적으로 다양한 독특한 주제들을 이론보다는 실천 측면에서 개발하는 것과 연관됐다.32

많은 활동가들에게 있어서, 인간의 자유를 방해하는 중요한 걸림돌

---

31. Maurice Isserman, *If I Had a Hammer: The Death of the Old Left and the Birth of the New Left* (Urbana, Ill.: University of Illinois Press, 1987), 177쪽.
32. Teodori, *The New Left*, 36쪽.

은 자본가나 자본주의 자체가 아니라 '체제'였다. 자유주의와 자유주의적 제도로 추정되는 것조차 '파시스트적' 논리로 여겨졌다. 그래서 권위주의적 사회주의 체제가 됐든 기술 중심의 자유주의적 자본주의가 됐든 '체제'의 문제를 푸는 논리적 해법은, 운동 자체가 "반체제적이고 반전체주의적"이어야 한다는 것이었다.33 미국에서 자유발언운동과 〈학생비폭력공동위원회〉(SNCC), 〈민주사회를 위한 학생들〉의 '경제 연구와 행동 프로젝트'(ERAP) 등을 결속시킨 것은, 중앙집중적 권위와 모든 형태의 정당 조직에 대한 회의론이었다. 대부분의 신좌파 활동가들은 직접 민주주의, 집단적 의사결정, 자발적이며 종종 극적인 행동을 지지했다. 적어도 이론적으론, 신좌파에 참여하는 데 어떤 특정한 이념을 신봉하는 게 요구되지 않았다. 어떤 신념, 전술, 자아 형태, 집단적 표현도 수용됐다. 엘리트들의 '합리적인' 전략 수립과 대조적으로, 이 운동은 즉흥적인 행동과 특정 쟁점에 집중하는 임시 위원회의 확산에 몰두했다.

반면 바다 건너 다른 대륙의 프랑스에서는 자주관리가 젊은 반란자들의 이상이 됐다. 에르베 부르주는 5월혁명의 젊은 지도자들을 인터뷰해서 펴낸 책(『학생 반란』)에서 웅변조로 "그들의 전략은 무엇인가?"라고 물었다. "그 어디에도 존재하는 것, 그리고 상황에 적합한 행동 형식 곧 소수에 적합한 유연한 정식과 특정한 개입의 성공을 보장하는 정식을 창출하는 것."34

---

33. 같은 책, 79쪽.
34. Bourges, *The Student Revolt*, 13쪽.

미국에서는, 비판 철학자 허버트 마르쿠제가 전 세대의 급진주의자들이라면 분명히 자가당착이라고 생각했을 '자유의지적 사회주의'(libertarian socialism)를 논했다. 자유의지적 사회주의는, 인간 자유의 애욕적 측면과 미적 측면이 실천을 구성하며 '혁명 이후'의 순간으로 미뤄지지 않는 투쟁이다. 무엇보다도 조직적 통합과 전략적 지도력이라는 사회주의적 이상이 뒤집혀야 한다. "권력 장악이라는 개념"을 중심으로 한 '낡은 모형'의 실천은 "관심과 강조점 그리고 활동이 지방과 지역으로 옮겨가는, 체제의 분산적 해체와 확산"에 길을 내줘야 한다. "거대한 중앙집중적이고 통합적 운동" 대신, 좌파는 "특정한 불만 사항에 대한 특정 지방 또는 특정 지역 내 폭동, 빈민구역의 반란 등과 같은 정치 행동"[35]을 선택해야 한다. 마르쿠제가 한 정치 집회에서 관중들의 환호를 받으며 이렇게 과감하게 선언했듯이 말이다.

> 이런 [전통의 정치적] 형식에 반해서 형성되고 있는 듯 보이는 건, 전적으로 공개적인 조직, 분산되고 소집단에 집중하는 조직, 지역 활동을 중심으로 하는 고도로 유연하고 자율적인 조직이다.

나는 여기에 거의 이단적으로 보이는 것 하나를 더하고 싶다. 그건 소박한 전략 통합이 아니다. 좌파는 분열이다! 좌파는 인제나 분열해왔다. 투쟁으로 지킬 이념이 없는 우파만이 통합한다.(폭소가 터짐.)

이제 좌파의 힘이 바로 이런 서로 경쟁하는 소집단들에, 동시에 여러 지

---

35. Teodori, *The New Left*, 471쪽.

점에서 활동하는 집단들에, 평화 또는 이른바 평화적인 정치 게릴라 세력에 자리잡는 게 당연하다. 그런데 내가 보기에 가장 중요한 것은, 지역 활동 수준에 집중하는 소집단, 십중팔구 자유의지적 사회주의의 기초 조직이 될 것으로 보이는 이른바 육체 및 지식 노동자 평의회의 전조가 되는 소집단이다.36

많은 비평가들이 지적했듯이, 앙드레 고르즈의 '자주관리'와 마르쿠제의 '자유의지적 사회주의' 제창은 이전 세대의 아나키즘 그리고 무정부적 조합주의의 실천 및 이론과 명백히 유사하다. 폴 굿맨, 알베르 카뮈, 이그나치오 실로네 및 기타 아나키스트 또는 막연히 아나키스트적인 사상가들이 실제로 1960년대와 70년대에 유행했다. 다니엘 게랭의 『현대 아나키즘』, 레지 드브레의 『혁명 중의 혁명』과 소책자들이 아나키즘, 게릴라 이념을 대중화하는 데 기여했다. 신좌파는 반지성주의, 사회의 가장 주변부 그리고 탄압 받는 부분과의 동일시, "행위의 프로퍼갠더"37에 대한 절대적 신뢰 같은 특성을 종종 내비쳤다. 확실성 곧 자신의 내적 동기에 대한 진실성과 개인적 경험에서 얻은 지식이 합쳐져서 행위를 지배하는 전범이 됐다.

이런 측면에서, 신좌파 문화와 과거의 아나키즘 사이에는 한 가지 더 깊은 유사성이 있었다. 행동 결과에 대한 무관심인데, 이는 항의가

---

36. Herbert Marcuse, "On the New Left", 『가디언』 신문 창간 20주년을 기념한 대화; Teodori, *The New Left*, 472쪽에 재수록. (강조는 필자)
37. David E. Apter and James Joll 엮음, *Anarchism Today* (New York: Doubleday, 1971), 특히 Apter의 "The Old Anarchism and the New-Some Comments", 1-3쪽을 보라.

전개되면서 날로 더 분명히 드러났다. 개인의 가치 평가는, 특정한 결과 속에서가 아니라 중단 없는 활동과 세계에 대한 직접적이고 개인적인 개입 속에서 이뤄지게 됐다. 하지만 신좌파의 이런 독특한 감수성은, 아나키즘의 가르침에 대한 이념적 헌신이라기보다는 개신교적인, 좀더 구체적으로는 반율법주의적 문화 규범에서 비롯됐다.

믿음 대 행함

1960년대 사회주의 운동이 제기한 도전은 '정치적'인 만큼 정신적이었다. "특정한 문명 형태의 실패" 곧 근대, 과학기술관료적 질서 그 자체의 실패를 인식한 데 따른 대응이었던 것이다.[38] 신좌파는 단순한 거부 또는 허무주의를 한참 넘어서는 어떤 것을 대표했는데, 그건 혼란스러울지언정 황홀한 새 문명에 대한 꿈이었다. 이 꿈에 사로잡힌 이들에게, 자신과 타자에 대한 새로운 실존적·정신적 모델을 제공한 이 운동은 종종 새 예루살렘 곧 '상상의 공동체' 또는 집단적으로 공유된 정체성을 예시하는 듯 했다. 동시대의 많은 비평가들은 사실 신좌파를 긍정적이든 부정적이든 간에 종교혁명과 비교했다.[39] 폴 굿맨은, 이 새로운 정신적 반역자들이 17세기의 개신교 교파들처럼 "바빌론의 음녀에게서 해방되어 순수한 믿음으로 돌아가려고" 시도했다고 논했

---

38. Bourges 엮음, *The Student Revolt*, 11쪽.
39. Paul Lyons, *New Left, New Right, and the Legacy of the Sixties* (Philadelphia: Temple University Press, 1996), 196-197쪽을 참조하라.

다. 이 젊은 반역자들에게 "풍요로운 사회"의 "제국주의적·경제적 불평등 또는 인종주의"보다 더 나쁜 건, 1517년 비텐베르크 교회 문 앞에서 95개조의 반박문을 내걸기 전에 일어난 첫 번째 종교개혁 즈음인 "1510년 루터가 로마에 갔을 때 목격한 구역질나는 사기, 천박함, 낭비, [일종의] 문화적·도덕적 추문"이었다. 그래서 신좌파의 반역을 이끈 젊은 지도자들은 모두 20대였던 첫 번째 종교개혁의 지도자들 곧 루터, 뮌처, 멜란히톤, 조나스와 비슷했다. 그들은 또한 현 상태의 어떤 변화도 거부하는 '수도사들'이 살고 있는 대학 체제와 싸울 태세였다.[40]

종교개혁 사건처럼 스스로를 정화해서 잃어버린 고결함을 회복하려는 젊은이들의 시도로 간주됐기에, 다양한 운동들은 독특한 개신교 교파들처럼 쉽사리 구별된다.… 퍼시픽 종교학교나 뉴욕의 유대신학교의 기존 교리를 거부하는 신학생들은… 조합교회주의자들이다. 덥수룩한 히피들은 자신들이 주장하듯이 자연의 자식들이 아니고 자의식을 지닌 아담의 자손들이다.… 우두머리들은 오순절주의자들이다. 아이비엠 카드를 돌리면서 학장을 아래층으로 내모는 이들은 성상 파괴자들이다. 조직 비판은… 얀센주의적이다. 학교 규칙과 교과에 대해 발언권을 원한 학생들은 (12세기 초) 브루스의 피터 추종자들(Petrobrusians)처럼 유아세례를 거부할 작정이다.… 흑인의 반란에 대한 지원은 재세례파처럼 필사적인데, 신은 우리가 농민 전쟁 때보다는 더 잘 할 수 있게 해줬다. 콘벤디트의 선언… 곧 혁명가가 되는 건 그것이 현재 삶에서 최선이기 때문이라는 주장은 정치

---

40. Paul Goodman, *New Reformation: Notes of a Neolithic Conservative* (New York: Random House, 1970), 61쪽.

혁명가 또는 원시 종교적 믿음에 물든 사람으로선 생각할 수 없는 것이다. 이는 확고한 자의식을 지닌 개신교이다.[41]

종교개혁 분파들처럼 신좌파와 대항문화는 명백히 천년왕국적[42] 특색을 보였다. '새 시대'에 대한 희망과 종종 드러나는 반지성주의 그리고 이성에 대한 회의론은 신좌파를 1600년대 초 영국의 급진적인 종교운동 분파인 반율법주의의 이념적 범주에 속하게 만들었다. 안티(반대)와 노모스(율법)에서 온 반율법주의라는 말은 바로 모세의 율법을 반대하는 걸 뜻한다. 다시 말해 개인이 엄격한 모세의 율법을 철저히 지킴으로써가 아니라 믿음을 통해 은혜를 얻을 수 있는 그리스도와의 언약을 만들어내는 것이다. 윌리엄 블레이크가 썼듯이 "예수는 모든 선함 자체이며 율법이 아니라 충동에서 우러나 행동했다."[43] 반율법주의 이념은 "무엇을 할 수 있고 무엇을 할 수 없는지에 대한 일반적 '상식', 도덕적 규범과 실천적 가능성의 제한된 범위… 기존 사회질서 강화에 기여하고 그것의 우위를 강화하고 보상과 처벌을 통해 스스로 힘을 더해 가는 구조"[44]에 도전을 제기하는 한에서 '반헤게모니적'(anti-hegemonic)이었다. 실제로 왕정복고 이후 폭력적으로 탄압 받은 반율법주의자들의 명백한 정치적 급진성은 기존 권위의 형식들, 무

---

41. 같은 책, 61-62쪽.
42. [옮긴이] 천년왕국은 신약 성경 요한계시록 20장에 나오는 개념으로, 예수 그리스도가 재림하여 지상에 건설할 신의 왕국이다. 부활한 순교자와 성도들이 그리스도와 함께 최후의 심판 때까지 평화와 정의, 풍요와 행복을 누릴 지상천국이라고 한다.
43. E. P. Thompson, *Witness Against the Beast: William Blake and the Moral Law* (New York: The New Press, 1993), 18쪽에서 재인용.
44. 같은 책, 108-109쪽.

엇보다도 국가의 종교적 권위에 심각하고도 남을 위협이 됐다.

블레이크가 이성과 과학적 경험론을 "사탄의 법칙"[45]이라고 비난하고 '예절 바른' 사회와 부르주아의 규범에 적대감을 보이고 이 세상에서의 실천보다 '황홀한' 발언과 '믿음'의 미덕을 강조하던 것이, 20세기 말 반율법주의자들 속에서 다시 나타나게 되어 있었다. 근대 과학은 소아마비 백신을 개발했지만, 인간과 동물의 삶을 야만적으로 망친 거대한 파괴 세력을 키운 인종주의적 우생학과 (핵무기 개발계획인) 맨해튼 프로젝트도 불렀다. 마르쿠제가 말했듯이, 젊은이 문화는 "위선적이고 공격적인 가치와 목적에 대항하고, 사회의 불경스러운 종교에 맞서는 도덕적 저항"[46]이다. 그래서 미국과 유럽뿐 아니라 동유럽, 일본, 멕시코와 다른 라틴아메리카 국가들의 대항문화적이고 신좌파적인 세력들은 기존 사회에 대한 "위대한 거부"를 명백히 표현했다. 그리고 과거의 반율법주의자들처럼, 이 새로운 자유의지적 사회주의자들은 국가를 적그리스도처럼 자유에 대한 가장 큰 위협으로 봤다. 게랭의 표현을 빌리자면 "아나키스트들은 국가를 오랜 세월 인간의 눈을 멀게 했던 가장 치명적인 편견으로 여긴다."[47]

운동의 반율법주의가 끼친 결과는 전략과 실천의 결과물보다 표현을 우위에 두는 것이다. 행동의 순수성, 믿음의 표현 또는 외화가 이 세계에서 결과의 성취보다 앞서는 것이 됐다. 스위스 학자 알프레드

---

45. 같은 책, 94쪽.
46. Herbert Marcuse, *An Essay on Liberation* (New York: Pelican, 1969), 67쪽. (강조는 원저자) [한국어판: 『해방론』, 김택 옮김, 울력, 2004.]
47. Guerin, *Anarchism*, 14쪽.

빌레너는 당시에 이렇게 썼다. "새로운 문화가 눈에 그려지고 일정기간 실제로 존속하는 가운데, 창조 행위는 결과물만큼 아니 사실은 그보다 더 중요해졌다. 이는… 근대의 많은 전문가들의 사고에서 발견할 수 있는 도구주의를 뒤집은 것이다.… 여기서 목표는 (외부적) 목적들이 실제로 성취되는 것과… 별개로 창조성을 표현하는 어떤… 시도에 우위를 두는 것이다."[48]

'행동주의'(actionism)라는 실존주의적으로 기운 용어는 내적인 믿음에 집착하는 개신교 문화와 명백히 대비된다. 19세기 독일의 낭만주의자들은, 개신교 문화의 황홀하고 정서적인 흐름 곧 이 세상에서 '행함'을 인내심 있게 실천하는 것보다 믿음을 외부적으로 표현하는 걸 우위에 두는 흐름에 흠뻑 젖었다. 기억을 되살려보자면, 마르틴 루터에게 내적인 믿음은 그 무엇보다 중요했다. 하지만 믿음은 결국 외부적으로 표현될 수밖에 없었다. 진정, 개인의 외적인 행위는 미리 정해져 있는 운명을 바꾸지 못했다. 그럼에도 에리히 프롬이 평했듯이 "[신자가] 노력을 할 수 있다는 바로 그 사실 자체가 구원받은 이에 속한다는 걸 보여주는 한 측면이다."[49] 행함보다 믿음을 강조하는 성향은, 18세기와 19세기 낭만주의자들의 뼛속까지 스며들게 됐다. 벌린이 진술했듯이, 이런 급격한 태도 변화는 외부 세계에 나타나는 결과에 대한 관심과 급격하게 결별하는 걸 대변했다. 일단 "우리가 가치의 창조자가 되면 문제가 되는 건 우리의 내부 상태 곧 동기지 결과가

---

48. Willener, *The Action-Image of Society*, 295쪽.
49. Erich Fromm, *Escape from Freedom* (New York: Rinehart, 1941), 109쪽. [한국어판: 『자유에서의 도피』, 고영복 옮김, 동서문화사, 1976 등 다수.]

아니기 때문이다. 또 우리는 결과를 보장할 수 없기 때문이다. 결과는 자연 세계, 원인과 결과의 세계의 일부, 필연성의 일부이지 자유의 세계의 일부가 아니다.… 이제 중요한 것은 동기, 성실, 진지함, 원칙 엄수, 마음의 순수성, 자발성이다. 도덕적 자유의 영역 외부에 존재하는 행복 또는 힘 또는 지혜 또는 성공 또는 자연적 아름다움 또는 다른 자연적 가치가 아니다."50

칼빈주의자들의 끊임없는 행동이 신에 대한 믿음의 증표인 것과 마찬가지로, 대항문화 활동가들은 자신들의 사회에 대한 쉼없는 반란을 구원받은 이들의 증거로 생각했다. 칼빈은 외적으로 표현된 믿음이라는 루터의 개념을 가져다가 자본주의 정신과 결합시켰다. 믿음 그 자체를 종교성의 바탕으로 삼기 위해 곧 내적인 '믿음'을 우선시하기 위해 가톨릭적 '행함'을 거부한 루터의 태도를, 칼빈은 예정설 속에 흡수시켰다. "구원 또는 저주는 사람이 살면서 행한 선행이나 악행의 결과가 아니고 사람이 태어나기 전에 신께서 미리 정하신 것이다."51 이런 예정설의 결과 가운데 하나가 바로 개신교도들에게 어떤 불안감과 무기력감을 유발하는 것이다. 이 불안과 자신의 믿음의 순수성에 대한 의심에서 벗어나려는 시도는, 에리히 프롬이 권위에 맹종하는 성향에 대한 연구(『자유에서의 도피』)에서 썼듯, "광란적인 활동과 무언가를 하려는 노력을" 유발한다.52

---

50. Isaiah Berlin, *The Sense of Reality: Studies in Ideas and Their History* (New York: Farrar, Straus and Giroux, 1966), 185쪽.
51. Fromm, 『자유에서의 도피』(*Escape from Freedom*), 107쪽. Martin Luther, *The Bondage of the Will, Martin Luther: Selections from His Writings*에서 발췌, John Dillenberger 엮음 (New York: Doubleday, 1961), 190쪽도 보라.

칼빈주의는 인간의 끊임없는 노력 필요성을 강조한다. 인간은 신의 말씀에 따라 살려고 지속적으로 시도해야 하고 이 노력을 게을리 해서는 안 된다.… 한 인간이 이 쉼없는 노력을 지치지 않고 한다는 사실, 세속적인 일뿐 아니라 도덕도 성취한다는 사실은 선택받은 사람에 속한다는 어느 정도 분명한 징표였다. 이런 강박적인 노력의 비합리성은, 이 행동이 무언가 바라는 바를 이루려는 것이 아니라 자신의 행위나 통제력과 무관하게 이미 예정된 어떤 것이 발생하는지 여부를 그저 보여주는 구실밖에 안 한다는 사실에 있다.[53]

인간 주체는 신 앞에서 이미 정해져 있는 자신의 상태를 바꾸기 위해 할 수 있는 게 없기 때문에, 결국 자신의 행동의 가치에 대한 외부의 '비합리적' 의심들을 승화시켜야만 한다. 이런 식으로 행동은 이 세계에서 실제로 어떤 결과를 끼쳤는지에 따라 평가되는 것이 아니라 내적인 믿음과 일치하는지 여부에 따라 평가됐다. 의심은 부정됐다. 의심은 "뒤켠으로 물러나 있었고 자신이 속하는 종교 공동체가 신에게 선택된 인류에 속한다는 갈수록 더 광적인 믿음을 통해 거듭 거듭 억눌려야만 했다."[54]

1960년대의 감정 구조가 운동 참가자들의 선택을 결정하기는 했지만, 반율법주의와 표현주의가 당시 사회 운동의 행태와 결과를 어떻게든 결정지었다고 결론짓는 건 심한 실수일 것이다. 표현주의적 문화 요소가 신좌파 담론을 지배하게 됐지만, 그건 단지 저항세력들을 하나로

---

52. Fromm, 『자유에서의 도피』(*Escape from Freedom*), 111쪽.
53. 같은 책, 110-111쪽. (강조는 원저자)
54. 같은 책, 108쪽.

묶을 일반적 전략 또는 일관된 이념이 필요한지를 놓고 운동 내부에서 벌어졌던 일련의 논쟁과 투쟁에서 표현주의자들이 승리한 뒤의 일이다.55

표현주의가 운동을 지배하는 '정신'이 된 순간을 딱히 잡아낸다면 1965년일 것이다. 이 해는 존슨 미국 대통령이 베트남전쟁을 급격히 격화시킨 때다. 그리고 〈학생비폭력공동위원회〉(SNCC)가 남부기독지도자협의회의 급진적 평등과 보편적 '형제애'의 자유주의 이념 대신 흑인의 힘(블랙 파워)을 강조하기 시작한 때이기도 하다. 또 이 해에는 운동의 목적과 수단에 대한 핵심 논쟁에서, 전략과 공식적 정치 개입보다 자발성과 탈중앙집중화를 선호한 세력이 승리했다. 사실 몇 년 동안 운동 내부에서는 논쟁이 계속 확대됐는데, 그 논쟁은 훨씬 일관된 접근법에 대한 것이라기보다 '자율적인' 운동과 조직을 형성할 전략 및 그것의 가치에 대한 것이었다. 1960년대 중반에 이르자 운동 내 일부 세력이 직접 행동의 유효성에 대해 공개적으로 의문을 제기하기 시작했다. 시민권운동의 베테랑인 베이어드 러스틴은 그 유명한 "항의에서 정치로의" 변화를 주장했다. 이는 급진적 저항을 민주당 조직 안으로 유도하는 결과를 초래할 주장이었다. 그는 스토튼 린드 등으로부터 정치적으로 순진하다고 공격당했다. 하지만 1965년 봄, 『좌파 연구』의 편집자들은 지면을 통해 운동이 지역적·탈중심적 그리고 주로 자발적인 풀뿌리 활동에 계속 집중할 것인지 아니면 이념적·조직적 통

---

55. Gil Green, *The New Radicalism: Anarchist or Marxist?* (New York: International Publishers, 1971)를 보라.

일이라는 새로운 단계로 옮겨갈 것인지를 둘러싼 논쟁을 시도했다. 톰 헤이든 같은 젊은 활동가들은 전자의 전략을 주장했고 반면에 스탠리 어로너위츠와 제임스 와인슈타인 같은 더 윗세대의 활동가들은 "급진적 중심"과 좀더 일반적인 전략이 필요하다고 주장했다.[56] 테오도리는 이 논쟁 이후 운동 내에서 "자율주의적 견해와 반연합 주장이 우위를 장악했다."고 결론지었다.[57] 이 시점에 이르자, 북부 지역의 도시 빈민 조직화를 목표로 한 〈민주사회를 위한 학생들〉(SDS)의 야심찬 '경제연구와 행동 프로젝트'(ERAP)는 개별적인 지역별 사업으로 나뉘면서 사실상 해체 상태가 됐다. 비록 "많은 조직원들이 지역별 사업들을 전국 단위로 묶어서 일종의 빈민 상부조직을 형성하고 싶어했지만", 이 작업은 성사되지 못했다.[58]

1965년 6월 〈민주사회를 위한 학생들〉의 전국 총회 때에 이르러서는, 많은 회원들이 전략과 조직 문제를 거부하게 됐다. 그들은 이 문제가 "누구라도 자유 의지의 걸림돌로 이해할 그 어떤 것 곧 '엘리트주의', 위계질서, 구조"의 냄새를 풍기는 것이라고 우려했다. 상징의 정치와 표현의 정치로 흐르는 운동 내부의 명백한 경향에 대한 우려를 폴 포터와 딕 플랙스를 포함한 일부가 제기했다. 그러나 합의에는 이르지 못했다.[59] 그 해 11월, 아서 바스코가 이끄는 활동가들이 날로 커지는 운동 내부의 이탈적 경향에 균형을 맞추기 위해 통일적 전국 조

---

56. Teodori, *The New Left*, 209-217쪽.
57. 같은 책, 47쪽.
58. 같은 책, 27쪽.
59. Miller, *Democracy Is in the Streets*, 239쪽.

직을 형성하고, 가능하다면 제3당을 창당하겠다는 기대로 '새 정치를 위한 전국 회의'(National Conference for New Politics)를 조직하기 시작했다. 이 회의에는 〈민주사회를 위한 학생들〉의 지역 활동가와 시민권 운동가에서부터 좌파 성향의 민주당원들까지 5,000명에 이르는 급진적 성향과 자유주의적 성향의 활동가와 지식인들이 모이기는 했지만,[60] 1967년 가을 이 회의가 소집될 즈음에는 자율주의적 경향이 저항할 수 없이 셌다. 각자 "전국적인 차원의 개입 없이 독자적인 특정 정치 활동을 수행할"[61] 계획을 세운 많은 정파와 운동세력들이 이후 떨어져 나갔다.

전략 논의의 약화는 시민권 운동의 각 이행 단계마다 찾아볼 수 있다. 물론 신좌파는 초기부터 인종분리에 반대하는 아프리카계 미국인들의 시민권 쟁취 투쟁의 전략과 전술에 많은 빚을 졌다. 마리오 사비오 같은 자유발언운동가는 〈학생비폭력공동위원회〉가 조직한 자유승차운동(Free Rides)[62]에 참여하는 동안 가장 먼저 남부의 빈곤과 인종주의를 목격했다. 초기 시민권 운동이 비록 널리 퍼져 있는 흑인들의 침례교 교회 네트워크라는 개신교적 영성에 뿌리를 뒀지만, 표현주의적인 만큼 전략적인 성향도 보였다. 한편으로 이 운동은 카리스마 있

---

60. Teodori, *The New Left*, 84쪽.
61. 같은 책, 85쪽.
62. [옮긴이] 자유승차운동은 1961년 대중 교통에서 인종 차별을 금지한 연방법이 발효됐으나 남부 지역에서 이 법이 지켜지지 않는 데 항의하기 위해 시작됐다. 인권운동가들은 1961년 5월 4일 워싱턴 시에서부터 버스를 몰아 열흘 만에 앨러배머 주 애니스턴에 도착할 때까지, 백인 전용 구역에 흑인을 태우고 흑인용 대합실에 백인이 들어감으로써 남부의 인종차별을 부각시켰다.

는 지도자들의 권위 그리고 자발성, 믿음, 구성원들의 '진정한' 경험에 크게 의존했다. 그리고 다른 한편으로, 행동이 감정에서 출발해 감정으로 유지되기는 했어도 운동 지도자들이 행동을 자기표현 또는 내적 정체성의 폭로와 하나로 섞는 실수를 범하지는 않았다. 남부의 인종차별이 제도로 굳어있다는 사실 때문에 전략 중심주의(strategicism)가 지배했다. 법제화한 인종차별은 공간의 분리를 통해 모습을 드러냈다. 그리고 이는 전제적인 힘 곧 체계적이고 정부의 승인 아래 진행되는 테러로 뒷받침됐다. 삶과 죽음을 걸고 해야 하는 투쟁이기에 생각, 계획, 전략적 감수성의 분별 있는 절제가 요구됐다. 그래서 행동은 운동의 '유기적' 지식인들이 신중하게 만들어낸 캠페인에 따르게 됐다. 직접 행동은 특정한 정치적 목표를 달성하기 위한 무기이자 도구였다. 짧게 말해서, 실천은 도덕적 궁극의 목적인만큼이나 전략적이었다.[63] 운동이 영성과 진정으로 생기 있는 종교적 문화에 뿌리를 두긴 했어도, 믿음이 '행함'에 앞서는 일은 결코 없었다. 버스 보이코트와 연좌농성부터 연방정부와의 막후 협상까지, 운동은 도구적이고 비판적인 사고, 전략적 지도력 그리고 자발적 행동을 기독교적이고 인도주의적인 윤리학과 결합시켰다.

하지만 1960년대 중빈에 이르러서는, 시민권 투쟁이 더 어려운 시기에 접어들었다. 인종분리적인 제도에 맞서는 전면적인 '기동전'에서 경제적·이념적 구조로 자리잡은 인종주의에 맞서는 '진지전'으로 바

---

63. Aldon Morris, *The Origins of the Civil Rights Movement* (New York: Free Press, 1984)를 보라.

뀐 것이다. 그 사이에 미국 정부는 (전복기도 세력 감시 프로그램 등을 통해서) 훨씬 억압적인 태도로 변했고, 운동 지도자를 암살하고 운동 내부의 오해와 폭력을 유도했다. 안팎의 압력의 결과로 운동은 남부기독지도자협의회의 카리스마적인 (가부장적) 전략주의에서 〈학생비폭력공동위원회〉의 좀더 표현주의적인 스타일로 바뀌어갔다. 백인의 양심에 호소하고 정부로부터 양보를 얻어내려 시도하는 대신, 공동위원회는 빈민을 조직화하고 풀뿌리 차원에서 대립 또는 대항조직을 건설하려고 시도했다. 1965년에 이르러, 시민권 투쟁의 수사학은 분리주의와 전투적이고 '조직적인' 흑인 정체성의 표현으로 옮겨갔다. 1966년, 새로운 '흑인의 힘' 운동을 이끄는 핵심 인물인 스토클리 카마이클은 공동위원회의 주 임무를 자신의 표현대로 하자면 "흑인 공동체의 목소리로 흑인 공동체의 느낌을 표현하는 걸" 돕는 일로 생각했다.64 나중에 매리언 배리는 "흑인들이 지니고 있었지만 그동안 표현하지 못한 채 폭발 직전에 있던 흑인됨의 감정을 일깨우는 데"65 공동위원회가 구실을 했다고 평가했다. 1967년에 이르자, 공동위원회의 창설자이자 조직가인 엘러 베이커는 (그는 앞서서 남부기독지도자협의회의 남녀차별주의와 엘리트 중심의 지도 스타일에 반발해 협의회를 나온 바 있다.) 공동위원회와 〈블랙팬서당〉(Black Panther)66이 풀

---

64. Clayborne Carson, *In Struggle: SNCC and the Black Awakening of the 1960s* (Cambridge, Mass.: Harvard University Press, 1981), 216쪽에서 재인용.
65. 같은 책, 301쪽.
66. [옮긴이] 블랙팬서당은 흑인 해방을 목표로 1966년 캘리포니아주 오클랜드에서 결성됐다. 마틴 루터 킹 목사의 비폭력 노선을 거부한 이 조직은 혁명적 계급투쟁을 주장했으며, 백인 운동가들과도 협력하는 등 흑인 분리주의 노선을 거부했다. 연방수사국(FBI)

뿌리 차원의 의식 고양에 성공하긴 했지만 공동체 의식을 일깨우는 것이 효과적인 전략을 대신할 수 없다는 걸 분명히 깨닫게 됐다. 이 여성은 나중에 한 인터뷰에서 공동위원회의 "가장 큰 어려움은 개인적 표현의 재능을 조직적 규율의 정치적 필요성과 조화시키는 것이었다."고 말했다. 그는 공동위원회가 남부의 핵심 지역에서 "기본적 지도력"을 창출해내는 데 대체로 실패했다고 말했다.[67]

노먼 O. 브라운의 오순절 신비주의

전략과 표현주의 사이의 긴장은 노먼 O. 브라운의 책 『사랑의 육체』를 둘러싼 브라운과 허버트 마르쿠제의 공개 논쟁에서 극에 달했다. 두 비평가는 자신들의 지적 운명을 젊은이들의 반대운동에 완전히 건 인물들이다. 두 사람 사이의 격렬한 논쟁 속에서 우리는 당시 '정치'와 '전략' 같은 용어가 얼마나 철저한 논쟁의 대상이 됐으며, 마르쿠제의 태도가 결국 표현주의에서 전략적 전망으로 어떻게 바뀌게 됐는지 볼 수 있다.

시오도어 로셔크는 뒤에 『사랑의 육체』를 "주석 달린 디오니소스", "증명이나 설득이 아니라 불길한 해명을 시험하고 가지고 놀고 불러내려는 노력을" 담은 "신탁과 같은 토로"[68]라고 묘사했다. 쾌활하고 걸

의 공작 대상이 되면서 1960년대 말 와해됐다.
67. Ella Baker 인터뷰 (1967), Emily Stoper, *The Student Nonviolent Coordinating Committee* (Brooklyn, N.Y.: Carlson, 1989), 272쪽.

잡을 수 없으며 일부러 모호한 이 책의 무정형적 형식은 노골적으로 반율법적인 교훈을 강조하려는 것으로 보였다. 브라운은 '해방된 자유', '통일', '자유'같은 소제목 아래 인간 문명의 다양한 원초적 주제들을 고전 및 현대 문학작품을 풀어헤쳐 다시 말하는 잠언 형식으로 끌어냈다.

브라운의 핵심 주장은, 로고스 또는 이성이 사랑, 에로스의 적이라는 것이다. 다시 말해 로고스는 주체가 삶의 법칙 그 자체를 매개 없이 진정으로 경험하는 걸 가로막는 데 이용되는 잔인한 무기라는 것이다. 로고스를 해체하고 세상의 하나됨과 결합시킴으로써만 주체는 자기 자신, 그리고 객체-타자와의 반목을 극복할 수 있다는 것이다. 브라운은 유아 단계에서 주체는 자신과 타자, 자신과 세계의 차이를 느끼지 않는다고 주장했다. 그런데 사회가 이런 원초적인 존재론적 상태를 파괴하고 막는다는 것이다. 사회의 '현실 법칙'은 사실 타나토스(의인화한 죽음) 다시 말해 위장된 죽음의 법칙일 뿐이라는 것이다.

이 책의 핵심 결론 하나는, 정치가 가부장적 신화 곧 형제·자매 살해적 폭력에 바탕을 둔 신화에 기초하고 있다는 것이다. 홉스와 로크에 의존해서 그는 '정상' 사회뿐 아니라 정치도 '현실'의 억압을 대표한다고 주장했다. 정치와 건국의 오래된 언어는 사기와 거짓의 언어였다. 정치는 팔루스(남근상)이고, 노골적으로 표현된 에로스 혐오였다. 그가 나중에 마르쿠제에 대한 반박 글에서 썼듯이, 정치의 언어를 완

---

68. Roszak, "The Dialectics of Liberation: Herbert Marcuse and Norman O. Brown", *The Making of a Counter-Culture*, 84-123쪽을 보라.

전히 버려야 했다. "다음 세대에겐, 진정한 싸움은 정치적 싸움이 아니고 정치를 끝장내는 것임을 전해줘야 한다. 정치로부터 메타정치로."[69] '메타정치'로 그가 표현하고자 한 건, 오순절[70] 때 경험한 원초적 융합으로 돌아가는 것이다. 그는 이렇게 썼다.

> 오순절의 자유, 오순절의 융합. 방언들로 말하기 곧 많은 방언, 많은 의미. 바빌론의 언어 혼란이 오순절의 융합으로 해소됐다.… 오순절의 정신은 의식적인 말들 뒤에 있는 무언의, 무의식의 통일 원칙이다. 또 초개인적인 통일이고 개성이 소멸되는 통일이다. 문자적 의미는 의식적 의미이고, 논쟁을 부르고 불화를 일으키는… 자아를 소유하는 것이다. 소신이며 도그마다. 한 목소리를 통해 통일을 추구하는 건 분열을 보증하는 것이다. 거부했던 다양성의 축복이 저주로 돌아온다.… 오순절의 융합 대신 바빌론의 혼란, 책들의 전쟁.[71]

창세기를 보면, 인류는 애초 서로 구별되지 않는 하나였으며 "진정한 에스페란토어 또는 방언으로 말하기, 노아의 홍수와 바벨탑 이전 시대의 원초적인 언어, 잃어버렸지만 언제라도 완벽하게 물려줄 채비가 된, 우리의 말 속에 발언되지 않고 존재하는 언어"를 경험할 수 있

---

69. "A Reply to Herbert Marcuse by Norman O. Brown", Herbert Marcuse, *Negations: Essays in Critical Theory* (Boston: Beacon Press, 1968), 246쪽. [한국어판: 『부정』, 차인석 옮김, 삼성출판사, 1982.]
70. [옮긴이] 오순절은 고대 이스라엘인들이 이집트(애굽)에서 탈출한 지 50일째 되는 날로서, 이스라엘의 중요한 절기였다. 그런데 신약 시대에는 그리스도가 부활해 하늘로 올라간 이후 제자들에게 성령이 내린 성령 강림절을 뜻하는 날로 바뀌게 된다. 제자들은 성령 강림 이후 초대 예루살렘 교회를 세우고 본격적으로 선교 활동에 나선다.
71. Norman O. Brown, *Love's Body* (New York: Random House, 1966), 253쪽.

는 존재였다. "원초적인 언어를 다시 듣는 것은, 말의 의미를 온전히 되찾는 것이다."[72] 이를 다시 경험하기 위해서 우리는 신의 말씀 곧 유일한 언어로 우리를 다시 이끌어갈 "오래된 영적 지식"으로 돌아가야 한다. 조지 슈타이너가 순수한 최초의 언어(Ursprache)의 열쇠를 찾으려 했던 위대한 연금술사 야코프 뵈메(1575-1624)에 대해서 이렇게 썼듯이 말이다.

> 기괴한 연합세력을 이루고 있는 세상의 모든 언어는 똑같은 근시안을 공유한다. 그 어떤 언어도 신의 진실 전체를 발언할 수 없고 말을 하는 이들에게 존재의 의미에 이르는 열쇠를 줄 수 없다. 번역자들은 모두 함께 안개 속에서 서로를 더듬는 사람들이다. 종교 전쟁과 이교도로 추정되는 이들에 대한 탄압이 언어의 바벨탑에서 필연적으로 발생한다. 사람들은 상대의 뜻을 곡해하고 왜곡한다. 그러나 어둠에서 빠져나갈 길이 있다. 뵈메가 '관능적인 언어'라고 부른 것이 그 길이다. 본능적이며 익힌 것이 아닌 직접성의 언어, 단순한 사람들인 사도들에게 오순절에 강림한 자연의 언어이자 자연적인 인간의 언어. 신의 문법은 우리가 들을 의지가 있다면 자연을 통해 메아리쳐서 들려온다.[73]

원초적인 통일로 '돌아가는' 길은 잔인한 로고스 그 자체를 폐기하는 것이라고 새로운 연금술사인 브라운은 주장했다. 역설적이게도 바벨탑에서 잃어버린 통일은 로고스의 분열 곧 '이해 가능성'(intelli-

---

72. 같은 책, 258쪽.
73. George Steiner, *After Babel: Aspects of Language and Translation* (New York: Oxford University Press, 1977), 62쪽.

gibility)의 파괴, 의미라는 감옥의 붕괴를 통해서만 회복될 수 있다. 문자적인 것에 맞서 상징적인 것을 해방시키고, 현실적인 것의 폭정에 맞서 심령적인 것을 해방시킴으로써만, 에로스 곧 사랑의 육체, 인간 정신의 총체를 얻을 수 있다. 찾으라, "거친 땅에서 예외적인 것을. 설명에서 찾지 말고⋯ 진실은 잘못 속에 있다. 우리는 현실 법칙 아래서 빠져 나와 진실 속으로 들어간다, 통제가 무너져 내릴 때에. 우리의 행함이나 의지를 통해서가 아니라 은혜를 통해서."(244쪽) 우리의 의지, 그리고 결과와 기획에 대한 집착을 잊으면서 우리는 자아를 사회에 묶어두는 '이해할 수 있음'이라는 잘못된 근거를 파괴한다. 우리는 "경계와 벽을 허문다. 방어장치와 개인 갑옷을 내려놓으라. 무장을 해제하라."(149쪽)

브라운의 형이상학적 관점에서 "[의미의] 색깔은 흐름이고 사물의 경계를 뒤집는 융합이다. 모든 것은 흐른다."(247쪽) 이 자연과 하나됨을 다시 경험하기 위해서는 무의식이 해방되어 자유로워져야 하며, 좀 더 정확히 말하자면 "목표는 의식적인 주술 또는 의식적 광기" 또는 "깨어 있으면서 꿈꾸기"일 수밖에 없다.(254쪽) "자유로운 발언, 자유로운 결사와 두서없는 생각, 자발적인 운동"인 것이다.(243쪽) 로셔크가 지적했듯이, 브라운은 "언어 뒤의 언어, 논리성이나 지속성 또는 심지어 일반적인 문장 구조 같은 전통적 규칙의 제약을 받지 않는 언어를 찾으려고" 애썼다.[74] 브라운은 강하게 주장한다. "공허한 단어들이 확고한 의미들을 소멸시킨다."(260쪽) 그래서 시가 정치를 대체해야

---

74. Roszak, *The Making of a Counter-Culture*, 115쪽.

한다. "자유가 시다. 그 시는 단어들을 제멋대로 바꾸고 발언의 일반 규칙을 깨고 상식을 위반하는 시다. 자유는 폭력이다."(244쪽) 진정한 자유는 방언으로 말하기 곧 표현 활동의 순수한 다양성과 분열의 행동, 실천을 통해서만 얻을 수 있다. "제한 없는 대체를 곁들인 거대한 말장난, 자유로운 놀이. 하나의 상징은 결코 단 하나를 상징하는 게 아니다. 그건 복합상징적이며 과잉결정적이며 복합적 형태를 띤다. 자유는 비옥함이다. 이미지의 과도한 확산. 시를 마구 헤프게 뿌려야 한다.… 과도한 의미는 의미와 부조리의 화해다."(248-249쪽)

현실 원칙을 정복하기 위해서, 발언은 "다시 성적 특질을 지녀야" 한다. "혀는 첫 번째의 제어되지 않는 구성원이다."(251쪽) "성교 능력, 언어적 힘이 바벨탑에서 없어졌다가 오순절에 회복됐다. 불의 혀, 남성 구성원의 모습을 띤 불길로. 방언으로 말하기는 불같은 발언, 성행위로서의 발언, 불새 또는 불사조다."(251쪽) 언어를 "극단까지, 끝까지 가져가야 할" 것이다.(257쪽) 우리는 "그걸 무의미로 바꾸고 무의미 또는 침묵을 단어 속에 되살려야" 한다.(259쪽)

마르쿠제는 브라운의 관점이 도덕적으로 불쾌하고 정치적으로 무책임함을 깨달았다. 한편으로 마르쿠제는 브라운의 시도를 인간 상상력의 완벽한 해방 시도로 환영했다. "그러나 이어서 부작용이 생긴다. 상상력이 주춤거리게 되고, 새 언어는 낡은 언어의 지지를 얻으려 하게 된다. 요점을 제시하거나 최소한 묘사해주어야 하는 인용과 참조에서 지지를 얻으려 한다. 또 원초적이고 소박하고 하위 논리적인 것으로 돌아감으로써, 인간 개인과 인류 발전의 유아 단계로 돌아감으로써 지지를 얻으려 한다.… 그래서 자유와 빛의 영역에서 시도된 위대한 도약이 억압당해 어둠 속으로의 뒷도약질이 된다."75고 썼다. 마르쿠제를 불편하게 하는 것은 브라운의 이성 거부였다. 브라운은 "융합" 또는 "신비스런 참여"(254쪽) 곧 주체와 객체, 마음과 육체, 남성과 여성, 정신과 공허함, 의미와 무의미, 개인과 가면의 경계 지움이 이성 숭배를 뒤집기 위해 필요하다고 주장했다.76 마르쿠제를 따르면, 이는 헤겔의 관념론보다 더 과격한 것이다. 그래도 헤겔은 중재(mediation)라는 어떤 의미 있는 개념을 유지했다. 하지만 브라운의 "융합은 합리적인 만큼 본능적이고 세련된 만큼 탈세련화한 표현 속에서 인간 삶이 끝나는 게 될 것이다."77 마르쿠제의 관점에서 쟁점이 되는 것은 의식의 역사적 방식을 유지할 가능성 바로 그것이다. 브라운이 제시하듯이, 정말 에로스를 구하기 위해 역사를 파괴해야 하는가? 마르쿠제는 그렇게 생각하지 않았다. 브라운은 "실제적인 것과 가공의 것, 자연적인 것과 정치적인 것, 성취함과 억압, 경계와 분리의 결정적인 차이를 지워버렸다.… 모든 것이 하나고 하나가 모든 것이면, 성취는 무의미해진다."

마르쿠제가 『사랑의 육체』를 심하게 비판했지만, 두 이론가는 유사한 반율법적 감수성을 공유했다. 브라운은 이렇게 단언했다. "계시록은 수적 연속성으로서의 집단의 해소, 대의 민주제에서 집단의 해소이며 집단을 융합으로, 공유로 대체하는 것이다."(255쪽) 마르쿠제도 "위대한 거부"를 전통적인 자유주의적 민주주의의 장치 속으로 이끌어

---

75. Marcuse, 『부정』(*Negations*), 229쪽.
76. Brown, *Love's Body*, 255쪽을 참조하라.
77. Marcuse, 『부정』(*Negations*), 238쪽.

가는 데 저항할 것을 이야기했다. 그건 "에너지를 굼뜬 운동으로 전환시키게 된다."는 것이다. 마르쿠제는 조급했다. "미국 의회 구성을 의미 있게 바꾸려는 선거운동은 100년은 걸릴 것"이라고 주장했다. 또 동남아시아 인민들이 융단폭격을 당하고 있는데 이렇게 오래 기다릴 수 없다고 했다.[78] 진정한 민주주의는 "현존하는 거짓 민주주의의 폐지" 그 자체를 요구할 것이다.[79]

이런 정서가 보여주듯이, 마르쿠제의 신좌파와 대항문화 해석은 브라운의 해석과 마찬가지로 표현주의적 성향이 강했다. 그가 본 바로는, 운동은 자본주의 사회 모순의 표현인 동시에 미래 보편적 자유의 감지 가능한 형식을 표현하는 것이었다. 시위대의 전투성 곧 사회의 지배적 관습을 거부하고 새로운 삶의 형식을 창출하려는 그들의 의지는 앞으로 나타나야 할 새 질서를 앞서 형상화했다. 새로운 실천은 "폭력과 착취에 맞서는 투쟁 속에 모습을 드러내고, 이 투쟁은 본질적으로 새로운 삶의 방법과 형식을 위해 수행된다. 그것은 전체 체제와 그 체제의 도덕성, 문화에 대한 거부다. 또 감각적인 것, 즐거운 것, 평온한 것, 아름다운 것이 존재의 형식이 되고 그래서 사회 자체의 형식이 되는 우주 속에서 가난과 고통이 완전히 폐지되는 그런 사회를 건설할 권리의 긍정이다."[80]

이런 식으로 '형식'을 강조함으로써 마르쿠제는 역사적 활동을 자유의 감춰진 논리가 모습을 드러내는 것으로 보는 맑스와 헤겔의 표현

---

78. Marcuse, 『해방론』(*An Essay on Liberation*), 67쪽.
79. 같은 책, 69-70쪽.
80. 같은 책, 33쪽. (강조는 원저자)

주의적 개념을 다시 주장한다. 하지만 그는 실천을 첫 번째는 칸트의 숭고 미학이라는 프리즘을 통해서, 두 번째는 프로이트의 탈승화(desublimation) 개념의 프리즘을 통해서 개조한다. 전적인 '재구성'은 경제적 생산의 변화와 같이 좁게 인식되어서는 안 된다. 도리어 에로스가 실천을 구성하고, 또 그의 역이기도 하다. 미적-사회주의적 실천은 날로 확대되는 변증법을 통해서 인간의 리비도적 에너지를 해방시키는 것이다. 초기 맑스주의자들이 억압한 이 '미학적 차원'은 자유의 진정한 원동력이다. 이는 주체성과 감정이 "형식으로, 실재로"(32쪽) 성질을 바꾸는 과정이었다. 또 "실재가… 새로운 목표를 표현하는 한 형식을 취하게 되는" 길의 입구였다. 짧게 말해서, "예술이, 사물의 성질과 '겉모습'을 형성하는 데 그리고 현실과 삶의 방식을 형성하는 데 통합적 요인이 되는 것이다." 그리고 새로운 형식을 창조하려는 투쟁은 이 혁명적인 삶의 '실존적 성질'을 통해 표현되고, 활동가의 '신뢰성'은 투쟁의 과정에서 '공표될' 것이다.(90-91쪽)

마지막으로 『해방론』에서 마르쿠제는 운동의 "강한 자발성의 요인, 심지어 아나키즘", 그리고 "새로운 감수성, 지배를 거부하는 감수성", 그리고 "주도권을… 고도의 자율성과 행동력, 유연성을 갖춘 넓게 흩어진 소그룹"으로 옮긴 점을 높이 평가했다.(91쪽) "급진적 저항이 반율법적이고 아나키즘적이며 심지어 비정치적인 성향을 띠는 경향이 있다."고 그는 썼다. 운동의 "별나고 익살맞은 형식", "제도화한 정치의 소름끼치게 진지한 전체성"과 마주칠 때 "풍자, 아이러니, 웃음을 유발하는" 운동의 성향은 "새로운 정치의 필수적인 차원"을 보여줬다.(68쪽) 마르쿠제는 또 이렇게 지적했다. 전적으로 통제되는 사회의 견고한 억압적 권력에 직면할 때 "자발성 그 자체가 저절로 급진적이고 혁명적인 세력이 될 수 있는 게 아니다." 어떤 '조직'이 필요하다.(91쪽) 그는 또 "사회의 급진적 변혁은 새로운 감수성이 새로운 합리성과 결합하는 걸 함축한다."고 썼다. 이어 "상상력은 한쪽의 감수성과 다른 한쪽의 실천적이고 이론적인 이성을 중재하는 구실을 할 때[에만] 생산적이 된다. 그리고 이 능력들의 조화 속에서… 사회의 재구성을 이끌 수 있게 된다."(44쪽) 그렇지만 이 책에서 마르쿠제는 이 '조직'이 어떤 것일지 구체화하는 데는 실패했다. 그리고 그의 발언 요지는 그가 운동의 전략 부재 또는 효율적인 조직의 부재에 대해 전체적으로 낙관적임을 보여준다.

마르쿠제가 브라운을 비판한 것은 『사랑의 육체』에서 나타난, 역사적 이해 가능성과 이성을 버리려는 의지 때문이었다. 하지만 당시 실천에 대한 마르쿠제의 관점이 브라운의 관점과 완전히 다른 것은 아니었다. 두 이론가는 주체성, 역사 그리고 정치적 실천(브라운의 용어로는 시적인 '융합'이고, 마르쿠제의 용어로는 '미학적 차원')에 대한 표현주의적 개념을 고집스럽게 유지했다. 그래서 당시 신좌파를 지배한 두 이론가인 마르쿠제와 스토클리 카마이클이 운동에 그나마 남아 있던 허약한 "전략적 지향"의 "토대를 허무는 데 기여했다."고 나이절 영이 1967년 결론을 맺게 된 이유를 어렵지 않게 이해할 수 있다.[81]

하지만 곧 운동이 통제 불능 상태로 돌아가기 시작한다는 게 분명해졌다. 그 결과 마르쿠제는 표현주의와 전략주의, 감각과 감수성간의

---

81. Young, *An Infantile Disorder?* 326쪽.

긴장이 적절히 해소되지 못하는 데 대해 훨씬 덜 낙관하게 됐다. 1972년 마르쿠제의 『반혁명과 반란』이 나오면서 마르쿠제의 사상에 중요한 강조점 변화가 나타났다. 그 전의 표현주의에서 뒤로 물러난 것이다.[82] 처음엔 이 책이 『해방론』과 비슷한 정신을 담고 있는 듯 했다. 그는 신좌파의 바로 그 "대중으로부터의 분리"가 "사실"이며, 태생적으로 "선진자본주의의 사회구조를 표현하는" 현상이라는 존재론적으로 특권적인 지위 때문에 사회로부터의 "고립은 제대로 된 근거를 바탕으로 하고 있다."고 썼다.(32-33쪽) 그는 운동이 사실 반다수결주의 운동이라고 썼다. "'인민에게 권력을'이라는 구호는 오늘날 존재하는 (단지 '침묵할' 뿐인) 국민 다수를 뜻하지 않는다. 여기서 인민은 소수 곧 다수에 의한 피해자를 뜻하는 것이다."[83] 그는 또 운동의 '파편화'는 저항세력을 통일시킬 진정한 "실체적 공통 목표"가 없는 탓이기에 "자연스러운 것"이라고 암시했다.(36쪽)

하지만 처음으로 마르쿠제는 선진 '1차원적' 자본주의 체제가 "일탈적이며 분산적인 분열의 핵들을" 만들어내면서 병적인 퇴화로 스스로를 '표현할' 가능성을 인정했다. 다른 말로 하자면, 체제 자체의 탈중심 경향이 급진적 저항세력의 "탈중심적, 분산적, 대체로 '자발적인'" 요소를 초래했을 수 있다는 것이다. 이는 "정치적 방향과 조직만 부여된다면 각 지역의 기능 장애와 붕괴의 지점들이 사회 변화의 핵심들이 될 수 있다."는 뜻이다.(42쪽) 우리는 사회 운동이 성공적으로 "대중

---

82. Herbert Marcuse, *Counter-Revolution and Revolt* (Boston: Beacon Press, 1972). [한국어판: 『반혁명과 반역』, 박종렬 옮김, 풀빛, 1984.]
83. 같은 책, 46쪽.

적 기반에 뿌리를 갖춘" 상황과 운동이 고립된 상황을 구별해야 한다고 그는 썼다. 운동이 고립된다면 "수적인 힘을 키워야 한다는 더 시급한 과제 때문에 덜 익은(또는 쓸모없어진) 이념 갈등이 '일시 중지'" 되기 마련이다. 한마디로 질을 '양'으로 보충해야 하는 상황이라는 것이다.(37쪽) 마르쿠제는 운동의 '약화된' 상황을 부분적으론 운동 자체의 탓으로 돌렸다. 그는 "(1) 전투적 저항세력 내의 이념적 갈등 (2) 조직의 결여"를 원인으로 들었다.(36쪽) 운동의 '의례화'와 신랄한 맑스-레닌주의적 수사법으로 퇴행하는 것에 절망감을 드러낸(33쪽) 그는 이제 대중과의 의사소통이 '중대한' 문제라고 인식한다. "'인민'들은 맑스주의 이론의 개념과 명제에 닫혀있는 언어를 쓴다."(37쪽)

처음으로 이제 마르쿠제는 반율법주의의 가장 두드러진 측면 하나인 반복음주의와 거리를 둔다. E. P. 톰슨이 평했듯이, 17세기 반율법주의자들은 자신들의 이념을 보편화하는 데는 관심이 없었고, "성스러운 전망을 보존하고 전수하는 데"만 관심이 있었다.[84] 운동은 사회 전체로 세력을 확장할 때까지 믿는 이들의 범위를 확대해 가는 것이라는 그람시적 의미에서 볼 때, 옛날에나 지금이나 반율법주의는 반헤게모니적인(anti-hegemonic) 만큼 대항헤게모니적(counter-hegemonic) 이지 않다. 그람시는 개신교의 종교개혁이 사회 전체 지식의 민주화 가능성을 창조했다고 인정한다. 마르틴 루터는 고급 라틴어로 되어 있는 성경을 사람들에게 '그 고장의 언어로'(vernacular, 이 단어는 '노예'에서 파생된 것이다) 번역해줬다. 성경을 이렇게 '통속적인' 말로 접하

---

84. Thompson, *Witness Against the Beast*, 87, 90쪽.

게 하고 평범한 사람이 이해할 수 있게 해줌으로써, 루터 등은 가톨릭 교회의 독점만 깬 것이 아니라 근대 사회 운동의 전제 조건도 창출했다. 대조적으로, 반율법주의자들은 그들의 공동체를 밖으로 확장하려 하지 않고 부패에 맞서 순수성을 지키려고만 했다. 노먼 O. 브라운은 '분파'의 순수성에 감탄했으며, 어떻게 하면 신오순절 신비주의라는 자신의 특정 상표가 주류의 관심을 끌지 또는 끌 수 있을지 하는 정치적 문제에 대해서는 무관심을 표하는 듯 했다.

초기 『해방론』을 쓸 때 마르쿠제는 브라운처럼 의미를 불안정하게 만들 필요성을 말했다. 자유에 대한 거부를 거부하기 위해, 운동은 지배적인 논의를 뒤집기 위한 자신들의 언어를 개발해야 했다. "오늘날 기존 제도의 언어 세계와의 결별은… 급진적이다. 가장 전투적인 저항 영역에서는 이 결별이 의미를 조직적으로 거꾸로 뒤집는 수준에까지 이르렀다."고 그는 썼다.(41쪽) 대항문화는 "자신들의 언어를 개발하고 일상적 의사소통에 쓰이는 무해한 단어들을 맥락에서 떼어내 기존 체제가 금기시하는 대상이나 행동을 지칭하는 데 쓰는" 수준까지 도달했다.(41쪽) 마르쿠제는 '반예술' 운동이 "구문론을 파괴하고 단어와 문장을 파편화하고 일상의 언어를 폭발적인 데 쓰고 악보 없이 작곡하고 아무 것이나를 위해서도 소나타를 만드는 것"을 높이 샀다.(48쪽) 그는 특히 "전투적인 흑인들의 언어" 곧 "단어들이 쓰이고 정의되는 이념적 맥락을 분쇄하고 그것들을 정반대의 맥락에 놓는, 즉 기존 체제를 부정하는 데 놓는 체계적인 언어학적 반란"에 깊은 감명을 받았다.(42쪽)

그러나 『반혁명과 반역』에 이르러 마르쿠제는 처음으로 의도적으로 스스로를 이해 불가능하게 만드는 표현주의의 위험을 본다. 그는 이제 "자유로운 사회와 기존 사회의 급진적 차이점이 모호한" 상황에서 저항세력이 일반인으로서는 들을 수도, 이해할 수도 없는 사회주의의 언어로 말하고 있음을 주목한다.(31쪽) 그는 이렇게 쓴다. "첫 번째 해방은 '자발적일' 수 없다. 왜냐하면 그런 자발성은 기존 체제에서 가져온 가치와 목표를 표현할 수 있을 뿐이기 때문이다. 자기 해방은 자기 교육이다. 하지만 이는 타인에 의한 교육을 전제로 삼는다." 마르쿠제는 이제 굉장히 그람시처럼 말하기 시작했다. 그람시는 공공 영역을 넓히고 대항헤게모니 블록을 건설하는 데 있어 급진적 교육의 중요성을 강조한 인물이다. 마르쿠제는 이렇게 말한다.

> 지식과 정보에 대한 불공평한 접근이 하나의 사회 구조로 자리잡은 사회에서, 교육자와 피교육자의 구별과 반감은 불가피하다. 교육받은 사람들은 다른 사람들이 인간의 진정한 능력을 깨닫고 즐기도록 돕는 데 자신들의 지식을 쓰겠다는 헌신성이 있다. 모든 신뢰할 만한 교육은 정치적 교육이다. 그리고 계급 사회에서 정치적 교육은 급진적 저항 이론과 실천 속에서 단련되고 검증된 지도력이 없이는 생각할 수 없다. 이 지도력의 기능은, 자발적인 항의를 조직적 행동 곧 급진적인 사회 재구성을 향한 직접적인 필요성과 소망을 만들어내고 또 넘어서는 행동으로 '번역'하는 것이다. 직접적인 자발성을 조직적 자발성으로 변화시키는 것이다.(47쪽)

그래서 체제의 '대항세력'으로서 "효율적으로 조직된 좌파"를 만들어낼 필요가 생기게 된다. 이런 좌파는 교육을 통해서 "인민들의 잘못되고 온전치 못한 의식을 몰아냄으로써 그들 스스로 자신들의 조건을 경험하고 그 조건의 폐기 필요성을 긴요하게 느끼고, [스스로] 해방의 방법과 수단을 파악하게 하는" 능력을 지닌 세력을 말한다.(28쪽)

병적인 증상이 등장하다

레닌주의와 자발성을 모두 거부하는 마르쿠제는 결국 성적인, 디오니소스적인 에너지를 갖춘 미학적 차원이 이성과 나란히 자리잡는 중간 지대를 추구했다. 그러나 그 틀이 주조된 그 때에, 반율법적이고 헤게모니에 적대적인 기질이 활동가들로 하여금 더 넓은 사회를 실제 변혁할 수 있는 정치적 실천보다는 사회의 가장 소외된 요소들과 자신을 드러내놓고 동일시하는 걸 우선시하도록 이끌어갔다.

1970년대 초반에 운동이 해체되도록 전략 문제는 해결되지 못했다. 〈학생비폭력공동위원회〉는 백인들을 조직에서 내몰기 시작했다. 와중에 (1964년 설립된) 〈진보노동당〉의 마오주의적 분파주의가 내부에서부터 〈민주사회를 위한 학생들〉 조직을 좀먹기 시작했다. 아주 작은 이 정당은 비록 백인 중산층 학생운동이었지만 가장 전투적인 흑인 민족주의 분자들과 연대했고, 폭력적 행동을 추구했다. 이들의 관점에서 볼 때, 제3세계 혁명에 대한 논리적 대응은 규율을 갖춘 '간부'들이 이끄는 미국 흑인 혁명이었다.[85] 마틴 루터 킹 주니어 목사가

---

85. Sale, SDS를 보라. *Young, An Infantile Disorder?* 314-323쪽; Weather Underground, *Prairie Fire: The Politics of Revolutionary Anti-Imperialism, The Political Statement of the Weather Underground* (Communications, Inc., 1974), 14쪽도 보라.

암살당한 뒤, 신좌파와 흑인의 힘 운동의 천년왕국설이 훨씬 많이 터져나왔다. 〈민주사회를 위한 학생들〉은 마침내 내부에서 깨어져, 〈웨더 언더그라운드〉의 기만적인 혁명 환상과 테러리스트적 폭력에 길을 내어줬다.

운동이 날로 자포자기적으로 변해가면서, 그에 따라 영역 집착적이고 신경증적인 경향이 점점 심해졌다. 활동가들의 회의를 잠재우는 방법은, 광적이고 판단착오적 항의 활동에 집착하고 운동 내부의 행동과 기준을 군사규범화하는 것이었다. 19세기 아나키스트 막스 슈티르너는 언젠가 "아나키스트들은 성스러운 것에서부터 자신을 해방시키고 광범한 세속화 작업을 수행한다고 선언했다."[86] 1960년대 말과 70년대 초에, 성스러운 것에서부터의 자유는 '성스러운 것'의 새로운 형식과 공간을 정하는 것처럼 보였다. 이 새로운 성스러운 것은, 믿는 자들의 공동체가 자신들을 이해할 수 없는 세속에서 보호하는 피난처였다. 남성은 물론 여성까지 대상으로 삼아 여성주의의 현미경으로 가장 내밀한 관계까지 조사함으로써 불쾌감을 유발하는 여성 운동의 관습은, 자신에 대한 가차없는 정직함과 집단적 '선의'의 형성을 요구하는 심히 윤리적인 세계관에서 조직적으로 자라났다.

하지만 이렇게 개인 윤리에 집착하는 데는 대가가 따랐다. 종종 자유는 자신과 타인에 대한 도덕적 규율과 합쳐지기 마련이다. 확실성이 자기정화 곧 자신의 부패한 생각과 감정의 정화를 요구하는 한, 이는 쉽사리 반율법적인 파벌주의로 이어졌다. 에른스트 트뢸치가 교회와

---

86. Guerin, *Anarchism*, 13쪽.

분파를 구별한 것을 보면, 분파의 특징은 외부 세계 개입에 대한 심히 이중적인 태도다. 분파 속에서 일단 진정한 신자들의 내부 조직이 스스로 정화하고 나면, 외부에 있는 이들 곧 부패한 세상의 엉터리 우상에 속는 이들을 공손히 내려보게 된다. 분노이되 연대와 애정의 기쁨을 느끼는 분노에서 시작된 운동은, 점차로 천년왕국주의적(chialistic)으로 바뀌어갔다. 편집증이 경계지점에서 운동을 질식시켰다. 분명히 이런 편집증은 현실에 기반을 두지 않은 게 아니다. 1960년대 말에 이르러, 정부의 억압과 운동 내 프락치심기는 잘 알려졌다. (정부가 운동을 파괴하기 위해 얼마나 심하게 술수를 썼는지는 나중에 가서야 제대로 알려졌지만.) 그럼에도, 운동 내부 압력이 가중되면서 내부를 향하는 분노와 감시, 운동 내부와 자기 내부에서 내부의 적과 외부의 적을 지목하고 헐뜯는 자기 의심의 환경이 자리를 잡았다.

"행위의 프로파겐더"라는 아나키스트 신조의 영향 아래 자기변혁에 실존주의적인 강조점을 두던 초기 신좌파의 경향이, 내적인 자아를 새롭게 바꾸고 표현하는 미학적 기획으로 틀을 잡았다. 그들이 규정한 내적 자아는, 권위에 저항하는 청년국제당원의 어린애 같은 반란, 체 게바라의 "새로운 사회주의 인간", 또 〈심바이오니스 해방군〉 소속원 같은 지하 투사 등이었다. 혁명은 현재 속에서 살아갈 것 같았다. 마르쿠제가 (한 라디오 연설에서) 논평했듯이, "우리의 목표, 우리의 가치, 우리 자신 그리고 새로운 도덕성, 우리 자신의 도덕성은 우리의 행동 속에서 보여야 한다. 우리는 바로 지금 이 자리에서, 우리가 창조하고 싶은 새로운 인간이 되기 위해 이미 노력하고 있어야 한다."[87] 대항문화에 있어서 "개인적인 것이 정치적이다."는 것은 개인 삶의 모든 측면을, "우리가 이를 닦는 방식부터 성교하는 방식까지"[88] 모든 것을 철저한 공개적 검증 대상으로 내어 보이는 것을 뜻한다. 자기검증과 자아의 집단적 검증, 자아를 급진적인 이상의 잣대로 끊임없이 평가하는 건 표현주의적이었다. (기업, 정부, 백인, 짭새, 꼰대 등등) '적'들이 비난받아야 하는 것처럼, 도덕적 순수성의 대가는 '내부의 적'의 징후를 쉼없이 감시하는 것이다. (어느 비평가가 칭했듯이) 운동의 "개신교적 실존주의"가 개인의 신뢰성에 대한 일반적인 불안감과 구별되지 않게 됐다. 그 결과는 자신을 갉아먹는 비굴감이다. "학생은 좆같은 것들이다. 고통받고 있는 박탈당한 이들의 세상에서 학생은 특권층이다.… 우리는 우리 내부의 적을 죽이는 것에서 시작한다."라는 내용의 전단이 1968년 버클리 캘리포니아대학에 뿌려졌다.[89] 프랑스의 역사학자이자 사회 비평가인 미셸 푸코는 "주요한 적수이자, 전략적 적은 파시즘이다.… 그리고 역사적 파시즘뿐 아니라… 우리 모두 안에 있는 파시즘, 우리 정신과 일상적인 행동에 출몰하는 파시즘, 우리가 권력을 사랑하게 만들고 우리를 지배하고 착취하는 바로 그것까지도

---

87. Herbert Marcuse, "On the New Left" (1968년 12월 〈라디오 프리 피플〉 라디오 연설); Teodori, *The New Left*, 469쪽에 수록.
88. Osha Neumann, "Motherfuckers Then and Now: My Sixties Problem", Marcy Darnovsky, Barbara Epstein, and Richard Flacks 엮음, *Cultural Politics and Social Movements* (Philadelphia: Temple University Press, 1995), 66쪽.
89. "International Werewolf Conspiracy: A Little Treatise on Dying-Fight Foul, Life Is Real", 1968년 11월 버클리 캘리포니아대학에 뿌려진 전단 (Teodori, *The New Left*, 370-371쪽에 재수록.). Gary Snyder의 시 "I hunt the white man down/in my heart" (Todd Gitlin, *The Sixties* [New York: Bantam Books, 1987], 228쪽에서 재인용.) 그리고 Diane DiPrima의 시 "then you are still the enemy" ("Revolutionary Letters", in Teodori, *The New Left*, 369-370쪽)를 참조하라.

욕망하게 만드는 파시즘"⁹⁰이라고 썼다.

　운동 조직 가운데 가장 전투적인 분파들 속에서, 권위주의적이고 남성 우월주의적인 성격 구조가 만들어졌다. 〈블랙팬서당〉의 여성 혐오적 분노, 〈진보노동당〉의 성장, 〈머더퍼커스〉 같은 집단의 혈기 넘치는 반사회 행동, 이 모든 것이 운동의 통제 불능한 소용돌이를 보여주는 증거들이다.⁹¹

표현주의적 유산

　1970년대 초에는, 신좌파의 표현주의적 기질이 민족주의와 정체성 선언으로 관심을 돌렸다. 아프리카계 미국인 활동가들에게, 실천은 민족주의 속에 나타난 흑인 또는 아프리카의 내적 영혼과 접촉하고 그것을 표현하는 걸 뜻하게 됐다. 예컨대 흑인 예술운동의 목표는 "다양한 예술 형식을 통해서 흑인 국가의 영혼을 표현하는 것"에 있다고들 했다. "블루스와 그것을 창조한 사람들은 흑인의 영혼 세력, 국가의 감성적 흐름이다."⁹² 헤르더의 사상은 갈색의 힘 운동 속에서도 메아리

---

90. Michel Foucault, 「서문」, Gilles Deleuze and Félix Guattari, *Anti-Oedipus: Capitalism and Schizophrenia* (Minneapolis: University of Minnesota Press, 1983), xiii쪽.
91. Ron Chepesiuk, *Sixties Radicals, Then and Now* (Jefferson, N.C.: McFarland and Co., 1995), 129쪽.
92. Larry Neal, "Black Art and Black Liberation", Ebony 1969년호, 161쪽, 그리고 Black Panthers, "The Black Panther Platform: 'What We Want, What We Believe'", Alexander Bloom and Wini Breines 엮음, *"Takin' It to the Streets": A Sixties Reader* (New York: Oxford University Press, 1990), 166쪽에 재수록된 것을 보라.

1장 | 좌파를 낭만화하기　91

쳤다. 예를 들어, 「렌돈의 멕시코계 미국인 선언」은 이렇게 선언한다. "나는 피와 역사와 문화가 독특하게 섞여 있기에 멕시코계 미국인이다." "멕시코계가 되는 것은, 자아 속에 잠재해 있고 약화되어 거의 파괴될 지경에 이른 그 어떤 것을 발견하는 것이다." "멕시코계가 되는 건 새로운 게 아니다. 그건 우리 민족만큼이나 오랜 것이다.… 멕시코계가 되는 건, 한 사람이 자기 존재 속을 깊숙이 들여다보고 같은 인종 형제들과의 독특한 유대를 발견했다는 뜻이다."[93]

1970년대 중반에 이르자, 여성주의자들도 표현주의적 기운을 흡수했다. 남성 동료들에게 경멸적이고 여성 혐오적인 취급을 받는 데 지친 반전운동 내부의 여성들이 자신들만의 운동을 위해 떨어져 나왔다. 많은 급진적 여성주의자들은 아주 정치적으로 행동했지만, 또 다른 여성주의자들은 실천을 내밀한 여성 또는 내밀한 레즈비언(여성 동성애)을 발견하고 해방시키는 것으로 정의했다. 〈급진레즈비언〉(Radicalesbians)의 선언문 「여성이 확인한 여성」은 이렇게 시작한다. "레즈비언은 무엇인가? 레즈비언은 폭발의 지점까지 응축된 모든 여성의 분노이다. 그 여성은 종종 아주 어릴 때부터 자신의 내적인 충동에 조응해서 자신의 사회가… 허용하고픈 것보다 더 완벽하고 자유로운 인간이 되기 위해 행동하는 여성이다."[94]

---

93. Armendo B. Rendon, "The Chicano Manifesto", Bloom and Breines 엮음, *"Takin' It to the Streets"*, 177-178쪽에 재수록.
94. Radicalesbians, "The Woman Identified Woman" (1970), Anne Koedt, Ellen Levine, Anita Rapone 엮음, *Radical Feminism* (New York: New York Times Book Co., 1973), 240쪽에 재수록. Ellen Willis, "Radical Feminism and Feminist Radicalism", Sohnya Sayres, Anders Stephanson, Stanley Aronowitz, Fredric Jameson 엮음, *The Sixties Without Apologies* (Minneapolis: University of Minnesota Press, 1984), 108

이렇게 1960년대와 70년대의 표현주의적 문화 습성은, 곱지만 질식케 하는 진흙처럼 그 이후 몇 십 년의 정치적 실천과 전제 위에 자리 잡았다. 한편으로 표현은, 근대 자본주의 문화의 중심에 있는 불공평과 정신적 진공상태를 제대로 인식한 수백만의 사람들이 상상력과 리비도적 에너지를 해방시키는 데 도움을 줬다. 그리고 1968년 5월 파리와 다른 길거리에서 표현된 창조성은, 제국주의와 인종차별에서부터 국가의 테러와 가부장제에 이르기까지 강고하게 똬리 틀고 있는 억압적 권력과 지배 체제에 새로운 빛을 쬐는 유익한 결과도 가져왔다. 표현주의는 또 유럽과 기타 지역에서 공산당이 사회 운동을 목 조르고 있던 상황을 단번에 그리고 영원히 부수는 데도 기여했다.

그러나 표현주의에도 대가가 따랐다. 표현주의는, 소비주의에 주관적인 한계를 설정함으로써 자본주의의 확장을 억제하던 부르주아적 문화 규범들이 맹렬한 기세로 자본주의의 족쇄를 푸는 걸 방치했다. 선진자본주의 문화 내부에서 대항논리로 개발된 것들이, 후기포드주의의 새로운 논리를 구성하게 된 것이다.[95] 대중매체와 〈민주사회를 위한 학생들〉 간의 관계에 대한 연구인 『온 세상이 지켜보고 있다』에서 토드 지틀린은, 1960년대 중반에 이르자 역사적 사건들의 진행 속도가 날로 빨라지면서 드보가 "구경거리의 사회"라고 부른 경향이 강

쪽; Barbara Epstein, "'Political Correctness' and Collective Powerlessness", *Socialist Review* 19 (Spring 1991): 115-132쪽을 참조하라.

[95]. 표현주의와 자본주의가 실제로 "결합하기 쉬운 친화력"을 공유했다는 점은, 광고업자들이 1960년대 감정 구조의 자유의지론적이고 표현주의적인 문화를 상품 미학에 활용했다는 사실에서 쉽게 확인된다. W. F. Haug, *Critique of Commodity Aesthetics: Appearance, Sexuality and Advertising in Capitalist Society* (Minneapolis: University of Minnesota Press, 1986).

해졌고, 이는 자신과 운동진영 내부 동료들에게 방향 상실 또는 디오니소스적 황홀경(또는 두 가지 모두)을 경험하게 했다고 지적했다. 그는 이렇게 썼다. "운동 내부에서는, 자신이 시간의 터널 속으로 내던져진다고, 경험에서 뭔가 배울 새도 없이 사건을 따라 돌진한다고 느꼈다."[96] 되돌아보면, 이런 주관적 공간-시간의 압축감은 서구 경제와 문화가 새로운 상품 생산 체제를 향해 폭넓게 이행하던 것(하비가 "포스트모더니티의 조건"이라고 한 것)에 부합했다.[97] 표현주의적 미학은 상품 논리가 생활 세계에 질적으로 더 깊숙이 파고드는 걸 가능하게 해줬다. 푸코의 '자아 보살핌'의 윤리학 촉구는 전 세계적 자본주의가 결집하는 함성이 됐다. 전 세계적 자본주의는 다양한 틈새시장의 개인들을 위해 새로운 욕망과 상품을 창출함으로써 기꺼이 푸코의 말을 따랐다. 청년국제당원들의 "행하라!"(Do it!)는 구호는 나이키의 비틀기 기법에 의해 "그저 행하라!"(Just do it!)로 변형됐다. 또 은행들은 "당신의 아메리칸 익스프레스 카드를 사용하라. 경품을 받아라. 억제할 수 없이 소리치라."는 식의 표현주의적 광고판을 거리에 세웠다.

표현주의적 감정 구조의 두 번째 결과는 신좌파가 자신의 이념을 명료화하고 성장 가능한 형식을 구성하는 걸 가로막은 것이다. 역사의 탁 트인 바다에서 따뜻한 수증기와 힘을 끌어 모으는 폭풍처럼, 운동의 분노는 미국과 유럽대륙 상당 부분을 맹렬하게 휩쓸었다. 그리고

---

96. Todd Gitlin, *The Whole World Is Watching: Mass Media and the Making and Unmaking of the New Left* (Berkeley: University of California Press, 1980), 234쪽.
97. 하비는 이런 전 세계적 자본주의 시간-공간 구성의 큰 변화 시점을 1972년을 전후한 때로 본다. David Harvey, 『포스트모더니티의 조건』(*The Condition of Postmodernity*), vii쪽.

이 새로운 힘은 운동 내부에 억제할 수 없는 탈중심적 힘을 만들어냈다. 1965년부터 68년까지 〈민주사회를 위한 학생들〉 조직에 정치적 경험이 없거나 아예 역사 인식의 기초조차 없는 젊은 학생들이 새로 유입되면서, 중심 잡기는 날로 더 어려워졌다. 북친의 표현법을 쓰자면 운동의 '증진된 신진대사'는, 신좌파가 지나간 자취에는 그 어떤 일관된 실천의 사회이론도 확실히 남지 않게 만드는 결과를 가져왔다.[98] 그런데 이런 명쾌한 전략적 전망의 결여는, 1980년 이후 정치적 우파의 맹공격에 맞서 모든 자원을 총동원해 투쟁을 벌인 사회 운동에 순간순간 악몽처럼 되살아나게 되어 있었다.

지틀린은 1960년대 자신의 경험을 혁명의 조직적 위기 순간에 나타나는 이해 가능성의 상실, 역사적 '통사론'(syntax)의 붕괴로 묘사했다. 그는 "삶은 약하게 연결된 절규 지점의 연속 같았고" 운동에 참여했던 이들은 "불연속, 정치적 현실감 상실, 맥락의 상실"[99]을 경험했다고 썼다. 〈머더퍼커스〉나 노먼 O. 브라운 같은 일부에게는 역사의 이해 가능성 붕괴가 불가피하고 어떤 맥락에서는 바람직하기도 한 듯 보였다. 역사적 이해 가능성의 파괴 곧 의미와 사회적 경험의 파편화(이는 루카치가 과거 역사적으로 중대한 시점에서 '사물화'(reification)[100]라고 표현한 것이다.)는 집단적 행위력의 궁극 목표이자 일상적 '방법'으로

---

98. Murray Bookchin, "Between the '30s and the '60s", Sayres 등 엮음, *Sixties Without Apologies*, 250쪽; Young, *An Infantile Disorder?* 254쪽을 참조하라.
99. Gitlin, *The Whole World Is Watching*, 234쪽.
100. [옮긴이] 사물화는 서구 비판사회이론의 초석을 놓은 것으로 평가되는 루카치가 처음 사용 한 용어로서, 인간 가치마저 돈의 가치로 환산되는 물신주의가 사회 그리고 인간의 의식에까지 침투, 확산되는 과정을 사물화 과정이라고 설명한다.

여겨지게 됐다. 하지만 맥락의 상실이 사실이라면, 그것이 '방언으로 말하기'를 지적 미덕이자 상식이 되게 만드는 데까지는 그 이후 몇 십 년 동안의 포스트모더니즘 및 정체성 정치 논의가 필요했다.

2장
방언으로 말하기

> 땅에서 발을 떼라. 자유는 불안정이다. 연결을 깨라.
> 우리를 땅에 묶는 밧줄들, 고착물들, 집착들을.
>
> 노먼 O. 브라운, 『사랑의 육체』

1960년대 격변의 여파 속에서 노먼 O. 브라운의 디오니소스적이고 오순절주의적인 전망은 영-미계 비판적 이론의 골수로 진로를 향했다. 의식과 물질적 제도의 변혁 대신 언어와 발언의 전복이 실천의 적절한 방법이자 밑바탕을 제공하는 것으로 여겨지게 됐다. 사회를 바꿀 희망을 지닌 이들은 권력을 위해 다투거나 새로운 의미와 신념을 마련하려는 '긍정적인' 투쟁에 개입하지 말고 대신 기호와 담론을 해체하고 찢는 데 초점을 두라는 말을 듣게 됐다. 통사론을 파괴하고 개념의 범주를 무너뜨리고 '서로 다른' 정체성들과 담론들의 번성을 촉진함으로써 그리고 주체를 파편화함으로써, 하위 계급은 '경계'에서 '중심'으로 옮겨갈 수 있다고들 했다. 비판적 학계의 특정한 분야인 여성주의 내부에서 "방언으로 말하기"의 표현주의적 논의가 어떻게 강고해졌는지를 다루는 것이 2장의 주제이다.

메리 데일리가 1978년 시대를 개척한 책 『유전/생태학』(*Gyn/Ecology*)을 출판했을 때, 미국의 여성운동은 이미 초기의 동력을 상당 부분 잃은 상태였다. 풀뿌리 여성주의자들의 '의식 고양과 여성 문화와 실천의 참신한 형식들을 통한 창조적이고 자유로운 실험이, 〈전국여성조직〉(National Organization for Women)과 〈전국낙태권리행동동맹〉(National Abortion Rights Action League) 같은 여성 공동체 조직과 전문 로비 집단에 의해 대체되기 시작했다. 초점이 운동의 항의 활동에서 여성주의 이론의 개발과 세련화로 옮겨가는 전반적인 변화도 진행되고 있었다. 『유전/생태학』은 이런 변화의 선도자였다. 데일리는 초기 제2의 물결 운동의 경험을 일관성 있는 여성주의 철학 비슷한 것으로 정리했다.

급진적 여성주의적 비판과 역사문헌학에 철학적으로 독창적인 기여를 했다는 면에서, 데일리의 세대에게 『유전/생태학』의 의미는 드 보부아르의 세대에게 『제2의 성』이 지니는 것만큼 중요했다. 풍부한 역사적 분석과 가부장적 제도·기준·이념에 대한 비판을 담고 있는 이 책은, 역사를 폭넓게 넘나들고 세계 문화를 오고가면서 유럽의 마녀 화형과 중국의 전족부터 아프리카의 여성할례의식까지 다양한 여성 혐오적 관행들을 폭로했다. 이 책의 중심에는 유대교-기독교 신화에 대한 번뜩이는·이념비판이 있는데, 데일리는 이 신화의 가부장적 전제와 언어적 인습을 분노와 파괴적 환희를 섞은 자기 나름의 방식으로 엮어냈다. 총체화하는 가부장적 기획에 맞서, 데일리는 자신의 긍정적이고 재건적인 기획 곧 급진 여성주의의 '메타윤리학'을 제기했다. 이 메타윤리학은 표현주의적 그리고 본질주의적 기반에 강하게 뿌리박고 있었다.

데일리는 가부장적 억압의 시절들이 여성의 침묵을 낳았고, 지배적인 언어 체계가 이 침묵을 만들어내는 데 공모했다고 논했다. 그래서 가부장제를 극복하는 데는 전혀 새로운 여성 저항의 언어를 만들어내는 것이 필요했다. "새로운 단어들을 쓰고 낡은 단어들의 의미를 바꾸고/취소하기" 시작하는 건 여성들에게 "실천적이고 전술적인" 문제였다.[1] 그리고 『유전/생태학』 자체가 저자의 이런 언어적 불꽃 제조술의 시연장이었다. 데일리는 문명의 '남근정치'를 파열시키기 위해 새로운 단어들과 문구들을 지어냈다. 급진적 여성주의 문화와 전근대 마술로부터 끄집어낸 원시적인 이교도 이미지들을 이용하면서, 데일리는 낭만적인 감수성과 어지럼증 일으킬 정도의 언어적 장황함을 독창적으로 결합시켰다. "불의 혀로 말하기"는 데일리가 존재론적 자각의 과정을 묘사한 문구다.(340쪽) 억압에 대한 여성들의 저항은 "불꽃튀기기" 곧 "여성 내부의 성스런 불꽃을 타오르게 하는" 시도다. "불꽃튀기기는 자기 자신의 공간을 만들고 자신의 움식이는 시각/우주신을 민드는 것이다. 그 안에서 자아는 다른 자기중심적 자아들을 만날 수 있다."(319쪽) 여성주의 실천은 '활기 북돋우기'(enspiriting) 곧 "표현적인 능동태 동사, 밖으로 그리고 안으로 선회하는 운동/여행 속에서 자아

---

1. Mary Daly, *Gyn/Ecology* (Boston: Beacon Press, 1978), 340쪽.

를 철저하게 발언하는 적극적인 목소리"로 받아들여져야 한다.(340쪽) 하이데거적 존재론에 깊이 의존한 데일리는 창세기의 침묵과 말씀의 위치를 뒤집으려고 시도했다. 그는 이렇게 썼다. "태초에 말씀이 있지 않았다. 태초에 청취가 있었다. 실 잣는 젊은 여성들은 깊은 청취를 향해 점점 깊게 실을 자아 들어간다.… 유전/생태학은 비(非)창조다. 유전/생태학은 창조다."(424쪽)

데일리는 노먼 O. 브라운이 암묵적으로 가부장제를 되살리는 잘못 이상화한 여성성을 제시했다면서 의식적으로 브라운에게서 거리를 뒀지만, 『유전/생태학』은 『사랑의 육체』의 표현주의적 시학을 채용해서 강화하는 방법으로 눈길을 끈다. 『유전/생태학』은 '황홀경'을 지배자를 해체하는 핵심적 실천 행위로 지목한다. 조제핀 도너번이 그의 서사적 존재론 신화에 대해 평한 것을 빌리면, 데일리는 "영지주의적 영혼의 속죄 여행 신화를 바탕으로 자신의 다른 세계적인 여행을 체계화한다. 이 신화에서 영혼은 여행의 각 단계마다 마주치는 적대적인 문지기를 통과하기 위해 정답 또는 마술적인 단어를 말해야 한다."[2] 여성들은 "황홀경의 미로 같은 통로"를 지나 여행해야 한다.(32쪽) 그러나 가부장제의 벽이 '어떤-현혹하기'(놀-라운, A-Mazing), '여행하기'(Voyaging), '실 잣기'(Spinning) 같은 주술적 단어들을 내뱉는 여성들의 목소리에 무너져 내릴까? 데일리는 그렇게 생각하는 듯 했다. "마법의 단어들"과 거미줄을 "나선형으로 돌리기"와 "뽑아내기"를 통해

---

2. Josephine Donovan, *Feminist Theory: The Intellectual Traditions of American Feminism* (New York: Continuum, 1985), 155쪽. [한국어판: 『페미니즘 이론』, 김익두·이월영 옮김, 문예출판사, 1993.]

여성주의자들은 자발적으로 가부장제의 거미줄을 풀어내게 된다. "여성 마술사들이 죽음 같은 침묵을 깨고 사그라져 가는 웅얼거림을 깸으로써 언어의 배경까지 밀고 들어간다는 걸 배웠다."(402쪽)

데일리의 생각은 당시 미국 여성 운동에 큰 영향을 끼쳤다. 『유전/생태학』은 몇몇 여성들이 유일하거나 최선의 실천 형태로 여긴 레즈비언적 분리주의에 이론적 정당성을 부여했다. 〈레즈비언 국가〉(Lesbian Nation)[3] 같은 분리주의 집단은 정치적으로 급진적인 레즈비언들한테 믿는 자들의 공동체라는 자기확증의 공간으로 후퇴함으로써 바빌론 곧 가부장제의 억압적이고 보편적인 타락상에서 벗어나는 탈출구를 제공했다. 불행히도, 여성주의 사상과 실천의 이상향적 전환은 결국 급진적 여성주의를 사회 변화의 정치로 탈바꿈시키는 데 실패했다.[4] 분리주의가 더 넓은 사회의 규범을 바꾸는 것보다는 예시적 공동체를 유지하는 걸 우선시하는 한, 그건 반율법주의적 반란 형식에도 못 미치는 전략일 뿐이다.

헤겔에서 있어서 타자와의 상호주관적 투쟁은 점점 더 넓은 변증법 속에서 '외부로' 확장하는 역사의 변증법의 한 부분임에 비해서, 데일리의 '변증법'은 단호하게 내부로 돌아갔고 여성 자아를 향해 갔다. 마치 데일리는 시간을 서슬러시 헤겔을 지나친 뒤 헤겔이 수용하고는 극복한 사상인 그 이전의 낭만주의 사상으로 돌아가기로 작정한 듯

---

3. [옮긴이] 레즈비언 국가는 여성주의 작가 질 존스턴이 1973년에 출판한 책 제목인데, 분리주의적 정치론을 추구한 여성 동성애자들을 상징하는 말이 됐다.
4. Kathy Miriam, "Rethinking Radical Feminism: Opposition, Utopianism and the Moral Imagination of Feminist Theory", 박사학위 논문, University of California at Santa Cruz, March 1998.

했다.

피히테와 헤르더에게 인간의 언어적 차이는 국민들간의 문화적 그리고 실체적 차이를 만드는 것이다. 그래서 피히테는 독일 국민의 독특한 특성을 옹호하면서 언어가 "[한] 국민의 실제 일상생활에서부터 지속적으로" 발전한다고 주장했다. 한편으로 그는, 한 국민 사이에 끼어 사는 외국인은 더 넓은 유기적 문화를 변혁시키는 대신 자신들이 변화된다는 걸 깨닫게 된다고 논했다. 피히테의 말을 빌리자면, "그래서 그들이 언어를 형성하는 게 아니다. 바로 언어가 그들을 형성한다."[5] 짧게 말해 언어가 인간 현실을 구성한다.[6] 데일리는 이 개념을 가져다가 자신의 여성주의 메타윤리학의 기반으로 삼았다. "여성이 내쫓기고, 활기 충천해지면" 여성 자아는 "수동적인 목소리의 영역에서 빠져나와 일련의 창조 행위 속에서 자아를 말함으로써 자신의 적극적인 목소리를 내기 시작한다. 자아를 창조함에 따라 새로운 공간을 창조한다."고 썼다.(340쪽) 그래서 모든 표현주의 이념의 특징인 문하우젠(Munchausen)적 주체 곧 자신의 머리카락을 이용해 썩어빠진 세상의 더러움에서 스스로를 건져내는 주체가 된다. 낭만주의 사상에서 다시 제기되는 주제가 무에서(ex nihilo) 자아를 창조한다는 관념이다.[7]

---

5. J. G. Fichte, "Fourth Address", *Addresses to the German Nation* (New York: Harper and Row, 1968), 52쪽. (강조는 필자) [한국어판: 『독일 국민에게 고한다』, 김정진 옮김, 박영사, 1959.]
6. Donna Haraway, *Simians, Cyborgs, and Women: The Reinvention of Nature* (New York: Routledge, 1991), 78쪽. (강조는 원저자) [한국어판: 『유인원, 사이보그, 그리고 여자』, 민경숙 옮김, 동문선, 2002.]
7. Isaiah Berlin, *The Sense of Reality: Studies in Ideas and Their History* (New York: Farrar, Straus and Giroux, 1966), 184쪽; Norman O. Brown, *Love's Body* (New York:

1970년대에 제기된 "여성은 스스로에게 생명을 부여한다."는 레즈비언 전단에 담긴 정서가 데일리에 의해 『유전/생태학』 속에 담겼다. 그가 다음과 같이 썼을 때 바로 그랬다. "우리는 침묵을 깨고 이름지을 수 없는 것에 이름을 지어주는 용기를 우리 자신과 서로에게서 끌어냄으로써 우리 안에 있는 남성들이 만든 신화의 비금속들을 변형시킨다."[8]

순식간에 마술과 같이 헤게모니 질서를 전복시키고 새로운 자아를 꾸밀 힘이 있는 무아지경의 말에 담긴 표현주의적 기질은 후대 여성주의자들에게 수용됐다. 멕시코계 작가 글로리아 안출두아의 「방언으로 말하기: 제3세계 여성작가들에게 보내는 편지」는 『유전/생태학』보다 단 2년 뒤에 쓰였는데, 여성주의 표현주의자들의 행로에 특히 중요한 전환점을 이뤘다. 언어는 진정한 정체성의 도가니가 되어야 했다. "민족적 정체성은 언어적 정체성과 쌍을 이루는 피부이다. 나는 내 언어다."[9] 안출두아는, 유색인 여성은 목소리를 잃고 보이지도 않게 되었다고 봤다. 유색인 레즈비언은 실로 "존재하지도 않는다." 이런 현상적 비존재는, 여성의 "말 또한 알아들을 수 없다. 우리는 버림받은 자처럼 그리고 미친 사람처럼 방언으로 말한다."[10]는 사실에서 유래했다.

Random House, 1966), 262쪽을 보라.
8. Daly, *Gyn/Ecology*, 34쪽.
9. Gloria Anzuldua, "How to Tame a Wild Tongue", *Borderlands/La Frontera* (San Francisco: Spinsters/Aunt Lute, 1987), 59쪽.
10. Gloria Anzuldua, "Speaking in Tongues: A Letter", Cherrie Moraga and Gloria Anzuldua 엮음, *This Bridge Called My Back: Writings By Women of Color* (New York: Kitchen Table, Women of Color Press, 1983), 165쪽.

해법은 백인, 남성 사회의 메마르고 육체 없는 목소리를 채택하지 않고 대신 "방언으로 말하는 것"이다. 언어적 분출과 혼란을 통해서 멕시코계의 자아는 헤게모니 질서의 부패하고 질식시키는 언어를 향해 돌진하게 된다. 캐시 캔딜은 '방언으로 말하기'에 다시 수록된 안출두아에게 보낸 편지에서 "(흑인 여성주의 시인) 오드리 [로드]는 우리가 목소리 높여야 한다고 말했다."고 썼다. 그러나 데일리의 논의 속에서처럼 안출두아도 정치적 실천을 그전부터 존재하던 본질 또는 내적 자아를 발굴하는 것으로 축소시키는 듯 했다.[11] 정체성은 표현을 통해 자아의 '중심'에서부터 등장하는데, 무의 상태에서 예술적 창조의 형태로 등장한다. "왜 내가 글쓰는 이유를 정당화하려 애써야 하는가? 멕시코계인 걸 정당화할 필요가 있나? 또 여성인 것을? 당신은 내게 살아 있는 이유를 정당화하라고 요구하는 편이 낫겠다.… 쓰는 행위는 영혼을 만드는 행위, 연금술이다. 자아 탐구, 자아의 중심 탐구다."[12]

이런 내적 영혼으로의 '회귀'는 가장된 순진함을 요구했다. 낭만주의자들과 반율법주의자들은 이성을 의심하고, 특권을 부여받은 신화 만들기와 예술을 과학과 경험적 지식 위에 놓았다.[13] 정체성 정치 담론에선, 이와 비슷하게 역사도 신화적 또는 신화생성적 목적을 위해 불려 나왔다. 자아창조는 감각보다 감수성에, 이성보다 표현에 가치를 두는 걸 뜻한다.[14]

---

11. 예를 들어, Anzuldua and Morage, *This Bridge*, 195쪽.
12. 같은 책, 169쪽.
13. Bob Fitch, "On Nietzsche: The Last Philosopher on the First Man", 미출판 원고, ca. 1998.
14. Berlin, *The Sense of Reality*, 178쪽.

사이보그가 방언으로 말하다

1970년대 후반과 80년대 초반의 정체성 정치 논의에서는 여전히 확실성에 대한 주저하지 않는 찬양, 기존 질서에 대한 반란, 내적 본질의 기반 구실을 하는 유기적 자연과 같은 60년대 실존적 열정의 유산을 확인할 수 있다. 하지만 단 몇 년 안에 비판적 이론가들은 자신들의 글에서 이전의 신좌파와 초기 제2의 물결 여성주의적 실천에 생기를 불어넣었던 인간적인 따뜻함의 마지막 흔적을 조심스럽게 지워 갔다. 마치 히피와 급진 여성주의자들의 솔직한 낭만주의 때문에 난처해지기라도 한 듯, 포스트모더니스트들은 이전의 표현주의적 계기의 형식적 측면만을 간직하게 됐다. 와중에 그들은 이전의 운동에 저항할 수 없는 활력과 힘을 불어넣었던 문화적 측면, 예컨대 소비 물질주의와 전문 직업의식의 거부, 기술에 대한 비판, 의식고양에 대한 믿음 같은 것들을 정확히 내던졌다. 그리고 더 이상 자연을 전복적인 가치의 합당한 원천으로 보지 않게 됐다.

다나 해러웨이의 「사이보그 선언: 20세기 후반의 과학, 기술, 사회주의-페미니즘」은 이런 변천을 표시하는 중요한 문건의 하나다. 아마도 1980년대와 90년대에 가장 널리 읽힌 여성주의 관련 소책자일 「사이보그 선언」은 문화연구 분야에 단 하나가 아니라 여러 가지 하부 영역을 제기하려는 것이었다.[15] 해러웨이의 이 글은, 포스트모더니즘

---

15. 「선언」은 『소셜리스트 리뷰』에 처음 실렸다. Donna Haraway, "Manifesto for Cyborgs: Science, Technology, and Socialist Feminism in the 1980s", *Socialist Review* 80 (1985), 65-108쪽을 보라. 이 글은 나중에 해러웨이의 책, 『유인원, 사이보

이 새로운 추상화 단계에서 형식적으로는 표현주의적 기질을 유지하면서 본질주의라는 괴물을 성공적으로 쫓아낸 시점을 대표한다.

더 넓은 의미에서 이 선언의 정치적 배경은, 미국의 종교적 우파들이 늘 뽐내던 '가족의 가치' 강령을 전국적인 정책으로 만드는 데 성공한 것이다. 그러나 해러웨이의 더 직접적인 정치적 목적은, 이전 시대 제2의 물결 여성주의자들의 '지도적 지위'를 누르고 포스트구조주의적 여성주의가 얻은 세력을 강화하는 것이었다. 그는 가짜 고백으로 작업을 시작했다. 그는 이 선언이 '신성 모독'이고 물려받은 진리에 대한 이교도의 '반어적' 공격이라고 말했다. 그가 염두에 둔 것은, 한편으로는 메리 데일리와 캐서린 머키넌 같은 급진주의 여성주의자들이 전수받은 지혜이고 다른 한편으로는 허버트 마르쿠제와 캐럴린 머천트 같은 근대 과학 비평가들이다. 해러웨이는 자신의 글에서 이들 네 명의 비평가를 실명으로 거론했다.

이 선언은 두 가지의 광범한 문제를 거쳐 간다. 첫 번째는 이론에서 주체의 위상이다. 유색인 여성주의 여성들은, 단일한 주체라는 개념이 여성의 실제적 경험 차이, 예컨대 인종과 성적 특질 같은 차이를 보이지 않게 만드는 데 기여한다고 주장하면서, 여성주의의 주체 곧 '여성'의 통일이라는 가정에 대해 날카롭게 의문을 제기한다. 반면 그 이후 시대의 포스트구조주의 이론가들은 '주체'를 논의의 단순한 부수 현상으로 격하시킨다. 이는 여성주의 실천의 토대를 존재론에서 찾으려고

그, 그리고 여자』(*Simians, Cyborgs, and Women: The Reinvention of Nature*, New York: Routledge, 1991)에 실렸다.

했던 이전 시대 급진적 여성주의의 유기체론에 완전히 등을 돌리는 것이다. 본질주의를 거부하고 사회에서 여성의 조건에 대한 더 낙관적인 묘사에 끌린 '놀이적' 여성주의자와 동성애 활동가들의 등장에 고무된 해러웨이 등은, 그래서 안드레아 드워킨과 캐서린 머키넌 같은 포르노 반대 여성주의자들을 권력에 대한 단순화한 설명에 굴복하고 순진하게도 여성들의 경험을 여성주의 인식론의 도약 지점으로 삼았다고 비판했다.16 과거의 안정적이고 자기동일적인 여성주의 주체 모델을 대신해서 이제 포스트구조주의자들은 권력 또는 담론의 결과물인 분해되고 분산된 '주체'를 강조했다.

「사이보그 선언」에서 탐구한 두 번째 문제는 학계의 여성주의와 기술과학의 관계다. 여성주의 과학소설과 유색인 여성들의 이야기에 골고루 의지해서, 해러웨이는 새로운 탈인문주의적 '주체'의 창조적인 흐름을 잡아내기 위해 '사이보그'라고 칭한 새로운 수사와 신화를 꾸며 냈다. 새로운 비(非)주체의 기호로서 사이보그는 '여성들의 통일'이라는 전통적인 숭배물과의 관계 단절을 대표했다.(159쪽) 이른바 여성이라는 걸 구성하는 정체성과 담론의 다중적이고 "흡수할 수 없는" 또는 더 이상 축소될 수 없는 작용을 극복하려는 대신, 사이보그는 차이와 '유사성'의 새로운 정치의 조회를 표시하는 것이었다.(155쪽) 그래서 사이보그는 포스트모더니티 그 자체를 대표했다. 사이보그는 포스트모던적 조건의 다각적인 변위, 정체성과 문화의 지속적인 동요와 전환

---

16. Haraway, 「선언」(Manifesto), 『유인원, 사이보그, 그리고 여자』(*Simians, Cyborgs, and Women*), 158쪽을 참조하라.

을 상징했다.

이런 측면에서 「사이보그 선언」은 노먼 O. 브라운의 표현주의적 신비주의를 한층 세련화하는 데 기여했다. 한편으로 해러웨이는, 브라운에게 있어서 "지배로부터의 유일한 탈출은… 환상과 황홀경을 통한 것이었고 그래서 국가의 근본적인 남성 우월주의는 전혀 도전받지 않은 채 유지됐다."는 이유로 『사랑의 육체』를 노골적으로 비판했다. 브라운은 "자연에 완전히 귀의함으로써 그걸 물신 숭배의 대상"17으로 만들어 버렸고 그로써 사회주의 여성주의를 "배신했다"는 것이다. 분명, 해러웨이가 자연을 반골 의식의 근거로 받아들이길 거부한 점은 브라운의 틀에서 현저하게 이탈한 걸 표시한다. 다른 한편으로, 해러웨이가 '선언'에서 브라운의 표현주의에 진 빚 또한 상당했다. 해러웨이는 "사이보그 정치는 소음을 고집하고 오염을 옹호한다.[원문 그대로]"(176쪽)고 씀으로써, 언어적 분열 그리고 고정된 의미 및 직역주의의 파기에 대한 브라운의 집착을 되풀이했다. 그리고 융합이라는 브라운의 신비주의적 개념에 비판적이면서도, 독자들에게 "강력하고 금기시된 융합의 기쁨"(173쪽)을 느끼라고 요구했다. 더 인상적인 것은, "신 우파의 초능력 구원자의 회로 속에 두려움을 던져넣기 위해 여성주의적 방언으로 말하는 상상력"(181쪽)을 촉구함으로써 브라운의 오순절주의적 주제를 반복했다는 점이다.

「사이보그 선언」은 바벨탑에서 '잃어버린' 통일, 말하자면 맑스주의적 사회주의에 대한 이론적 공격의 선봉이었다. "사이보그 정치는…

---

17. Haraway, 『유인원, 사이보그, 그리고 여자』(*Simians, Cyborgs, and Women*), 9쪽.

완벽한 의사소통, 모든 의미를 완벽히 해석하는 하나의 코드에 대한 투쟁이다."라고 해러웨이는 읊조렸다.(176쪽) 이전 시대 "여성주의자들의 공통 언어에 대한 꿈, 경험을 완벽하게 충실히 이름붙이겠다는 꿈은 총체화하려는 꿈이고 제국주의적 꿈(이다)"인 까닭이다.(173쪽) 정체성과 실천의 방언들을 번역함으로써 서로를 이해하게 해줄 보편적인 코드에 반대해, 여성주의자들은 "대표성에 저항하고 문자적 표시에 저항해야" 한다. 그러면서도 "여전히 강력한 새로운 수사와 말의 새로운 형상, 역사적 가능성의 새로운 전환을 분출해야 한다. 이 과정을 위해선 모든 수사가 다시 한번 전환하는 위기의 변곡점에서, 황홀경에 빠진 발언자가 필요하다."[18] '차이'의 지속적인 공세를 집요하게 은유한 것은, 이를 금지 규범으로 활용하려고 해러웨이가 분명히 작정했기 때문이다. 사회 운동은 "다시는… 부분이 전체에 속하듯 연결되어서도, 표시된 존재가 표시되지 않은 존재에 통합되듯 연결되어서도 안 된다. 또 단일하고 상호 보충적인 주체들이 유일신교의 유일 주체와 이 종교의 세속적 이단들에게 봉사하는 식으로 연결되어서도 안 된다."[19] '방언으로 말하기'는 일종의 실천의 '지상 명령'이 되었다. 정통성 있는 담론 형식과 그렇지 못한 것을 구별하는 방법이 된 것이다.

해러웨이의 신인은 사실 메리 데일리를 겨냥한 계산된 공격이었다. 해러웨이는 데일리의 "나선형의 춤"[20]이라는 황홀경적 형상 곧 데일리

---

18. Haraway, "Ecce Homo, Ain't (Ar'n't) I a Woman, and Inappropriate/d Others: The Human in a Post-Humanist Landscape", Judith Butler and Joan Scott 엮음, *Feminists Theorize the Political* (New York: Routledge, 1992), 86쪽. (강조는 필자)
19. Haraway, 『유인원, 사이보그, 그리고 여자』(*Simians, Cyborgs, and Women*), 3쪽. (강조는 필자)

의 논변적 익살과 신조어를 자기 것으로 취했다. 그러나 데일리의 여성주의에 있는 귀찮은 유기체론의 모든 잔재를 제거함으로써 전문적 여성주의 담론을 정화하는 걸 심각하게 생각했다. 그래서 「사이보그 선언」은 인간 문화를 자연에서 떼어냄으로써 문화적 여성주의를 '핵심'에서부터 해체하려 시도했다.

데일리에게, 여성의 억압을 해결하는 길은 수천 년 동안 여성을 노예로 삼고 비천하게 만든 남성우월주의 문화와 여성의 경계를 짓는데 있었다. 데일리는, 노먼 브라운이 디오니소스를 "여성을 미치게 하는 경계 침범자"로 추켜세우는 것에 특히 기분 상해했다. 현실에 있어서, 경계 없음을 이야기하는 건 여성과 남성의 근본적인 힘의 차이를 모호하게 하는 데 기여했다.[21] 한마디로 디오니소스는 여장을 한 아폴로일 뿐이었다.[22] 브라운의 "합체/동화로의 초대"를 거부한 데일리는 여성이 자신들의 경계를 건설하는 과정에서 거치게 될 "급진적 여성주의 황홀경"으로 맞섰다.[23] 데일리는 특히 생활세계를 기계의 죽음 숭배에 종속시키는 걸 비판하는 데 신경 썼다. 얄궂게도, 데일리는 자신의 가장 큰 분노를 담는 단어로 사이보그를 준비해뒀다. 사이보그는 그에게 여성 주체성의 종말이었다. "남성이 모체가 되는 유전공학은 여성을 배제한 '창조'의 시도다. 남성에 의한 인공 자궁의 기획된 제조,

---

20. 같은 책, 181쪽.
21. Daly, *Gyn/Ecology*, 66쪽; Daly's section, "The Illusion of 'Dionysian' Freedom", 64-69쪽을 보라. "경계 위반의 가짜 창조적 힘은… 명백히 여성들의 육체/정신에 대한 침공이며 우리와 같은 이들 모두에 대한 침공이다." (71쪽).
22. 같은 책, 67쪽.
23. 같은 책.

부분적으로는 육체이고 부분적으로는 로봇인 사이보그의 제조, 복제품의 제조, 이 모든 것은 남근 중심적 경계 위반의 징후다."[24]

그러나 해러웨이는 이 부정을 부정하려 했다. 여성의 삶과 도구적 이성 및 기술과학에 의한 탐사 사이의 경계선에서 불침번을 서려는 데일리의 모든 노력을 뒤집으려 한 것이다. "사물간의 경계를 뒤집자"[25]는 브라운의 주장을 반복한 해러웨이는, 자신의 "사이보그 신화는 침범당한 경계이자 강력한 융합이고 위험한 가능성이며, 이는 진보 세력이 탐사해야 할 정치적 작업의 한 부분"이라고 썼다.(154쪽) 그에게, 여성 주체성과 자유를 보장하는 근거와는 거리가 먼 경계들은 뿌리뽑히고 파괴되어야 할 적들이었던 것이다. 그래서 사이보그 선언은 반복적으로 정체성의 변천을 찬양한다. 사이보그의 형상은 '경계 오염'을 표시하는 (반인반마인) 켄타우로스와 (용맹한 여인족) 아마존 같은 과거 신화의 잡종적 형상들을 불러들인다.(180쪽) 맑스와 엥겔스가 공산당선언에서 그런 것처럼, 해러웨이는 자본주의가 지속적으로 변화하고 재창조하는 정체성이라고 주장했다. 그러나 맑스와 엥겔스가 자본의 해체 및 융기 과정을 변증법적으로 이해한 반면, 해러웨이는 근대성의 핵심 동력, 말하자면 "모든 단단한 것이 허공 속으로 녹아내린다"는 것 자체를 좋은 것으로 보는 듯 했다. 그의 체계에서 불안정은 혁명적 사회 변화의 기계 장치에 의한 신(deus ex machina)[26]이 된

---

24. Daly, *Gyn/Ecology*, 71쪽.
25. Brown, *Love's Body*, 247, 249쪽.
26. [옮긴이] 기계 장치에 의한 신은, 고대 그리스 연극에서 결정적 순간에 기계장치를 타고 내려와 극의 흐름이나 운명을 결정해주는 신이다. 마치 신이 구름으로부터 내려오는 것처럼 보이게 하려고, 기중기와 같은 장치들이 쓰였다.

다.27

사이보그 선언은 자본주의의 기술과학을 가장 강력한 역사의 동인으로 본다. 그러므로 어떤 면에서 해러웨이는 사이보그가 걸을 수 있게 인공 다리를 부여하고, 황홀한 말을 분출할 수 있게 혀를 부여하는 등의 작업을 했다. 울타리와 경계를 부수고 존재론과 인식론적 확실성을, '이원론'을 흐리게 함으로써 기술과학은 새로운 '기쁨들'과 '급진적' 정치적 가능성을 창출했다. 포스트구조주의 사상에서는, 경계를 침범할 필요성이 서구 전통의 중앙에 있는 이원론의 해체 필요성에서 나온다는 게 상기될 것이다. 그런데 이 이원론은, 억압당하는 이들의 존재를 당연시하고 그들을 지배하는 것 뒤에 숨은 사악한 범인으로 흔히 지목된다. 해러웨이는 이렇게 쓴다. "첨단기술 문화는 흥미를 끄는 방식으로 이원론에 도전한다. 인간과 기계의 관계에서는 누가 만들고 무엇이 만들어지는지가 분명치 않다."(177쪽) 그는 또 이렇게 말한다. "기계는 생기를 불어넣고 숭배하고 지배해야 할 그 어떤 것이 아니다. 기계가 우리 자신이고, 우리의 과정이며, 육화한 우리의 한 모습이다.… 경계는 우리 책임이다. 우리가 그들이다."(180쪽)

이 말은 너무나도 이상하다. 우리는 살아있는 것과 사물을 유효하게 구별할 수 없게 되는 것이다. "기계와 유기체, 기술적인 것과 유기적인 것에 대한 우리의 공식적 지식에선, 이 둘 사이에 근본적이고 존재론적인 분리가 없다."고 그는 쓴다.(178쪽) (기계적인 용어에서도 생기 넘치는 창조를 보는 특유의 기질이 있는 이들인) 베이컨과 데카르트조차 충격을

---

27. Haraway, 『유인원, 사이보그, 그리고 여자』(*Simians, Cyborgs, and Women*), 165쪽.

받을 이 발언은, 단순한 인식론적 비판을 넘어서 실증주의적(positivist) 형이상학의 벼랑 끝으로 내달리고 만다. 해러웨이를 따르면, 세상을 만드는 건 더 이상 우리, 주체들이 아니다. 우리가 만들 인공물들이 이제 우리를 창조한다. "사이보그는 우리의 존재론이다. 그것이 우리에게 정치를 부여한다."[28]고 그는 썼다. 기계들이 우리의 "친숙한 자아들"이다.(178쪽)

흥미로운 건, 해러웨이가 「사이보그 선언」을 쓰는 바로 그 때에 기업들이 기계와 사람의 전통적인 구별을 뒤집는 연구와 광고에 수십억 달러를 쏟아 부었다는 사실이다. (메사추세츠공대 미디어연구소 소장) 니컬러스 네크로폰테 같은 첨단기술 전문가를 자처하는 이들과 기업가들은 종종 기계/인간의 개념적 구별을 지워버림으로써 기계에 대한 대중의 생각을 바꾸는 새로운 방법을 찾아가고 있었다. "조금씩 조금씩 컴퓨터들이 개성을 지녀가고 있다.… 기계의 인격(persona)이 컴퓨터를 즐겁고, 편안하고, 유용하고, 친숙하며, 덜 '기계적이게' 만든다. 새로운 개인용 컴퓨터를 길들이는 건 점점 더 애완견을 길들이는 것 같아질 것이다."[29]고 그는 썼다. 그래서 1997년 애플컴퓨터의 "아이맥에게 안녕하고 인사하자"는 전략이 대성공을 거뒀다. 다른 기업들도 동물의 행동을 으스스하게 흉내내는 기계적이고 컴퓨터화한 '애완동물들'을 비슷하게 내놨다.

해러웨이는 다음과 같은 쌍을 이루는 개념들을 "문제 있는 이분법"

---

28. 같은 글, 150쪽.
29. Nicholas Negroponte, *Being Digital* (New York: Alfred Knopf, 1995), 218쪽. [한국어판: 『디지털이다』, 백욱인 옮김, 커뮤니케이션북스, 1999.]

이라고 썼다. "자아/타자, 정신/육체, 문화/자연, 남성/여성, 문명화한/원시적인, 실재/겉모습, 전체/부분, 행위자/자원, 제작자/제작된, 능동적/수동적, 옳은/그른, 진리/환상, 전체적/부분적, 신/인간."(177쪽) 그런데 이 이론가의 능숙한 손놀림 솜씨가 유례없는 오류를 감춘다. 그건 존재론적인 사실들과 사회적 사실들을 섞는 오류다. '제작자'와 '제작된'이라는 구별이 진정코 남성과 여성, 신과 인간의 구별과 같은 것인가? 진실과 환영(또는 진실과 거짓)을 구별하려는 시도는 어떤가? ('이원론'이 아니라) 전체와 부분의 구별 또는 실재와 겉모습의 구별이 '사회적 성별(젠더)' (또는 인종)의 차이 같이 사회적으로 구성된 것들과 비교될 수 있는가? 가장 근본적인 존재론적 구별 곧 인간과 사물의 구별은 또 어떤가?

해러웨이의 사이보그는 남성도 여성도 아니고, 인간도 동물도 아니며, 그렇다고 인간도 기계도 아니고, 주체도 객체도 아니다. 그건 정확히 모든 경계를 넘는 것이다. 그래서 해러웨이는 사물화 곧 사람을 물질로 취급하고 기계를 사람으로 취급하는 행위를 하며, 이를 여성주의적 실천의 중심 생산 과정으로 고집스럽게 받든다.

그래서 1960년대에 소외와 사물화에 대한 인문주의적 반란으로 발현된 표현주의적 충동은, 이 선언을 통해서 과거의 정신적 측면의 잔재와 완전히 결별한다. 해러웨이의 포스트구조주의적 기술의 복귀와 시오도어 로셔크의 『대항문화 형성』을 나란히 배치하면, 설득력 있는 대조가 가능해진다.

『대항문화 형성』에서 로셔크는 기술과학에 대한 대항문화적 비판에 대한 자신의 공감을 생생하게 표현했다. 로셔크에게, 동물을 이용한 과학 실험의 무분별한 잔인함은 수소폭탄 전쟁 수행의 '합리적인' 논의만큼이나 도덕적으로 용납할 수 없는 것이었다. 그는 "실험실에서 실험 대상이 되고 있는 동물들의 운명에 대한 슬픔을 표시하는 건, 보통 극단적인 괴팍함으로 취급된다."[30]고 썼다. 몇 년 뒤, 과학기술 연구의 상품화 문화 속에서 수사법의 변형을 즉흥적으로 포착한 작품인 『점잖은 두 번째 천년 목격자』에서 해러웨이는 삶의 도구화에 대한 데일리의 분노와 동물들의 고통에 대한 로셔크의 공감에 동시에 등을 돌리게 된다.[31] 쾌활한 니체식 어조로 그는 이렇게 썼다. "찰스리버연구소… 그리고 모든 연구소의 생쥐들은… 신경조직부터 호르몬까지 모든 생물학적 장치를 갖춘 감각이 있는 존재이다. 이는 과학적으로 서술하자면 우리 자신의 인간적 감각·지각과 친척 관계인 설치류의 감각과 생쥐의 지각을 갖추고 있음을 암시한다."[32] 여기서 해러웨이는 자신과 우리가 동물 주체에 대해 감정적으로 접근하는 것을 멀리하게 하려고 반어법을 쓰고 있다. 한편, 경험적 주장에 대한 포스트구조주의의 거부감은, 해러웨이로 하여금 동물의 지각이 '과학적 서술'과만 모순 없는 속성인 양 말하게 만든다. 마치 자기 자신과 우리한테서 생쥐의 존재론적·도덕적 지위에 대해 고려하는 짐을 덜어주려는 듯 말이다. 그는 이렇게 쓴다.

---

30. Theodore Roszak, *The Making of a Counter-Culture: Reflections on the Technocratic Society and Its Youthful Opposition* (New York: Doubleday, 1969), 276쪽.
31. Haraway, *Modest-Witness@Second-Millennium*.
32. Haraway, 『유인원, 사이보그, 그리고 여자』(*Simians, Cyborgs, and Women*), 82쪽.

나는 그 사실이 생쥐를 연구용 생물로 쓰는 걸 도덕적으로 불가능하게 한다고 생각하지 않는다. 그러나 생물체를 이런 식으로 이용하는 것에 대해 결백하지 않은 책임감을 느껴야 한다고 믿는다. 또 (최초의 유전자변형 생쥐) 앙코마우스[33]나 다른 실험용 동물이 마치 더 영리한 포유류의 목표나 상품을 위한 실험 기구, 도구, 수단인 것처럼 말하고 쓰고 행동하지 말아야 한다고 믿는다. 서구 생물 분류 체계상의 다른 과(科)에 속하는 것들처럼, 우리의 자매에 해당하는 이들 포유류들은 우리인 동시에 우리가 아니다. 우리가 이것들을 채용하는 게 바로 이 때문이다.… 문화적 관습이자 관습적 문화인 기술과학은… 활동에 개입하는 주체들과 객체들의 의미, 정체성, 물질성, 책임 전체에 관심을 가질 것을 요구한다.[34]

이것이 '자연' 세계 상품화의 윤리적 또는 정치적 의미에 대해 해러웨이가 제기할 수 있는 것 전부다. 에이즈나 당뇨병에 걸친 채 태어나거나 또는 등에서 사람의 귀가 자라도록 조작됐거나 또는 거대 제약 회사를 위해 약품을 생산하도록 조작된 불운한 동물들을 상대로 한 기괴한 잔인함의 윤리적 또는 정치적 의미에 대해 제기할 수 있는 것 전부다. 빠진 게 있다면, 윤리 체계를 한치라도 닮은 그 무엇이다.

하지만 더 나쁘게도, 『점잖은 목격자』의 서술이 남긴 강한 느낌은 유전공학 그 자체가 변혁적 실천 그리고 심지어 '중대한' 실천 방식이라는 느낌이다. 메리 데일리의 개념 가운데 하나를 마지막으로 가져다가 뒤집는 과정에서, 해러웨이는 앙코마우스를 '흡혈귀'로 묘사한다. 데일리는 이 단어를 유대교-기독교가 여성의 문화를 기생적으로 착취

---

33. [옮긴이] 앙코마우스는 1988년 미국에서 개발되어 특허를 받은 최초의 유전자변형 쥐이다.
34. Haraway, *Modest-Witness@Second-Millennium*, 82쪽. (강조는 필자)

하는 걸 묘사할 때 썼다. 그러나 이제 해러웨이는 흡혈귀에서 구세주의 모습, 경계를 내리치는 이의 모습을 발견한다.

> 흡혈귀의 존재는 혈통의 순수성, 종의 확실성, 공동체의 경계, 성별의 질서, 인종의 폐쇄, 객체의 불활동성, 주체의 생기, 젠더의 명증성을 묘사한다.… 가능성일 뿐 아니라 실제 위반하는 존재이며 유럽 기독교 공동체의 유기적-종교적 장벽으로부터 탈출하는 존재인 흡혈귀는 범주 여행을 한다.… 흡혈귀는 모호하다. 자본, 유전자, 바이러스, 성전환자, 유대인, 집시, 창녀 또는 순수성에 집착하면서도 빠르게 변하는 문화 속에서 몸이 하나로 섞이는 걸 상상할 수 있는 그 어떤 이처럼 말이다.(80쪽)

여기서 다시 해러웨이는 사회적인 범주들을 존재론적인 범주들과 합친다. '객체의 불활동성'이 '성별의 질서, 인종의 폐쇄'와 대등한 것이 되는 것이다. 그래서 유전공학은 종들 사이에 설정된 '존재론적' 경계를 모호하게 하는 면에서 본질적으로 진보적이다. 경계를 위태롭게 만드는 '흡혈귀'로서 앙코마우스는 반인종차별적이고 반성차별적인 혁명 주체다. "그녀/그가 다른 측면에서 생산적임이 입증되건 아니건 상관없이, 앙코마우스는 이미 중요한 징후적 작업을 수행했다."(80쪽) 표현주의가 심히 먼 길을 왔다.

요즘 동시대의 포스트구조주의 비평가들은 여전히 해러웨이의 '사이보그'와 흡혈귀를 사용하며, 여전히 사람과 사물간의 '경계 넘기'를 찬양한다. 예를 들면 마이클 하트와 안토니오 네그리는 자신들의 베스트셀러 『제국』에서 "인간과 기계의 잡종화"의 타고난 힘을 단언한다.[35]

육체들은 스스로 새로운 탈인간적 육체를 창조하기 위해 변환, 변형한다. 이 육체적 변환의 첫 번째 조건은 인간 본성이 어떤 식으로도 자연과 전체적으로 구별되지 않는다는 인식, 그리고 인간과 동물, 인간과 기계, 남성과 여성 등에는 고정적이고 필수적인 경계가 존재하지 않는다는 인식이다. 이는 자연 그 자체가 언제나 새로운 변형, 혼합, 잡종화에 대해 열려있는 인종적인 지형이라는 인식이다. 우리는 여장을 하고 전통적인 경계들을 의식적으로 전복시킬 뿐 아니라… 창조적이고 확정되지 않은 지역으로… 그 경계들 사이로, 그리고 그 경계들을 의식하지 않고 움직인다.[36]

두 저자는, 이른바 "생물학적 기계들" 또는 "하이브롯들" 곧 로봇 장치를 통제하기 위해 동물의 살아있는 뇌를 이용하는 잡종적 존재를 창조함으로써 주체와 객체의 경계를 부수느라 여념이 없는 기업의 생명공학자, 과학자-기업가들의 주장과 자신들의 논의가 얼마나 닮아있는지를 인식하지 못하는 듯 하다.

'침묵 깨기': 포스트모던 정체성 정치

과거엔 대조를 이루던 지적 사조인 프랑스 포스트구조주의 철학과 정체성의 정치가 1990년대에 들어서 하나로 수렴했다. 이는 놀랄만한 일이다. 어찌되었건 포스트모더니즘은 정체성의 안정적 형식 파괴를

---

35. Michael Hardt and Antonio Negri, *Empire* (Cambridge, MA.: Harvard, 2000), 367쪽. [한국어판: 『제국』, 윤수종 옮김, 이학사, 2002.]
36. 같은 책, 215쪽.

출발점으로 삼는다.37 포스트모더니즘은 종종 심오하고 엘리트주의적인 것으로 생각된다. 반면 정체성의 정치는, 자신의 독특한 문화적 유산을 주장하는 것에서 권력 이해와 정치적 기회 구축의 확고한 기반이 비롯된다는 민속적이랄 수 있는 생각에서 나온 것이다. 게다가 포스트모더니즘은 거듭된 발언 속에서 '본질주의'에 대해 적대적이다. 반면에 정체성의 정치는 본질주의적 형식을 취할 때, 예를 들면 "흑인의 영혼" 또는 "내부의 레즈비언"을 추구할 때, 제 특징을 가장 잘 나타내는 듯 하다. 그럼에도, 1990년대에 이르러서 이 낯선 동료들은 고급 이론의 논의에서 공통점을 찾았다. 이제 유색인 여성들은 내적 정체성을 표현함으로써가 아니라 논의의 변이점 또는 진로 구실을 함으로써 정의를 위한 투쟁을 할 수 있게 됐다. "성 구별적인 주체이자 특정 인종적 주체로서 흑인 여성들은 다중적 목소리로 말하고/쓴다.… 바로 이 주체의 복수성이… 결국 흑인 여성으로 하여금 정체성과 차이의 변증/대화가 표현되는 장소가 될 수 있게 해준다."38 당연하게도 저자(매 그웬돌린 헨더슨)는 이 글의 제목을 '방언으로 말하기'라고 붙었다.

정체성의 정치와 반본질주의를 동시에 가질 수 있게 해주는 이런 이론의 변화는 서서히 그리고 거의 의식하지 못하는 사이에 나타났다. 1980년대에 많은 실천 영역에서 실천은 '침묵 깨기'와 동일시됐다. '침묵 깨기'라는 표현은 1977년 근대언어협회에 오드리 로드가 제출한 논문(「침묵의 언어와 행동으로서의 변형」)을 통해 대중화했는데, 로드

---

37. Bob Fitch, "On Nietzsche"를 보라.
38. Mae Gwendolyn Henderson, "Speaking in Tongues", Judith Butler and Joan W. Scott 엮음, *Feminists Theorize the Political* (New York: Routledge, 1992), 161쪽.

는 이 논문에서 주변화하고 역사적으로 침묵을 강요당했으며 보이지 않던 주체들이 침묵을 말과 행동으로 바꿀 필요성을 유창하게 제기했다.[39] 다른 여성주의 비평가들, 특히 벨 훅스 같은 이들은 로드의 이 요구를 가슴으로 받아들여 자신들의 이론화에 핵심으로 삼았다. 훅스는 『대꾸하기』에서 이렇게 썼다. "우리가 해방적인 목소리로 말할 용기를 낼 때, 처음에 우리의 언어를 원한다고 주장한 이들까지도 위협한다. 말하기에 대한 두려움을 극복하는 행동에서… 주체로서 말하는 걸 배우는 과정에서, 우리는 지배를 끝장내는 전 지구적 투쟁에 참여하게 된다. 우리가 침묵에 종말을 고할 때, 우리가 해방된 목소리로 말할 때, 우리의 언어가 침묵 속에 사는 어느 곳의 누구와도 우리를 연결시킨다."[40] 그래서 "'대꾸하기'는 객체에서 주체로 옮겨가는 것의 표현 곧 해방된 목소리이다."[41] "말하기는 단지 창조적 힘의 표현만이 아니고 저항 행동, 정치적 몸짓(gesture), 치유하는 저항의 몸짓이다."[42] 이로써 훅스는 실천을 '행위'(act) 또는 말하기의 '몸짓'으로 망가뜨린다. 그 사이 전략은 단지 발언 내부의 한 계기로 비쳐진다. 자신을 표현하는 형식을 창조하려고 하는 유색인 여성들이 직면하는 걸림돌들을 생각하면서 훅스는 "방향 감각, 해방된 발언의 전략을 유지하기 어렵다."고 결론짓는 것이다.[43]

---

39. Audre Lorde, "The Transformation of Silence into Language and Action", *Sister Outsider* (Freedom: The Cross Press, 1984)에 재수록.
40. bell hooks, *Talking Back* (Boston: South End Press, 1989), 18쪽.
41. 같은 책, 9쪽. (강조는 필자)
42. 같은 책, 8쪽. (강조는 필자)
43. 같은 책, 16쪽.

1990년대에는, '침묵 깨기'의 은유가 많은 저항세력 또는 급진세력의 정서를 표현하는 싫증나지만 피할 수 없는 상투어가 됐다. "하위층(subaltern)이 절규하고 있다. / 자신들의 목소리-의식을 획득해가고 있다. / 하위층은 우리의 삶을 절규하고, 주장한다… / 나는 침묵하기를 거부하고, 삼켜지기를 거부한다. 나는 내 목소리가 황야에 묻히지 않도록 행동할 것이다… 나는 엘리트주의, 인종차별, 식민정책에 맞서 발언할 것이다… / 나는 내 요구를 제기했다. 내 말을 들었다는 걸 확인하는 반응을 기다리고 있다…"[44] 아 안타깝게도, 표현주의자들의 요구와 반응은 언제나 듣고 반응할 것으로 기대되는 이들이 누군가 하는 문제를 회피한다. 그리고 하위층의 목소리가 '들린' 뒤에는 무슨 일이 벌어질 것으로 기대되는가? 말하기('권력한테 진실을 말하기')만으로 바라는 변화를 가져올까? 마치 뒤에 무슨 일이 벌어지든 그건 상관없는 듯 하다. 이런 측면에서 볼 때, 메리 데일리가 『유전/생태학』에서 시도한 가부장제에 대한 다른 측면에선 훌륭한 유물론적 비판이 실망스러운 것 하나는, 여성주의자의 몸짓과 표시를 남들이 인식하느냐 아니냐는 상관없다는 인상을 준 것이다. 그는 "우리의 말이 '들릴'지 여부는 핵심 문제가 아니다. 문제가 되는 건, 여자들이 스스로 듣는다는 것, 우리 자아를 듣는다는 것이다."고 썼다.(401쪽)

  요즘 이론에서 보이는, 비판적 행위의 문답적, 교육학적 측면에 대한 관심 결여는 의심의 여지 없이 인간에 관한 현상학적 설명에 대한 포

---

44. Nadia Elia, "Affirming Life, Inscribing the Intifada: When the Subalterns Scream", *Radical Philosophy Review* 1, no. 1 (1998): 72-73쪽.

스트구조주의자들의 반감에서 나오는 것이다. 이 책의 뒷부분에서 제시하겠지만, 경험을 지식의 기반으로 인정하지 않는 것이 비판적 사고를 이념·의식·의미에 관한 모든 문제에 무관심하게 만드는 결과를 가져왔다. 이는 뤼크 페리와 알랭 르노가 프랑스 포스트구조주의와 신좌파의 관계에 대한 연구서(『68사상과 현대 프랑스 철학』)에서 "인간성을 상호주관성으로 보는 이념의 가공할 파괴"[45]라고 부른 것이다. 실천을 본질적으로 '1차원적인' 일시성, 곧 덧없는 말 내뱉기로 축소시키는 것은 아마도 탈근대성 아래서 나타나는 역사성의 상실을 반영하는 듯 하다.

그 뿌리가 뭐든, 하위층 집단이 단지 침묵을 깨는 걸 넘어서 남들이 실제로 말을 듣게 만들 (곧 상호 인식과 공통의 말을 바탕으로 논의를 형성할) 방법을 설명하지 못하는 정치이론이 어떻게 결국 정치적으로 이로울 수 있느냐고 묻는 건 정당한 질문인 듯 하다. 그러나 실천을 숨겨진 목소리를 드러내는 것으로 계속 해석하는 포스트구조주의와 정체성의 정치의 틀 안에서는 이런 질문이 제기될 수 없다. 이론가들은 계속 똑같은 조각들을 조립하고, 표현주의적 상식에 대한 똑같은 주제의 무늬를 반복한다. 그래서 찐 T. 민하는 안쥴두아나 해러웨이, 노먼 O. 브라운 또는 어떤 미래주의자가 썼을 만한 글을 반복한다. "목소리를 찾고, 단어와 문장을 탐색하라. 그러니까 어떤 사물(some thing), 하나의 사물(one thing) 또는 없는 사물(no thing)을 말하라, 또 묶고/

---

45. Luc Ferry and Alain Renault, *French Philosophy of the Sixties: An Essay on Antihumanism* (Amherst, Mass.: University of Massachusetts Press, 1990), 18쪽. [한국어판: 『68사상과 현대 프랑스 철학』, 구교찬 외 옮김, 인간사랑, 1995.]

풀고 읽고/읽지 않고 형식을 폐기하고 당신의 글쓰기의 문법적 습관을 꼼꼼히 따져 그것이 자유롭게 하는지 억압하는지를 당신 스스로 판단하라.… 구문론을 흔들고 신화를 박살내고, 만약 당신이 패배하면 미끄러져 가면서 새로운 언어적 길을 발굴하라. 놀라는가? 충격 받는가? 선택의 여지가 있는가?"[46] 민하가 이런 단어들을 적어 내려가던 1989년에 그녀와 다른 비평가들은 글쓰기를 모사와 의미로부터 분리시켰을 뿐 아니라 주체가 뭔가를 표현할 수 있다는 개념으로부터도 글쓰기를 분리시키는 데 성공했다. "빛을 쪼이는 것(계몽)의 핵심은 붙잡는 것일 수 없다." "'나'는 그 자체로 무한한 지층이다.… 우리가 필사적으로 영원토록 분리하고, 억제하고, 고치려고 시도하지만, 범주들은 언제나 새어나간다."[47]

도너 해러웨이의 제자인 앨루커 로젠 스톤은 『기계 시대 끝의 욕망과 기술의 전쟁』(1995)에서 분해된 주체를 새로운 극단까지 찬양했다. 이 책은 "떠오르는 기술 그리고 살아있는 것과 그렇지 않은 것의 변하는 경계들, 선택적 형상화에 관한,… 다른 말로 하면 사이보그의 서식지로서의 일상 세계에 관한"[48] 책이다. 이 책에서 스톤은 정신 질환을 급진 정치의 새로운 모델로 공개한다. 다중인격 장애는 "다중적 형상화와 다중적 자아의 새로운 건축학"을 위한 희망적인 모델, "다른 수단들을 이용한 저항으로서의 다중성"을 위한 모델이라고 그는 주장한

---

46. Trinh T. Minh-ha, Woman, *Native, Other* (Bloomington, Ind.: Indiana University Press, 1989), 20쪽. (강조는 원저자)
47. 같은 책, 94쪽. (강조는 원저자)
48. Alluquere Rosanne Stone, *The War of Desire and Technology at the Close of the Mechanical Age* (Cambridge, Mass.: MIT Press, 1995), 17쪽.

다.(43-44쪽)

> 어떤 다중 인격 형식들은 어떤 길들이기 쉬운 사회적 방식의 유용한 실례다. 더 나아가, 기술사회의 선구자로 살고 있는 프로그래머들의 언어 속에서 다중 인격은 이미 자리를 확고히 잡은 존재 형태, 최신판에서 충분히 결함을 찾아 고친 존재 형태다. 다중성은 지금 여기 우리 주변에, 그리고 다중 인격 '장애'에 대한 나쁜 평가와 상관없이 이미 존재한다. 그 가운데 일부는 여전히 보이지 않는 채로 있으며, 조용하고 기품 있게 자신의 삶을 살고 있다.…
> 사이보그, 다중 인격, 기술사회적 주체… 이 모든 것은 기술사회적 공간에서… 구획지어진 개인을 표준적인 사회 단위로, 그리고 유효한 사회적 행위자로 새롭게 묘사하는 급진적 다시 쓰기를 제안한다.

이런 생각은 의심의 여지 없이 '급진적'이고 '위반적'이지만 그만큼 독창적이지는 못하다. 노먼 O. 브라운은 1964년에 이렇게 흥분해서 썼다. "정신분열증 환자는 현실원칙을 넘어서 상징적 연결의 세계로 들어간다.… 정신분열증 환자는 일상적인 언어를 넘어서… 더 진실되고 더 상징적인 언어로 들어간다. 나는 수천가지이다. 나는 '당신-모두를-나누는-가운데 있는' 존재다."[49] 스톤은 단지 '다중성의 은총'이라는 브라운의 축복을 가져다가, 학문 시장의 새로운 상품 개념으로 개편했을 뿐이다.[50]

---

49. Brown, *Love's Body*, 160쪽.
50. 같은 책, 253쪽.

말은 계속된다?(La Lingua Continua?)

반어적이게도, 1980년대와 90년대에 정체성의 정치와 포스트모던 이론가들이 오순절주의적 신비주의를 자기 것으로 만들면서, 이 신비주의의 교훈은 모호해졌다. 사도행전에서는 오순절 성령 강림 이후 많은 나라의 사람들이 공산주의적으로 함께 살게 된다. ("믿는 사람이 다 함께 있어 모든 물건을 서로 통용하게 된다.") 필요에 따라 재산을 나누고 예수와 교류함에 있어서 "날마다 마음을 같이 하며", 믿는 사람들은 "마음의 일치"를 만들어간다. 축복받은 공동체는 다른 왕국의 사람들을 성스러운 통일의 전망으로 사로잡으면서 규모를 확대한다. 이제 형이상학적 성령도, 선지자들도 통역자로 삼을 필요가 없어졌다. 사랑과 상호 의존의 결합으로 소통이 가능해졌다. 신의 말씀이 살이 되고, 신비스러운 개입을 통해 움직이지만, 구체적으로 실현되는 건 영적인 공동체의 물질적인 행위를 통해서이다.

그래서 바벨탑 이야기와 사도행전의 오순절 융합 이야기의 차이는, 전자가 인간의 의지에서 시작됐으나 신의 개입으로 종말을 맞은 이상주의라면, 오순절 사건에서의 융합은 형이상학적으로 시작돼 풀뿌리 조직을 통해 수행됐다는 것이다. 이런 식으로 오순절 사건 이야기는 바벨탑에서 잃어버린 통일을 회복한다. 하지만 요즘의 비판적 이론가들은 담화의 부수적인 계기 곧 '방언으로 말하기'의 계기에 집착하기 위해 이런 교훈 곧 복음적 확장을 통해 통일된 영적 공동체를 세우는 걸 잊는 쪽을 택한다.

2000년 하트와 네그리의 『제국』은 포스트구조주의 사상의 긴 연대기로부터 거의 50년치에 해당하는 '잘 정리된' 이야기들을 성공적으로 새롭게 묶어냈다. 전 지구적 자본주의가 창출해낸 새로운 정치적 주체 곧 '다중'의 '노마디즘'을 예고하면서, 두 저자는 "관습과 경계의 위반"[51]을 흥분해서 묘사한다. '다중'의 등장은 "육체들이 혼합하고 유목민들이 공통의 언어로 말하는"[52] '세속적인 오순절 사건'을 연상시킨다. 오순절 사건의 수사를 부드럽게 개정한 이 판본은 비록 통일('공통의 언어')에 대한 새로운 강조를 환영하지만, 그럼에도 여전히 1960년대의 감정 구조를 비판적 이론의 상상력으로 계속 규정하고 제한하는 걸 보여주는 실망스런 징표다.

좌파가 쇠퇴하고 공공 영역이 지속적으로 약화됨과 함께, 서구 비판적 지식인들은 학계라는 피난처로 스스로를 유폐했다. 거기서 그들은 이제 사회 정의를 위한 투쟁을 의미와 실제 권력기구에 대한 투쟁이라기보다는 무엇보다 구문론에 대한 투쟁으로, 자본주의와 가부장제 또는 국가에 맞서는 격렬한 전쟁이 아니라 본질주의 또는 남근적 이성 중심주의 같은 편의적인 악마들에 맞서는 전쟁으로 해석했다. 신좌파 활동가였던 여성과 남성들이 교수가 되어서 실천이란 방언으로 말하기라는 '상식'을 강고하게 만들었다. 하지만 이런 전환을 이루기 위해서는, 전문직화와 중간계급의 가치에 대한 의심, 상품화와 기술에 대한 인간적 비판, 경험과 의식고양에 대한 믿음과 같은 신좌파와 제2의 물결 여성주의가 소중히 하던 많은 가치들이 억제되어야 했다.

---

51. Hardt and Negri, 『제국』(*Empire*), 363쪽.
52. 같은 책, 362쪽.

1960년대 의지의 낙관론이 지식인의 낙관론으로 바뀌고 말았다.

최근 몇 년 동안, '표현주의'는 사상 처음으로 사회 이론가들로부터 비판적인 정밀 조사를 받고 있다. 아직은 이 비판이 문제의 근원까지 가거나 총체적인 범위까지 이른 것은 아니다. 이 비판은 흔히 표현주의의 인식론적 형식 곧 '본질주의'[53]에 한정되어 있다. 그러나 '본질주의'에 대항한 포스트모더니스트들의 전쟁은 거의 익살맞다시피 자리를 잘못 잡았다. '본질주의'를 지난 시대의 '감정 구조'의 표시로 보는 대신 곧 내적 표현을 결과보다 우위에 두거나 결과를 넘어서는 것으로 보던 1960년대의 습관, 스타일, 감정의 배열로 보는 대신, 인식론적 오류로 치부하는 한, (포스트모더니스트들은) 정체성의 '문제'를 곡해하는 것이다. 반어적이게도, 포스트모더니스트들은 표현주의의 가장 설득력 떨어지고 가장 허약한 측면 곧 얄팍한 일시성(temporality), 실천을 발언하기로 축소하는 경향, 독선적인 자기확실성, 이성에 대한 경멸, 전략 문제에 대한 건방진 무관심은 유지하면서도, 정치의 뿌리를 정열과 경험에 두는 성향, 도구적 이성에 대한 비판, 신뢰할 만한 존재(생활) 방식과 그렇지 못한 방식의 구별 등 표현주의의 가장 훌륭한 특성을 지워버린다. 테레사 에버트가 평하듯이, "이제 분명해졌다. 차이는 이제 단지 보편주의적 기반을 무너뜨리기 위한 인식론적 행위가 아니다. 그건 유목민적이고 분자적인 주체의 상태를 영구화하고 그렇게 함으로써 기존 사회 구조를 온존시키는 정치적 기구이다."[54]

---

53. 예를 들어, Shane Phelan, *Getting Specific: Postmodern Lesbian Politics* (Minneapolis: University of Minnesota Press, 1994), 139쪽을 보라.
54. Teresa L. Ebert, *Ludic Feminism and After: Postmodernism, Desire, and Labor in*

표현주의 대 사물화

캘리포니아 버클리와 파리의 거리를 누빈, '학계의 장황함'에 대한 인내심이 거의 없던 젊은 신좌파 세력들처럼, 글로리아 안출두아는 자신의 표현을 빌리자면 학술 이론의 '비밀스런 헛소리'에 대한 경멸을 분명히 드러냈다.

> 추상, 대학의 학문, 규칙, 지도와 컴파스를 내던지라. 차양을 벗어버리고 자신의 길을 느끼라. 더 많은 사람을 접촉하려면 개인적 실재와 사회적 실재를 환기해야 한다.… 당신의 불의 혀로 글을 쓰라. 펜이 당신에게서 당신 자아를 내쫓지 못하게 하라.… 검열관이 불꽃을 끄지 못하게 하라. 사기가 당신의 목소리를 억누르지도 못하게 하라. 논문에 당신의 똥을 올려 놓으라.… 당신 속의 뮤즈 신을 찾으라. 당신 아래 파묻혀 있는 목소리를 파내라.… 새로운 방식으로 세상을 이해함으로써 자신에 충격을 가하고, 독자들에게도 마찬가지의 충격을 가하라.[55]

자발적인 말이 세상을 재창조하기 위해서는 '충격을 주어야' 한다는 이 신념은 낭만주의자들의 특징적 요소가 아니라 20세기 초반 근대 도시 생활의 어지러운 속도와 기계의 시대를 표현할 방식을 탐구했던 미래주의자들의 특징이다. 표현주의는, 찰스 테일러가 모사에서 표현으로의 전환이라고 묘사한 방법으로 지식과 진리를 자연에서 분리시켰다. 미래주의 운동은 머지않아 파시스트 군국주의의 미학이 될 것의

Late Capitalism (Ann Arbor, Mich.: University of Michigan Press, 1999), 119쪽.
55. 같은 책, 172쪽.

중요한 모델이자 전조였다. 그러나 낭만주의자들이 자연을 존재의 지평으로 품어 안은 바로 그 자리에서 미래주의자들은 이성을 표현에서 분리하고 문화에서 자연을 씻어내 버렸다. 미래주의자들은 진리와 미의 원천을 찾아 자연으로 돌아간 것이 아니라, 인간의 솜씨 곧 기계와 대도시, 흥분시키는 근대적 사건들의 질주로 눈을 돌렸다. '과학적 또는 사진적' 곧 자연주의적 묘사에 맞서, 마리네티는 "자유 속의 말", "연속성 없는 상상"을 옹호했다. "우리의 시적인 도취는 말들을 자유롭게 변형하고 다시 구현하고, 짧게 자르고 길게 늘이고, 극단의 중심을 강화해야 한다.… 이렇게 우리는 내가 자유롭게 표현하는 것이라고 부르는 새로운 철자법을 확보할 것이다."[56]

러시아 예술가 알렉세이 크루체닉과 같은 미래주의자들은 마리네티의 '본능적인 변형'에 대한 촉구를 실험적인 미학적 시도를 통해 표현했다. 빠른 속도로 단어들을 '해방시킴'으로써 경험과 문화를 파열시키려는 의도에서, 신조어와 무의미한 문구, 의미의 반전 등을 통해 텍스트와 이미지의 이해 가능성을 붕괴시킨 것이다.[57] 지노 세베리니, 지아코모 발라, 기욤 아폴리네르 같은 다른 미래주의자들은 대학의 학문을 경시했다. 마리네티는 이렇게 썼다.

---

56. F. T. Marinetti, "Destruction of Syntax — Imagination Without Strings — Words-in-Freedom 1913", Umbro Apollonio 엮음, *The Futurist Manifestos* (London: Thames and Hudson, 1973), 106쪽. (강조는 원저자) Sue-Ellen Case, *The Domain-Matrix: Performing Lesbian at the End of Print Culture* (Bloomington, Ind.: Indiana University Press, 1996), 7-8쪽을 참조하라.
57. Marjorie Perloff, "The Word Set Free: Text and Image in the Russian Futurist Book", *The Futurist Moment: Avant-Garde, Avant Guerre, and the Language of Rupture* (Chicago: University of Illinois Press, 1986), 117-160쪽을 보라.

모든 어리석은 공식과 교수들의 혼란스런 상투적 문구를 내던지고, 나는 이제 서정성이야말로 자신을 삶에 도취시키고, 삶을 자아 도취로 채우는 훌륭한 능력이라고 선언한다.… 변화할 능력이 있는 우리의 자아가 지닌 독특한 색깔로 세상을 물들일 수 있는 능력.[58]

이런 과감한 선언이 지난달에 발간된 어떤 유명 문화연구 저널에 실린 글 같은 느낌을 준다면, 그건 바로 또 하나의 우상파괴적 사상가인 프랑스 역사학자 미셸 푸코 때문이다. 미래주의 선언이 나온 지 거의 75년이 지난 뒤에 저술 활동을 한 푸코는 이와 유사한 정서가 영미 이론에서 인기를 끌게 만든 장본인이다. 예를 들면, 그 스스로 '헤테로토피아'(이형공간)[59]들이라고 부른 것, 곧 공간의 이질성 또는 분열을 통한 차이의 창조를 지나치게 칭찬하면서, 푸코는 마리네티가 문자 그대로 논센스의 '혁명적' 충격을 기술할 때 표현했던 것과 비슷한 충동적인 경이로움과 천년왕국적 희망을 유발했다. 푸코는 이렇게 썼다. "헤테로토피아들은 불편하게 만든다."

그런데 그 이유는 아마도 그것이 몰래 언어의 토대를 허물고, 이것과 저것을 이름 붙여 부르는 게 불가능하게 만들며, 통용되는 이름들을 부수거나 방해하고, 앞서 '구문론'을 파괴하되 문장을 구성하는 데 쓰는 구문론

---

58. Marinetti, "Destruction of Syntax", 98쪽.
59. [옮긴이] 헤테로토피아는 유토피아처럼 다른 공간들과 아주 특이한 관계를 맺는 공간이라고 푸코는 주장한다. 다른 공간들이 지시하거나 반영하는 관계들의 묶음을 의심하거나 중립화하거나 뒤집는 식으로 관계를 맺는다는 것이다. 하지만 유토피아와 달리 현실 공간이다. 푸코는 헤테로토피아를 거울과도 같다고 봤다. 특정한 실제 공간에 서로 무관한 여러 개의 공간을 병치시키기 때문이다.

뿐 아니라 단어들과 사물들이 (나란히 그리고 서로 맞댄 채) '함께 모이게' 만드는 덜 명백한 구문론까지 파괴하는 데 있을 것이다.… 헤테로토피아들은… 말을 무기력하게 하고, 단어들을 궤도에서 멈추게 하고, 문법의 존재 가능성을 그 근원에서부터 문제삼는다. 또 우리의 신화를 소멸시키고 우리의 문장의 서정성을 메마르게 한다.[60]

푸코의 이런 선언 그리고 이와 유사한 선언들이 뚜렷하게 제기하는 질문은, 포스트모더니즘과 미래주의의 유사성이 단순히 우연적인 것인가, 또는 뭔가 더 흥미로운 사건 예컨대 이 두 가지 담론에서 똑같이 분열을 특권화하고 언어적 관행을 깨뜨리며 자연을 경멸하게 만드는 어떤 병렬적 역사적 조건 같은 것이 있지 않나 하는 것이다. 이런 주장의 설득력을 더하려면 더 많은 작업이 있어야겠지만, 미래주의와 포스트구조주의 그리고 정체성의 정치간의 놀라운 형식적 유사성들은, 데이비드 하비가 20세기에 자본주의적 시공간 구조에서 나타난 두 가지 중요한 '조류 변화'라고 지목한 것과 관련되는 듯 하다. 20세기 여명기의 부르주아적 감상에 대한 반란과 20세기 황혼기에 나타난 유색인 여성주의자들의 급진적 비판이 공유하는 듯 보이는 건, 서구 자본 축적 체제 변화의 핵심 계기를 상징한다는 것이다. 1900년대 초기의 변화는 테일러주의적 포드주의로의 이행이고, 1980년대의 변화는 후기포드주의적 축적으로의 이행이었다.[61]

이런 측면에서 보면, 마리네티의 구문론과 이해 가능성 파괴의 촉

---

60. Foucault, *The Order of Things*, xviii쪽. (강조는 원저자) [한국어판: 『말과 사물 : 인문과학의 고고학』, 이광래 옮김, 민음사, 1986.]
61. David Harvey, 『포스트모더니티의 조건』(*The Condition of Postmodernity*), 36쪽.

구는, 전 세계적 공황과 두 번의 세계 전쟁을 포함하게 되어 있던 '창조적 파괴'라는 강력하고 새로운 과정에 필요한 물질들을 갖추느라 여념이 없던 자본주의 그 자체의 메아리였다. 비슷하게 피상성의 행위를 찬양하고, 의미(그리고 아이러니)보다 파편화와 이해 가능성의 상실을 중시하고 특권화한 1980년대의 포스트모던 미학은 형식상 후기 자본주의의 '논리'와 조응한다.[62] 그러나 베버의 표현을 빌리자면 이런 '결합 친화적 유사성'을 포스트모던 미학의 선구자들(미래주의자들)이 상품 물신주의의 새로운 양식을 서로 부추기고 모방한 데서 발견한다면, 아마도 우리는 '방언으로 말하기'의 사물화한 언어, '경계 넘기', 비판적 이론의 '이산' 숭배와 후기포드주의의 유사성도 볼 수 있을 것이다. '비판적인' 사회적 실천은 새로운 자본주의 체제에 부수되는 정신적 질병과 대량 학살 같은 사회적 병리현상뿐 아니라 새로운 자본주의 체제 자체의 논리를 흉내내고, 사실은 오히려 그것을 집대성할지 모른다. 그래서 다음 장의 주제는, '장식적' 이론의 핵심이 되는 물질적·지적 요소들의 집합 또는 사상의 진부화·표준화와 그것의 상품화에 의한 과잉결정으로 잡았다.

---

62. Fredric Jameson, *Postmodernism, or the Cultural Logic of Late Capitalism* (Durham, N.C.: Duke University Press, 1991).

3장
장식적인 이론

근대 비판적 철학은 사물화한 의식 구조로부터 나온다.

죄르지 루카치

    1980년대와 90년대에 앞선 자본주의 국가들의 생활세계는 자본주의 역사에서 그 어느 시기보다 더 급격하게 자본과 상품 물신주의에 송속되고 물들었으며, 그 종속과 침투는 어느 때보다 더 정신적이고 인류학적인 차원까지 도달했다. 사납게 돌진하는 주식시장과 자유방임적인 연방 규제기관들이 부추긴 덕분에 부흥기(risorgimento)를 맞은 독점자본주의는 부의 새로운 축적, 사회복지국가의 후퇴, 공공재의 사유화를 이끌었다. 자본주의의 수익성 위기에 대한 직접적인 대응으로 나타난 이런 거시경제 정책과 나란히 '포스트모던' 문화가 형성됐고, 이 문화에서는 상품이 역사적, 체험적 인간 경험의 모든 가능성을 대신하게 됐다. 문화적 타락이 이렇게 만연한 상황에서, 비판적 지식이 시장의 힘 앞에서 다치지 않고 온전한 상태를 유지했다면 실로 예외적인 일이라고 말하기에 충분할 것이다. 하지만 실제로는 그렇지 못했다.

1970년대 이후 서구에서 좌파 사회 운동이 전반적으로 기울고 혼란에 빠짐으로써, 이론과 실천의 분리가 나타났다. 이어서 이 분리 현상은, 주로 학계로 물러나 웅크리고 있던 서구의 비판적 사상을 새로운 제도 및 정치 환경에 취약하게 노출시켰다. 비판적 사회 사상이 실제 실천에서 점점 멀어지고 날로 합리화 경향이 강해지는 서구 대학 체제에 더 깊이 얽혀 들어가면서, 이론은 모든 물체의 궤도를 옴짝달싹 못하게 왜곡하는 중력을 지닌 시장이라는 거대한 태양의 궤도에 갇히게 됐다.

이론이 새로운 세계 자본주의 체제의 시공간적 리듬과 관계에 취약하게 노출되고 인간사회의 문제에 직접 개입하는 일이 날로 줄면서, 타율적인 경향을 더하게 되고 그에 상응해 진실성도 떨어져 갔다. 내용에 있어서는 관념적이 됐고, 형식에 있어서는 지나치게 장식적인(baroque) 모습을 띠었다. 다음의 인용문은 문화연구에 있어 20세기 말 바로크 시대라고 할 만한 때 나온 산물이다.

사회적 이상으로서의 남근숭배적 다모클레스의 칼[1](절박한 위험)이라는

---

1. [옮긴이] 다모클레스의 칼은 절박한 위험을 뜻한다. 다모클레스는 기원전 4세기경 시칠리아 시라쿠사의 참주 디오니시오스의 신하인데, 다모클레스가 디오니시오스의 행복을 터무니없이 과장하자 디오니시오스가 화려한 잔치에 그를 초대해 천장에 실 한 올로 매달아 놓은 칼 밑에 앉히고 권력자의 운명이 그만큼 위험하다는 것을 보여주었다는 전설이 있다.

장치는, 경계선 토박이의 근(筋) 장력 속에 형상화하는 양면적 사회 정체성을 자아낸다. 망상증 속에서 나타나는 그의 '해체'와 우울증은 공간의 사회적·정치적 한계의 주변부성을 깨려는 시도이자, 영적이고 환상적인 공간의 경계선을 새로 그으려는 시도이다. 다모클레스의 칼은 상징적 질서에 이중성이 자리잡게 한다. 그리고 그 상징적 질서 속에서 이 칼은, 환상적이고 파편화한 반란의 기표들(signifiers)의 운동성에 의해 지속적으로 제 자신의 의미가 도전받는 운동성 없는 권위의 기호(Sign)이다.…

우울증적 반란을 주인의 경계성에 의한 '투영적 해체'라고 부르자. 이 서사(narrative)는 상실의 동시발생적 상징과 비지시적이고 파편화했으며 환상적인 서사들 사이의 생략에서 나온다.… 나의 반란은 문학과 역사의 생명을 그것의 닮은 꼴을 구성하는 조각과 단편들로 꾸미는 것이다. 이 닮은 꼴의 삶은 살아남기이고 그 의미는 우울증이다.[2]

1990년대 초에는, 호미 K. 바바의 글 「식민시대 이후의 권위와 포스트모던 죄책감」에서 인용한 이 문구와 같은 모호한 문장들을 만나지 않고서는 문화연구의 불길한 기운을 통과해 지나가는 게 힘들다시피 하게 됐다. 미학적으로 볼 때, 이런 문장들은 바로크 시기 유럽 예술과 건축에 공통적이던 표현의 '일시성과 변덕'을 상기하게 한다. 기능과 효용성을 향한 공허한 몸짓을 하기 십상인 지독히 장식적인 미학을 위해 값비싼 물질들을 허비하던 루이 14세 궁정의 말기적 바로크 예술 및 건축과 마찬가지로, 이 장식적 이론들의 두드러지는 특징

---

2. Homi Bhabha, "Postcolonial Authority and Postmodern Guilt", Lawrence Grossberg, Cary Nelson, Paula Treichler 엮음, *Cultural Studies* (New York: Routledge, 1992), 66쪽.

은 터무니없는 장식적 문제, 형식의 과잉이며, 이 과잉은 창작자의 개념 한가운데 자리잡고 있는 생각이 극도로 사소하다는 점 때문에 더 도드라진다.

표현의 촘촘함과 광적인 리듬을 특징으로 하는 장식적 미학은 최근 몇 십 년 동안 대중문화, 과학에서부터 문학 심지어 비디오 게임까지 모든 걸 물들이면서 서구 자본주의 문화에 널리 퍼졌다.[3] 그래서 왕년엔 '비판적'이던 바바의 담론은 상품으로 변질된 우리 시대 문화의 내용보다 피상적인 형식을 우위에 두는 전반적 경향을 기묘하게 닮아있다. (마이크로소프트의 널리 쓰이는 업무용 프리젠테이션 소프트웨어) 파워포인트는 "내용 지향적이지도, 그렇다고 설명을 듣는 사람 지향적이지도 않고 전적으로 설명하는 사람 지향적이다."는 그래픽 정보 분석가 에드워드 터프트의 비평은 바바의 스타일에도 똑같이 적용된다.

「식민시대 이후의 권위와 포스트모던 죄책감」과 (이 글의 후속편을 싣고 있는) 자신의 책 『문화의 위치』에서, 바바는 식민시대 이후 문학적 허구 속 인물로서의 '토박이'(native)의 묘사에 대한 일련의 명상록을 제시한다. 이 남성 학자가 표면적으로 초점을 두는 건, 식민시대 이후 서사의 '시간 지체' 또는 우발적 사건의 순간, 다시 말하자면 경험의 순간과 그 경험의 표현 사이의 시간적 분리의 중요성이다. 바바가 사용하는 '시간 지체'는 고정된 의미를 부수고, 그래서 역사적 행위력(agency)과 의미의 자유주의적·합리적·인문주의적 개념들의 기

---

3. Omar Calabrese, *Neo-Baroque: A Sign of the Times* (Princeton, N.J.: Princeton University Press, 1992).

반을 허문다. 그러나 그의 글들의 정확한 뜻은 모호해 보이기만 한다. 그 뜻은 장난스런 박식함, 자기 지시적 암시, 이론적 '얼룩'이라는 여러 층위 아래 있기라도 하듯 깊이 파묻혀 있다. 글은 구조가 없고 심지어 무궁하다. 사상이 공간성을 확보할 만큼 진전되지 못했다는 것이다. 프로이트, 바르트, 푸코, 모한티, 라캉, 스튜어트 홀, 하위층(subaltern) 연구 집단 같은 온갖 탈식민주의 연구의 규범적 학자들이 숨가쁘게 불려 나와서는 곧바로 내쳐진다. 그 과정은 바바의 코스모폴리탄적 양식의 특징인 능숙함과 무관심을 익숙하게 뒤섞는 식으로 처리된다. 이 작가의 현란하고 똑똑하며, 경계 없고 바닥 없는 놀이를 암시하는 문장들 곧 모호성에 닿아있는 표현의 깊이와 짝을 이룬 두드러지게 수사적인 기교들은 미학화한 지식 개념을 제시한다. 왜냐하면, 여기서 그가 이론적 '성공'으로 간주하는 건, 칸트적 숭고함의 경험 곧 모든 것이 지독히 복잡하게 얽혀 있기에 보는 이가 초월적 경외, 현기증 또는 '활기'를 느끼는 경험을 하도록 만드는 능력인 것 같기 때문이다.[4]

바로크 시대의 전형은, 17세기 말 마시밀리아노 솔다니의 청동 물

---

[4] 바바가 실제로 하나의 명제에 대해 의사소통하는 것보다 독자들에게 숭고한 경험을 유발하는 데 더 관심이 있었을 거라는 점은, 이 논문의 초벌을 발표했던 한 학술회의에서 토론자에게 답한 것을 보면 알 수 있다. 바바의 발표를 들은 뒤 토론자(프레드 파일)가 "여기 모인 많은 사람들도 마찬가지라고 생각합니다만, 당신의 논문에는 접근을 불허하는 어려움이 있음을 깨달았다고 말하지 않을 수 없습니다."라고 말했다. 이에 대해 바바는 "내 논문이 전혀 받아들여질 수 없다는 걸 깨달으셨다는 데 대해 사과할 수는 없습니다. 상당히 의식적으로 그렇게 한 겁니다. 문제가 있었고 나는 그 걸 해결했습니다. 만약 몇 명이라도 내가 한 이야기를 이해했다면, 나는 만족합니다. 그렇지 않다면 명백히 재앙입니다." Homi Bhabha, "Postcolonial Authority", Grossberg 등 엮음, *Cultural Studies*, 67쪽.

마시밀리아노 솔다니 작, 〈청동 물병〉

병이다. 한 예술사가(존 루퍼트 마틴)는 이 작품을 두고 "너무나 열광적이고 너무나 풍부하여 원형의 특징인 호리호리한 형식은 거의 잊혀질 지경이다. 여기서 우리는 물병 몸체에 있는 부조 장식에 대해선 사실상 말할 수 없게 된다. 왜냐하면 물병의 형태는 장식의 율동적 흐름이 결정하기 때문이다."라고 평했다.5 솔다니의 물병처럼 장식적 이론은 기술적으로는 정교하고, 형식적으로는 창의적이고, 미학적으로는 변화무쌍하다. 하지만 장식적 층위가 하나씩 더해질 때마다, 사회를 이해하고 그것을 극복하는 길을 조명하는 데 있어서의 '유용성'은 줄어드는 듯 하다. 현재의 상품 물신주의 체제 아래서 "교환 가치는 사용 가치에 대한 기억조차 완전히 사라지는 지점까지 보편화했다."6고 주장한 프레드릭 제임슨을 따라서, 우리도 장식적 이론은 사실 자신의 본래적 사용 가치에 대한 기억을 잃어버린 '비판적' 지식의 형식일 뿐이라고 결론지을 수 있다. 다르게 표현하자면, 규범이 되는 역사적 비판과 전략적 안목의 방식으로서의 '사용 가치'와 학문 시장에서 거래되는 상품으로서의 '교환 가치'라는 두 꼭지점이 뒤집힌 이론이라고 할 수 있다.

일시적인 이해관계와는 떨어져 있다고 항상 자부하는 철학이 시장 세력에게 완전히 '항복'할 수 있다는 우려는, 소크라테스가 자신의 '지혜에 대한 사랑'을 소피스트들이 단지 돈을 얻기 위해 수사와 대회법을 가르친 것과 구별하려고 애쓴 이래로 반복적으로 제기된 전통이다. 하지만 노동의 상품화가 강제적인 동시에 보편적인 만큼 지식에 대한

---

5. John Rupert Martin, *Baroque* (New York: Harper, 1977), 268쪽. (강조는 필자)
6. Fredric Jameson, *Postmodernism, or the Cultural Logic of Late Capitalism* (Durham, N.C.: Duke University Press, 1984), 18쪽.

시장의 압력도 이에 상응해 날카로워진 건, 근대 자본주의 시대가 도래함과 동시에 이뤄진 일이다. 19세기 말 맑스와 엥겔스는 독일 관념론의 개념적 구조와 아포리아(막다른 골목)에서 부르주아 사회 그 자체의 가치와 분열을 판별할 수 있다고 믿었다. 1920년대에 죄르지 루카치는 역작인 『역사와 계급의식』에서 그 유명한 사물화라는 표현을 통해 맑스와 엥겔스의 비판을 다듬었다. 사물화는, 상품화와 합리화의 이중 압력 아래서 주체가 객체가 되고, 객체는 표면상 '주체'가 되는 자본주의의 문화적 과정이다. 루카치는 철학이 어떻게 상품 관계에 의해 과잉결정됐는지를 보여주기 위해 사변적인 사상에 대한 맑스의 비판을 확장했다.7 그 뒤 프랑크푸르트학파에 속한 학자들은 계몽 사상이 효율성과 도구주의를 진리로 착각했음을 날카롭게 비판했다. 호르크하이머는 1947년 이렇게 평했다. "산업주의는 철학자들에게조차 자신들의 작업을 표준화한 날붙이 생산 과정의 관점에서 생각하도록 압력을 가한다. 일부 철학자들은 개념들과 범주들이 워크숍(작업장)들을 산뜻하고 새롭게 보이도록 놔둬야 한다고 느끼는 듯 하다."8

하지만 호르크하이머조차 세기말에 이르러 프랑스혁명에 뿌리를 둔 해방 담론인 '비판적' 이론 그 자체마저 상품 논리를 흉내내게 되리라고 예상할 수 없었다. 헌데 1990년대에는 비판적 지식이 다른 상품들과 마찬가지로 홍보되고 포장되고 팔리게 됐다. 생존의 한계 지점까

---

7. Georg Lukács, *History and Class Consciousness: Studies in Marxist Dialectics* (Cambridge, Mass.: MIT Press, 1971), 120쪽을 보라. [한국어판: 『역사와 계급의식 : 마르크스주의 변증법 연구』, 박정호·조만영 옮김, 거름, 1999.]
8. Max Horkheimer, *The Eclipse of Reason* (New York: Continuum, 1994), 166쪽.

지 밀린 몇몇을 포함한 대학 출판부들은 치열한 경쟁을 벌여 최신의 유망한 이론가들과 '출판계약을 맺도록' 강한 압력을 받게 됐다. 대학 출판부의 편집자들은 '눈부신' 이론가들을 배출한 대학들을 돌아다녔다. 운동선수 스카우트처럼, 그들은 새로운 작업과 상품성이 뛰어난 떠오르는 학계 스타들을 공격적으로 찾아다녔다. 일단 확보하면, 경쟁자로 붐비는 '사상의 시장'에서 다른 지식 상품들 사이에 자리를 잘 잡아 두드러져 보이게 하려는 판촉 계획에 따라 책들을 치장했다.9

시급한 인간적 필요에서 발전해온 담론인 비판적 이론이 상품 관계에 의해 과잉결정되는 상황이 됐다. 사용 가치를 교환 가치가 대신하게 됐다. 앞으로 보겠지만, 지식 생산의 새로운 조건에 직면하자 비판적 지식 생산은 이 새로운 조건에 맞춰갔다. 시장의 잔인한 선택 과정에서 살아남기 위해 이론은 새로운 모습과 위장술을 취하게 됐다.

'사용 가치'와 이론의 장식적인 무기

비판적 사상의 장식적인 경향이라는 비유는, 근대 무기 체계의 진화와 퇴화에 대한 고전적 연구로 자리잡은 메리 칼더의 책 『장식적인 무기』에서 빌려온 것이다.10 전략 무기와 비판적 이론이 표면상 분명한 차이가 있지만, 공통점도 찾을 수 있다. 고도로 훈련된 지식인들이

---

9. Peter Applebome, "Publisher's Squeeze Making Tenure Elusive", *New York Times*, November 18, 1996을 보라.
10. Mary Kaldor, *The Baroque Arsenal* (New York: Hill and Wang, 1981), 28쪽.

유사한 제도적 배경(서구 자본주의의 대학 체제)에서 배출되어, 고도의 노동분업을 바탕으로 상품화한 가공물을 만들어낸다는 점이 그렇다. 그래서 칼더의 연구는, 이론과 실천의 유기적 연결이 결여된 채, 다른 말로 하자면 생산된 객체의 형식적 품질 판단 기준과 현장에서의 실제적인 응용 또는 사용 사이의 의미 있는 연결이 깨진 채, 응용을 목적으로 한 지식 형식의 개발이 강요당할 때 어떤 일이 벌어지는가를 보여주는 데 시사하는 바가 있다.

칼더의 연구 주제는 2차 세계대전 이후 전략폭격기, 핵잠수함, 대륙간탄도미사일 등처럼 고도로 발전한 자본집약적 무기 체계의 설계와 제조가 이뤄지는 복잡한 조직적 환경과 의사결정 환경이다. 칼더는 무기 체계 설계 과정의 핵심에 존재하는 주목할 만한 역설에 충격을 받았다. 그 역설이란, 새로운 첨단 무기 생산에 필요한 막대한 자본·노동 투입과 생산과정의 가장 끝 지점에서의 무기의 유용성 감소 사이에 내재하는 듯한 반비례 관계다. 미국과 동맹국의 무기는 "매우 세련되고 정교하게" 발전해가지만, 그와 동시에 경제적·군사적 측면에서는 "날로 덜 실용적"이 됐다. 칼더는 이렇게 썼다. "엄청난 창의력과 재능, 조직의 위업"인 "장식적인" 무기 체계는 "바로크 예술이나 건축 또는 기술에서 종종 보게 되는 어떤 위대함을, 사회의 경외감을 고취하는 어떤 능력을 달성했다." 하지만 이런 '위대함' 그 자체는 역동성이나 혁신이 아니라 "퇴조를 예고하는" 듯 하다. 게다가 역설적으로, 이런 무기 체계의 형식이 더 복잡하고 조밀하게 층을 이뤄갈수록, "신뢰성은 줄고 운영비용은 기하급수적으로 증가한다."[11] 오늘날의 장식적인 무기 체계는 이제 수만 가지의 예비 부품과 수천 명의 고도로 전문화한 유지보수 인력을 필요로 한다. 과거의 무기에 비해 사고와 파괴의 가능성이 더 높고, 유지하기는 더 어렵고 비용도 많이 든다. 그런데, 무기 가격은 기하급수적으로 올라간다. 1970년대 말, 전투기 평균 생산 비용은 2차 세계대전 때의 100배였고, 신형 전폭기의 경우는 200배에 달했다.[12] 칼더의 책이 처음 출판된 이후 미국의 무기 설계 및 개발 유형의 발전 양상도 칼더의 결론을 뒷받침하는 듯 하다.[13]

문제는, 근대 무기 체계의 사물화를 유발하는 게 무엇이냐다. 칼더는 장식적인 무기 체계와 그런 체계가 등장하는 맥락의 연관성을 찾았다. 정치적으로나 군사적으로 그 맥락은 '평화'의 일종이다. 물론, 1945년과 75년 사이에 미국은 동남아시아에서 두 번의 큰 전쟁을 벌였고, 종종 제3세계에 군사적으로 개입했다. 하지만 미국의 전반적인 전략 정책과 조달 정책은, 특히 주요 무기 체계에 관한 정책은, 전쟁 억지 정책과 소련과의 원자핵 전쟁 대비를 바탕으로 한 것이다. 하지만 냉전 상태가 막다른 골목에 처했기 때문에, 정책과 무기는 위협에 대한 평가와 게임 모델을 통해서 가상의 선을 따라 개발될 수밖에 없었다. 그러나 전략 무기 설계가 실제 전쟁 상황과 상관없이, 말하자면 전투에서 실제 사용하는 상황과 무관하게 개발되었기에, 조달 관련 결

---

11. 같은 책, 22-25쪽.
12. 같은 책, 25쪽.
13. 1990년대에는 일련의 합병으로 주 계약 군수 업체의 숫자가 더 줄었고, 이는 무기 체계가 날로 더 심하게 "장식적인" 특성을 보이게 만들었다. U.S. General Accounting Office, GAO/PEMD-96-10, Letter Report, 2 July 1996 (Washington, D.C.: GAO, 1996); Philip Shenon, "B-2 Gets a Bath to Prove It 'Does Not Melt'", *New York Times*, September 13, 1997; James Dao, "16 of 21 B-2's Have Cracks Near Exhaust, Officials Say", *New York Times*, March 20, 2002를 참조하라.

정과 전쟁 이론은 독단적인 세력 및 경쟁 관계에 있는 제도적 이해관계의 작용에 더 취약해졌다. "전투를 통한 검증이 결여되어 있는 가운데 우리가 조달하는 무기의 수량과 성격은 잠재적 적의 형세 못지않게 우리가 의사결정을 할 때의 주변 환경에 좌우됐다."[14]

두 가지 제도적 과정 또는 힘이 조달의 결과를 결정해온 듯 하다. 첫째는, 자유주의 자본주의 국가의 관료적 보수성이다. 정치·군사 지도자들은 보통 잠수함, 전략폭격기, 전투기 등 2차 대전에서 이미 '검증된' 기존 시스템의 지속적인 개선을 선호한다. 바뀐 임무의 필요에 맞춰 전혀 새로운 무기를 개발하는 대신 '후속' 무기 체계를 선호하는 것이다. 생산 주기가 끝나면 기본적으로 같은 디자인의 좀더 개선된 제품 개발에 돈을 투여하는 걸 뜻한다. F-80 전투기를 F-104 전투기가 대체했고, 이 전투기는 결국 F-16에 대체됐으며, 다시 F-117이 뒤를 잇는 식이다.[15] 육, 해, 공 각군간 경쟁(제한된 국가 자원을 확보하려는 경쟁)으로 상황이 더 나빠지면서, 관료적 무기력이 설계 과정에 영향을 끼쳤다.

두 번째 제도적 힘은 군수산업체 자체의 기술적 동력이다. 2차 대전 이후 지금까지 줄곧, 미국 국방부는 경쟁적 조달 환경, 곧 주 계약자가 숫자 면에서는 소수이고 규모는 큰 상태를 유지하게 해주는 환경을 지속시키려 했다. (1990년대 군수업체간 결합은 점점 더 자주 이뤄졌고, 그 결합 규모는 날로 커져서 경쟁압력이 지속적으로 증가했

---

14. Kaldor, *Baroque Arsenal*, 7쪽.
15. 같은 책, 65-68쪽.

다.) 이런 빡빡한 시장 상황에 대응해 기업들은 상품의 부가가치 요소를 증가시키기 위해 소규모 기술 진보에 집중할 수밖에 없었다. 정부의 관료적 보수주의가 이런 식으로 기업 자본의 기술적 동력과 긴밀히 결합됐는데, 이 결합 방식은 설계 과정을 극도로 왜곡하는 것이었다. 주 계약업체들의 막대한 생산 능력은 '추세 혁신'(trend innova-tion) 곧 기존의 기술적 '성능 특성'을 끊임없이 조금씩 개선하는 것에 집중됐다. 비행기를 조금 더 날아가게 만들고, 잠수함을 더 조용히 작동하게 만들고, 폭격기는 더 많은(또는 더 좋은) 폭탄을 실어 나르게 만드는 식이다.[16] "기술이 촉진되는 동시에 억제되는 모순적인 과정"의 순 결과치는, 비록 무기 체계 자체는 (2003년 이라크 침공 때의 '충격과 공포' 같은) 장엄한 미학적 효과를 달성했을지언정 무기의 신속성과 유효성 측면에서는 투입량이 늘어도 산출량이 줄어드는 것이었다.

칼더의 모범적인 경험적 분석은, 애초 '사용'을 목표로 한 지식 형식이 직접적인 실행의 맥락 밖에서 개발될 때 설계자나 생산자가 의도하지 않은 방식으로 형식을 만들어가는 외부 세력의 희생양이 되는 과정을 예시한다. 칼더의 설명이 오늘날 비판적 이론의 곤란한 처지와 어떻게 관련되는지를 보려면, 먼저 비판적 이론의 '사용 가치'를 고려해야 한다. 이어 지난 25년 동안 이론을 형성해온 제도적 세력과 문화적 세력의 특정한 배치 상황을 면밀히 주목해야 한다. 그렇게 한 뒤에야, 이론적 반성의 비판적 형식들이 실제로 장식적인 왜곡을 거쳤는지, 거쳤다면 얼마나 심한 왜곡을 거쳤는지 볼 수 있는 위치를 확보하

---

16. 같은 책, 19-20쪽.

게 될 것이다.

앞선 세대의 급진적 지식인들에게 이론이란, 권력 구조를 조명하는 데 있어서의 유용성과 사회를 실제로 어떻게 바꿀 것인가에 대한 이론을 제공함에 있어서의 유용성, 이 두 가지와 밀접하게 연관되는 것이었다. 19세기와 20세기에 혁명가들은 '비판적' 지식을 그 자체로 좋은 것으로 봤을 뿐 아니라, 사회변화에 헌신한 활동가 간부들이 집단적으로 전유할 유기적 자원이라는 전략적 성질 측면에서 봤다. 간디가 됐든, 레닌이 됐든, 아니면 엘러 베이커가 됐든, 많은 이전 시대 급진주의자에게 지식은 '실존적' 의미를 지녔다. 사회 조건을 바꾸기 위해 혁명적 지식인들은 폭력적인 정부의 억압에 맞서 생존 투쟁을 벌였다. 누군가는 문자 그대로 다른 이들이 살아남게 하려고 지식을 생산했고, 이 생산과정은 종종 개인적으로 큰 위험이 따르는 것이었다. 권력자에게 이들 급진화한 지식인들은 폭력적인 투사보다 도리어 더 위협적인 존재였다. 그래서 1928년 로마에서 벌어진 그람시에 대한 재판에서 파시스트 검사는 이런 엄숙한 발언을 했다. "우린 이 두뇌가 20년 동안 작동하는 걸 막아야 한다."[17]

맑스주의자와 아나키스트들에게 실천은 이론을 증명하는 터전이었다. 실천의 변증법적 안내자인 이론적 지식은 제조창으로 되돌려 보내서 재정비한 뒤 다시 세상으로 내보내 퍼뜨릴 수 있었다.[18] 마오쩌둥

---

17. Dante Germino, *Antonio Gramsci: Architect of a New Politics* (Baton Rouge, La.: Louisiana State University Press, 1990), 198쪽.
18. Mao Tse-tung, "On Practice", *Selected Readings from the Works of Mao Tse-tung* (Peking: Foreign Languages Press, 1971), 67쪽을 보라. [한국어판: 『모택동선집』, 중국공산당중앙문헌편집위 엮음, 이희옥 옮김, 전인, 1989; 『모택동 선집1』, 김승일 옮김,

이 말했듯이 "이론의 검증과 발전 과정"을 통해서만 혁명세력은 진실되고 정확한, 달리 말하자면 유용한 지식을 달성할 수 있다. "실천을 통해서 진리를 발견하라. 그리고 다시 실천을 통해서 진리를 검증하고 발전시켜라."[19] 마오의 이 선언에 반하는 것이지만, 이론과 실천의 변증법은 결코 이 두 가지의 진리값을 보증할 수 없다. 그럼에도 이론과 실천의 필수적인 관계를 설정하는 것 자체는, 이론이 특정 계급이나 국가의 이익을 반영하지 않게 해주는 구조적 '확실성'의 일종으로 작용했다.

이전 시대 맑스주의자들은, 직접적 사용의 맥락 밖에서 만들어진 지식은 그람시가 쓴 말로 표현하자면 '사변적'이고 '학적인'(scholastic) 왜곡을 겪을 위험이 있다고 경고했다. 하지만 어떤 면에서 1차 세계대전 이후 서구 맑스주의 역사는 정치적으로 개입하는 이론에서 좀더 학적인 이론으로 쇠락해가는 과정의 역사이다. 제3세계 혁명가들은 급진적 지식을 식민주의에 맞서는 자신들의 투쟁에 직접적으로 사용하기 위해 투여했지만, 선진자본주의 국가들, 특히 미국에서, 서구 노동계급 운동과 혁명운동의 쇠퇴에 직면한 비판적 지식인층은 상대적인 성역인 학계로 후퇴했다. 그 결과는 구체적인 경제·정치 분석에서 좀더 심원하고 이론가적인 담론으로의 '형식적 변천'이라고 페리 앤더슨이 자신의 책 『서구 맑스주의 고찰』에서 주장했다. 그가 주장하는 이 심원하고 이론가적인 담론의 특징은, 무엇보다도 형식을 내용보다

범우사, 2001 등.]
19. 같은 책, 77, 81쪽.

우위에 두는 것, 침투가 불가능한 자기고립적 양식, 전문화 경향, 관심을 총체성 문제에서 다른 쪽으로 돌리는 변화 등이다. 짧게 말해서, 선진자본주의 국가에서 이론은 "더 늘어지고 복잡해진 '방법에 대한 논의'"가 되면서 "훨씬 더 전문적이고 접근하기 어려운 틀"을 채택하게 됐다.[20] 앤더슨의 분석은 시민권 운동과 제2의 물결 여성주의 운동의 역사적 중요성을 빼먹고 있다. 이 두 운동은 전혀 새로운 실천 개념을 만들었으며 잠깐 동안이지만 이론과 실천의 조화를 이뤄냈다. 하지만 이론의 전체적인 형식주의 추세라는 측면에서는 그의 주장이 옳다. 이제 남은 것은, 이론과 실천의 조직적 연계 결여가 가장 사변적인 추세들의 준동을 부추긴 외부 세력에 대해 이론을 얼마나 취약하게 만들었는지 보는 것이다.

1945년 이후 대학교육의 급격한 팽창은 지식 생산에 두 가지 주요한 결과를 초래했다. 첫 번째는, 그동안 유지되던 학계의 전통과 전문적 의전 절차 상당수를 뒤집는 것이었다. 학생들의 대규모 유입은 몇 세기 동안 교수들이 누리던 특별하고 길드적인 지위의 종말이 시작됐음을 알리는 신호였다. 대학의 급격한 성장의 두 번째 결과는, 국가의 관점에서 볼 때 고등 교육의 중요성을 높이는 것이었다. 냉전이 고조되면서 대학은 한편으로는 국가와, 다른 편에서는 자본주의적 생산과 더 폭넓게 통합되기 시작했다. 미국에선 대학이 고도로 차별적인 경제의 지탱에 기여하는 점에 대한 정부 지배층의 호의적인 평가가, 사회

---

20. Perry Anderson, *Considerations on Western Marxism* (London: New Left Books, 1976), 53쪽. [한국어판: 『서구 마르크스주의 연구』, 장준오 옮김, 이론과 실천, 1990; 『서구 마르크스주의 읽기』, 이현 옮김, 이매진, 2003.]

통제와 정당성 확보 수단을 제공하고 군사적 헤게모니를 유지하는 데 필요한 탁월한 지식 기반으로 봉사하는 대학의 기능에 대한 평가와 짝을 이뤘다.[21] 기업과 대학의 연계도 강화됐다. 캘리포니아대학의 클라크 커 같은 대학 관료들의 열광적인 지지를 받은 이런 타협은 1960년대의 엄청난 격변 속에서 학생들과 일부 교수들로부터 심하게 비판받았다. 하지만 되돌아보면 학생들이 베트남전쟁에 대한 미국 내 합의를 깨뜨리고, 민족학 강좌를 개설하게 만들고, 학내에서 기본적인 시민권적 자유를 확보하는 데는 성공했지만, 1960년대 학생들의 항의 물결이 대학의 기업화에는 장기적으로 별다른 영향을 끼치지 못했다.

쉴러 슬로터와 래리 레슬리가 제시했듯이, 1960년대 중반부터 지금까지 대학 체계는 후기포드주의적이고 지구화한 세계 경제의 요구를 충족시키기 위한 안팎의 합리화 과정의 대상이었다.[22] 서구 대학 체계의 기본 조직과 임무에 이런 대규모의 질적 변화가 일어난 전례를 찾아보려면, 19세기 산업화 시기까지 거슬러 올라가야 한다고 두 사람은 주장했다. 오늘날의 세계화는 "지난 100년 넘게 갈고 다듬어온 대학의 전문적 작업 유형을 위태롭게 하고 있다."[23] 미국에서 자본간 경쟁이 물가상승과 생산성 하락이라는 대가를 치르기 시작한 1970년대 후반부터, 정부는 경제 성장 촉진을 위해 교육과 기타 재량권을 발휘

---

21. Clyde W. Barrow, *Universities and the Capitalist State: Corporate Liberalism and the Reconstruction of American Higher Education, 1894-1928* (Madison, Wis.: University of Wisconsin Press, 1990)을 보라.
22. Sheila Slaughter and Larry L. Leslie, *Academic Capitalism: Politics, Policies, and the Enterpreneurial University* (Baltimore, Md.: Johns Hopkins University Press, 1997).
23. 같은 책, 1쪽.

할 수 있는 사업 예산 지원을 줄이기 시작했다. 확장된 소비 영역이 더 잘 작동하도록 생산을 효율화하고 경제를 개혁하기 위해 생산은 후기포드주의적 방향에 맞춰 조직됐다. 수직적 생산 통제는 좀더 유연하고 수평적인 배열에 자리를 내줬고, 일괄생산은 극히 좁은 틈새시장의 개척에 본격적으로 얽매이기 시작했다. 정부가 사회적 케인즈주의와 복지국가 개념에 강하게 등을 돌리고, 사회복지사업을 줄이고, 공공 기관을 매각하고, 생각할 수 있는 모든 사회 영역에 시장 기준을 도입하면서, 대학 체계는 합리화 과정의 밑바닥 지점(ground zero)이 되었다.

고등 교육에 대한 공공 지원의 급격한 감소의 결과로, 1980년대부터 대학들은 자신들의 기본 사명을 뿌리부터 다시 규정하기 시작했다. 이제 자원이 인문학, 사회과학, 자연과학에서 응용과학과 전문직 육성 과정으로 옮겨가는 걸 볼 수 있다. 대학들은 교육과 시설에 대한 투자를 줄이면서 홍보, 법무, 기술 지원 같은 행정 분야 지출을 늘렸다. '여분'에 속하거나 필수적이지 않다고 생각되는 학과들과 과목(특히 교육과 외국어 같이 전통적으로 여성들이 주도하는 분야)들은 대폭 줄거나 아예 없어졌다. 그 와중에 대학들은 조용히 강의 책임을 종신제 교수진에서 임시 노동력 곧 대학원생, 외부 강사 등에게 떠넘겼다. 1975년과 1993년을 비교하면 미국에서 시간제 보조 교원 숫자는 100% 늘었고, 93년에 전체 보조 교원 규모는 전체 교수진의 46%에 달했다. (70년에는 22%였다.)[24]

---

24. Richard Moser, "The New Academic Labor System (Part I)", *Radical Philosophy*

대학의 합리화와 밀접하게 겹쳐있는 것이 지식 자체의 상품화다. 『포스트모던의 조건』에서 장프랑수아 리오타르는 '보편적' 지식인의 퇴조를 정보시대 여명기의 지식 변천과 연결지었다.25 정보혁명과 컴퓨터 기술의 보급은, 역사적으로 서구의 지식과 대학 조직을 정당화하는 데 봉사하던 명목상의 가치들을 파괴했다. 1960년대 프랑스와 미국의 대격변 과정에서 학생들이 처음으로 제기했던 비판들을 정식화하면서, 리오타르는 지식의 기능이 본질적으로 "제도가 요구하는 실용적인 자리에서 맡은 업무를 만족스럽게 수행할 능력을 갖춘 행위자들이 체제에 공급하는 것"26이라고 주장했다. 정부는 거의 전적으로 기술적 능력의 재생산만 신경쓰기 때문에, 지식의 질적 측면은 부정되고 양적 측면에 자리를 내주게 된다. 리오타르는 이렇게 썼다. "지식의 공급자와 사용자가 공급되고 사용되는 지식과 맺는 관계는 이제 상품 생산자와 소비자가 생산되고 소비되는 상품과 맺는 관계의 형식 곧 가치의 형식을 띠는 경향을 보이며 이 경향은 날로 더해질 것이다. 지식은 팔리기 위해 생산되며 앞으로도 그럴 것이다. 또 새로운 생산과정에서 제 값을 유지하기 위해서 소비되며 앞으로도 그럴 것이다. 이 두 가지 경우, 목표는 교환이다. 지식은 더 이상 그 자체가 목표이기를 그쳤고, '사용 가치'를 잃었다."27

Newsletter, no. 52 (April 2001): 7쪽을 보라.
25. Jean-François Lyotard, The Postmodern Condition: A Report on Knowledge (Minneapolis: University of Minnesota Press, 1984). [한국어판: 『포스트모던적 조건 : 정보사회에서의 지식의 위상』, 이현복 옮김, 서광사, 1992; 『포스트모던의 조건』, 유정완 · 이삼출 · 민승기 옮김, 민음사, 1992.]
26. 같은 책, 48쪽.

리오타르의 예상은 선견지명이 있는 것으로 확인됐다. 슬로터와 레슬리가 오늘날 대학의 전반적인 변화상을 "교양 학문의 핵심부에서 기업의 주변부로"의 변천 측면에서 적절하게 묘사할 정도로, 학문적 지식의 상품화는 새로운 경제 질서에서 매우 중심적인 것이 되었다. 미국 연방 법률들은 기업체들이 학계의 연구 결과물을 상품화하도록 부추겼고 지식의 사유화에 정부의 찬양까지 얹어 주었다.

고등교육에 대한 정부 지원의 역사적 하락에 직면한 공공 연구기관들은 새로운 철학에 편승하는 데 가장 열성적인 부류였다. 처음에는, 대학 관료들이 주로 공공예산을 벌충할 수단으로 기업에 눈을 돌렸다. 그러나 이제는 지식의 도구화가 정치적인 기능도 한다는 게 분명하다. 대학 사회와 사기업간 '기술 이전' 계약은, 노골적인 도구주의에 바탕을 둔 지식에 관한 새로운 '상식' 철학이 공고히 자리잡게 한다. 대학들이 더 이상 숨기려 하지도 않을 정도로 지식의 상품화는 이미 너무나 정상적인 게 되었다.

그런데 문제는, 대학 내 기업 문화 확산 추세가 비판적 담론에 어떤 영향을 끼쳤으며 심지어 어떻게 담론을 왜곡시켰느냐에 있다. 이 문제에 대한 중요한 실마리는, 조직적 위계질서의 주변부에 있는 성공하지 못한 이들이 주어진 영역 안에서 자신들의 한계성에 대처하려 할 때 보이는 전형적인 현상에 대한 사회학적 연구들에서 찾을 수 있다. 예를 들어 폴 J. 디마지오와 월터 W. 파월은, 이런 이들이 헤게모니를 쥔 인물들이 채택하는 것과 똑같거나 거기에 상응하는 습관과 전략을

---

27. 같은 책, 4-5쪽.

선택하는, 그러니까 지배적 관리 체제와 닮은 꼴을 선택하는 경향이 있다는 걸 발견했다.[28] 지식 산업의 합리화뿐 아니라 (대중적 사회 운동의 쇠퇴라는) '강요된 위축 상황'에 직면해서 지식인들이 생존을 위한 적응 시도로 붙잡은 최선의 영역이 아마도 장식적인 장르일 것이다. 장식적인 이론가들은, 대학 자원의 감소와 기업화를 특징으로 하는 변화한 제도적 환경에 본질적으로 세 가지의 닮은 꼴 변용을 시도함으로써 대처했다. 첫 번째는, 기업 자본과 노골적으로 자신을 동일시하거나 결탁하는 것이다. 두 번째는, 떨어져가는 사용 가치와 교환 가치를 높이기 위해 상품 미학 또는 '추세 혁신' 곧 (일련의 형식 반복, 사물화한 언어의 사용 같은 지배적인 상품 지배체제의 모방 등) 형식적 또는 수사적 전략을 선택하는 것이다. 마지막으로 세 번째는, 지식인 자체의 성격을 성적인(erotic) 힘의 대상으로 바꾸는 '인류학적' 변형이다.

첫째로, 대학 체계 내부 구석구석에서 증가하는 경쟁 압력에 맞서, '주변'에 머물던 몇몇 학자들은 통속적인 출세지상주의라고 부르지 않을 수 없는 방식으로 새로운 기업적 문화에 적응했다. 예를 들자면, 1960년대에 "지역공동체, 사회 조직, 라틴 아메리카, 민족사, 문화 변화"에 대한 교육을 받았다는 한 인류학자(프랜시스코 아길레라)는 『미국 인류학자』에 쓴 글에서 자신이 "학계 및 연구 지향적인 인류학자에서, 실제적이고 결과 지향적인 기업 컨설턴트로 변신"에 성공했다고

---

28. Paul J. DiMaggio and Walter W. Powell, "The Iron Cage Revisited: Institutional Isomorphism and Collective Rationality in Organizational Fields", *American Sociological Review* 48 (April 1983): 147-160쪽을 보라.

묘사했다.29 새로운 기업 풍토에 자신들도 휩싸여 있음을 느끼는 주류 학자들인 청중들의 심금을 울렸음에 틀림없는 이 학자는 자신이 가득 찼다. 그래서 이렇게 말한다. "인류학은 업계에 제시할 독특한 선물을 지니고 있다." 직접적인 '대면' 접촉을 거의 대체하다시피한 기업 네트워킹은 "인류학의 또 다른 응용 기회"를 만들어냈다. 이 기회를 실현시키는 열쇠는 후기포드주의적, 기업적 지식에 있다. "새로 강조되는 것이 유연하고 열린 생산 집단… 그리고 네트워크의 확장이다.… 또한 바람직한 것은, 각 개인의 사적 이익에 이로운 생산·유통·판매의 협력 관계다." 그리고 우리가 잊지 않게 하려고, 풀뿌리단체 조직가 출신의 이 인물은 이렇게 상기시킨다. "계몽된 사적 이익이 변화의 엔진이다."30 이 계몽된 사적 이익이라는 건, 하버드대 교수 헨리 루이스 게이츠 2세가 2002년 『뉴욕타임스 매거진』에 두 면에 걸쳐 실린 아이비엠 싱크패드 노트북 컴퓨터의 칼라 광고에 등장했을 때에도 그의 마음속에 자리잡고 있던 것이리라.31

문자 그대로 이론의 상품화는, 기업화에 따라 여성주의의 '사용 가치'가 떨어지는 것과 포스트구조주의의 가치가 떨어지는 걸 동시에 목격할 수 있는 영역인 강단 여성주의 이론에서 찾아볼 수 있다. 지난 25년 동안의 프랑스-영국-미국의 강단 여성주의의 원호를 그려야 한다면, 시작 지점에 어드리엔 리치의 '여성 중심 대학'의 꿈을 배치하고,

---

29. Francisco E. Aguilera, "Is Anthropology Good for the Company?" *American Anthropologist* 98, no. 4 (December 1996): 735쪽.
30. 같은 책.
31. *The New York Times Magazine*, August 4, 2002.

끝에는 루시 슈크먼이 여성주의 포스트구조주의를 근대 기업연구단지의 필요성에 종속시킨 걸 배치하는 것보다 더 나은 그림은 아마 없을 것이다. 1979년 어드리엔 리치가 '여성 중심 대학을 향하여'를 썼을 때, 많은 여성주의자들은 고등 교육의 혁명 필요성에서 그의 의견에 동의했다.32 여성 학자들이 학계에 막 발을 들여놓기 시작한 때에 쓰인 이 글은 선견지명이 있는 조심스런 어조를 띠었다. 그는, 대학이 수세기 동안 남성과 여성, 교수와 학생, 학계와 지역공동체 사이의 근본적인 위계질서를 재생산해온 규범들과 권력 구조를 지닌 엘리트 체제라고 지적했다. 그래서 강단에 서는 여성주의자들은 이중의 부담을 지게 됐다. 그들은 남성우월적이지 않은 교과 과정을 만들어내야 할 뿐 아니라, 지식의 민주화와 사회적 요구에 지식을 맞추는 데 적극 반대하는 완고한 가부장 문화도 제거해야 했다. 그래서 대학을 변혁시키는 것은 "위계질서적 이미지와 관계 구조는 물론" 대학 교육의 "이론과 실천, 목적과 수단, 과정과 목표에 관련된 전제를 포함한 담론 양식에까지" 도전하는 걸 뜻했다.33 리치는 '남성중심적' 대학의 급진적인 민주적 대안을 제시한다. 그 대안은 위계질서, 전문화, 엘리트주의가 허물어진 대학, 지식의 특화와 진리의 양적 측정에 여성주의자들이 도전하는 대학이다.

그러나 실제로 벌어진 일은 그 반대였다. 대학의 자리를 둘러싼 경쟁이 심해지는 것과 함께 지식의 척도가 시장에 기반을 둔 것으로 바

---

32. Adrienne Rich, "Toward a Woman-Centered University", *On Lies, Secrets, and Silence* (New York: W.W. Norton, 1979).
33. 같은 책, 134쪽.

꿰면서, 대학 내 여성들이 희생양이 됐다. 또 이런 변화는 몇몇 여성주의 이론가들로 하여금 흐름을 흉내냄으로써 지식의 합리화와 상품화에 대응하게 만들었다.34 몇몇 여성주의자들은 풀뿌리 운동을 위한 출판물들을 포기하고 대신 여성주의 지식의 정당화 시도를 목표로 (기존 학술지처럼) 엄격한 검토를 거쳐 글을 싣는 학술지들을 선택함으로써, 게임에서 남성들과 맞서 싸우려고 했다. 전환점은 1975년 학술지 『사인스』(Signs)가 창간된 것과 함께 나타났다.35 이 학술지를 창간한 이들은 '엄격한' 학술지들을 의도적으로 본보기로 삼았다. 일류 대학(시카고대학)에 자리를 잡은 이 학술지는, 맥더모트의 말을 빌리자면 "독립적이고, 복잡하게 주장을 펼치며, 특화한 합리적 분석"을 선호했는데, 이는 『프론티어스』(Frontiers)나 이와 유사한 풀뿌리 출판물의 흥분된 담론과는 뚜렷하게 대조를 이룬다.36 1980년대를 거치면서 여성 운동이 퇴조하자, 풀뿌리 여성주의 잡지들은 끊임없이 심한 재정 위기를 겪게 됐다. 그 가운데 일부는 살아남기 위해 대학 출판부와 공식적으로 기관 차원의 협력 관계를 맺는 식으로 대처했다. 1990년대에 이르자, "여성주의 학술지들이 완전히 대학 안으로 흡수됐고, 쪼개지고 시들어가는 지역공동체 운동과는 아주 희미하게만 관계를 유지하는 상태가 됐음"을 맥더모트는 확인한다.37

---

34. Joanna de Groot, "After the Ivory Tower: Gender, Commodification and the 'Academic'", *Feminist Review* 55 (Spring 1997): 130-142쪽을 보라.
35. Patrice McDermott, *Politics and Scholarship: Feminist Academic Journals and the Production of Knowledge* (Urbana, Ill.: University of Illinois Press, 1994).
36. 같은 책, 100쪽.
37. 같은 책, 181쪽.

유기적 운동, 실천과의 연결고리를 잃어버린 영-미의 여성주의 사상은 점점 더 포스트구조주의에 이끌려갔다. 어드리엔 리치 같은 제2의 물결 여성주의자들은 학계와 지역 공동체, 학생과 교원의 위계질서를 깨려고 시도했다. 그들은 지식의 새롭고 강력한 사회적 사용 가치를 창출하려고도 했다. 하지만 새로운 세대의 여성주의 이론가들은 남성적 문화에 동화됐고, 때때로 체제의 전문화 숭배 경향을 강화시키는 듯 보였다. 이들 여성주의 학자들은 여성들의 삶을 개선할 생명력 있는 여성주의 이론의 기반을 다지려는 시도 대신 이제 '본질주의' 대 '반본질주의'에 관한 학술 논쟁 속에 빠져들게 됐다.[38] 1990년대가 되자 여성주의 학자와 활동가들의 진정한 공동체 "자신이 자리잡고 있는 가시적 인간 공동체, 곧 이웃과 도시, 농촌의 요구에 봉사할" 대학을 창출하자는 어드리엔 리치의 호소는 구석에 처박히는 신세가 됐다.[39]

루시 슈크먼 등장. 1990년대 말, 여성주의 민족지학 연구자이자 과학학 연구자인 슈크먼은 캘리포니아주 팔로알토에 있는 제록스의 팔로알토연구센터(PARC)라는 사기업 연구소 직원이었다. 이 연구센터는 기술이전 과정, 다른 말로 하자면 "새롭고 혁신적인 생산물"의 창조를 촉진하기 위해 "협력 문화"에 입각해 과학자, 디자인 공학자, 사회과학자들을 함께 모아놓았다. 이 연구센터의 임무 설명서는 이를

---

38. Susan Bordo, *Unbearable Weight: Feminism, Western Culture, and the Body* (Berkeley: University of California Press, 1993), 218쪽을 보라. [한국어판: 『참을 수 없는 몸의 무거움 — 페미니즘, 서구문화, 몸』, 박오복 옮김, 또하나의문화, 2003.]
39. Rich, *On Lies, Secrets, and Silence*, 152쪽.

"제록스의 엄청난 전략적 자원", "제록스의 생산과 생산 개념에 힘을 부여할 장치와 부속시스템, 기술 모듈들을 제공할" 자원으로 묘사했다. 팔로알토연구센터는 "제록스에 새로운 사업 기회"를 제공하고 "매출을 창출"해주며 "연구센터가 시장과 밀접하게 연결되도록 보장하는 공식·비공식의 장치 구조"를 다수 제공한다.[40] 슈크먼은 자신의 포스트구조주의적 여성주의라는 상표가 끼어들기 불가능해 보이는 이런 기술이전 환경에서 틈새를 찾아냈다.

슈크먼은 자신의 포스트모던 담론 기술을 자본가의 도구로 훌륭히 바꿔냈다. 팔로알토연구센터가 펴낸 한 논문에서 슈크먼은 여성주의 인식론을 기업의 생산 설계 문제에 적용했다. 다나 해러웨이와 글로리아 안출두아 같은 인물들의 작업에 의지해, 슈크먼은 "여성주의 정치학 그리고 이에 관련된 체계 개발 작업"이 제록스 같은 기업의 기술이전 과정에 적용되면 어떤 모습을 띠게 될지 밑그림을 그려냈다.[41] 슈크먼의 글 문체와 내용은 '거리를 둔 개입'(detached engagement) '경계 넘기'(border crossings)부터 '존재하지 않는 곳에서 본 관점'(the view from nowhere) '부분적 지식'(partial knowledges)에 이르기까지 기술과학연구의 익숙한 표어들로 울려 퍼졌다. 예를 들자면 이런 식이다. "운동은, 제 객관성의 근거를 토론 종결에서 찾는 단일하고 위치가 특정되지 않은 거대 전망에서부터, 제 객관적 특성을 지속적인 대화를 통해서 찾는 다중적이고 위치가 특정된 부분적 전망들로 가는

---

40. 제록스 팔로알토연구센터의 홍보 책자 (Palo Alto, Calif.: Xerox Corporation, 1997).
41. Lucy Suchman, "Working Relations of Technology Production and Use", the Xerox Palo Alto Research Center 발행 (Palo Alto, Calif.: 1993), 1쪽.

것이다.… 특히 여성주의적 이동은 객관성의 중심을 지식의 고정된 형체에서… 동태적인 생산, 재생산, 변형 과정의 지식으로 재구성한다."[42]

슈크먼이 이 논문과 기타 논문들에서 표면적으로 목표한 것은 "여성주의가 설계자와 사용자의 대립, 곧 실제로 우리를 분리시키는 미묘하고 심오한 경계선들을 인식할 여지를 막는 대립을, 각 주체들과 작업 관계들의 풍성하고 조밀한 구조를 지닌 전망으로 대체하기 시작하는 방법을 제시한다."[43]는 걸 보여주는 것이다. 말을 더 쉽게 하자면, 기술의 설계자들은 작업 환경에서 실제로 필요한 게 뭔지를 결정하는 사용자들을 방문해 더 긴밀히 협력해야 한다고 슈크먼은 주장했다. 실제 여성들의 사회적 요구에 부응하는 측면에서는 아주 쓸모없는 것임을 드러냈던 장식적 여성주의 이론이 여기서는 당분간이나마 자신의 특기 같은 걸 발견한 듯 했다. 다시 말해, 상품과 기술적 과정들이 다양한 사용자들의 요구에 좀더 민감하게 반응하도록 만듦으로써 생산성을 더 높여주는 '유용한' 도구로서의 특기를 발견한 듯 했다. 하지만 2000년에 제록스는 연구가 수익성 없는 것으로 드러났다며 팔로알토 연구센터를 쓸쓸하게 영구 폐쇄했다. 명백히, '경계 넘기'의 수사는 여성주의적 실천에 아무 쓸모가 없던 것처럼 잉여가치 창출에도 쓸모없는 것으로 증명됐다.

---

42. 같은 책, 2쪽.
43. 같은 책, 3쪽.

상품 미학

이런 '팔아먹기'의 실례들은 규칙이라기보다는 예외에 해당하지만, 한때는 비판에 바탕을 뒀던 지식의 한 가지 형식이 권력에 의해 어느 정도까지 체계적으로 망가졌는지를 나타내준다. 그런데 퇴행으로 내모는 새로운 압력에 대응하는 비판적인 지식인들의 닮아가기 방식은 일반적으로 더 섬세한 형식을 취했다. 그 형식은 상품 미학 그리고 이론의 '후속' 체계(추세 혁신)라는 것이었다.

포화 상태에 이른 시장에서 사용 가치의 겉모습을 끌어 올리려고 시도할 때, 생산자는 미학적 형식 차원에서 일련의 독창적인 즉흥성을 발휘한다. 상품이 팔리기 위해선 이제 볼프강 하우크가 말하는 '미학적 혁신', 그러니까 "사용 가치를 상표명에 종속시키기"를 이뤄내야 한다.[44] 바로 이런 이유 때문에, 장식적 이론가들은 독창적인 스타일을 성공적으로 제시하는 것에 비해서 주장의 설득력이나 사상의 일관성을 덜 신경쓴다. 예컨대 호미 바바는 이론의 틈새시장에서 자신의 작업을 뛰어난 '상품'으로 자리매기는 데 성공했다. 이 틈새시장에서 그의 박식함은 이론적 역량의 차별적인 '상표명'이다. 그 누구도 바바가 할 수 있는 것처럼 식민시대 이후의 기호론을 '읊지' 못하는 것이다.[45]

---

44. Wolfgang Fritz Haug, *Critique of Commodity Aesthetics: Appearance, Sexuality, and Advertising in Capitalist Society* (Minneapolis: University of Minnesota Press, 1986), 41쪽.
45. 여기서 지식 교환의 원칙이 금전적인 만큼 미학적이라면, 이 원칙은 (앤디 워홀보다 몇 십 년 전에) 사상과 예술과 상품의 경계를 지우려고 시도했던 이탈리아 미래주의자들의 예술선언 외에는 다른 무엇도 신경 쓰지 말 것을 요구한다. Bruno Corradini and Emilio Settimelli, "Weights, Measures and Prices of Artistic Genius- Futurist

미학적 표현의 탁월한 기교는 가장 먼저 전후 프랑스에서 '학문 자본'을 축적하는 데 필수불가결한 것이 되었다. 이유는 다시 한번 구조적이다. 전후에, 학계의 상대적인 자율성, 독립적인 상품 생산자로서의 학자들의 솔직히 시대착오적인 지위는 정부와 시장에 의해 점차로 약화됐다.[46] 근대 기술관료적 국가는 더 이상 사회 규범에 정당성을 부여하는 전통적인 지식인의 '서비스'를 요구하기 않게 됐는데, 그건 본질적으로 자본주의가 규범의 가치를 정당화하기 때문이다. 예컨대 닐로 카우피는 프랑스에서 2차 세계대전 이후 대중 매체의 등장이 전통적인 지식인의 영역을 실질적으로 허물어 감에 따라 지식인들이 '정부 중심적'에서 '시장 중심적' 지식인으로 변화를 겪었음을 보여준다.[47] 지난 세대의 프랑스 체제 지식인들에게 학문적 특권은 대체로 자율적인 학문 연구를 오랜 기간 거친 뒤에야 확보할 수 있는 것이었다. 하지만 1950년대와 60년대에 교육체계의 대규모적 경제 구조조정이 나타나면서 오래된 영역의 영향력이 줄고 새로운 영역은 강화됐는데, 이는 학제간 연구의 길을 열어주는 동시에 새로운 스타의 등장을 가능하게 했다. 그 결과는, "언론매체와 문화 잡지가 적은 투자만으로도 경제적 부와 문화적 명성을 축적할 수 있게 해주면서"[48] 기존 프랑스 지

    Manifesto 1914", Umbro Apollonio 엮음, *Futurist Manifestos* (London: Thames and Hudson, 1973), 149쪽을 참조하라.
46. Pierre Bourdieu, "Universal Corporatism: The Role of Intellectuals in the Modern World", *Poetics Today* 12, no. 4 (Winter 1991): 664쪽을 보라.
47. Niilo Kauppi, *French Intellectual Nobility: Institutional and Symbolic Transformation in the Post-Sartrian Era* (Albany, N.Y.: SUNY Press, 1996).
48. 같은 책, 27쪽; Barbara Giudice, "An Era of Soul-Searching for France's Intellectuals", *Chronicle of Higher Education*, June 13, 1997을 참조하라.

식 영역에 심각한 분열이 발생한 것이다. 1970년대에 이르러, 학문적 사상과 토론이 주류 언론에 흡수되기 시작했고, 젊고 세련된 교수들이 언론에서 스타 또는 명사로 미화됐다.[49]

카우피는 대학 사회와 대중 문화를 나누는 뇌혈관 장벽의 붕괴가 어떻게 "특정 집단이 학계와 문학계의 높은 지위로 빠르게 상승"할 수 있게 해줬는지를 보여준다.[50] 푸코, 바르트, 솔레르스, 크리스테바 등의 활동 무대였던 전위적인 프랑스 계간지 『텔켈』(*Tel Quel*)은 이론에서 이 새로운 프랑스 '양식'이 확산되는 중심이었다. 구조주의와 포스트구조주의는 크리스테바와 데리다 같은 이론가들로 하여금 "위험하면서 대담한 외형을 취함으로써 새로운 상품과 연구 영역을 제시하도록"[51] 허용하는 '혁신 전략'을 부추겼다. 디디에 에리봉 같은 언론인의 도움으로 『텔켈』의 비평가들은 조심스런 '자아상'을 만들어가면서 자신들의 담론을 대중화시킬 수 있었다.[52] 1970년대부터 '세련된 수사학'이 프랑스 지성계에서 "지적 정당성을 갖추는 데 필요한 구조적인 요소"가 됐음을, 미셸 라몽이 보여준다.[53] 특히 학문으로서 철학에 대한 관심이 다른 면에서는 식어가던 때에 자크 데리다가 프랑스와 미

---

49. Dana Polan, "The Spectacle of Intellect in the Media Age: Cultural Representations and the David Abraham, Paul de Man, and Victor Farías Cases", Bruce Robbins 엮음, *Intellectuals: Aesthetics, Politics, Academics* (Minneapolis: University of Minnesota Press, 1990), 343-363쪽.
50. Kauppi, *French Intellectual Nobility*, 127쪽.
51. 같은 책, 120쪽.
52. 같은 책, 128쪽.
53. Michelle Lamont, "How To Become a Dominant French Philosopher", *American Journal of Sociology* 93, no. 3 (November 1987): 592쪽.

국의 학계에서 인상적으로 떠오른 것은, 문학자들과 인류학자들의 흥미를 끎으로써 자신의 지적 영역을 넓히는 뛰어난 능력을 발휘한 것도 부분적으로 작용했음도 보여준다. 일류 문화 상품으로서 데리다의 "이론적 트레이드마크"는 "곧바로 지식사회에서 유통될 수 있을 만큼 선명하게 포장되고 표시되었다."고 라몽은 쓰고 있다.[54]

반어적이게도, 데리다, 푸코, 알튀세, 라캉, 리오타르, 크리스테바, 들뢰즈, 가타리 등 구조주의와 포스트구조주의 운동의 주요 인물들이 모두 프랑스인들이지만, 이 두 운동의 미적 요소들이 만발한 것은 미국으로 넘어오면서다. 맑스와 엥겔스는 (『독일 이데올로기』에서) '다른 땅에서 발전된' 사상들이 나중에 '점령된 땅'에 얼마나 쉽게 통째로 수입됐는지를 지적한 적이 있다. 그런데 두 사람은 "본고장에서는 이전 시기로부터 나온 이해들과 관계들에 그것이 여전히 붙잡혀 있는 반면, 여기서는 어떤 방해도 받지 않고 완전히 관철될 수 있고 또 관철되지 않을 수 없는 걸"[55] 목격했다. 20세기 말, 포스트구조주의가 프랑스에서는 특정한 걸림돌들, 특히 프랑스 고유의 견고한 인문주의, 국가 엘리트 계급, 그리고 많은 포스트모던적 주장들을 결코 받아들이지 않는 노동운동과 사회 운동의 잔존이라는 걸림돌들을 극복할 수 없다는 게 드러났다. 하지만 대서양 건너편에서 포스트모던 전환이 이뤄지는 길에는 이런 걸림돌들이 존재하지 않았다. '프랑스 이데올로기'는 여기서 열광적이고도 혼란스럽게 자라날 가장 우호적인 환경을 만

---

54. 같은 책, 584-622쪽.
55. Marx and Engels, *The German Ideology*, C. J. Arthur 엮음 (New York: International Publishers, 1970), 88쪽. [한국어판: 『독일 이데올로기』, 김대웅 옮김, 청년사, 1998 등.]

났다. 개방적인 학계, 고도화한 상품 물신주의, 스타 시스템의 번창에 유리한 견고한 계급 불평등이 바로 그것이었다.

서구 대학 기업화의 직접적인 결과물인 미국 인문학계에서의 이른바 스타 시스템의 등장은, 1970년대 초반 프랑스 이론이 미국으로 수입되던 때와 대체로 정확히 맞아떨어졌다.56 포스트모던 비평가 집단은 인문학계에서는 이 시스템의 혜택을 본 몇 안 되는 집단에 속한다. 그리고 유일하게 지금까지 언론의 꾸준하면서도 화려한 주목을 받는 집단이다.57 소속 대학의 특권을 확대하고, 이로써 자신들의 경쟁력을 높이려 하는 대학 관료들의 부추김 속에, 이 스타 시스템은 대학 내 재원의 불균등 분배를 더욱 심화시켰고 대학 체제 내부 전반에 걸친 계급적, 성차별적 불평등을 심화시켰다.58 1980년대에 이르러서는, 미국 대학의 상위권 인문학과들이 마치 운동선수 쟁탈전을 벌이듯 스타 모시기 경쟁을 벌이기 시작했다. 1980년대 말 듀크대학의 한 교수(스콧 헬러)는 이렇게 썼다. "우리는 아주 우수하고 이 점은 모두 아는

---

56. 미국에서 포스트모더니즘의 부상에 대해서는 Maria Ruegg, "The End(s) of French Style: Structuralism and Post-Structuralism in the American Context", *Criticism* 29, no. 3 (1979)을 보라.
57. 21세기 벽두 몇 해 동안 가야트리 스피박, 자크 데리다, 마이클 하트, 호미 바바, 줄리아 크리스테바 같은 미국 국내 및 국제적인 포스트구조주의 유명 학자들은 『뉴욕타임스』에 의해 (화려한 컬러 사진들과 함께) 마치 유명 연예인들처럼 묘사됐다.
58. 다른 학과보다 인문학 분야에 훨씬 큰 영향을 끼친 대학 노동의 비정규직화는 (예를 들면 영문학 강사 가운데 시간제로 일하는 이의 비율은 공학 분야 강사의 두 배에 가깝고 수입도 훨씬 적다) 대학에서 하급 교원과 대학원생들을 수레를 끄는 짐승 꼴로 만들었다. 임금이 낮은 분야에 몰려있는 여성들과 동료 남성 간 임금 격차가 20년 전보다 더 커졌다. 그리고 시장 중심적인 영역과 전통적인 학과 교수진의 임금 격차, 지역 단과대학과 유명 종합대학 교수진의 임금 격차, 말단 교원과 최상급 교원의 임금 격차는 그 어느 때보다 크다.

사실이다. 이 나라 어느 대학 영문과도 우리가 보유하고 있는 홈런 타자들에 견줄만한 진용이 없을 거라고 생각한다."59 그러나 강조되어야 할 점은, 미국 대학에서 스타 시스템의 등장이 비판적 이론가의 몸 주변에 형성된 '인류학적' 혁신 전략과 동시에 일어났다는 점이다.

스타 시스템의 도래와 함께 좋은 이론이, 심지어는 '진실된' 이론이 카리스마 넘치는 지식인이 만들어내는 이론과 섞여버렸다. 그 와중에, 진리를 드러내는 건 지식인 또는 지식인의 몸 자체를 드러내는 것과 구별할 수 없게 됐다. 하우크가 지적했듯이, 인간의 육체적 욕구는 상품 사용 가치의 겉모습을 끌어올리기 위해 자본이 투쟁하는 핵심 지점인 상품 미학 속에서 등장한다. 다시 말하자면 육체적 욕구는 '육감적 조직화'의 지속적인 과정인 상품 미학 속에서 등장하는 것이다. 인간의 감각적·정신적 욕구, 특히 성적 욕구를 구체화함으로써, 광고주들은 상품 미학과 미학적 혁신이 자아 속에 깊이 파고들어갈 수 있게 했다.

이런 유형은 비판적 이론 영역 속으로도 범위를 넓혀갔다. 상품 미학이 사상과 말로 영역을 확대하면서, 사람의 몸짓과 태도에까지 파고들어갔다. 데이비드 셤웨이는 탈식민주의 연구의 스타인 가야트리 스피박에 대해 이렇게 묘사했다. "다른 이들과 구별되는 목소리만 있는 게 아니다. 두드러지게 드러나는 얼굴, 겉옷, 독특한 얼굴 떨림 또는

---

59. Scott Heller, "A Constellation of Recently Hired Professors Illuminate the English Department at Duke", *Chronicle of Higher Education*, May 27, 1987; Mary A. Burgan, "The Faculty and the Superstar Syndrome", Academe (May-June 1988): 10쪽에서 재인용.

나름의 전달 유형도 존재한다. 스피박이 말하는 건 무엇이든지, 단지 그녀가 쓴 단어라는 이유만으로 남과 구별된다."[60] 스타를 '섹시하게' 만드는 건, 그 또는 그녀가 권력에 가깝다는 사실이다. 그런데 권력에 가깝다는 건 할리우드의 돈 제조 기계에 가까이 있다거나 국가의 이런 저런 이념적 장치들과 관계를 맺고 있다는 것이다. 주요 학술 회의의 연단에 서는 명사들은, 그들을 바라보는 개별 주체들의 자아도취적 에고(ego)에 직접 말을 거는 욕망과 '성적인 약속'을 육체로 구현하는 기능을 한다.[61] 소비자의 수요가 끊임없이 생산되고 재생산되게 하려면, 상품이 소비 주체 '내부'에 어떤 발판을 마련할 수 있어야 한다.

그러나 스타의 자아도취는 장점과 단점을 아울러 지닌다. 스타 이론가는 유혹자인 동시에 유혹당하는 자인 탓이다. 가야트리 스피박은 한 기자에게 당황한 기색 없이 이렇게 말했다. "카이로에서 열린 한 게이 복장 파티에서 어떤 이가 가야트리 복장을 하고 나타났다. 이건 감탄할 일이다."[62] 희열(jouissance)에 대한 사랑과 인습 파괴적인 치장을 한 포스트구조주의 또는 테레사 에버트의 표현을 빌리자면 '유희적' 여성주의는 지식의 새로운 성애화(性愛化)와 특히 잘 어울리는 것으로 확인됐다.

---

60. David R. Shumway, "The Star System in Literary Studies", *PMLA* 112, no. 1 (January 1997): 85-100쪽.
61. 같은 책, 87쪽.
62. Dinitia Smith, "Creating a Stir Wherever She Goes", *New York Times*, February 9, 2002.

이론의 '추세 혁신'

앞서 우리는 칼더의 장식적인 무기 체계 분석을 통해, 고도로 경쟁적인 환경에서 주 계약 업체는 약간의 경쟁 우위를 확보하려고 '추세 혁신'에 의존하는 걸 봤다. 후기포드주의적 합리화 시대에 시장에서 살아남기 위한 열쇠는 생산의 유연성과 상품 차별화다. 클라이드 W. 배로는 오늘날 대학 내 지식 생산자들을 '유연한 전문가들'이라고 부르면서 그들이 "계속 새롭게 변하는 기술과 계속 확대되는 정보의 도전에 뒤쳐지지 않기 위해서는 거기에 맞춰 자신들의 기술과 지식을 계속 개량해야 한다."[63]고 주장한다. 그래서 장식적인 이론가들은 학문의 시장 바닥에서 자신들의 '상품들'이 도드라지게 하려고 미학적 차별화에 의존한다.

그런데 비판적 이론이 추세 혁신으로 기울면, 이론적 지식-상품의 회전율이 빨라지게 된다. 다시 말해 사상의 유통 속도가 빨라지는 것이다. 『자본론』에서 맑스는, 생산기간 곧 상품의 실제 생산에 소요되는 기간과 유통기간 곧 상품의 고유한 잉여가치 또는 이윤이 실현될 때 상품이 (교환을 통해서) 다시 돈으로 전형되는 데 필요한 기간을 구별했다. 맑스가 지적하듯이, 생산기간과 유통기간은 '상호 배타적'이다. 상품이 구매자를 기다리면서 유통 과정에 오래 머물수록 생산이 더 오

---

[63]. Clyde W. Barrow, "Beyond the Multiversity: Fiscal Crisis and the Changing Structure of Academic Labour", John Smyth 엮음, *Academic Work: The Changing Labour Process in Higher Education* (Buckingham, UK: Society for Research into Higher Education and Open University Press, 1995), 167쪽.

래 지연된다. 유통 과정에 오래 머문다는 건, 자본이 되돌아오지 않아 생산에 다시 투입될 수 없다는 걸 뜻하기 때문이다.64 이 논리는 비판적 지식의 생산과 유통에 적합한 논리가 되어가고 있다. 학문 상품의 유통 기간이 더 길어질수록 학자의 가치 생산 능력은 더욱 제약을 받게 되는 것이다. 피에르 부르디외가 '학문자본'이라고 부른 것 곧 지식 노동의 교환 가치 축적을 이루지 않으면 학자는 게임에서 전진할 수 없다. 그러나 이와 마찬가지로, 지식의 회전율 증가는 지식 상품이 '생산과정'에 머무는 기간을 단축시킬 것이다.

대학의 합리화는 아직 진행되지 않았지만 학계와 대중매체의 장벽은 이미 상당히 무너진 때인 1960년대에 벌써, 우리는 이론에서 상품 개념의 반감기가 짧아지는 걸 목격하기 시작했다. 그래서 롤랑 바르트는 『텔켈』에 대해 이렇게 언급했다. "지성사는 아주 빠르게 움직였다. 그래서 채 마무리하지도 못한 원고가 시대에 맞지 않게 됐다. 그래서 난 출판을 서둘지 않을 수 없었다."65 프레드릭 제임슨은 상품 물신주의의 최근 단계에 대해 이렇게 지적한다. "훨씬 더 빠른 회전율로… 날로 더 새로워 보이는 상품을 새롭게 쏟아내야 한다는 지독한 경제적 절박함이 이제 미학적 혁신과 실험에 더욱 중요한 구조적 기능과 지위를 부여하고 있다."66

---

64. Karl Marx, *Capital: A Critique of Political Economy*, vol. 2, Ernest Mandel 엮음 (New York: Penguin, 1978), 200-206쪽. [한국어판: 『자본론』 제2권, 김수행 옮김, 비봉출판사, 1989.]
65. Roland Barthes, "Réponses", *Tel Quel* 47 (1971): 99쪽; Kauppi, *French Intellectual Nobility*, 19쪽에서 재인용; Russell Jacoby, *Dialectic of Defeat* (Cambridge: Cambridge University Press, 1981), 15쪽을 참조하라.

1970년대 이후 인문학에서 (그리고 이보다는 덜하지만 사회과학에서도) 경쟁이 심해지면서, 미국의 '비판적' 이론가들은 바뀐 환경에 적응해가며 자신들의 학문 자본을 지탱하기 위해 **상품 미학**을 들고 나섰다. 하지만 혁신의 광적인 속도는 (하우크는 이를 "지칠 줄 모르는 미학 혁명"이라고 불렀다.) 수익 감소를 초래하기 시작했다.[67] 첫째, 이론의 '교환 가치'는 투자비용 증가 곧 교수직, 특히 인문학계 교수직의 재생산과 유지에 드는 자본과 노동시간의 증가와 반대로 감소했다. 그 와중에 학자들이 '경쟁력'을 유지하는 데 소요되는 개인적·조직적 비용과 관료적 고정비용은 그 어느 때보다 커졌다. 이와 동시에 학자들은 학술출판사들과 책들의 폭발적 증가에 발맞춰서 자신들의 문화 자본이 마모되지 않게 하려고 온 나라와 세계를 돌아다니면서 수많은 학술 논문을 발표하고, 기본적으로는 변함없는 자신의 담론 디자인을 계속 '업그레이드'하지 않을 수 없다. 예를 들자면 25년 전과 상대적으로 변함없는 위치를 유지하기 위해 그 때에 비해 훨씬 많은 양을 출판해야 한다.[68] 동시에, 소규모 출판 사업 형태로 장식적인 이론이 이룬 성공 그 자체가 이미 붐비는 틈새시장을 이제 포화상태로 몰아가기 시작했다.

둘째로, 상품 미학 전략은 날로 확대되는 또는 제한 없는 시장에 어

---

66. Fredric Jameson, *Postmodernism or the Cultural Logic of Late Capitalism* (Durham, N.C.: Duke University Press, 1991), 4-5쪽.
67. Haug, *Critique of Commodity*, 44쪽.
68. Jeffery P. Bieber and Robert T. Blackburn, "Faculty Research Productivity 1972-1988: Development and Application of Constant Units of Measure", *Research in Higher Education* 34, no. 5 (1993): 560쪽.

느 정도 의존한다. 사이먼 마진슨은 오스트레일리아의 지식 상품화에 대한 연구에서, 후기포드주의적 지식 생산이 "모든 시장 골목들이 금새 소진됨에 맞춰 일종의 확산"을 초래했음을 확인했다. 그러나 "교환 가치가 구현될 수 있는 범위가 좁은 탓에 지위 부여적 상품(positional goods)[69]과 지식 상품의 '다양성'은 제한된다." 학문적 지식의 사용 가치는 사라지지 않는다. 그러나 "사용 가치의 성질과 그것의 다양성은 시장의 요구에 의해 [이제] 억제되는데" 그건 "압도적인 중요성을 지니는 교환 가치가 다양성과 혁신에 제약을 가하는" 탓이다.[70] 이론에서 지적 다양성의 폭이 좁아지는 추세가 장식적인 상품 개념의 등장을 불렀다. 표면적으로 상품 개념은, 이 개념이 없었다면 대책 없이 차별화하고 나뉘었을 시장에 상품의 이해 가능성(intelligibility)을 가져다준다. 그러나 미학적 차별화가 혁신이 아니라 균질화와 표준화를 더 재촉하는 걸 날로 더 자주 보게 되는 듯 하다.

이 측면에서 라우트리지 출판사의 1998년 가을 출판 도서 목록을 검토해보라. 균질화와 표준화의 사례는, 잡종성, 경계 또는 경계 넘기, 이산(離散, diaspora), 위반(transgression), 별남(queering), 행하기(performance)와 같은 상품 개념들 항목을 찾아보면 훨씬 더 많이 볼 수 있다.[71] 이런 현상은 학술대회 주제에서도 볼 수 있다. 예를 들면 1990

---

69. [옮긴이] 지위 부여적 상품이란, 소비자가 그 상품 소유를 통하여 어떤 지위를 얻게 되는 상품이다. 이 상품의 가치는 일부 사람들만 그 상품을 소유한다는 사실에서 비롯된다.
70. Simon Marginson, "Markets in Higher Education: Australia", John Smyth 엮음, *Academic Work: The Changing Labour Process in Higher Education* (Buckingham, UK: Society for Research into Higher Education and Open University Press, 1995), 32, 36쪽.

〈표 1〉 1998년 라우트리지 출판사의 '육체'에 관한 도서 목록

'삶을 겪은' 육체	육체/정치
육체들 바꾸기, 의미들 바꾸기	문제가 되는 육체들
카리스마 체화하기	신체들
사귐 체화하기	몸 말하기 : 신체적인 것의 실체
체화된 진보	육체 풍경
일상생활 속 육체	육체 공간
육체 문화	육체와 도시
육체 다시 만들기	유출되는 육체들과 경계들
육체를 겪은 장소들	거부된 육체

년대 말, '이산 (행위) 형성하기'((Per)Forming Diasporas)를 주제로 한 미국 중서부 지역의 미국학 학술대회 조직위는 인터넷에 논문 모집에 관해 공지했다. 모집 대상 논문 주제에는 다음과 같은 것들이 들어 있었다. "가상'과 '실제'의 이산', '국가적 갈망들(소속들)'(National (be)longings), '문화적 분산과 (탈)외양들'(Cultural dispersions and (dis)appearances), '경계 재설정과 상상하기', '육체에 (체화해) 있기'(In(corporate) in bodies), '육체 알기/경계 알기', '동성애자 이산'(Queer diaspora), "이질적'(Foreign) 육체들/'이질적' 행위자들', '탄생(토속) 풍경들'(Nativ(e)ity scenes), '인종 재구성하기', '(인종)지워버리기'(E(race)sures). 경계들, 이산, 별남, 인종, 육체들, 문화, 이 모든 것이 구별되지 않은 회색의 덩어리로 뭉쳐진다. 유럽 미학의 바로크 시

---

71. 비슷한 무리를 같은 출판사의 '사이버' 항목에서도 볼 수 있다. 『사이버문화 독자』, 『사이버파워』, 『사이버공간의 사이버보그들?』, 『사이보그 핸드북』, 『젠더화한 사이보그』, 『사이버공간의 민족』, 『사이버공간의 공동체들』, 『사이보그 아이들』, 『사이버공간의 정치학』, 『사이버공간 분리』, 『사이버공간의 통제』와 같은 책들이 있다.

대가 다시 상기된다. 관습적으로 굳은 세트와 유형의 반복이야말로 바로크 사조의 핵심 특징인 때문이다.72

학문 자본의 교환 가치와 이론 자체의 사용 가치 하락 압력에 대응해서, 영화학, 수사학, 미국학, 인류학, 정치이론, 민족학, 여성학을 포함한 인문·사회과학계는, 그냥 방치했다가는 점점 더 대학 행정관료들에게 3류로 취급될 담론과 학문을 '더 섹시하게' 만들기 위해 포스트구조주의적 관례들을 받아들여 갔다. 칼더는 무기 디자인 과정에 대한 연구에서, 시장이 형성된 뒤 안정화 단계에 들어가면 "제조업자들은 종종 추가적인 장치 또는 새로운 모양새를 더함으로써 고객을 끌어들이려는 시도 곧 상품 개선 작업에 눈을 돌리고 그 결과 상대적으로 사소한 '개선'에 막대한 비용이 들게 된다."73고 지적했다. 1980년대 이론의 상품 흉내내기는, 판촉용 디자인, 집단 내에서만 통용되는 농담들, 말장난(예컨대 "코리올라너스'에 항문을 다시 올려놓기' 같은), 언어적 장치(예컨대 '충격적 목격(함께 있음)-사물과 매트릭스적 공동/서식(길들이기)'(Traumatic Wit(h)ness-Thing and Matrixial Co/In-habit (u)ating)와 같은 괄호 사용과 과잉 솜씨를 부린 구문 사용)74에서 확

---

72. "화가들과 조각가들은 세트를 만들고, 반복하고, 고정된 패턴을 다양화한다. 그리고 만약 그들이 예술 작품과 이 장식적 뼈대를 구별하는 경계를 느낀다고 한다면, 이 뼈대를 예술 작품 그 자체와 똑같은 정도로 세심하게 다룬다. 기계화한 공장식 제조법은 생산의 표준화를 부른다." Arnold Hauser, *The Social History of Art*, vol. 2 (New York: Vintage, 1951), 196-197쪽. [한국어판: 『문학과 예술의 사회사』, 반성완·백낙청·염무웅 옮김, 창작과비평사, 1999.]
73. Kaldor, *Baroque Arsenal*, 83쪽.
74. Bracha Lichtenberg-Ettinger의 글 제목, *Parallax 10* 1, no. 5 (Feb 1995): 83-88쪽. Marjorie Perloff, *The Futurist Movement: Avant-Garde, Avant Guerre, and the Language of Rupture* (Chicago: University of Chicago Press, 1986), 141쪽을 참조하라.

인할 수 있다. 애초 이런 언어적 변형은 니체의 아이러니와 데리다의 차연(differance, 차이+지연)[75]이 (기호의 기호론적 불확정성을 지속적으로 강조함으로써) 헤게모니적 의미를 불안정하게 만드는 데 이용될 수 있다는 포스트구조주의적 신념에서 개발된 것이다. 그러나 이 '방법'은 곧 저항의 외침이 아니라 단지 생각 없는 반사작용, 판촉용 장치와 자기 과시의 일종이 되면서, 한때 지녔음직한 저항적 요소를 모두 잃어버렸다.

뉴스와 미디어의 현장이 크게 확대되자, 광고업자들은 상품의 기호를 사회 내의 가능한 모든 표면에 새겨 넣는 새로운 방법을 찾으려고 서로 다퉜다. 에드워드 터프트는 마이크로소프트의 파워포인트 소프트웨어가 "심각한 분석을 도표 나부랭이, 과잉 제작된 화면배치, 번쩍번쩍한 상호, 진부한 조각그림"으로 대치하고 만다고 지적한다.[76] 이런 측면에서 보면, 장식적인 이론적 글들에 나타나는 장식적 구문과 문법의 덧씌우기는 주류 상품 미학을 똑같이 흉내내는 형식이라고 볼 수 있다. 하지만 포스트구조주의자들은, 공간적 추론의 파편화와 약화라는 두 가지 사회 전반의 추세에 저항하는 게 아니라 적극적으로 나서서 부추기려 했다. 예를 들면 수엘런 케이스는 『도메인 매트릭스: 인쇄 문화의 끝에서 여성동성애자 행세하기』에서 직선적 주장과 일관

---

75. [옮긴이] 차연은, 데리다가 '다르다'는 뜻과 '연기하다'는 뜻을 동시에 표시하기 위해 차이를 뜻하는 프랑스어 différence에서 e를 a로 바꿔서 만든 신조어이다. 그는, 특정 기호의 의미는 잇따라 나오는 다른 기호로 인해 끊임없이 재조정되어야 하는 가운데 무한정으로 지연되고 유보되지 않을 수 없다고 주장한다.
76. Edward Tufte, "The Cognitive Style of PowerPoint", Graphics Books 발행 에세이 (2003), 4쪽.

성을 방해함으로써 그 어떤 총체성도 배제하기 위해 문장 위에 옅은 그래픽을 덧씌웠다.77 케이스는 의도적으로 자신의 서술을 파편화했는데, 그 의도를 "직선적 사상보다는 격자를 제시함으로써 독자들이 자신의 끌림에 따라 순서를 정해 읽도록 권장하는 것"이라고 쓰고 있다. 그는 독자들에게 문장 속에서 '채널 서핑'을 할 것을 권한다. "자신에게 특히 끌리는 서술이나 이미지의 조각들을, 순간의 충동에 따라" 임의로 선택하는 게 좋다는 것이다. 왜냐하면 "(아직 전체라는 게 존재하는 걸 전제하는) 이른바 파편화라고 하는 것은… 서로 다른 방향에서 교차하고 이동하는 형식에 의존하는, 개념들의 그물망에 대한 감각으로 바뀌기 때문이다. '파편화'는 파일들이 컴퓨터 디스크의 이 지점, 저 지점에 조각조각 흩어져 있는 걸 뜻한다."78 그런데 케이스가 자신의 작업을 이렇게 묘사한 걸, 터프트가 파워포인트의 인지 양식을 비판하면서 쓴 아래의 묘사와 비교해보라.

증거와 생각을 원근법을 이용해 묘사하기, 공간감을 줄인 해상도… 묘사와 자료를 조각들로 나누고 최소의 단위로 쪼개기, 초점이 있는 공간적 분석 대신 내용이 거의 없는 정보를 빠르게 순간적으로 이어붙이기, 눈에 두드러진 장식… 내용이 아니라 형식에 대한 집착, 모든 걸 상품 광고로 바꿔버리는 상업주의 태도.79

---

77. Sue Ellen Case, *The Domain-Matrix: Performing Lesbian at the End of Print Culture* (Bloomington, Ind.: Indiana University Press, 1996).
78. 같은 책.
79. Tufte, *Cognitive Style*, 4쪽.

터프트는 파워포인트 프리젠테이션들이 "내용엔 관심이 없고, 증거를 임의로 구획 짓고 나누며 일관성 없는 이어짐을 통해서 반(反)서술[을 만들어낸다]"고 본다.[80]

이와 똑같은 맥락에서, 레이 차우는 "잘게 나눈다는 의미에서 역사를 상술할 필요성"을 역설한다는 걸 들어 포스트모더니즘을 찬양한다.[81] 기호적, 사회적 '파편화'를 미덕이라고 옹호하면서 인식 가능한 사회적 '총체'가 존재한다는 걸 거부하는 그의 태도는, 포스트구조주의 담론에서는 규범에 해당하는 것이다. 마틴 제이가 관찰한 것처럼, 실제로 포스트구조주의 사상가들을 하나로 묶는 어떤 한 가지 요소가 있다면 그건 "총체성에 대한 식지 않는 적대감"[82]이다. 푸코는 다음과 같이 선언함으로써 이 적대감을 가장 간명하게 잡아냈다. "'사회 전체'라는 말은 파괴해야 할 어떤 것이라고 볼 때를 빼고는 고려도 하지 말아야 할 것, 바로 그것이다. 이렇게 하고 나면 우리는 그게 절대 다시 등장하지 않길 기대할 수 있다."[83] 그래서 파편적인 '장식적' 형식은 포스트구조주의의 최우선 전제들과 조화를 이룬다. 장식적인 이론가들의 '장난스런' 언어적 변형과 합리적 사상을 약화시키는 행위가 끼치는 순수 효과는 총체성을 더욱 모호하게 하는 것이기 때문이다.

---

80. 같은 책, 7쪽.
81. Rey Chow, "Postmodern Automatons", Judith Butler and Joan W. Scott 엮음, *Feminists Theorize the Political* (New York: Routledge, 1992), 115쪽.
82. Martin Jay, *Marxism and Totality* (Berkeley: University of California Press, 1984), 515쪽.
83. Michel Foucault, *Language, Counter-Memory, Practice: Selected Essays and Interview*, Donald F. Bouchard 엮음 (Ithaca, N.Y.: Cornell University Press, 1977), 233쪽.

루카치가 지적했듯이, 파편화는 "전체에 관련된 모든 형상들의 파괴"를 부르고 그래서 사물화의 중심적인 특징이다.[84] 자본주의 아래서 노동의 전문화와 분업은 무엇보다 먼저 노동자들의 노동의 유기적 통일성을 파괴한다. 노동은 시간과 공간의 고립된 파편으로 나뉜다. 노동 과정이 규격화하면서, 노동자의 몸과 움직임은 과학적 연구에 의해 조작 가능한 조각들로 전락하고 말았다. 다시 이는 주체 의식의 파편화를 불렀다. 자신의 노동에서 소외는 또한 인류라는 자신이 속한 종에서 소외됨을 촉발했다. 파편화는 마침내 자본주의 문명과 문화의 의식과 이념 전체를 뒤덮는 지경에까지 도달했다. 심지어 철학자들의 노동도 전문화하면서 철학적 지식조차 파편화했다. 그래서 그람시는 이렇게 봤다. "심지어 지식인조차 자신의 전문적인 '기계들', '도제살이', 그만의 테일러 시스템을 지닌 '직업인'이다."[85]

터프트가 주장하듯이 만약 도처에 널려있는 마이크로소프트 파워포인트의 경쾌한 견본 양식(템플릿)들이 "말을 통한 논리적 사고, 공간적 추론을 약화시키는 데" 기여한다면, 장식적인 이론들도 마찬가지일 것이다.[86] 지성의 표준화에 더해진 짙은 표면적 치장은 의사소통의 명료성과 인식의 일관성을 잃게 하는 처방이었다. 장식적이거나 포스트모던적인 이론은 의도적으로 권력의 상대적 통일성을 모호하게 만들었다. 이는 사회학적 전통의 명백한 부인 또는 거부를 대변한다. C.

---

84. Lukács, 『역사와 계급의식』(*History and Class Consciousness*), 103쪽.
85. Antonio Gramsci, *Prison Notebooks*, vol. 1, Joseph Buttigieg 엮음 (New York: Columbia University Press, 1992), §43, 128쪽.
86. Tufte, *The Cognitive Style*.

라이트 밀스는, 사회학적으로 생각하려면 무엇보다 "이 특정 사회 전체의 구조가 어떤가? 핵심 요소들은 무엇이고 그 요소들은 서로 어떻게 연관되어 있는가?"라고 물어야 한다고 역설했다. 포스트구조주의자들이 부분과 전체에 대한 모든 언급의 거부를 공리처럼 여기는 한, 표면상 별개로 보이는 현상들이 체제의 부분들로 서로 연결될 가능성과 그 체제의 작동구조, 전략적 약점, 불연속 지점들을 그려낼 가능성을 인정하지 않는 한, 그들은 '사회학적 상상력'의 알맹이를 도려내는 셈이다. 그리고 '전체'에 대한 관점을 지니는 것이 전략적으로 사고하는 데 필수적인 조건이기도 하기 때문에, 포스트모더니즘은 정치적 전략에 대한 거부를 대표하기도 하는 셈이다. 그래서 아무리 잠정적일지언정 전체에 대한 어떤 관점을 결여한 상태에서는, 효과적인 행동 양식의 형성을 기대할 수 없다.

이론의 자율성에 반하여

어떤 이들은 비판적인 이론이 '유용해야' 한다는 전제에 반대할 수도 있을 것이다. 다양한 학자들이 비판적 사고와 행동을 연결시킬 필요성과 그렇게 하라는 가르침에 의문을 제기한 게 사실이다. 이미 1930년대에 테오도어 아도르노는 공산주의적 전체주의를 고려하면서, 비판적 철학자의 임무는 정치에 휘말려 들어가는 게 아니라 이념의 비판('부정 변증법')에만 개입하는 것이라고 주장했다. 아도르노와 그의 친구 막스 호르크하이머는, 철학적 사상에 대해 어떤 '유용성'을 요구하는 건 사상의 자율성을 파괴하고 그래서 사상의 진리 가치도 파괴한다고 느꼈다. 위르겐 하버마스는 나중에 다음과 같이 주장함으로써 프랑크푸르트학파의 핵심적인 신조를 명확히 했다. "이론의 형성"은 "전략적 행동의 충동으로부터" 분리해서 고려해야 한다고 주장한 것이다. 또 "이론의 자율성은… 정치적 행동의 독립성을 위해서 요구된다. 어떤 이론, 어떤 계몽도 당파적 태도에 빠질 위험에서 우리를 구할 수 없다."[87]고 주장했다.

아마도 정치적이기보다는 학문적인 경향이 강한 다른 지식인들에게는, 1960년대의 사건들이 신좌파의 도덕적 문화인 이론에 대한 실천 요구를 경계할 또 다른 이유를 제공했을 것이다. 마틴 제이는 "이론적 자의식이 가장 강한 지식인일지라도 어떻게 참여해야 할지를 고민하는 정치적으로 격렬한 시절인 1960년대와 70년대 초를 거쳤다면 그 누구든지, 강의를 끝마치면 지식 엘리트의 용어로 표현되는 심오하고 추상적인 생각들이 어떻게 즉각적인 해방의 실천으로 전환될 수 있느냐는 질문들이 쏟아져 들어오던 걸 결코 잊지 못할 것이다."[88]고 썼다. 마침내 포스트구조주의 비평가들은, 실천이 이론을 망치는 게 아니라 이론이 실천을 망친다는 걸 근거로 삼아 이론-실천의 변증법을 거부했다.

그래서 푸코와 리오타르 같은 포스트모던 비평가들에게는, 사회 또는 '인민'들을 대신해 말할 공적인 '권리'를 자처할 수 있다고 스스럼없

---

87. Jürgen Habermas, *Theory and Practice* (Boston: Beacon Press, 1973), 36-37쪽. [한국어판: 『이론과 실천』, 홍윤기·이정원 옮김, 종로서적, 1982.]
88. Martin Jay, "For Theory", *Theory and Society* 2, no. 2 (April 1996): 174쪽.

이 주장할 수 있던 이른바 보편적인 또는 인문주의적 지식인들(에밀 졸라와 장폴 사르트르가 대표적인 예로 평가된다.)의 죽음이 축하할 일이다. 푸코가 1960년대 시위 중에 선언했듯이, "지식인은 대중이 더 이상 지식 획득을 위해 자신을 필요로 하지 않는다는 걸 깨닫게 됐다. 대중들은 착각에 빠지지 않고 완벽하리만치 잘 안다. 그들은 지식인보다 더 잘 알며 스스로를 표현할 능력도 분명히 있다. 그러나 이런 논의와 지식을 가로막고 금지하며 설득력이 떨어지게 만드는 권력 체계가 존재한다.… 지식인들은 이 권력 체계의 대리인들이다."[89]

이런 관점에서 최선의 이론은 '가장 안전한' 이론, 말하자면 해악이 가장 적을 것 같은 이론이기도 하다. 실제로, 맑스레닌주의가 종종 진리에 대해 도구적 개념을 채택했다는 건 부정할 수 없다. 좌파가 권력을 잡을 수 있게 된다면 (거기에 기여하는) 이론은 '진실한' 것이라고들 했고, 이런 태도는 역사상 가장 반민주적이고 반윤리적인 정치 행위를 합리화하는 결과를 초래하기도 했다.[90] 어설픈 이론적 장치들로 경험이라는 개념을 추방하고 총체성을 한정된 구조들의 정적인 **집합체**

---

89. Foucault, Language, Counter-Memory, Practice, 207쪽. Power/Knowledge, Colin Gordon 엮음 (New York: Pantheon Books, 1980)[한국어판: 『권력과 지식: 미셸 푸코와의 대담』, 홍성민 옮김, 나남, 1991]에서 지식인들에 대한 푸코의 더 상세한 언급도 보라. Jean-François Lyotard, "Tomb of the Intellectual", Political Writings, Bill Readings and Kevin Paul Geiman 옮김 (Minneapolis: University of Minnesota Press, 1993), 3-7쪽도 보라.
90. 마오가 그랬듯이 이론은 '유용한' 것으로 증명된 한에서만 진실된 것으로 인정될 수 있다는 태도를 견지하는 건, 맑스의 실천 변증법을 뒤집는 것이다. 맑스의 실천 변증법은 도리어 진리는 유용하다고 강조한다. 다시 말해 진리는 사용 가치의 가장 순수한 표현이라는 것이다. Adolfo Sánchez Vázquez는 The Philosophy of Praxis (London: Merlin Press, 1977)에서 이 점을 지적한다.

로 만들어버린 이론가인 루이 알튀세에 대한 밥 코넬의 논평은, 근대 이론이든 포스트모던 이론이든 실천에 대해 진지하게 생각하는 게 편치 못한 이론의 정치적으로 치명적인 결과를 상기하는 데 도움이 된다. 그는 알튀세가 "현존하는 대중 조직에 참여할 동기를, 그리고 노동계급이 자신들의 사회주의적 의식을 창출해낼 것이라는 그 어떤 기대를 바닥부터 잘라 버렸다.… 알튀세의 인식론이 끼친 여파는, 지식인들에게서 노조와 정당에 실제적으로 유용할 수 있는 연구를 수행할 의욕을 꺾는 것이다. 그리고 알튀세의 언어가 끼친 영향은, 분명히 노동자들한테서 그들과 대화할 의욕을 꺾는 것이다. 그의 이론이 지식인들에게 부추긴 행동은 둘러앉아 전투적으로 이론화를 시도하는 것이다."고 썼다.[91]

그러나 이것이 이야기의 전부는 아니다. 맑스주의 전통 내부에는 애초부터 이론과 실천의 인문주의적이고 민주적인 조화를 추구하는 적극적인 대항-전통이 존재했다. 로자 룩셈부르크와 안토니오 그람시 같은 사회주의자들은 도덕적·지적 일관성을 잃지 않으면서도 이론과 실천을 통합할 수 있음을 보여줬다. 그리고 이론적 반성을 통해 정보를 얻는 비판적 실천이라는 개념은 맑스주의에만 유독 존재하는 것이 아니었다. 이는 19세기와 20세기 초반까지의 아나키즘, 자유주의적 여성주의와 급진적 여성주의, 반인종차별 투쟁과 시민권 쟁취 투쟁의 바탕이기도 했다.[92] 정치 분야에서건 문화에서건, 인간 삶의 실천적

---

91. R. W. Connell, *Which Way Is Up? Essays on Sex, Class and Culture* (Sydney, Australia: Allen & Unwin, 1983), 138쪽.
92. 예를 들어 아나키스트들은 실천이 지닌 단련 능력에 대한 이와 비슷한 신념을 지녔다.

차원에 등을 돌리거나 이 차원을 무시하는 이론가는 자신의 연구 수행을 맨 먼저 유발했던 규범적이고 윤리적인 가치를 놓칠 위험에 빠질 수 있다.

실천으로서의 이론

내가 제시했듯이, 만약 포스트구조주의의 영향을 받은 사상이 관념적이고, 전략적으로 생각할 능력을 파괴하고, 이론의 진리 가치를 훼손한다면, 이 사상의 호소력, 이 사상이 학계의 거래 관계에서 여전히 누리고 있는 높은 가치들을 어떻게 설명할 수 있는가?

이 질문에 대한 답은, 기 드보르가 (『스펙타클의 사회』에서) 관찰한 것에서 찾을 수 있을 것이다. 그는 선진자본주의 아래에서 교환 가치의 부풀림이 '사용 가치의 하락 경향과 동시에 나타나기 때문에, 이 하락하는 사용 가치의 겉모습을 어쩔 수 없이 지탱해야 한다는 데 주목했다. "위, 아래가 뒤바뀐 이 현실에서 사용 가치는… 이제 노골적으로 표시되어야 하는데, 그건 바로 사용 가치의 실체가 파괴되기 때문이다."93 장식적인 이론이 잔존하는 이유는, 이 이론이 제 사용 가치의

미하일 바쿠닌은 이렇게 말했다. "말하자면 추상적 생각에서, 삶이 동반되지 않고 삶의 필요성에 담긴 추진력이 결여된 생각에서, 삶으로 옮겨가는 건 사실상 불가능하다." T*he Political Philosophy of Bakunin*, G. P. Maximoff 엮음 (New York: The Free Press, 1953), 360쪽. 물론 전형적인 전략적 사상가는 바로 손자다. 고대 중국 철학은 다행히 서구 문화의 이원론을 의식하지 않았다. 또 그리스인들이 실천적인 지혜(프로네시스, *phronesis*)와 철학적 사색(테오리아, *theoria*)을 구별했듯이 둘을 나누지도 않았다.

겉모습을 급진주의라는 겉치레로 지탱할 수 있었기 때문이다.

부분적으로 이 작업은, '신사회운동들'과의 공생 관계에 대해 목적론적으로 서술함으로써 이뤄졌다. 그러나 다른 한편으론 자신의 '놀라운 성과들을' 읊어댐으로써 겉치레를 지탱하기도 했다. 신좌파의 쇠퇴 이후 정처 없는 처지가 된 많은 지식인들은 포스트모더니즘으로 몰려들었는데, 그건 포스트모더니즘이 정치적으로 참여하지 않으면서도 개입할 수 있는 길을 제공하는 듯 했기 때문이다. 이론은 더 이상 실천과 변증법적인 관계에 있는 것처럼 여겨지지 않고, 그 자체가 이제 남은 유일한 의식적 실천인 듯해 보이기 시작했다. 왜냐하면, 포스트구조주의자의 규범이 말하듯 인간 자유의 적이 자본주의, 가부장제, 또는 다른 어떤 결정적인 권력 구조가 아니고 그렇다고 특정 계급이나 인간 집단도 아니라 논증적 구조들 또는 메타서사들이라면, 다시 말해 주체에 대한 인문주의적 신화 또는 보편적 진리라는 개념 또는 '남근적 이성중심주의'(phallologocentrism)가 인간 자유의 적이라면, 포스트구조주의적이고 해체주의적인 지식 생산의 실천 행위가 근대성의 닳아빠진 조직 전체를 무너뜨릴 수 있기 때문이다. 리오타르가 제시하듯이, "보편적 사상의 약화, 아니 파괴가 총체화의 강박관념에서 생각과 삶을 해방시킬 수 있다."면, 억눌린 지식들과 주체성들을 발굴하는 지적 기획을 통해서 보편적 사상을 파괴하는 작업을 설계하는 이들이 새로운 자유의 행위자들이 되는 게 논리적으로 옳은 것 아닌가?[94]

---

93. Guy Debord, *Society of the Spectacle* (Cambridge, Mass.: MIT Press, 1995), 32쪽. [한국어판: 『스펙타클의 사회』, 이경숙 옮김, 현실문화연구, 1996.]
94. Lyotard, "Tomb of the Intellectual", 7쪽.

이 모든 게, 포스트구조주의의 영향을 받은 저자들이 여러 해 동안 그 어떤 신선하고 독창적인 통찰력도 제시하지 못했다는 뜻은 아니다. 포스트모더니즘은 때때로 권력의 몇몇 '국지적' 차원이 주목받게 하는 데 도움이 되기도 했다. 예를 들어 해체주의는 언어의 틈 속에 숨겨진 의미를 제시함으로써 우리가 기호의 모호성에 관심을 갖게 만들었다. 육체에 대한 규율, 그리고 성욕의 역사 의존적 성질에 대한 푸코의 설명은, 근대 제도들의 성질과 사회적으로 구성된 정체성과 젠더의 성질에 대한 강력한 통찰력을 제시했다. 문제는 포스트모더니즘이 비판적 사상에 이런 통찰력을 제공하면서 동시에 자연, 정치, 정체성, 존재론, 진리, 그리고 무엇보다 실천에 관한 혼란스럽고 철저하게 나쁜 생각들도 몰래 끌어들였다는 데 있다. 이런 이유로, 포스트모더니즘의 혼란, 방향 오도, 그리고 공간적·논리적 왜곡이 해방 사상과 해방 행위의 미래를 심각한 위험에 빠뜨린다.

2003년 4월 시카고대학에서 열린 한 공개 회의에서는, 참석한 유명 인문학계 스타들이 줄줄이 나섰지만 최근의 '이론'을 제대로 옹호하지 못했다고 한다. 여기에 참석한 권위자들로는 호미 바바, 샌더 길먼, 스탠리 피시, 헨리 루이스 게이츠 주니어도 있었다. 청중 한 명은, 참석자들이 "현재 세계에서 놈 촘스키 개인의 행동이 비판적 이론가들 전체의 글을 합친 것보다 더 중요하다는 걸… 인정한다."면 오늘날 이론의 유용성은 과연 무엇인지 설명해달라고 명사들에게 도발적으로 질문했다. 스탠리 피셔는 동의하지 않았지만, 길먼은 지식인들은 대체로 믿을 수 없다, "지식인들은 거의 언제나 틀릴 뿐 아니라 좀먹고 파괴하는 식으로 틀린다."는 경고를 보란 듯이 입에 올렸다. 또 다른 토론자는 "여기 모인 특정 지식인 집단들은… (자신들이) 정치 문제와 무관한 상황에 처하는 걸 공포스럽게 느낀다."[95]고 언급했다. 문학 이론과 포스트모던 이론은 사용 가치의 겉모습을 지탱함으로써 오랫동안 학문적 교환 영역에서 많이 뻥튀겨진 가격으로 거래되어 왔다. 그래서 이들이 느끼는 '공포'라는 게 마침내 자신들의 때가 다했다는 걸 깨달은 데서 오는 건 아닐까?

테리 이글턴은 이렇게 상기시킨다. "급진적 운동이 진전할 때는, 운동의 인식론이 실천에 의해 상당히 규정되는 듯 하다. 이런 시절에는, 적어도 물질 세계가 행동을 취하고 변화시킬 대상이 될 만큼 분명히 실재한다는 걸 인식하는 데 심오한 이론 따위가 필요 없다."[96] 실천과 이론이 서로 반목하지 않는 상태인 이론과 실천의 변증법으로 되돌아가면, 비판적인 상상력을 심하게 혼란에 빠뜨리는 이론의 왜곡을 수정하는 데 도움이 될 것이다. 집단적 실천에 대한 좀더 직접적인 관심은, 이 지식의 몸체(이론)가 상품의 교활한 논리에 면역성을 키우는 데 도움을 줄 것이다.

---

95. Emily Eakin, "The Latest Theory Is That Theory Doesn't Matter", *New York Times*, April 19, 2003.
96. Terry Eagleton, 『포스트모더니즘의 환상』(*The Illusions of Postmodernism*), 13쪽.

4장
프랑스 이데올로기

> 철학과 실제 세계에 대한 연구의 관계는 자위 행위와 성애의 관계와 같다.
>
> 맑스와 엥겔스, 『독일 이데올로기』

　20세기 유럽의 구조주의, 포스트구조주의 경향의 머리 아홉 개짜리 자식인 포스트모더니즘은 20세기 후반부의 운동 가운데 활기차고 영향력 있는 지식인 운동 반열에 오른 것으로 평가해야 할 상황이다. 맑스주의와 실존주의에 대한 프랑스에서의 반빌로 온건하게 시삭한 포스트모더니즘은 1980년대와 90년대에 이르러 진정으로 전 세계까지 범위를 넓힌 운동으로 도약했다. 이 과정에서 포스트모더니즘은 능력 있는 비평가 상당수를 끌어들였다. 여러 해 동안 일군의 인상적인 사상가들이, 포스트모더니즘적 기획의 인식론적 오류들, 모순들, 정치적으로 문제가 되는 영향들을 열거하는 수고를 마다하지 않았다. 하지만 아직까지도 이런 비판들이 포스트구조주의, 그리고 탈식민주의, 포스트모던 여성주의, 동성애 이론, 주도적인 틈새 문화연구 이론들을 포함하는 포스트구조주의의 다양한 파생물들의 흐름을 저지하는 데까지는 이르지 못했다. 미국과 영국에서 오늘날 포스트모더니즘은 인문학 분야에서 '비판적 이론'이라는 전략적 허세를 부리고 있다. 하트와 네그리의 『제국』과 같은 작품들은 과장되게 칭송을 받고 있을 뿐 아니라 풀뿌리 민중들의 주목까지 받고 있다. 미국 듀크대학의 문학자인 마이클 하트 교수가 2002년 브라질 포르투 알레그레에서 열린 세계사회포럼[1]에 나타나자, 활동가들이 그의 사인을 받으려고 모여들었다.

우리가 이런 인문학계 비평가들로부터 듣는 말은, 세계가 최근 몇 년 사이 전대미문의 혁명을 겪고 있다는 것이다. 맑스의 사회주의 철학 해체가 '과거의 권력' 모두를 일소하는 보편적인 소동으로 발전했다. 포스트모더니티의 총체적 혼돈 속에서 '다중'이 세계를 변혁시키려 힘을 모으는 가운데, 심지어 강대국들조차 피할 수 없는 파멸에 직면하고 있다. 이론과 사회 속에서 진행되고 있는 포스트모던 '혁명'은 20세기의 변화를 아이들의 놀이처럼 사소해 보이게 만들고 있다. 원칙들이 서로를 추방하고, 정신의 영웅들이 전례가 없는 빠른 속도로 서로를 거꾸러뜨리고 있으며, 지난 몇 십 년 동안의 과거 청산 규모는 지난 몇 세기에 걸쳐 일어난 청산보다도 크다.

지난 30년 동안 포스트모던 이론가들은 앞선 세대 사상가들을 괴롭

---

1. [옮긴이] 세계사회포럼은 전 세계의 반세계화 세력들이 국제 연대를 위해 2001년 1월24일 브라질의 포르투 알레그레에서 처음 개최한 행사다. 애초는 한번으로 끝낼 생각이었으나 호응이 높아 매년 열리게 되면서 반세계화 운동의 구심점이 됐다.

히던 정치적·사회적 실천의 난점을 해결했다고 주장해왔다. 억압받는 이들의 정치적 소망에 적합한 사회 운동을 어떻게 조직할 것인가 하는 대중 전략 문제는, 전략의 필요성 자체를 거부함으로써 뒤엎어진다. 사상과 행동, 이론과 실천을 화해시키는 문제는, 사상이 세속적이 되면 권력에 의해 망가지기 마련이라는 경고와 함께 뒷전으로 밀렸다. 지식인과 힘없는 대중의 관계는 지도력의 필요성을 부정함으로써 배척된다. 타자 앞에 어떻게 나타나고 억압받는 이들의 세계변혁의 희망을 어떻게 선언할 것인가 하는 조직적 문제들은 형식없음(form-lessness)과 변화의 흐름을 껴안음으로써 아이들의 놀이로 치부된다.

그러나 우리는 과거의 권력 모두를 일소했다는 소리를 얼마나 자주 듣고 있는가? 20세기 초반부에 미래주의자들은 "우리는 세기들의 마지막 절벽 위에 서있다."[2]고 선언했다. 마리네티는 이렇게 썼다. "우리는 그 어느 때보다 더 맹렬히 타오르고 있다. 지칠 줄 모르는 풍부한 사상 속에서. 우리는 사상의 풍요를 누리고 있으며 계속 그럴 것이다.… 인간성은 무정부적인 개인주의를 향해 행진하고 있다."[3] 기술은 새로운 종교가 될 것이었고, 속도는 우리의 송가가 될 것이었다. 거의 한 세기가 지나서 새로운 세대의 비평가들이 의식하지 못한 채 마리네티의 말을 반복할 예정이었다. 1987년 에르네스토 라클라우와 샹탈 무페는 이렇게 썼다. "우리는 20세기의 가장 활기찬 순간을 살아가고 있다. 이 순간은 과거에 대한 편견이 없고 자신을 역사의 '절대 진리'

---

2. Filippo Tommaso Marinetti, "Beyond Communism", *Marinetti: Selected Writings*, R. W. Flint 엮음 (New York: Farrar, Straus and Giroux, 1972), 148쪽.
3. 같은 책.

라고 내세우는 이론이 없는 새로운 세대가 더 인간적이고 더 다양하며 더 민주적인 새로운 해방의 담론을 만들고 있는 순간이다. 종말론적·인식론적 야망은 훨씬 온건하지만 해방을 갈구하는 소망은 더 넓고 깊다."4 몇 년 뒤 이와 똑같은 지식인의 낙관론은 (이 낙관론의 헤겔적 뿌리가 허공에 매달려 있는 가운데) 억누를 수 없는 희망의 날개를 달고 다시 한번 미래로 향해 갈 예정이었다. 2000년 하트와 네그리는 세계화의 과정들이 "해방 세력에게 새로운 가능성을", "창조와 해방의 더 큰 가능성을"5 제공한다고 썼다. 자본의 힘에 의해 떠다니게 된, '다중'의 '능동적 주체'가 분산과 탈출을 통해 체제를 안팎으로부터 약화시키는 걸 이미 목격할 수 있게 됐다는 것이다.6

포스트모더니스트들은 이렇게 과거의 문제에 맞서 자신들의 혁명을 수행했다. 그리고 이 모든 것은 순수한 사상의 영역에서 벌어지는 것으로 여겨졌다.

거침없는 낙관론과 일상 세상에 관심을 보이지 않는다는 점에서, 사실 포스트모더니즘은 독일 관념론과 너무나 유사한 모습을 띠고 있다. 그래서 나의 포스트모더니즘에 대한 설명이, 맑스와 엥겔스가 『독일 이데올로기』에서 보여준 독일 관념론에 대한 패러디를 그대로 흉내낸다고 해도 사실을 전혀 왜곡하지 않을 정도다. 모든 관념론의 공통점은, 사상이나 생각이 존재론적으로 물질보다 앞서며 실재를 구성

---

4. Ernesto Laclau and Chantal Mouffe, "Post-Marxism without Apologies", *New Left Review* 166 (Nov.-Dec. 1987): 80.
5. Hardt and Negri, 『제국』(*Empire*), xv. 218쪽.
6. 같은 책, 397쪽.

한다는 인식론이다. 달리 말하자면, 관념론자들은 자신들의 개념적 범주와 자신들이 묘사하려고 하는 실재의 존재론적 동일성을 사실로 단정한다. 엥겔스가 오이겐 뒤링의 아주 나쁜 '유물론'을 비판하는 글(『반뒤링론』)에서 썼듯이, 관념론은 "사상의 어떤 산물이 실재한다는 걸 생각과 존재의 동일성을 통해 증명하려는 시도이다."7 과거, 현재, 미래의 모든 관념론의 공통점은, 사람의 지식과 실천의 기반인 경험을 억제하는 것이다. 젊은 헤겔주의자들이 됐든, 아니면 포스트모더니즘, 이른바 비판적 철학 사상이 됐든, 그것이 일단 감각적이고 구체화한 삶과 실제 사회 현실에 둔 바탕을 잃어버리면, 사회 현실을 개념적 추상 관념에 종속시키는 게 불가피하다.

알튀세, 푸코, 그리고 경험의 청산

포이어바흐, 브루노, 에드가 바우어, 아우구스트 치에즈코브스키, 막스 슈티르너, 카를 쾨펜, 아놀드 루게, 모제스 헤스, 그리고 한동안 동참했던 맑스 등 젊은 헤겔주의자들은 베를린대학 박사 후 과정 클럽을 중심으로 뭉친 활동적인 자유주의 성향의 지식인 집단이나.8 이들은 유럽의 사회 개혁과 종교, 무신론의 관련성 문제에 집중했다.

---

7. Frederick Engels, *Anti-Düring: Herr Eugene Dühring's Revolution in Science* (Moscow: Progress Publishers, 1969), 57쪽. [한국어판: 『반뒤링론』, 김인석 옮김, 새길, 1987.]
8. 이 부분은 David McClellan, *The Young Hegelians and Karl Marx* (London: Macmillan, 1969)에 따른 것이다.

1840년대 초반 루게, 바우어, 포이어바흐는, 기독교가 인류의 실제(actual) 영적 능력과 역사적 능력을 성스러운 것으로 투사한 것이고 그래서 인류의 본질을 스스로 소외시킨 것이라고 주장했다. 정치적·사회적 해방은 '인간'이 신 앞에 '자신'을 스스로 낮추는 것에서 벗어날 때만 달성될 것이라고 믿은 이 세 사람은, 무신론적이고 인문주의적인 새로운 종교의 필요성을 말과 글로 주장했다.

맑스는 1840년대 중반 마침내 이들과 결별했다. 그는 『독일 이데올로기』를, 최초 대중 봉기의 구름이 서유럽 지평선에 모여들던 때이며 위대하지만 실패할 운명이었던 1848년 혁명을 앞둔 시점에 단 2년에 걸쳐 썼다. 자본주의적 산업화와 도시화는 전통적인 정치 권위의 기반을 모두 허물면서 낡은 봉건 질서를 치명적으로 약화시켰다. 동시에 새로운 질서의 자유주의적 약속이 정치적 자유와 사회적 평등을 향한 거의 본능적인 갈망에 채워졌던 족쇄를 풀어줬다. 맑스는 역사적 위기를 폭력적인 고비로 몰아가는 물질적 세력을 헤겔주의자들보다 훨씬 더 예민하게 인식했다. 그는 헤겔주의자들이 실제적이고 구체적인 인간 삶의 문제들을 일련의 추상 관념으로 격하시켰다고 비판했다. 젊은 헤겔주의자들이 이론적 반성을 일종의 실천 형식이라고, 사실은 가장 중요한 실천 형식이라고 옹호하는 바로 그 자리에서, 맑스는 의식 그 자체가 "사회적 산물"[9]이라고 주장했다. 그와 엥겔스는, 역사의 의미를 이해할 수 있게 하고 새로운 혁명적 집단 의식의 기원을 설명할 수 있는 적절한 유물론적 틀을 촉구함으로써 포이어바흐와 결별했다.

---

9. Marx and Engels, 『독일 이데올로기』(*German Ideology*), 51쪽.

맑스가 철학의 시발점으로 삼은 것은 육체적 감각을 지닌 실제 삶의 결에 이론의 바탕을 두는 것이었다. 『독일 이데올로기』에서 자신들의 방법론을 기술하면서 맑스와 엥겔스는 이렇게 쓴다.

> 살아 있는 사람에 이르기 위해서, 우리는 사람들이 말하고 상상하고 생각해낸 것에서 출발하지도, 그렇다고 말로 표현되고 사유되고 상상되고 생각해낸 사람들에서 출발하지도 않는다. 우리의 출발 지점은 실제, 활동하는 사람들이며, 이들의 실제 생활-과정을 바탕으로 해서 이 생활-과정의 이념적 반영들과 반향이 발전하는 모습을 표현한다.… 앞의 접근법에서 출발점은 살아있는 개인들로 간주되는 의식이고, 실제 삶과 조응하는 두 번째 방법에서 출발점은 실제 살아있는 개인들 자체이다. 이 두 번째 방법은 의식을 순전히 이 개인들의 의식으로 간주한다.[10]

육체적 감각과 형체를 띤 삶이 모든 지식의 회피할 수 없는 근원이라고 맑스와 엥겔스는 주장했다. 에른스트 블로흐는 이렇게 봤다. 맑스에게는, "단지 지각(perception)에서 추출해낸 것에 불과한 개념이 아니라 지각 그 자체가, 모든 유물론적 인식이 스스로를 확인하는 출발점이며 이 출발점은 변치 않는다."[11] 다시 말하면, 감각에 의해 입증될 수 없는 지식에 대한 어떤 수상노 철학적으로 시시히고 인식론적으로 근거가 없으며 정치적으로 쓸모없다는 것이다. 이런 관점에서 맑스는 관념론과 경제주의가 어떻게 실재에 대해 이념적으로 왜곡된 관

---

10. 같은 책, 47쪽.
11. Ernst Bloch, *The Principle of Hope*, vol. 1 (Cambridge, Mass.: MIT Press, 1986), 255쪽. [한국어판: 『희망의 원리』, 박설호 옮김, 솔출판사, 1995.]

점을 제시하는지 보여줌으로써 둘을 극복하려고 시도했다. 무엇보다, 맑스는 서구 철학의 주체와 객체 분리가 어떻게 자본주의 사회에서 주체와 객체의 실제 분리를 그저 반영하는지 드러내려 했다. 그와 엥겔스는 관념론과 경험론이 자신들의 바탕인 사회적 현실을 각각 다르게 이념적으로 표현한 것에 불과하다고 주장했다. 경험론은, 모든 인간적 경험을 유용성이라는 단 한 가지로 축소함으로써 현실을 차단한다. 그러나 "인간의 다양한 관계 모두를 유용성이라는 하나의 관계로" 축소하는 유용성의 원칙은, 그것이 벤담의 공리주의 속에서 표현되든 아니면 로크와 흄의 정치 이론 속에서 표현되든, 결국 부르주아 경제의 성립 원칙을 추상적이고 관념적으로 형식화한 것일 뿐이다. 그리고 이 형식 속에서 "모든 관계는 실제로 추상적인 화폐-상업 관계, 단 하나에 종속된다."[12] 자본주의는 자본가가 됐든 노동자가 됐든 모든 인간을 사물로 바꿔버리는데, 경험론은 이를 따를 뿐이다.

그래서 『독일 이데올로기』에서 맑스와 엥겔스는 "살아있는 인간 개인 존재"는 "모든 인간 역사의 첫 번째 전제"[13]라는 태도를 견지한다. 하지만 나중에 서구 맑스주의 전통이 점점 더 난해한 문제들로 빠져들면서, '주체'라는 추상적이고 법률적인 개념이 개인들과 사람들이라는 더 평범한 말을 대체하게 됐다. 소쉬르의 언어적 의미의 관계론[14]

---

12. Marx and Engels, 『독일 이데올로기』(*German Ideology*), 109쪽.
13. 같은 책, 42쪽.
14. [옮긴이] 소쉬르는, 언어를 기호표현(시니피앙)과 기호내용(시니피에)으로 구성된 기호로 설명한다. 그는 이 둘의 결합은 특수한 경우를 빼고는 자연적 결합이 아닌 언어적 관례의 소산이며 기호 전체와 기호가 지시하는 지시대상 사이에도 어떤 자연적 관계도 없다고 주장했다. 그는 또 단어들이 언어 체계 내에서 다른 것과의 관계에 의해 의미가

영향을 받은 프랑스 구조주의 운동은 '주체' 그 자체는 주권을 지닌 것도, 그렇다고 자율적인 것도 아니며 단지 문화의 산물이라고 선언했다.

인간의 이런 강요된 퇴행을 뒤따르는 두 개의 글이 루이 알튀세의 『맑스를 위하여』와 미셸 푸코의 『말과 사물』이다. 1965년에 나온, 맑스 철학에 대한 수정주의적 해명을 담은 『맑스를 위하여』에서 알튀세는 맑스 사상의 중요성이 인간 존재의 '본질'을 드러내려 시도하던 철학과 날카롭게 결별한 데 있다고 주장했다. 그가 말하려는 것은, 맑스 자신이 "인간 본성의 문제(또는 인간의 본질)"[15]에 등을 돌렸다는 것이다. 그래서 이제 '성숙한' 반본질주의자 맑스가 진정으로 급진적인 역사주의로 가는 길을 제시한다. 알튀세는 이렇게 단언했다. "인간에 대한 철학적 (이론적) 신화들을 재로 만들면서만, 인간의 어떤 것에 대해 인식할 수 있다."[16] 성숙한 맑스의 저작들은 주체, 의식, 본질, 자연에 관한 어떤 언어도 거부하는 게 필요해졌다. 대신 실천에 관한 '과학적' 언어가 사용되어야만 했다.[17] 과학적 곧 맑스레닌주의적 자본주의 사회 상부구조 연구 곧 이념적 · 경제적 · 정치적 · 과학적 실천의 "고유한 접합"(characteristic articulations)[18] 규명을 통해서만, 역사의 진

이루어지는 것이지 그 자체로 절대적인 의미를 갖는 것은 아니라고 주장했다.
15. Louis Althusser, *For Marx* (New York: Vintage, 1970), 227쪽. [한국어판: 『맑스를 위하여』, 이종영 옮김, 백의, 1997.]
16. 같은 책, 229쪽.
17. 같은 책.
18. [옮긴이] 접합은 '어떤 특정한 조건에서 두 개의 서로 다른 요소를 통합하는 연결의 형태'를 의미한다. 알튀세는 사회는 여러 심급(instance)들이 서로 얽혀있는 복합체로서, 어떤 심급도 다른 심급으로 환원될 수 없으며, 어떤 심급도 다른 심급의 본질일 수 없

정한 운동을 결정할 수 있다.19

그래서 알튀세의 '과학적' 맑스주의는 인간의 지위를 구조의 부수현상으로 전락시켰다. 이데올로기의 표상들(representations)은 "인간에서 벗어나는 과정을 통해 인간에 기능적으로 작용한다."고 알튀세는 썼다. 다시 말해 "[이런 표상들이] 대다수 인간에게 그들의 '의식'의 매개를 거치지 않고 부과하는 건 무엇보다 구조들로서다." 주체는 이제 구조화한 실천에 의해 전적으로 결정된다, 아니 과잉결정된다. 주체들은 자신들의 고유한 경험의 의미에 직접 접근할 수 없다. 세계와 우리의 관계는 "단순한 관계가 아니고, 관계들간의 관계, 이차적 등급의 관계다."20라고 알튀세는 주장했다. 우리는 '관계들간의 관계'라는 언어에서 주체를 그 자신의 삶과 이중으로 거리 두는 걸 보게 되고, 인문주의적 맑스주의 전통에서 180도 돌아서는 걸 보게 된다.

E. P. 톰슨이 썼듯이, 알튀세는 "남성과 여성들을… 제 역사의 행위자[로]가 아니라 운반자(träger) 곧 구조의 운반자, 과정의 궤도로" 취급한다.21 자신의 작품에서 톰슨은 노동계급의 실제 삶의 변증법적 결에 충실하려고 애썼다. 특히 (기념비적인 작품인 『영국 노동계급의 형성』에서) 영국 노동계급의 '형성' 곧 그들이 자의식과 정체성을 갖추는

다고 본다. 또한 모든 심급들은 각기 구조이며 사회적 전체는 이 구조들로 이루어진 구조, 즉 구조들의 구조라고 본다. 그리고 이 구조들은 위계적인 관계에 있는 것이 아니라, 각각의 상대적인 독자성을 전제로 하여 서로 접합되어 있다고 한다. (홍성수, 「역사유물론의 재구성과 법 : 맑스와 하버마스」 등에서 인용.)

19. Louis Althusser, 『맑스를 위하여』(For Marx), 229쪽.
20. 같은 책, 233쪽.
21. E. P. Thompson, The Poverty of Theory (New York: Monthly Review Press, 1978), 122쪽.

수준까지 서서히 떠올라가는 것에 충실하려 했다. 그러나 대조적으로 알튀세는 "이데올로기의 실제적이고 실존적인 기원이건, 인간의 실천이 이런 이념적 덧씌움에 대항하고 족쇄에 맞서는 방식이건, 어느 쪽도 이해할"[22] 수 없었다. 알튀세의 도식적인 기능주의적 틀은 인간 삶의 결, 일차적인 의미들에 대한 이론적 반성의 여지를 남기지 않았다. 그러나 경험이 계속 만들어내는 생각·감정·의미의 담지자에 의지하지 않고 어떻게 실천의 이론을 다듬거나 정제할 수 있는가? 왜냐하면, 바로 경험 곧 "파시즘·스탈린주의·인종주의의 경험 그리고 자본주의 경제 영역들 내 노동계급의 '유입'이라는 모순적 현상의 경험"이야말로 언제나 "(우리 안에) 침투해 들어와서 우리의 범주들을 재구성하도록 요구한다."[23] 톰슨은 이렇게 썼다.

> 경험은 사회적 존재와 사회적 의식 중간에 필수적인 중명사(中名辭)[24]이다. 바로 경험(종종 계급 경험)이야말로 문화·가치·사상에 색조를 입힌다. 경험을 통해서, 생산 방식이 다른 활동에 결정적인 압력을 행사한다. 그리고 실천에 의해서 생산은 유지된다.[25]

간단히 말해, 알튀세는 역시를 기계로 보고 『자본론』을 기계 부속품들을 이해하는 기술 설명서로 보는 듯 하다. 알튀세는 이렇게 썼다.

---

22. 같은 책.
23. 같은 책, 25쪽.
24. [옮긴이] 중명사는 삼단논법에서 대전제와 소전제를 연결해 주는 명사이다. '모든 생명체는 죽는다', '모든 인간은 생명체이다', '그래서 모든 인간은 죽는다'와 같은 삼단논법에서 생명체가 중명사에 해당한다.
25. E. P. Thompson, *The Poverty of Theory*, 98쪽.

"역사는 운동하는 거대한 자연-인간 체제이고, 역사의 모터는 계급투쟁이다. 역사는 과정, 주체 없는 과정이다."[26]

R. W. 코널은, 지독한 기능주의가 알튀세의 사상을 괴롭혔으며, 이 기능주의는 자신의 출생 환경인 스탈린주의적 정치 환경에 내포된 사회관계를 사상의 영역에서 재생하는 것이라고 논했다. 알튀세의 사상에는 "추상적 전투성이 존재한다.… 또 맑스주의 과학의 담지자인, 교양 있지만 상당히 편협한 엘리트가 이끄는 혁명적 전위당에 대한 전반적인 합리화가 존재한다. 그리고 자발성, 밑으로부터의 힘의 결집, 기존 국가의 점차적 변화 또는 이용과 연결되는 전략에 대한 전반적인 가치절하가 존재한다."[27] 스탈린주의에서 그렇듯이, "이론은 자신이 만들어내는 구조의 중시, 양극적인 기능주의, 추상적 전투성과 같은 방향으로 작동한다." 한편 혁명의 '과학적' 개념은 "노동자들의 등 뒤에서 출현하는 듯 하다." 코널은 이렇게 결론 맺는다.

> 모든 급진주의의 기반인 살아서 땀 흘리고 피 흘리는 인간 제 자신의 역사에 대한 고통스런 개입은, 알튀세의 맑스주의에 의해 '맑스적 과학'이라는 성격을 방법론적으로 박탈당한다. 여기에 스탈린식 정치와의 근본적 유사성이 있다고 생각한다. 스탈린식 정치의 정확한 특징은 관념적 전투성과 풀뿌리 사회주의에 대한 실제적 억압의 결합이다.[28]

---

26. Althusser, Essays, 51쪽; Thompson, *The Poverty of Theory*, 105쪽에서 재인용.
27. R. W. Connell, Which Way Is Up? *Essays on Sex, Class and Culture* (Sydney, Australia: Allen & Unwin, 1983), 137쪽. John O'Neill, *For Marx: Against Althusser and Other Essays* (Washington, D.C.: Center for Advanced Research in Phenomenology and University Press of America, 1982)를 참조하라.
28. Connell, *Which way Is Up?*, 137쪽.

알튀세의 사상은 비판적인 이론에 계산할 수 없을 만큼 큰 영향을 끼쳤다. 가장 먼저 맑스주의에, 그리고는 포스트구조주의 이론과 정체성 정치에, 그리고 심지어 포스트구조주의 여성주의에까지 영향을 끼쳤다. 포스트모던 이론가들은 알튀세의 기능주의적 전제들을, 그 가운데서도 특히 행위자(agent)와 주체의 '추방'을 무비판적으로 수용했다.[29] 물론 『맑스를 위하여』가 이론에 막대한 영향을 끼쳤지만, 푸코의 작업 곧 인간 개인의 청산 작업이야말로 인문학 방법론에 진짜로 혁명적인 영향을 끼치게 된다.

부분적으로 하이데거의 반인문주의[30]와 바타이유의 황홀경적 과잉의 철학, 디오니소스적 분출에서 영감을 받았지만, 무엇보다 모든 지식의 본성에 사심이 개입해 있음을 폭로하는 니체의 기획에서 영감을 많이 얻은 푸코는, 주체 안에 있는 인문주의의 기반을 영원히 제거해 버리려 했다. 광기와 정상의 구별에 대한 연구, 서구의 지각 방식의 변천에 대한 연구, 또는 인간 육체의 규율화와 정상화에 대한 연구 같이 다양한 푸코의 작업들이 지니는 한 가지 공통점은, 근대성의 '진리체제'(truth regimes)[31]에 대한 근본적인 적대감이다. 그에게 있어서

---

29. Nancie E. Caraway, "The Challenge and Theory of Feminist Identity Politics: Working on Racism", *Frontier* 12, no. 2 (1991): 126-127쪽을 보라.
30. [옮긴이] 하이데거는 사르트르의 실존주의적 인문주의에 반대하면서 반인문주의를 표명한다. 그는 『휴머니즘에 관하여』에서 이렇게 썼다. "사르트르는 실존주의의 근본 명제를 '실존은 본질에 앞선다'고 말하고 있다. 이때 그는 플라톤 이후 '본질(essentia)은 실존(existentia)에 앞선다'는 형이상학적 의미의 본질과 실존 개념을 계승하고 있다. 그는 이 명제의 주어와 술어를 바꾸어 놓았다. 그러나 이렇게 바꾸어 놓더라도 여전히 형이상학적인 명제이다. 따라서 그는 존재의 진리를 망각한 형이상학에 머물러 있다." (번역은 장승규, 「하이데거의 칸트 해석 연구」에서 인용.)
31. [옮긴이] 푸코는, 진리란 사회적 관계망 속에서 권력을 장악한 정치적 · 경제적 세력이

인간 주체는 과학이 쌓은 부수현상이고 신화이다. 또 감옥, 정신병원, 누워있는 환자의 몸을 보는 외과의사의 폭력적 시선을 만들어낸 진리 체제 그 자체의 부산물이다. 푸코의 관점에서 '주체' 담론은 부패한 규율통제 기구 전체의 전략적 급소다. 그래서 비판적인 사상의 합당한 임무는 주체를 발견해내거나 구출하는 게 아니라 그것이 담론의 산물임을 드러내는 것이다.

그러나 푸코가 인간 기원과 존재론으로 '회귀'하는 서구 전통과 결정적으로 단절하기 위해서는, 아버지 죽이기가 필요했다. 곧 전후 프랑스 지식 환경을 지배한 두 명의 철학자인 장폴 사르트르와 모리스 메를로-퐁티를 끌어내려야 했던 것이다. 푸코는, 제 스스로를 '보편적' 지식인으로 생각한다는 점에서, 다시 말해 철학적 사상가라는 지위 덕분에 발언의 정당성을 부여받은 인물로 생각한다는 점에서 사르트르를 조롱했다. 푸코는 이런 자세를 자만하고 엘리트주의적이며, 더 적절하게는 시대착오적이라고 봤다. 1966년의 한 인터뷰에서 그는 이렇게 말함으로써 새로운 구조주의 운동을 주창했다. "우리는 사르트르의 세대를 겪었다.… 그 세대는 확실히 용감하고 관대하며, 삶과 정치와 존재에 대한 정열을 지닌 세대다. 그러나 우리는 어떤가 하면, 다른 어떤 것, 다른 정열을 발견했다. 그건 개념에 대한 정열, 내가 '체제'(system)라고 부를 것에 대한 정열이다."[32]

만들어낸 것이라고 주장한다. 진리는, 그것을 만들고 지탱하는 권력 체제와 순환적 관계로 연결되어 있다. 푸코는 또 모든 사회는 그 사회의 신념과 가치와 관습에 따라 '진리 체제'를 창출한다고 지적했다.

32. Didier Eribon, *Michel Foucault* (Cambridge, Mass.: Harvard University Press, 1991), 160쪽. [한국어판: 『미셸 푸코』, 박정자 옮김, 시각과 언어, 1995.]

경험의 언어나 존재론을 통해서 주체를 회복하려는 그 어떤 시도도 이성이라는 악몽에서 빠져나오지 못할 것이기 때문에, 현상학에, 특히 무엇보다도 한때 푸코의 스승이었던 모리스 메를로-퐁티의 필생의 작업에 등을 돌리는 게 꼭 필요하다고 푸코는 논했다. 푸코는 메를로-퐁티가 숨진 지 5년 된 1966년에 『말과 사물』을 출판했다. 이 책은 생활세계와의 만남에서 의식을 묘사하기 위해 현상학을 이용하는 메를로-퐁티의 기획을 부정하는 걸 대변했다.33

그럼 푸코가 제안하는 지식은 어떤 종류인가? 17세기 고전적 형식의 분류학에서 19세기 체계적이고 생물학적인 표상(representation)의 양상(樣相, modalities)들로의 변천을 연구하면서, 푸코는 에피스테메(인식소)34라고 스스로 지칭한 것 또는 인식론적 '영역' 곧 서구 인식론의 구조 밑에 있는 구조를 발굴해냈다고 주장했다.35 그가 스스로 말했듯이, 『말과 사물』에서 그가 목표로 삼은 건 인문과학과 자연과학에서 "우리의 [고유] 문화가 어떻게 질서의 존재를 명백하게 드러내는지, 그리고 교환의 법칙이 어떻게 이 질서의 양상들에 의존했는지, 또 어떻게 살아있는 존재가 불변한 것에 의존했고 어떻게 단어들이 그것

---

33. 제라르 르브룅(Gérard Lebrun)은, 푸코 전기를 쓴 디디에 에리봉이 표현했듯이 『말과 사물』에는 "메를로-퐁티의 부정적인 모습이 끊임없이 출몰했다."고 지적했다. (같은 책, 157쪽).
34. [옮긴이] 에피스테메는 그리스어에서 과학적인 또는 철학적인 지식 또는 지혜를 뜻했다. 그런데 푸코는 『말과 사물』에서 역사상 특정한 시기에 지식이 획득되고 정리·유포되는 방식을 뜻하는 것으로 썼고, 나중에는 과학들의 전체 관계들의 집합을 뜻하는 것으로 확대했다.
35. Michel Foucault, 『말과 사물』(*The Order of Things: An Archaeology of the Human Sciences*), 159쪽을 참조하라.

들의 귀결과 그것들을 표상하는 가치에 의존했는지, 다시 말해 지식의 긍정적인 바탕을 창조하기 위해 질서의 양상들이 어떻게 인식되고 위치지어지고 시간·공간과 연결되는지"36를 점검하는 것이다.

어떤 면에서 보면, 서구적 '앎' 그 자체를 가능하게 하는 하부 구조에 의문을 제기함으로써 푸코는 단지 후설의 현상학적 환원을 급진화한 것에 불과하다. 현상학자들은, 현상들이 형태를 갖추고 우리에게 의미를 띠는 방식에 대한 반성을 위해서 '세계 내에 존재함'이라는 경험을 '괄호'치거나 그 경험과 비판적 거리를 유지한다. 이렇게 의식의 배후를 이중화함으로써, 우리가 현상을 주제로 삼기 이전의 현상으로 '돌아감'으로써, 철학은 서구 이원론을 탈출할 수 있다. 그러나 푸코의 판단중지는 훨씬 급진적이다. 그는 지식 구성 조건에만 의문을 제기한 것이 아니라, 인식론과 존재론간의 그 어떤 관계의 필요성에 대해서조차 의문을 제기했다. 그는 비록 생활세계에 로고스(이성)가 존재하는지 여부 문제는 한켠에 남겨뒀지만, '질서'는 단순히 사회적 관습일 뿐이라고 암시했다.

푸코의 현상학과의 급진적 결별은 세계에 대한 실제 경험 내용 거부의 전제가 됐다.37 후설은 경험이 존재론적으로 언어보다 앞선다는 태도를 견지했다.38 푸코는 경험에 이런 특권을 부여하길 거부했다.

---

36. 같은 책, xxi쪽.
37. Michel Foucault, 1961 인터뷰, Le Monde; Eribon, 『미셸 푸코』(*Michel Foucault*), 75쪽에서 재인용. *The History of Sexuality, The Uses of Pleasure*, vol. 2 (New York: Vintage, 1985), 4쪽을 참조하라. [한국어판: 『성의 역사 — 제2권 쾌락의 활용』, 문경자·신은영 옮김, 나남, 2004.]
38. Peter Koestenbaum, 서론, Edmund Husserl, *The Paris Lectures* (The Hague:

그는 『말과 사물』의 영어판[39] 서문에 이렇게 썼다.

> 나는 과학적 논의를 책임지는 주체가, 자신의 상황과 기능과 인식 능력과 실천적 가능성 속에서 자신을 지배하고 심지어 괴멸시키는 조건에 의해 결정되는지를 알아내려고 [시작했다.] 간단히 말해, 말하는 개인들의 관점이 아니고, 그렇다고 개인들이 말하는 것의 형식적 구조의 관점도 아니고, 바로 과학적 담론 자체의 존재 속에서 작용하는 규칙들의 관점에서 과학적 담론을 탐구하려고 시도했다.[40]

푸코는 '고고학' 곧 담론으로서의 서구 지식을 해체론적으로 읽기란 "사람들이 무언가를 발화한 순간에 생각할 수 있었고, 희망할 수 있었고, 목표할 수 있었고, 경험할 수 있었고, 바랄 수 있던 것을 재건하고자 하지 않는다.… 고고학은 단지 다시 쓰기에 지나지 않는다. 곧 이미 쓰인 것을 외부성의 보존된 형식 속에서 정연하게 변환하는 것이다."[41]고 주장했다. 이에 따라 현상을 이해할 수 있는 우리의 능력, 다시 말해 로고스로 '정리'하거나 나타내는 우리의 능력이 역사에 의존하는 어떤 선험적인 구조에 의존한다면, 인간 본성의 의미에 대한 '자명한' 지식을 추구하는 건 어리석은 짓임을 인문학은 인정하지 않을

Martinus Nijhoff, 1975), xii쪽.
39. [옮긴이] 푸코는 애초 프랑스어판의 제목을 『사물의 질서』로 하고 싶었으나 『말과 사물』로 하자는 출판사쪽의 요구를 수용했다. 하지만 영어판은 자신이 원하던 제목으로 출판했다.
40. Foucault, 「영어판 서문」, 『말과 사물』(*The Order of Things*), xiv쪽. (강조는 필자)
41. Michel Foucault, *The Archaeology of Knowledge* (New York: Pantheon, 1972), 139-140쪽. (강조는 필자) [한국어판: 『지식의 고고학』, 이정우 옮김, 민음사, 2000.]

수 없게 된다. 그리고 근대 인문학의 창조물인 '주체'는 간단히 사라지게 될 것이다. 그래서 『말과 사물』의 말미에 그 유명한 이미지가 등장하게 된다. "바닷가 모래밭에 그려진" 사람의 얼굴이 시간이 지나면서 '지워지는' 그것 말이다.

푸코의 서구 담론 비판이 눈부시다는 건 의심의 여지가 없다. 하지만 그 비판은 명백한 기호와 의미의 '단지 인간적인' 영역에 대해 말할 그 어떤 것도 더 이상 남겨두지 않는다. 인간적 현상의 '외부성', 인간의 사회성의 순수하게 형식적인 특성과 겉모습에 대한 푸코의 지칠 줄 모르는 객관주의적 강조는 우리가 몸으로 겪은 삶과는 그 어떤 유사함도 없다. 그 결과, 푸코의 작품을 읽다보면 종종 수백만 킬로미터 떨어진 곳에서 인간 문명을 연구한 외계의 인류학자가 남겨놓은 글을 읽는 것 같은 느낌이 든다. 외계인이라면 눈에 보이는 몸짓들, 인공 구조들, 수세기에 걸친 완만한 인구 흐름에 대해서는 아주 자세하게 묘사하겠지만, 그 기록은 지구인들의 언어를 전혀 이해하지 못하면서 남긴 것이 될 것이다.[42] 외계인은 또 인간 문화의 가장 표피적인 요소만을 이해하게 될 것이다. 저쪽 멀리 망원경의 끝을 통해 인간의 삶과 역사를 관찰할 때 발견하게 되는 건, 관찰자 자신의 사회에 대한 기능주의적·도식적 관점에 상응하는 멀리 떨어진 인물들에 불과하다. 물론 이는 놀랄 것도 못된다. 그러나 인간을 구성하는 갖가지 경험과 의미들을 단순화시킬 때 남는 건 침전물, 사물화뿐이다.

푸코가 의식과 경험을 따옴표 뒤에 묶어두자, 그 결과는 수전 보르

---

42. 같은 책, 138쪽.

도가 포스트구조주의적 여성주의를 비판하면서 "모든 곳에서 본 관점"이라고 부른 것 곧 세계에서 분리된 방관적 의식의 관점을 택하는 것으로 나타났다.43 그는 자신의 훌륭한 정치적 헌신을 위태롭게 할 각오로 메를로-퐁티의 다음과 같은 의견을 무시했다. 메를로-퐁티는 지각 경험은 "마치 내가 신이라도 되는 듯이 내 앞에 배열하는 게 아니다. 그건 특정한 관점에서 내가 삶을 통해 겪는 것이다. 나는 관찰자가 아니다. 개입해 있다. 나의 개입은 내 지각의 유한성과 내 지각이 전체 세계를 향해 열려있음, 이 두 가지가 모든 지각의 지평이 될 수 있게 해주는 특정한 관점에서 이뤄지는 개입이다."44라고 했다. 메를로-퐁티가 하려는 말은, 우리가 원한다고 할지라도 세계의 본성에 대해, 진리와 사회적 사실에 대해 판단을 중지할 수 없다는 것이다. 왜냐하면 우리는 언제나 개입해있기 때문이다.

푸코가 생활세계 곧 나날의 의미의 세계를 거부한 것은, 지각적 지식에 대한 플라톤의 관념론적 회의론을 연상시킨다. 푸코는 인간 문명의 지혜(sophia)를 포함한 문명 전체의 일차적 의미를 벽에 비친 그림자 수준으로 떨어뜨린다. 순진하게 의미의 그림자에 묶여 있는 보통 사람들에게 존재하는 영역은 '보이는' 영역뿐이다. 동시에 이 사람들은 다른 그림자 곧 권력(pouvoir) 또는 담론이라는 그림자가 드리우는 그림자일 뿐이다. 이 고고학자는 마법을 통해서 맥박 뛰는 존재의 세상을 거대한 메마른 화석의 침대로 바꿔버렸다. 그런데 이런 접근법의 엄격

---

43. Susan Bordo, *Unbearable Weight: Feminism, Western Culture, and the Body*.
44. Maurice Merleau-Ponty, T*he Phenomenology of Perception* (New York: Routledge, 1962), 304쪽. [한국어판: 『지각의 현상학』, 류의근 옮김, 문학과지성사, 2002.]

성은 겉보기에는 우리로 하여금 세상을 해석하는 모든 현존하는 방법 곧 심리학, 사회학, 정치 이론, 신학, 문학 등을 불확실하고 타락한 것으로 여겨 내치도록 강요한다.

주체라고는 없고 담론(푸코의 경우) 또는 텍스트(데리다의 경우)만 있다면 우리는 무한한 후퇴를 거듭하게 하는, 거울로 된 방들을 헤매고 다니는 상황에 갇히는 듯 하다.[45] 이렇게 되면 포스트구조주의를 통하지 않고서는 그 어떤 수단으로도 우리 스스로 만든 이 속박에서 벗어날 길이 없다! 왜냐하면, 세상이 단지 텍스트와 담론일 때, 유일하게 남는 행위자 곧 '경험'의 그림자를 경험으로 착각하지 않는 유일한 자율적인 '존재'는 고고학자 그 자신뿐이기 때문이다. 그는 현상적 영역의 무대장치(mise-en-scène) 위를 홀로 날아다닌다. 드레이퍼스와 래비노가 관찰했듯이, "고고학자는 이중의 비틀기를 통해 곧 이중의 현상학적 괄호치기를 통해 진리와 의미를 필요 없게 만듦으로써" 실증과학 너머로 "자신을 성공리에 내던지게 된다."[46] 하지만 이 고고학자는 "제가 탐구하는 담론의 과잉 생산에 동기를 부여하는 진지한 의미를 공유하는 동시에 부정하는, 분열된 관찰자"[47]가 되는 듯 하다. 다른 말로 하자면, 이 고고학자에게만 (이념, 느낌, 역사, 일상의 삶 등등의) '의미'의 세계의 진정한 의미가 제 모습을 드러내는데 그 모습은 '거품'

---

45. Fredric Jameson, *Postmodernism, or the Cultural Logic of Late Capitalism* (Durham, N.C.: Duke University Press, 1991), 18쪽을 보라.
46. Hubert Dreyfus and Paul Rabinow, *Michel Foucault: Beyond Structuralism and Hermeneutics* (Chicago: University of Illinois Press, 1983), 90쪽. [한국어판: 『미셸 푸코 : 구조주의와 해석학을 넘어서』, 서우석 옮김, 나남, 1994.]
47. 같은 책, 90-91쪽.

으로, 계속 바뀌는 '희미한 빛'의 유형으로 드러난다.⁴⁸

"개인을 권력의 운반수단으로" 보는 푸코의 시각은 나중에 사회 비평가들에게는 물려받은 지혜처럼 여겨졌다.⁴⁹ 예를 들면 라클라우와 무페는 이렇게 선언했다. "'인간'은 자격 검증 없이, 다각적인 구조의 과정에서 빚어진 과잉결정된 결과이다."⁵⁰ 반면 가야트리 스피박은 이렇게 썼다.

> 하나의 주체-결과는 간단히 다음과 같이 구상될 수 있다. 주체로 작동하는 듯 해 보이는 것은 정치학, 이념, 경제학, 역사, 성적 특징(sexuality), 언어 등등으로 부를 수 있는 가닥들의 한없는 불연속적 네트워크(일반적 의미에서의 '텍스트')의 부분일 수 있다.… 무수한 주변 환경에 좌우되는 이질적인 결단들로 만들어지는 가닥들의 서로 다른 매듭들과 배치들은, 주체의 작동 결과를 만들어낸다.⁵¹

이 책의 2장에서 암시했듯이, 인간 존재가 인간 결과로 이렇게 요술처럼 변신하는 것 그 자체가 바로 사물화의 증상이다. 맑스에게 있어서, 자본가는 노동자를 사물처럼 다루는 데다가 제 자신에게 이익을 가져다주는 바로 그 구조에 의해 자신 또한 대상화하고 말지만 그럼

---

48. Eribon, 『미셸 푸코』(*Michel Foucault*), 161쪽.
49. Michel Foucault, 『권력과 지식』(*Power/Knowledge: Selected Interviews and Other Writings*), Colin Gordon 엮음 (New York: Pantheon, 1980), 98. 74쪽도 참조하라.
50. Laclau and Mouffe, "Post-Marxism Without Apologies", 102쪽.
51. Gayatri Chakravorty Spivak, *In Other Worlds: Essays in Cultural Politics* (New York: Routledge, 1988), 204쪽. (강조는 필자) [한국어판: 『다른 세상에서』, 태혜숙 옮김, 여이연, 2003.]

에도 여전히 자본가가 인간임에는 변함이 없다.52 이와 대조적으로 오늘날의 비평가들은 사람과 사물의 마지막 개념적 경계를 허물려고 시도한다. 하트와 네그리가 사람과 사회 운동을 기계 또는 '기계적'이라고, 다시 말해 욕망, 생체권력, 기술 등이 '만든' 객체라고 지칭함으로써, ('정신'을 환상이라고 치부하는) 라메트리의 『인간기계론』에 표현된 유물론적 일원론을 닮은 환원적이고 기계적인 인간관을 드러냈을 때처럼 말이다. 오늘날의 과학이 의식을 프로그램된 코드(게놈)가 발하는 그림자로 치부함으로써 의식의 철학적 문제를 '해결'하듯이, 하트와 네그리 같은 비평가들은 의식을 최후의 피난처인 인문학에서 내어쫓고 싶어하는 듯 하다.

그러나 비록 (주체가 아니라) '결과'로 여겨질지라도 인간 개인을 완전히 제거하는 건 인간의 경험 가능성을 제거하기 전에는 완성될 수 없다. 자크 데리다가, 경험이라는 개념이 "가장 다루기 어렵고 형이상학의 역사에 속하는 것"이라는 점을 근거로 경험을 불필요한 것으로 만들어버린 게 분명 이 점 때문이다. 『그라마톨로지』에서 이렇게 말하면서 데리다는 이제부터 '경험'을 '삭제된 것' 아래 둠으로써 이 단어를 집게처럼 쓰듯 다루겠다고 선언했다.53 조앤 스콧은 푸코와 데리다를 인용하면서 "개인들이 경험을 하는 게 아니다. 경험을 통해서 구성되는 것이 주체다."54라고 선언함으로써 새로운 형이상학을 굳건하게 했

---

52. Marx and Engels, 『독일 이데올로기』(*German Ideology*), 84쪽.
53. Jacques Derrida, *Of Grammatology* (Baltimore: Johns Hopkins University Press, 1976), 60쪽. [한국어판: 『그라마톨로지』, 김성도 옮김, 민음사, 1996.]
54. Joan W. Scott, "'Experience'", Scott and Judith Butler 엮음, *Feminists Theorize the Political* (New York: Routledge, 1992), 26쪽.

다. 그리고 그 이후 지금까지 수많은 사람들이 스콧의 이 외침을 이어가고 있다.[55]

스콧 등이 주장하는 것이 단지 경험은 지식의 투명하거나 자명한 밑바탕으로서 '신의 진리'처럼 받아들여질 수 없다는 것이라면 의심이나 논란의 여지가 없으며, 논쟁거리가 안 된다. 다름 아니라 바로 경험으로부터, 우리는 인식엔 오류 가능성이 있고 경험 그 자체는 담론, 이념, 신화, 감각적 왜곡 같은 것들에 의해 구성된다는 걸 안다. 하지만 스콧이 하는 말은 이런 것이 아니다. 경험의 주장에 바탕을 둔 그 어떤 지식도 존재론적으로 '2차적' 지위를 지닐 뿐이라는 것이다. 그러니까, 경험은 결코 "우리의 해명의 근원"일 수 없다는 것이다. 왜? 경험 자체는 그보다 선행하는 것, '담론'이나 언어나 권력의 부수적 현상일 뿐이기 때문이다.

이는 예민한 결정론 형식이다. 경험은 단지 '담론'일 뿐이라고 말하는 것은, 인간의 그 어떤 실질적인 지식의 근거도 완전히 제거하는 것이다. 여기에는 억압받는 사람들에게 도움이 될 지식도 포함된다. 반어적이게도, 여성주의자들과 유색인 학자들은 지난 50년 동안 하위층과 억압받는 이들의 경험을 조명하려고 열심히 노력해왔다. 이 노력의 의도는 유럽 중심, 남성 중심의 역사가 직면한 막다른 지경의 넓은 공간을 메우고, 과거에 억압당하던 경험을 조명함으로써 '부정을 부정하

---

55. 예를 들어 Donna Haraway, 『유인원, 사이보그, 그리고 여자』(*Simians, Cyborgs, and Women: The Reinvention of Nature*, New York: Routledge, 1991), 113쪽. (강조는 원저자); Iris Marion Young, *Justice and the Politics of Difference* (Princeton, N.J.: Princeton University Press, 1990), 12쪽.

러는' 것이었다. 이 노력은 경험을 억압하는 포스트구조주의와 전혀 화합할 수 없는 것이다. '경험'이라는 건 "우리의 해명의 근원이 아니고, 지식의 바탕이 되는 (보거나 느껴졌기 때문에) 권위 있는 증거도 아니고, 다만 우리가 설명해야 하는 어떤 것, 알아내야 하는 어떤 것임을" 보여주는 역사 기술이 필요하다고 스콧은 결론지었다.[56] 그래서 요즘 역사 기술의 문제는 경험의 언어를 충분하리만치 청산하지 못했다는 데 있게 된다. 오늘날 역사학자들은 "담론 외부에 실재의 영역을 [구축하는]" 방법으로 '경험'에 호소하고 있다.[57] 그러나 "경험을 가시적인 것으로 만들려는 기획은 경험 체계의 작동 방식과 역사적 진실성의 분석을 방해하고 대신 경험의 용어를 재생산할 뿐이다."[58] 다르게 말하자면, 실재하는 살과 피가 있는 인간의 경험들에 대해 배우는 것 그리고 이 경험들로부터 배우는 것, 이 경험들이 진정 중요한 것처럼 다루는 것은 "그 체계의 작동 방식 분석"이라는 '진정한' 작업을 방해할 뿐이라는 것이다. 이미 자본주의에 의해 '물건 같은' 물건으로 취급되고 굴욕을 당한 인간 존재는 이런 식으로 해서 마침내 자유의 아우라마저 박탈당하고 만다.

생활세계를 이렇게 객관주의적으로 환원하는 것 뒤에 숨은 것은 이론가의 권력 의지이며, 이 의지의 깊이는 항상 동요한다. 경험 곧 '세계 내 인간 존재', 인간의 삶 이해를 하나의 개념, 하나의 분석 범주로 축소시키는 과정에서 이론가들은 과거 이 땅에서 살았고 현재 살고

---

56. Scott, "Experience'", 26쪽.
57. 같은 책, 32쪽.
58. 같은 책, 25쪽. (강조는 필자)

있으며 앞으로 살 모든 사람의 경험들을 제 것으로 만들어서 평면화한다. 이 동종요법사(homeopath)[59]는 주체에게 아무 것도 남는 게 없는 지경까지 경험을 희석한다. 실제로, 주체는 '경험'의 증상을 표현하는 한에서, 다시 말해 고고학자의 지칠 줄 모르는 연구를 위한 먹이를 제공하는 한에서 '존재한다'고 그들은 말한다. '경험'은, 푸코 또는 스콧 또는 스피박 같은 계보연구자들이 등장해서 관찰할 때에만 이해 가능하고 실재하는 것이 된다.

"둘, 셋… 많은 정신들": 사물화와 자동인형 제국

프랑스 이데올로기의 경험 제거는 실천과 사회변화에 관한 어떤 이론의 진로도 방해한다. 왜냐하면 만약 사람들이 단지 권력(pouvoir)의 부가물이거나 그림자라면, 사람들이 역사의 행위자가 될 수 없고 언제나 권력(또는 담론)이 시키는 대로 할 수밖에 없다고 보는 게 논리적인 귀결이다. 하지만 이런 귀결은 포스트모더니즘을 지지 받을 수 없는 처지에 놓이게 한다. 왜냐하면 포스트모더니즘은 사회 변화의 급진적 기획으로서 '사용 가치'가 있는 듯 겉모습을 유지할 수 있을 때만 존속이 가능하기 때문이다. 인간 존재가 역사의 주체가 아니라면, 다른 존재 또는 다른 물건이 대신 주체가 되어야 한다.

여기서 우리는 다시 헤겔이라는 인물을 만나게 된다. 그는 포스트

---

59. [옮긴이] 동종요법이란 '유사한 것으로써 유사한 것을 치유한다'는 원리에 기초한 것이다.

모더니즘이라는 드라마가 지닌 인식론적 구성의 혼란을 해결하기 위해 성급하게 끌어들여졌다. 헤겔의 사상에서, 이성은 역사 속 인간 존재의 의식적 선택과 행동을 통해서만 실재하게 된다. 정신(Geist)은 미래를 향한 목적론적 운동 속에서 과거와 현재를 융합한다. 나타나는 그 모든 것, 개별 지도자들과 국민들과 국가들의 역사적 선택은 보편적인 이념의 더 큰 목적에 봉사한다. "왜냐하면, 이념과 동의어인 이성적인 것은 (현실성[actuality; 가능성을 완전히 실현한 상태 - 옮긴이]을 통해서 외형적 존재 상태로 들어감으로써) 무한히 풍부한 형식들, 겉모습들, 구성들 속에서 나타나고, 그래서 다양한 모양의 껍질로 핵심을 감싸기 때문이다."[60]라고 헤겔은 썼다. 그는 또 "보편 정신은… 스스로를 개발하고 단련하고 지칠 줄 모르는 풍부함 속에서 스스로를 즐기면서 다양한 차원들과 방향에서 실험을 시도한다. 우선은 만족하면서, 보편 정신의 개별 창조물들은 새로운 물질, 더 깊은 정교화에 관한 새로운 도전을 제기한다.… 이것이 제 안에 품고 있는 힘들을 우리는 그것의 생산물과 형성의 다양성을 통해 이해한다. 이 활동 욕구 속에서만 그것은 제 자신을 다룬다."[61]고 했다.

헤겔의 세계정신(Weltgeist)이라는 개념은 근본적으로 표현주의적인 것이다. 정신은 존재(being)의 내부적·합리적 논리로부터 치밀어 오른다. 그런데 이 논리는 존재의 실재적 표현이다. 이런 도식에서, 철학자 자신의 사상은 세계정신의 최종적인 표현으로, 세계정신의 자의식

---

60. G. W. F. Hegel, Preface, "Philosophy of Right and Law", *The Philosophy of Hegel*, C. J. Friedrich 엮음, 225쪽.
61. 같은 책, 89쪽.

으로 등장한다. 미네르바의 올빼미 즉 자각의 올빼미는 '황혼녘'에야 비로소 날기 시작한다. 역사의 끝에 글을 쓰는 철학자가 역사 속에 표현된 존재의 의미를 해독할 수 있게 될 때에야 날기 시작하는 것이다.

포스트모더니즘의 인간 활동 개념도 유사하다. 비록 그 날의 끝에 드러나는 '메시지'는 단지 아무 메시지도 없다는 것이기는 하지만 말이다. 실천적인 인간 활동에 대한 헤겔의 표현주의적이고 관념론적인 설명은, 예를 들면 푸코가 자신의 연구를 설명하는 데서 다시 등장한다. '계보연구'로 푸코가 의도한 것은 자신의 연구와 같은 학문적 연구들을 통합하는 것이었다. 그런데 그 연구는 '통제'되거나 주변화한 지식 형식에 빛을 비추되 "특정 지역의 기억들" 곧 특정 주체들의 실천을 통해 빛을 비추려하는 연구이다. 그리고 그 시도 방식은 주체들의 실천이 모두 합쳐서 지배적인 진리체제의 메타담론을 '전술적으로' 붕괴시킬 수 있는 방식이다.[62]

헤겔에게서와 마찬가지로, 철학자는 표현주의적 '순환'을 완성하는 특권을 얻는다. 사상이 제 자신을 알게 되거나(헤겔의 경우) 근대성의 표피 아래 있는 지식을 해방시킬(푸코의 경우) 때에만, 진보나 역사의 작업이 나타나게 된다. 푸코가 실제 인간 존재의 반란이 아니라 지식·개념의 반란인 "통제된 지식의 반란"을 옹호할 때, 그는 표현주의적 존재론에 과도하게 의존한다. 그는 이렇게 썼다. "특정 지역 고유의 비판은 자율적이고 비중앙집중적인 이론적 생산이다." 이는 "역사적 내용의 즉각적 등장에"[63] 영향을 끼친다.

---

62. Foucault, 『권력과 지식』(*Power/Knowledge*), 83쪽.

인간을 세계정신의 운반 도구로 보는 헤겔의 관점은 푸코가 당대의 사건에 대해 유쾌한 평을 하는 데서도 반복된다.

현재 세계는 솟아나서 휘젓고 사라지거나 다시 등장하고 사람들과 사물들을 흔들어놓는 이념들로 가득 차 있다. 이 현상은 서구의 지식인들 내부에서 또는 대학에서만 나타나는 것이 아니다. 이 현상은 전 세계적인 범위에서 나타나고 있으며, 특히 역사 때문에 지금까지는 제 목소리를 내거나 제 목소리가 남들에게 들리게 하는 습관을 들이지 못했던 소수자들 사이에서 나타나고 있다.…

지구상에는 지식인들이 상상하는 것보다 훨씬 많은 사상들이 있다. 그리고 이 사상들은 '정치인들'이 생각하는 것보다 훨씬 활동적이고 강하며 저항적이고 정열적이다. 우리는 사상들이 태어날 때 거기에 있어야 하고 그것의 힘이 터져 나오고 사상을 둘러싸고 찬반 투쟁이 벌어질 때 거기에 있어야 한다. 사상들은 세상을 지배하지 않는다. 그러나 세계가 사상들을 갖고 있기에 (그리고 꾸준히 생산하기에) 세상이 무슨 생각을 해야 하는지 가르치고 싶어하는 이들이나 지도자들에게 수동적으로 지배되지 않는다. 이것이 지금 이 '르포르타주'가 취했으면 하는 방향이다. 벌어지고 있는 일에 대한 분석과 연결된, 사상 분석 말이다. 지식인들은 사상들과 사건들이 교차하는 지점에서 언론인들과 함께 일할 것이다.[64]

그런데 이 문장들에서 행위자 또는 주체는 누구인가? 프롤레타리아트도 인민도 아니고 바로 '세계'이다. 보이지 않은 어떤 과정을 통해서,

---

63. 같은 책, 81쪽. (강조는 필자)
64. Eribon, 『미셸 푸코』(*Michel Foucault*), 282쪽.

이 세계는 자발적으로 사상들을 '생산한다.' "개인들과 국민들의 쉼없는 부침은 우리에게 한 가지 범주 곧 전반적 변화의 보편 사상을 제시한다."⁶⁵ 이 말은 푸코의 말이 아니라 헤겔의 말이다. 푸코에게 있어서 역사는 내재적인 의미나 논리를 담고 있지 않다. 하버마스가 지적했듯이, 반대로 푸코에게 역사는 "일반적으로 권력이 돌출한다는 단 한 가지 특징을 빼면 어떤 공통점도 없는 전체성 담론 속에서 무의미하게 만화경식으로 바뀌는 형상의 변화들"⁶⁶로 이뤄진다. 헤겔과 푸코에게 공통적으로, 사상들과 사건들은 어른어른하는 부글거림 속에서 빠르게 떠올랐다가 사그라진다.

경쾌한 니체주의 성향이 있음에도, 푸코는 이런 변화 그 자체가 긍정적이고 심지어는 '선한' 것이라고 자연스레 받아들이는 듯 하다. 말년에 그는 스스로 '사건'의 한가운데에 머물고 싶어했다. 마치 정신이 꽃필 때의 그 놀라운 만개를 기록하려는 듯이 말이다. 또 역사가 끊임없이 죽어갈 때 역사의 침대 옆에 머물려 하는 듯이 말이다. 그는 이렇게 썼다. "나는 미래의 역사를 어찌 써야 할지 모른다. 나는 과거에 대한 서투른 예언가이다. 하지만 나는 사물들이 막 발생할 때 그것들을 이해하고 싶다. 왜냐하면 요즘은 아무 것도 완료되지 않은 상태이며 주사위는 여전히 구르고 있기 때문이다."⁶⁷ 그는 새로운 것들을 직면할 때 너무 쉽게 놀라는 탓에, 1970년대 말에 급진 이슬람교도들의

---

65. Hegel, 『역사속의 이성』(*Reason in History*), 88쪽. (강조는 필자)
66. Jürgen Habermas, *The Philosophical Discourse of Modernity: Twelve Lectures* (Cambridge, Mass.: MIT Press, 1998), 277쪽. [한국어판: 『현대성의 철학적 담론』, 이진우 옮김, 문예출판사, 1994.]
67. Eribon, 『미셸 푸코』(*Michel Foucault*), 288쪽. (강조는 푸코)

이란혁명을 무분별하게 찬양하고 말았다. 그는 혁명 내 좌파 및 여성주의적 세력들과 자신을 동일시한 게 아니라 아야톨라 호메이니와 동일시했다.[68]

푸코를 좇아서, 그리고 서구 사회에서 적어도 표면적으로는 '새로운' 대중 운동의 개화를 목격하고서, 오늘날의 이론가들은 푸코와 비슷하게 헤겔의 절대정신을 다양한 형태를 띠는 세계정신의 새로운 형이상학으로 대체한다. 자동기계 『제국』의 저자들은 "다중의 가상적 힘은… 가능하고 실제적인 것이 되는 꾸준한 경향을 띤다."[69]고 썼다. 그들은 또 "새로운 투쟁의 주인공들과 새로운 주체성들이, 사건들의 결합과 보편적인 노마디즘 속에서, 또 개인과 집단의 보편적인 섞임과 인종혼합 속에서, 그리고 제국의 생체정치적(biopolitical) 기계의 기술적 변형 속에서 창출된다."[70]고도 했다. 다른 말로 하면 여러 세대의 맑스주의자들이 순진하게 전제했듯이 대문자 H로 시작하는 '역사'가 진행되는 게 아니라, 소문자 h로 시작하는 '역사들'이 온 땅에서 성공적으로 떠오르고 있다는 것이다. 정신(Geist)은 이제 '제국' '리좀'[71] '생체권력' '담론' '욕망' 등 가명(假名)의 투구를 입고 떠다닌다. 이 가명

---

68. 호메이니와 이슬람 근본주의에 대한 푸코의 공감에 대해서는 Janet Afary and Kevin Anderson, *Seductions of Islam: Foucault, Feminism, and Iran* (Chicago: University of Chicago Press, 2004)을 보라.
69. Hardt and Negri, 『제국』(*Empire*), 387쪽.
70. 같은 책, 61쪽.
71. [옮긴이] 리좀은 뿌리줄기 식물을 가리키는 용어로서 뿌리 없이 사방으로 펼쳐지는 형태를 설명하는 말이다. 질 들뢰즈와 펠릭스 가타리는 포스트모더니즘의 탈 주체, 탈 중심, 탈 로고스의 이념을 실현하는 어떤 시스템을 보여주기 위한 비유로 이 말을 썼다고 한다.

들은 실제적인 것을 향해 몸짓하지만 경험적인 사실과는 직접 관련이 없는 개념들이다.

헤겔의 정신이 인간 존재의 의식적인 자유를 통해 자신을 표현하고 역사를 통해 행동하는 반면, 포스트모더니즘에서는 비판적 이론가 자신이 역사의 행위자가 되고 담론의 경로를 교차하고 근대성의 관(棺)에서 '억압된 지식'을 즐겁게 끌어내온다. 포스트모더니즘은 비밀목적론적인 서술을 이용해 스스로를 변화의 선구자로 제시한다. 푸코·리오타르 등의 인물들은, 지식인이 더 이상 가치의 '입법자', 인민의 지도자 또는 교육자 구실을 하면 안 된다고 주장한다. 정반대로, 이제 필요한 것은 학자와 대중의 노동 분업이다. 그러나 이 둘 가운데 '의식적인' 행위력 같은 걸 발휘할 수 있는 쪽은 바로 이론가이다. 하버마스는 이렇게 썼다. "오직 단호한 계보학적 시선 아래서만 담론이 익명적 지배 과정의 늪에서 반짝이는 거품처럼 솟아 올라온다."[72]

포스트구조주의자들은 스스로를 신좌파 이후 우후죽순격으로 자라난 '신사회운동'의 상대이자 협력자로 묘사했다. 그들의 개념적 무기는 새로운 실천 형식을 반영하고 작동시키는 것이라고 한다. 왜냐하면, 만약 지식 체제 속에서 구성되고 또 그것을 통해서 구성되는 권력(pouvoir)의 한 형식에 의한 '주관적으로 이해하기'에 권력 문제가 놓여 있다면, 논리적으로 볼 때 '해법'은 근대성의 모호한 깊이에서부터 '억압된 지식'이 솟구쳐 나오도록 돕는 데 있어야 하기 때문이다. 그래서 이론가의 기능은, 다소라도 가망 있는 실천의 길들을 식별해내는

---

72. Habermas, 『현대성의 철학적 담론』(*The Philosophical Discourse of Modernity*), 268쪽.

것이 아니다. 새로운 정체성과 새로운 '차이'의 형식을 지닌 자발적인 세대를 위해 생활권을 창출하는 것이다. 이런 점에서 문화연구 이론가 커스티 매클루어는 이렇게 경고한다. "[이론의 적절한 기능을 둘러싼 경쟁에서 문제는… 설명의 적합성도, 그렇다고 정치적 유효성도 아니다. 그건 바로 새로운 지식들, 새로운 행위력들, 새로운 실천들을 분명히 밝히는 데 필요한 숨실 공간의 문제다."73

이와 비슷하게, 호미 바바는 하위층이 정치적 기획이나 안정적인 정체성 구축을 통해서 스스로를 대표하지 못한다는 사실이야말로, 감동적인 실천이 새롭게 폭발할 것이라는 점, "상징들의 (재)정돈이 가능하다는 점"을 대변한다고 말한다. 기호를 지시물에서 분리함으로써, "기호는 더 이상 상징의 동시발생적인 흐름이 아니게 되고, [그리고 이는… 새로운 잡종적 행위력들과 분명한 표현들을… 갈고 다듬어낼 힘을 쥔다."74 바바의 관념론적인 탈식민주의에서, "갈고 다듬어낼 힘을 쥐는" 주체는 개인이나 집단이 아니라 기호다. 그러나 행위력을 비물질적인 개념으로 귀속시키는 이런 습관은, "의식의 환영… 에만 맞서 싸우고", "다른 문구들"에 맞서 싸우기 위해 (마찬가지로) '문구'를 사용한다고 맑스와 엥겔스가 지적한 젊은 헤겔주의자들의 독특한 특성이었다. '차이'의 자발적인 개화이자 분출로서의 현실은 이런 식으로 철학적 사상과 같아진다.

---

73. Kirstie McClure, "The Issue of Foundations", Butler and Scott 엮음, *Feminists Theorize*, 364쪽.
74. Homi Bhabha, *Location of Culture* (New York: Routledge, 1994), 192-193쪽. [한국어판: 『문화의 위치: 탈식민주의 문화이론』, 나병철 옮김, 소명출판, 2002.]

현실과 개념의 합성은, 몇몇 문화연구 비평가들로 하여금 해체의 권력들에 대한 공상적인 주장을 펴게 만들었다. 예를 들어 마거릿 드리월은, "동성애를 상징하는 실천"으로서 '캠프[75] 미학'이 천성적으로 "성 차이(젠더)의 코드들을 혼동시키고 이성애 강요를 기각하며, 민주적 자본주의의 기초가 되는 토대들을 약화시킨다."는 걸 발견한다.[76] 그럼 누구 또는 무엇이 자본주의의 '토대들'을 약화시킬 것인가? 바로 뉴욕 라디오시티 뮤직홀의 리버레이스[77]와 춤꾼들이다. 리버레이스와 로키츠 무용단 같은 공연자들의 '캠프적' 실천은 그 '본성'상 "대항헤게모니적"이기 때문이란다.[78]

가엾게도, 변증법적 사고와 유물론적 사고를 포기한 탓에 이 저자는, 캠프가 이성애 규범과 자본주의 사회 관계를 약화시키는 동시에 떠받치고 있다는 겉보기에만 모순적인 전제들의 개념적 긴장관계를 견디지 못한다. 다른 분야와 마찬가지로 여기서도, 프랑스 이념가들은 이론의 고위 성직자 같은 구실을 한다. 그들의 기능은 생각을 현실로 바꾸는 신비스런 변화의 매개 구실이다. 이 과정은 3단계로 완성된다.

---

75. [옮긴이] 캠프라는 용어는 1950년대나 60년대에 적은 예산으로 만든 공상과학 영화나 1970년대나 80년대의 복합 징크 대중문화 같은 것을 묘사할 때 쓰인 용어로, 기이하다고 여겨질 수 있는 것을 역설적으로 높이 평가하는 결 지칭한다. 이런 태도는 남성 동성애 문화에서 비롯됐지만 요즘은 보편적으로 쓰인다. D. F. 펠루거(Felluga)는 "캠프는, 저속한 것 또는 정통에 대한 이단을 뜻하는 키치와 구별하기 어려운 것이다. 캠프는 자의식을 지닌 키치라고 할 수 있다. 그런데 자의식은 키치 상품 생산자쪽에 있는 것이 아니라 그 상품을 보는 쪽에 있는 것이다."라고 했다.
76. Margaret Thompson Drewal, "The Camp Trace in Corporate America", Moe Meyer 엮음, *The Politics and Poetics of Camp* (New York: Routledge, 1994), 177-178쪽.
77. [옮긴이] 리버레이스는 1950년대부터 80년대 중반까지 미국에서 활동한 동성애 대중음악가이다.
78. Drewal, "The Camp Trace in Corporate America", 177-178쪽.

첫째, 이론가-성직자는 실제 생활의 사실들로부터 일반적인 개념을 추상화해낸다. 두 번째로는 이렇게 만들어진 개념과 범주들을 다시 세계에 투사한다. 마지막으로 사실들이 이 개념들에 바탕을 둔 것들이라고 말하는 것이다. 맑스와 엥겔스는 『독일 이데올로기』에서 이 절차를 이렇게 예시했다.

> 무엇보다 먼저 사실로부터 추상화가 이뤄진다. 그리고는 사실이 이 추상화에 바탕을 두고 있다고 선언된다.…
>
> 예를 들면 이렇다. 사실 관계: 고양이가 쥐를 먹는다.
> 반성: 고양이=자연, 쥐=자연, 고양이의 쥐 소비=자연의 자연 소비=자연의 자기 소비
> 사실의 철학적 표현: 고양이가 쥐를 게걸스레 먹는 건 자연의 자기 소비에 바탕을 둔 것이다.[79]

마이클 하트와 안토니오 네그리는 『제국』에서 이 절차를 따랐다. 먼저, 그들은 예컨대 인간 존재가 자본에 의해 떠밀리는 현상 같은 특정한 사회적 사실을 포착한다. 두 번째로 그들은 이 현상을 변증법적인 역사적 맥락으로부터 추상화한다. 마지막으로 그들은 이 현상을 설명하는 데 이용된 개념들을 이 현상의 자발적 원인으로 신성화한다.

사실 관계: 인간들이 지구 자본에 의해 국경 너머로 내밀린다.

---

79. Marx and Engels, 『독일 이데올로기』(*The German Ideology*), 530쪽.

반성: 인간=육체들=생체권력, 육체들의 운동=육체들의 생산=새로운 잡종적 주체성들의 내재적이고 기계적인 생산
사실의 철학적 표현: 이민과 난민 물결은 새로운 잡종적 육체들의 생체권력에 의한 내재적이고 기계적인 생산에 바탕을 둔 것이다.

이렇게 자본주의적 생산의 실제 관계가, 욕망, '기계적' 육체들, '이산', '잡종성' 같은 저자들의 사물화한 용어들에 의해 모호해진다. 그래서 원인과 결과가 뒤집힌다. 그러니 땅과 집과 가족을 빼앗긴 피와 살로 이뤄진 인간 존재의 고통이 감춰지고 은폐된다. 또 전 지구적 차원에서 나타나는 사회적 과정의 근원이 신비화한다.

실천의 교리문답

포스트모더니즘의 실천 이론이 본질적으로 관념론적이라면, 이 이론의 옹호자들은 어떻게 이 이론을 계속 "세계 의미의 혁명"이라고 불릴 정도로 급진적이고 '위험하기'까지 한 것처럼 제시할 수 있는가? 의심할 것 없이, 포스트모더니즘이 영원한 젊음을 유지하기 위해 찾는 샘물의 원천은, 서구 좌파들이 활기와 시야를 지닌 유토피아적 기획을 시작할 여력이 있던 마지막 때인 1960년대의 신비적 분위기다. (자신의 연구를 종종 1960년대의 사건과 연결짓는) 푸코가 한 인터뷰에서 이렇게 말했듯이 말이다.

60년대와 70년대 초반에 벌어졌던 사건은 보존할 가치가 있는 것이라고 생각한다. 내가 보존해야 할 것으로 보는 것 하나는, 거대한 정당 밖에서 그리고 평범하거나 일반적인 프로그램 밖에서 정치적 혁신과 창조와 실험이 이뤄졌다는 바로 그 사실이다. 60년대 초와 지금을 비교하면 사람들의 일상 삶이 변화했다는 게 분명한 사실이며, 내 자신의 삶 또한 마찬가지다. 분명히 이 변화는 정당들 때문이 아니다. 많은 운동들의 결과다. 이 사회 운동들은 우리의 전체 삶과 심성과 태도 그리고 운동에 속하지 않는 다른 사람들의 태도와 심성까지 모두 진정으로 변화시켰다. 이는 아주 중요하며 긍정적인 것이다. 반복해서 말하지만, 이런 점검을 유발한 것은 평범하고 낡은 전통 정치조직이 아니다.[80]

이런 조망은 중요한 진실의 지점을 특색 있게 담고 있지만, 푸코는 그 의미를 과장한다. 1968년 5월을 상기해보자. 그 때는 프랑스 공산당의 도덕적·조직적 동맥경화 곧 전위당적 성격과 관료화한 당 구조 등에 대한 반란인 측면이 컸다. 1960년대에는 정말 맑스주의의 위기가 있었다. 맑스주의는 지각 방식 측면에서, 정치적 전략 측면에서, 그리고 (집단적 의식과 조직적 실천이라는) 형식 이론 측면에서 실패한 것으로 평가됐다. 프랑스와 다른 곳들의 공산주의적, 조합주의적, 사민주의적 정치는 막다른 골목에 처했다. 그래서 1968년의 봉기와 맑스의 '가톨릭교리'에서의 분리는 실제로 비판적 전통의 역사에서 중요한 파열 지점을 대표한다. 이 파열의 결과는 세계를 새롭게 인식하고 행동하는 방식을 만들어낸 것이다. 예컨대 푸코의 주장에 가장 우호적

---

80. Michel Foucault, "Sex, Power, and the Politics of Identity", *Ethics, Subjectivity, and Truth*, vol. 1, Paul Rabinow 엮음 (New York: The New Press, 1997), 172-173쪽.

인 운동인 게이와 레즈비언 운동은 맑스주의 틀 속에서는 발전할 수 없었다.

하지만 푸코 등은 맑스주의 패러다임의 한계 인식을 훨씬 넘어서 변증법적·유물론적 사고 전체를 포기하는 데까지 갔다. 그리고 이 작업은 오직 포스트구조주의 사상의 등장 이야기를 역사적 필연성의 서술과 얽어맴으로써만 이룰 수 있는 것이었다. 이 역사적 필연성의 서술을 따르면, 규율화와 정상화가 이뤄지는 지점인 인간의 몸을 포함한 시민사회의 가장 미세한 '모세혈관들'에게로 국가 권력을 넘기는 것은, 하위층의 실천에서 상응하는 변화가 나타남을 표시하는 것이다. 맑스주의적 사회주의 패러다임의 붕괴는, 메타이론적이고 '총체화하는' 형식의 실천이 미세 정치적이고 비전략적인 형식으로 옮겨가기 시작했음을 대변했다. 이렇게 해서 신사회운동은 마침내 성가신 짐 하나를 덜게 됐다.[81] 보편주의적이고 과학적인 티를 벗어버리고 총체성과 거대한 전략이라는 버거운 꿈도 덜어버린 역사는, 이제 진정으로 민주적인 가능성 곧 다원적이고 창조적인 행위들을 위한 것으로 거듭났다. 정치는 더 이상 명백한 정치 권력을 위한 투쟁 측면에서 해석되지 않을 것이다. 계급들과 이해간의 투쟁이란 면에서 해석되지도 않을 것이다. 단일한 틀과 규범을 꿈꾸는 대신, 하위층들은 전술적 실천 행위의 뿌리를 혼돈과 비확정성에 둘 것이다. 푸코가 사용한 용어로 다시 말하면 '억압된 지식들'과 정체성들의 확산을 통해 달성된, 뿔뿔이 흩어

---

81. Frances Negrón-Muntaner, "Twenty Years of Puerto Rican Gay Activism: An Interview with Luis 'Popo' Santiago", *Radical America* 25, no. 1 (January-March 1991): 50을 보라.

지고 나뉜 산만한 '네트워크들'에 뿌리를 둘 것이다.

1990년대 초 『더 네이션』 잡지에 기고해 큰 논쟁을 부른 글(「사회주의는 무엇이었나」)에서 노먼 러시가 썼듯이, 이제부터 "현존 자본주의에 대한 실천적이고 윤리적인 비판은 [오직] 단편적으로 등장할 것이다. 비판은 필연적으로 당면 문제만 다루고, 위기 지향적이고, 실용적이며, 출처가 다원적일 것이다. 지배적 이상이라는 건 없어질 것이다.… 비판은 우아하지 않을 것이고, 서로 다투는 호감 가지 않는 기획들과 관련될 것이다." 그래서 미래의 정치적 실천은 오늘날의 실천과 구별되지 않을 것이다. 단기적인 데 초점을 맞추고, 이념적으로 통일되지 않고, 형식이 없을 것이다. 그리고 이 모든 모습은 영원히 변치 않을 것이다. 러시는 이렇게 맺었다. "사회주의를 잊으라, 이제. 사회주의자들이 둘러보곤 하던 지형은 아주 포스트모던한 양상을 띨 것이다."[82]

식민주의의 종식, 사회주의적 기획의 붕괴, 일상생활의 모든 아늑한 공간을 야금야금 갉아먹는 상품의 침식 행위, 포드주의로부터 좀더 유연한 자본축적 형태로의 전환을 보면서, 많은 비판적 지식인들은 거꾸로 뒤집힌 세계를 이해할 수 있는 새로운 포스트맑스주의적 비판 이론이 필요하다고 여겼다. 포스트구조주의는, 역사 이론을 제시하는 것은 아닐지라도 최소한 '포스트모던 조건'과 연결되는 문화·경제의 변화상에 형식적으로 조응하는 듯 했다. 노동계급 운동이 온갖 곳에서

---

82. Norman Rush, "What Was Socialism… and Why We Will All Miss It So Much", *The Nation*, January 24, 1994, 92쪽.

급격하게 퇴조하는 시점에, 이상향 지향적인 대규모의 운동들과 계획들이 종말을 고했다는 포스트구조주의의 메시지는 새로운 정치 지형과 맞아떨어지는 듯 했다.

하지만 포스트구조주의자들은 새로운 사회 운동의 가치를 인정하는 것보다 더 나아갔다. 그들은 정적이고 비역사적인 실천들을 처방하기 시작했다. 셜리 파이크가 주목했듯이, 알튀세는 "과학적 발전과 지식 생산을 설명한다는 한 묶음의 기계적인 제안"만을 제시했다. 그리고 그 결과는 "관념론적 자세"였다.[83] 나중에 포스트구조주의자들은 알튀세의 시스템에서 레닌주의적 '과학성'을 제거했지만 이 관념론만은 온존시켰다. 이론의 절정기에 실천을 즉흥성의 역동적인 영역으로 보고 변증법적이며 역사적으로 이해하던 사회주의 이론을, 실천의 '교리문답' 곧 집단 행동과 비판적 연구를 위한 엄격한 규범의 암송이 대체했다. 푸코는 들뢰즈와 가타리의 책 『안티 오이디푸스』의 서문에서 이 교리문답의 간략한 목록을 제시했다. 그러면서 "행동, 사상, 욕망들은 확산과 병렬, 분리에 의해" 개발된다고 했다. 또 우리는 "긍정적이고 다각적인 것을, 그리고 획일성보다는 차이를, 단결보다는 흐름을, 체제보다는 고정적이지 않은 배열을 선호"해야 한다고 했다. 그리고 또 "증식과 이동, 다양한 조합늘이라는 수단을 통해" 개별 주체라는 신화를 깨야 한다고 했다.[84] 푸코의 목록에 푸코 사망 이후 발간된 다

---

83. Shirley R. Pike, *Marxism and Phenomenology: Theories of Crisis and their Synthesis* (Totowa, N.J.: Barnes and Noble Books, 1986), 79쪽.
84. Michel Foucault, 서론, Gilles Deleuze and Félix Guattari, *Anti-Oedipus: Capitalism and Schizophrenia* (Minneapolis: University of Minnesota Press, 1983), xiii-xiv쪽. (강조는 필자)

른 비평가 수십 명의 작품에 나타난 것들을 더해서 좀더 포괄적인 교리문답 목록을 만든다면 이렇다.

1. '차이' 또는 비동일성은 사회적 인간 존재를 존재론적으로 규정하는 원칙이다. (그리고 그래야 한다.) 이 차이의 원칙은 문화와 집단 행동의 작동 원칙이다. (그리고 그래야 한다.)[85]
2. 시공간 내의 비판적 행동은 흩어지고 탈중앙집중화한 양상을 보이고 또 그래야 한다. 실천과 정체성은 지속적인 운동과 흐름, 비확정성과 비영구성의 용어로 표현할 때 가장 잘 표현된다. 이것의 귀결은 이렇다. ㄱ) 하층민들은 영구적인 제도적 변화, 개혁 또는 권리를 확립하려 하지 말고 대신 모든 질서와 기준과 제도를 전복시키려 해야 한다. ㄴ) 공간은 공적이거나 공유적인 것으로 인식되어서는 안 된다.[86]
3. 사회의 총체성을 이해하려는 욕망에 격렬히 저항해야 한다.[87] 귀결은 이렇다. ㄱ) 전체와 부분 사이에 실제 경험적 관계가 내재할 가능성을 열어놓는 걸 포함해서, 사회를 전체 차원에서 조사하는 것

---

[85]. Donna Haraway, "Ecce Homo, Ain't (Ar'n't) I a Woman, and Inappropriate/d Others: The Human in a Post-Humanist Landscape", Butler and Scott 엮음, *Feminists Theorize the Political* (New York: Routledge, 1992), 87쪽; Young, *Justice and the Politics of Difference*, 235쪽을 보라.

[86]. Young, Justice and the Politics of Difference, 241쪽; Wendy Brown, *States of Injury: Power and Freedom in Late Modernity* (Princeton, N.J.: Princeton University Press, 1995), 50쪽을 보라.

[87]. Foucault, "Two Lectures", 『권력과 지식』(*Power/Knowledge*), 81쪽; *Language, Counter-Memory, Practice*, 233쪽을 보라.

은 비판적인 연구와 행동에 도움이 안 되고, 전체주의로 흐르게 하거나 그럴 가능성이 있다.[88] ㄴ) 대안의 미래 사회를 상상하거나 제시하려는 시도(이상향주의)는 이종성(異種性)의 상실을 부른다.[89]

4. 반전체론(anti-holism)의 원칙은 주체와 정치적 기획의 형성에까지 확장, 적용되어야 한다. 정치적 통일성이나 정체성의 통일을 시도해서는 안 된다.[90] 귀결은 이렇다. ㄱ) 통일성, 공통성 또는 공동체라는 이념은 불가피하게 서로 다른 집단들간의 충돌을 유발하고 실로 기존 사회의 위계질서를 재생산한다.[91]

5. 실천(praxis)은 명시적인 의미의 전장에서 벌어지는 싸움에서 이기는 것보다는, 기존의 사회적 의미를 기호적으로 불안정하게 만드는 걸 통해서 최선의 결과를 얻는다. 실천은 의미 또는 이해할 수 있는 역사를 인민들에게 제시하는 걸 바탕으로 하면 안 되고 의미를 불가능하게 만드는 것에 바탕을 둬야 한다.[92]

6. 인간 사이의 의사소통은 '언제나 이미' 소외된 것이고, 불완전하며, 왜곡된 것이다. 의사소통은 공통의 이해에 의지하지 않고 이뤄져야 한다. 그래서 정치적 행동은 상호 이해, 말하자면 공통의 언어를 위

---

88. Foucault, *Language, Counter-Memory, Practice*, 233쪽을 보라.
89. Jean-François Lyotard, 『포스트모던의 조건』(*The Postmodern Condition*), 66쪽을 보라.
90. Judith Butler, *Gender Trouble: Feminism and the Subversion of Identity* (New York: Routledge, 1990), 15쪽; Haraway, 『유인원, 사이보그, 그리고 여자』(*Simians, Cyborgs, and Woman*), 3쪽; Foucault, 서론, Deleuze and Guattari, *Anti-Oedipus*, xiv쪽을 보라.
91. Young, *Justice and the Politics of Difference*, 118, 235, 247쪽; Butler, *Gender Trouble*, 15쪽을 보라.
92. Rey Chow, "Postmodern Automatons", Butler and Scott 엮음, *Feminists Theorize*, 115쪽을 보라.

해 시도되어서는 안 된다.93

7. 사회학적·역사적·지리적 판단, 특히 권력을 쥔 자와 그렇지 못한 자에 관한 판단, 원인과 결과 문제에 대한 판단 등은 양심적으로 피해야 한다. 집단 심리학, 정치 전략, 인간의 동기에 관한 질문도 마찬가지다.94

이런 핵심적인 지점에 대해서는 포스트모던 이론가들 사이에 상당히 강한 공감대가 형성되어 있다. 이 점은, 자신들의 담론이 너무나 분산적이고 섬세하며 복잡해서 체계적인 비판에 취약하다고 하는, 흔히 듣는 포스트모던한 주장을 거짓말로 만드는 것이다. 여기서 지적할 중요한 점은, (전략, 통일성, 전체성 분석 같은) 다른 것들을 배척하고 (분산, 지역주의, 자발성, 차이 등) 특정한 실천 형식을 제시하면서 오늘날도 여전히 강한 실천 규범으로 남아있는 이 교리문답이 1960년대의 감성 구조에서 나온 '상식'을 코드화했다는 점이다. 사회 변혁을 꿈꾸는 이들에게 미셸 푸코가 "다른 사회, 다른 사고 방식, 다른 문화, 다른 세계 전망을 위한 총체적인 프로그램을 만들기 위해 현존하는 체계를 탈출하자는 주장은 결국 가장 위험한 과거의 전통들" 곧 스탈린주의로 "회귀하게 만들 뿐임을 경험을 통해서 알기" 때문에 "전 지구적이거나 급진적이라고 주장하는 모든 기획에 등을 돌리라."고 촉구

---

93. Brown, States of Injury, 50쪽; Haraway, 『유인원, 사이보그, 그리고 여자』(*Simians, Cyborgs, and Woman*), 176쪽; Young, *Justice and the Politics of Difference*, 234쪽.
94. Michel Foucault, 『권력과 지식』(*Power/Knowledge*), 97쪽, McClure, "The Issue of Foundations", Butler and Scott 엮음, *Feminists Theorize*, 364-365쪽을 참조하라.

했을 때, 그는 자동적인 글쓰기에, 자기 세대의 '정신'을 전달하는 데에 관여한 셈이다. 그는 이 작업에 힘을 기울인 만큼 역사적 행동의 새로운 이론을 세심하게 검토하지 않았다.[95]

역동적이고 개방적이며 현상학적인 맑스의 실천 변증법과 오늘날 비판적 이론의 폐쇄적이고 사물화한 체계의 차이를 분명히 이해하는 데 도움을 줄 구절을, 엔조 파치가 쓴 『과학의 기능과 인간의 의미』에서 볼 수 있다.

> 철학이 도그마적이고 범주적일 때, 그것이 관념론적인 체계거나 실재론적인 체계일 때, 그것들은 정적이다.··· 그러나 현상학이 미래를 위해서 과거의 경험과 그 경험의 현재 결과를 재검토하는 지점인 실제 경험에서 꾸준히 떠나고 다시 떠나는 한, 어떤 구조물이 아니다. 관념론과 실재론은 추상적인 철학이고 짜여진 철학인 한, 실천의 과정에서 닳아 해지게 된다.[96]

오늘날 우리는 그 어떤 안식의 장소라도 예외 없이 위협하는 사회적 모순을 지닌 채 붕괴하는 세계질서를 어디서든 목격한다. 우리는 자연적 질서의 파괴를 조용히 목격하는 와중에, 우리 또한 근대화와 가부장적 자본주의의 사회적 혼란과 충격에 질식하고 있음을 깨닫는다. 우리는 지금 새롭고 놀라우며 다양한 주체성들을 목격한다기보다는, 전 세계에 걸쳐 나타나는 인간 의식의 표준화를 목격하고 있다.

---

95. Michel Foucault, "What Is Enlightenment?" *The Foucault Reader*, Paul Rabinow 엮음 (New York: Pantheon, 1984), 46쪽.
96. Enzo Paci, *The Functions of the Science and the Meaning of Man*, (Evanston: Northwestern University Press, 1972), 331쪽.

또 신 파시스트, 인종주의자, 종교적 근본주의 이념이 고개를 드는 것도 목격하고 있다. 서구의 '지도적인' 지식인 집단들은, 이렇듯 깊어가는 위기에 한결같은 목적, 의지, 상상력을 무기로 삼아 대응하기 위해 집단 의지를 끌어내라고 우리에게 요구하는 게 아니다. 대신 죽어가는 이 세상을 보면서 느끼는 본능적인 공포를 뒷전으로 밀어놓고 비확정성과 '노마디즘'을 축하하라고 요구한다.

그러나, 나날의 의미와 정치적 선택으로 구성되는 이 세계의 부패와는 표면상 무관해보이는 포스트모더니즘의 전망은, 매클루어와 스콧 같은 비평가들이 믿듯이 단지 정치와 전략의 죽음만을 확인시켜주는 게 아니다. 언제나 권력에 맞서 엉터리 위안만 주는 이념인 관념론은 어디에도 쓸모없음을 오직 그리고 다시 한번 확인시켜 준다.

5장
군주와 고고학자

비판적 사회 사상에 등장한 새로운 관념론은 사회 변화를 전략적으로 생각하는 능력을 손상시키는 결과를 가져왔다. 반전략적인 편향이 현대 사회 운동 문화와 비판적 이론을 뒤덮고 있다. 많은 반세계화 운동 내부 인사들은 지도력 또는 조직적 지향 의식이 불필요하다고 믿는 듯 하다.[1] 동시에, '비판적' 지식인과 이론가라면 수단과 목적의 연결을 꾀해야 한다는 생각이 서구의 비판적 이론 영역에서는 거의 사라졌다. 앨리슨 재거가 주목했듯이, 정치 철학자들은 더 이상 "억압적인 현재에서 해방된 미래로 나아가기 위한 전략"[2] 개발을 생각하느라

---

1. 반세계화 운동의 한계에 대한 분석으로는 Barbara Epstein, "Anarchism and Anti-Globalization", *Monthly Review* (September 2001): 1-14쪽을 보라.
2. Alison M. Jagger, *Feminism and Human Nature* (New York: Rowman and Littlefield,

고민하지 않는다. 실제로, 오늘날 비판적인 이론가들 사이에 공감대가 하나 있다면 그건 이론을 실천과 분리해야 한다는 것이다. 또 더 바람직한 건, 이론가들에게 실천적인 사상의 위협에 대비한 예방 주사를 놓는 것이라는 생각이 퍼져 있다.

사회주의적·급진주의적 정치 사상에서 전략 문제와 관련된 사항을 분명히 하기 위해, 이번 장에서는 미셸 푸코와 안토니오 그람시가 각각 취한 실천에 대한 접근법을 대비시킬 것이다. 그람시의 '군주'를 푸코의 '고고학자'와 대비시킴으로써, 그람시가 자연과 정치 생활의 목적에 대한 훨씬 설득력 있는 설명을 제시한다는 걸 독자들에게 보여주길 기대한다. 또 그가 지식과 경험의 관계에 대해서도 훨씬 설득력 있는 설명을 제시하며 그래서 하위 집단들이 사회적 변혁을 이루는 데 최선의 방법이 무엇인지도 푸코보다 설득력 있게 제시함을 보여주려고 한다.

모범적 삶들

많은 측면에서 안토니오 그람시와 미셸 푸코의 삶은 더 이상 다를 수 없을 정도로 차이가 난다. 사르디니아 지방 길라르자의 존경받는 집안 출신인 페피나 마르시아스와 이탈리아 본토 출신 공무원인 프랑세소 그람시의 아들로 태어난 안토니오는 거의 일생토록 가난과 병으

1983), 16쪽. [한국어판: 『여성해방론과 인간본성』, 공미혜·이한옥 옮김, 이론과 실천, 1992.]

로 고통받았다. 그람시는 자신의 삶을 노동계급의 혁명적 투쟁에 헌신했으며, 46살이라는 젊은 나이에 세상에서 거의 잊혀진 채 파시스트 무솔리니의 감옥에서 숨졌다. 노동계급을 위한 순교라고 할 그의 때이른 죽음은, 이탈리아와 독일에서 권력을 장악한 파시스트들이 저지른 수많은 살인 행위의 하나랄 수 있다. 대조적으로 폴미셸 푸코는 프랑스 프와티에르의 부유한 가문에서, 외과의사이자 해부학 교수인 폴 푸코와 자기 소유의 땅과 성을 지참금으로 가져 올 정도로 부유한 외과의사의 딸 안 말라파르트 사이에서 태어나 자란다.3 비싼 스포츠카를 몰고 다닌 멋쟁이인 푸코는 (프랑스 지성의 전당이라는) 콜레주 드 프랑스의 교수가 됐고 놀라운 속도로 프랑스 학계의 최고 거물이 됐으며 숨질 때는 국제적인 명사의 위치에 있었다.

하지만 삶과 죽음 모두에서, 두 사람은 다른 이들에게 모범을 보였다. 젊었을 때부터 그람시는 사회주의 정치에 개입했다. 20대 말에 그는 활동가이자 사회주의 신문 『로르디네 누오보』(새 질서)의 편집장으로서 토리노에서 노동자들의 공장평의회 조직을 지원하는 데 핵심적인 구실을 했다. 나중에 공장평의회가 깨지자 그는 이탈리아공산당 창당을 도와달라는 제의를 받았고, 한때 당수도 지냈다. 정치 활동 때문에 1926년 무솔리니에 의해 투옥된 그는, 자신의 원칙을 타협 없이 유지하면서 10년 동안 감옥생활을 했다. 병으로 심하게 고생한 그람시는 1937년 봄 감옥에서 숨졌다.

푸코도 정치에 개입한 지식인이었다. 그 또한 당시의 사회 운동에

---

3. Didier Eribon, 『미셸 푸코』(*Michel Foucault*)를 보라.

참여했다. 1971년 푸코는 〈감옥에 관한 정보 그룹〉(GIP)을 결성했다. 이 단체는 프랑스의 비인간적인 감옥 제도에 대한 정보를 제공하는 운동을 벌였다. 그 이후 푸코는 많은 급진적 정치적 대의에 동참했는데, 이민자의 권리 보호부터 프랑스 정신병원의 비인간적 조건에 이르기까지 다양했다. 오늘날, 푸코는 흔히 20세기의 공개적인 동성애 지식인 가운데 가장 저명한 인물로 기억되며, 억압받는 이들을 위해 기꺼이 발언하는 용감한 인물이자, 사회적 조롱에 굴하지 않고 자신의 성적 취향을 드러낸 인물로도 기억된다.[4] 58살에 에이즈 때문에 숨진 그의 죽음 또한 그람시의 죽음과 마찬가지로 때이른 것이었으며, 이 죽음 또한 동성애자에 대한 정부의 악의적인 정책과 사회적 편견의 결과라고 할 수 있다.

두 사람 모두 고통받았는데, 그들의 고통은 두 사람의 정치 성향을 형성하는 구실을 한 듯 하다. 동성애 혐오가 심한 사회에서 자란 동성애자인 푸코는 고립과 주변부화를 알았다. 그의 전기 작가 한 명이 "병적인 환경, 개인적인 차원은 물론 지적인 측면이나 정치적인 측면에서도 가장 어리석고 기괴한 행동들의 중심지"라고 묘사한 엘리트 학교인 고등사범학교에서, 푸코는 극도의 창피함과 반항적 분노로 고통을 겪었다. 이는 상당 부분 그의 비밀스런 성적 취향 탓이었다.[5] 사교성이 없고 공격적인 인물이던 그는 1948년 22살의 나이에 학교에서

---

[4]. 푸코의 정치론과 이론들은 몇 대륙의 동성애자들에게 계속 영감을 주고 있다. 데이비드 핼퍼린은 푸코를 "나의 숭배 대상"으로 묘사하는 정도다. David Halperin, *Saint Foucault: Towards a Gay Hagiography* (New York: Oxford University Press, 1995), 7쪽.

[5]. 같은 책, 25쪽.

자살을 기도했다.[6]

 반면 그람시는, 역사적으로 더 강력한 세력을 형성해온 이탈리아 본토 북부지역의 이익을 위해 착취당하는 가난한 섬 지역인 자기 고향 사르디니아의 시각을 떨쳐버리지 않았다. (그는 온 생애 동안 사르디니아에 대해 강한 자부심을 드러냈고 그 문화에 대해서도 아주 해박했다.) 그는 국외자가 되는 게 어떤 느낌인지 잘 알았고 아주 어려서부터 역사에서 잊혀진 이들의 관점에서 세상을 보는 법을 배웠다. 게다가 심한 기형(그는 어려서 곱사등이가 됐다)이었던 그람시는 어려서부터도 고립감을 느끼지 않을 수 없었다. 그는 자기 부인 줄리아에게 보낸 편지에서 이렇게 썼다. "나는 너무 많은 걸 희생할 수밖에 없었소. 왜냐하면 나는 너무 허약해서, 우리 가족에게는 낯선 침입자이며 감내해야 할 어떤 것일 뿐이라는 점을 인정하도록 나 스스로를 설득했소. 이런 일은 그리 쉽게 잊혀지지 않고, 우리가 생각할 수 있는 것보다 훨씬 더 깊은 자취를 남기는 법이오."[7] 토리노대학에서 약간의 장학금을 받아 공부하게 된 그는 방세를 낼 돈도, 추운 겨울 날씨로부터 몸을 보호해줄 제대로 된 코트 하나 살 돈도 없었다. 여기서 그는 육체적·정신적 박탈, 곧 만성적인 영양결핍, 신경 쇠약, 질병, 고립에 시달렸다. 성인이 됐을 때 그는 자신의 심각한 지리적·육체적 제약을 극히 예외적인 강력한 지성과 강철 같은 의지로 보완했다. 하

---

6. 몇 번 더 자살을 시도한 듯 하며, 그 이후 학업 기간에는 정신과 의사가 그를 돌봤다. 같은 책, 26쪽.
7. John M. Cammett, *Antonio Gramsci and the Origins of Italian Communism* (Stanford, Calif.: Stanford University Press, 1967), 7쪽.

지만 그의 삶은 여전히 힘들었다. 그는 혼란에 가득 찼던 학창 시절을 보낸 이후 31살 때 언론인으로 일을 시작하면서 토리노에서 공장 평의회 운동을 지원했다. 이 때 그는 심각한 정신적·육체적 쇠약에 시달려 결국 6개월 동안 모스크바의 요양소 신세를 졌다. 여기서 그는 나중에 자신의 부인이 되는 줄리아 슈츠를 만났다. 슈츠도 이 요양소 환자였다.

푸코와 그람시는 개인적으로 고립, 주변부화, '차이'에 익숙한 인물들이다. 그러나 두 사람은 권력 현상학을 전혀 다르게 경험했다. 그람시는 물질적 결핍의 결과 곧 피로, 추위, 배고픔을 훨씬 더 절실하게 인식했고 인간의 육체와 정신에 가해지는 국가의 정치적 폭력도 훨씬 노골적으로 겪었다. 감옥에서 온갖 수모를 다 겪은 것이다. 푸코는 무엇보다 먼저 표준적인 것의 힘과 성적인 억압에 눈을 떴다. 하지만 호강하며 자랐고 프랑스 지성계에서 특권적 지위를 얻게 된 사람으로서, 그에게 물질적 불평등과 정치적 억압은 자신과 동떨어진 경험이었다. '군주'는 국가의 노골적인 폭력과 자의적인 사법권 집행, 자본주의자들의 착취의 가혹한 폭력성의 증인이다. 반면 '고고학자'는 규율 구조와 사회적 기준의 섬세하며 감춰진 억압 네트워크에 더 익숙하다. 그람시는 분명한 권력 구조와 의미를 둘러싼 공개적인 투쟁을 염두에 두는 사회학자이자 언어학자가 됐고, 또 혁명가가 됐다. 푸코는 처음에 정신과 의사 수련의 길을 선택했고 나중에는 개인에 부과되는 사회적 조건과 '자아'의 기호들을 만들어 내는 것에 대해 탐구하는 역사가가 됐다.

이 두 사상가가 사회에서 지식인의 구실 문제와 지식과 권력의 관계 문제에 지적으로 몰두했다는 건 물론 사실이다. 두 사람은 모두 언어와 역사 경험의 관계에 대해서도 관심이 있었다. 또 둘은 비판적 또는 반란적 실천 문제에 대해서도 할 말이 많은 이들이다. 하지만 두 사람의 공통점은 여기서 끝나고 이제부터 뚜렷한 차이가 시작된다. 그람시의 지적 기획은 무엇보다 자신의 정치적 상황 곧 격렬한 사회적 봉기, 파시즘의 등장, 좌파 내 분파적 다툼이라는 상황이 조건짓는 것이었다. 그래서 그람시의 글에서 되풀이되는 주제는, 저항세력이 어려운 환경에서 사회경제적 정의 지향의 사회를 추구하는 사회주의 운동을 효과적으로 구성하는 문제다. 이와 대조적으로 푸코는 전후 프랑스 사회라는 당면한 역사적 상황에서 자신의 정치적 결론을 도출했다. 유럽이 예외적인 경제 성장을 이루던 시기이며 현기증 날 정도로 소란스런 신좌파의 전 세계적 봉기가 벌어지던 때에 활동한 푸코는, 파시즘의 위험에 대해서가 아니라 자유주의의 위험에 대해 글을 썼다. 대리 민주주의와 공산주의의 위선과 공허함을 본 푸코는 둘 다 거부했다.

그래서 역사적으로나 개인적으로 다른 맥락에 있던 두 사람의 작업은 정치 생활, 권력, 정치 투쟁의 수단에 대한 거의 정반대의 결론을 도출했다. 실제로, 푸코의 사상은 그람시가 자신의 삶을 헌신해 만들어내려 했던 정치적 전망의 거부까지는 아니더라도 최소한 그것의 반전을 대표한다고 말할 수 있다. 그람시와 푸코는 자신들의 작업이 억압받는 사람들에게 유용한 것이 되길 바랐지만, 그들이 마침내 도달한 지점은 주체성, 의식, 역사, 세속성, 진리를 포함한 실천과 관련된 아주 중요한 많은 쟁점에 대한 정반대의 전망들이었다.

〈표 2〉 대항헤게모니 대 반헤게모니
안토니오 그람시와 미셸 푸코 사상의 개념 차이

개념	그람시	푸코
전략	인간 의지의 산물	무의식적이고 산만한 구조 또는 체제의 산물
저항 형식	헤게모니/연합(통일)	차이, 분산(불일치)
지식인	대중과 연결된 유기적 지도자	전문적이고 기술적인 세력('구별의 변증법')
역사적 주체	인간 대다수 (즉 노동계급, 그리고 '연합' 계급들)	억압된 지식들(주변화하고 굴욕을 당한 개인과 집단)
지도력	필요함(자코뱅주의자)	불필요함(반자코뱅주의자)
질서/규범	필요함, 만들어져야 함	탈출할 수 없으나 저항해야 할 것
투쟁 양식	진지전 (모든 수준에서 통합된 투쟁)	미세정치적 저항 (분산된 투쟁들, 주로 개인의 문화적 실천을 통한 투쟁)
지리적 상상력	지역과 전 세계간 변증법(통합적)	분산되고 국지적 (분석/파편적)
역사적 의미	계급 갈등으로 이해할 수 있음	'권력 의지'로 이해할 수 있음
역사에 대한 탐구 방식	헤겔적, 맑스주의자(자유의 텔로스, 목적) 역사적, 변증법적, 사회학적	니체적, 하이데거적 탐구 (영원 회귀의 신화), 계보학적, 상대주의자
권력	자본주의 생산 관계에 내재적 (위계적)	그 자체로 사회와 동일한 시공간에 걸쳐 있음 (확산적)
사회 변화	실재 인간 자유에 어느 정도 상응하는 새로운 '상식'으로의 변화	새롭지만 자의적인 에피스테메(담론 관행의 총체)로의 변화
시간적 '지향'	미래 지향 (가능성은 과거와 현재에서 나온다)	과거 지향 (현재는 과거에 의해 결정된 것)
정치적 목적	세계 혁명/ 새로운 문명	미학적 행동, 새로운 기쁨들 ('양식화하는' 존재)
의식	존재의 바탕	부수적인 것
의미	정치의 바탕	부수적인 것
경험	지식의 기반 (현상학적)	부수적인 것 (권력지식의 결과물, 포스트현상학적)
진리	사회적으로 조건지어지지만 실천에서 증명 가능함	사회적으로 구성되며 권력의 형식이자 결과물
총체성	특정 관점에서 본다면 알 수 있음	알 수 없음 그리고/또는 억압적임

그람시와 푸코에 대한 논문에서, 조앤 콕스는 푸코의 정치 사상을 비틀거리게 만드는 요인은 푸코가 "거대한 규모와 규율 있는 통일성을 바탕으로, 굳건하게 자리잡고 있는 법-정치적 제도의 기반을 허물

만큼 대중적이며 강력한 그 어떤 운동도 지원하지 못하는 점, 그리고 [두 번째로] 그 어느 긍정적이고 새로운 문화·정치 질서의 편에 서지도 못하는 점"[8]이라고 주장한다. 정치적 통일성과 문화적 헤게모니라는 이 두 가지 요소, 그람시의 용어로 하자면 '헤게모니 블록'과 '도덕적·지적 지도력'은 사실 정치 생활에 대한 두 이론가의 화해 불가능한 개념적 차이의 핵심 문제다.[9] 오늘날 그람시가 주로 헤게모니의 이론가로, 곧 문화적 차이를 넘어서는 정치적 통일성을 창출하는 문제에 대한 이론가로 기억된다면, 푸코는 특히 반헤게모니에 뛰어난 이론가로 묘사되는 게 당연하다. 반헤게모니를 스탠리 어로너위츠는 "차이가 영구적임을 인정하는" 정치론으로 묘사하고 이런 정치론에서 "해방을 위한 운동은… 투쟁 과정에서나 새로운 사회를 창조하는 과정에서 공히 자율성을 유지할 것이다."[10]라고 썼다. 헤겔주의적 맑스주의자인 그람시는 대중 전략, 의미의 정치, 지식인의 지도력을 열정적으로 옹호한 반면, 니체주의자인 푸코는 특이화, 국지적·분산적 전술, 자발성, 담론의 붕괴에 바탕을 둔 반정치론을 옹호했다. 그리고 그람시가 비판적

---

8. Joan Cocks, *The Oppositional Imagination: Feminism, Critique and Political Theory* (London: Rouledge, 1989), 74쪽.
9. 그람시를 최초의 포스트모더니스트 사상가로 묘사하려고 애쓴 문화 연구 비평가들이 문헌이 상당히 존재하는데도, 지식·지식인·권력의 관계에 대한 푸코의 관점은 그람시의 정치 사상 모두에 대한 완전한 부정을 대표한다는 개념이 공공연히 제기된다. 몇몇 포스트구조주의 비평가들은 자신들의 작업의 비판적 사용 가치를 높이기 위해서 그람시의 사상을 차용했다. 예컨대 호미 바바는 그람시에 대해 논하면서 "헤게모니의 작업은… 반복과 차이의 과정이다."라고 썼다. (Bhabha, 『문화의 위치』(*The Location of Culture*), 29쪽). 그러나 그람시가 뜻한 바는 이와 정반대였다.
10. Stanley Aronowitz, *The Crisis in Historical Materialism: Class, Politics, and Culture in Marxist Theory* (Minneapolis: University of Minnesota Press, 1990), 168쪽. (강조는 필자)

인 지식인을 전략가, 지도자, 교육자로 인식한 지점에서, 푸코는 교육에 바탕을 둔 정치에 반대했다. 그는 지식인들의 지위를 좀더 낮게 부여했다. 그가 부여한 건, '억압된 지식'이라고 자신이 이름붙인 것을 사람들이 자발적으로 표현할 여건을 조성하는 기술적인 '전문가'라는 지위다.

근대 군주의 능력

4장에서 지적했듯이, 푸코는 훌륭한 활동을 했지만 그의 작품들은 흔히 이론의 합당한 기능을 역사적 관조(spectatorship)로 인식하는 듯했다. 그람시는 인간사에 대해 이렇게 수동적이고 지식인적으로 접근하는 것에 거의 공감하지 않았다고 말하는 게 옳다. 언젠가 그는 이렇게 불평했다. "사회당은 사건의 과정을 마치 관객처럼 바라본다. 평가도 하지 않는다. 심지어 대중이 이해하고 받아들일 수 있는 정책들을 제안하지도 않는다."[11] 그리고 어떤 혁명 운동도 "어떤 결과를 얻기 위해서는 그에 꼭 필요한 전제조건들을 창출해내고 또 이 전제조건의 창출에 모든 역량을 투여해야 한다"[12]는 걸 깨닫기까지는 결코 성숙하거나 "그 자체로 완전하지" 않다고 그는 썼다. 그래서 근대 군주의 임무는 단지 이미 존재하는 정치적 정체성을 "재정비하고 강화하는" 것

---

11. Giuseppe Fiori, *Antonio Gramsci: Life of a Revolutionary* (London: Verso, 1970), 127쪽. [한국어판: 『그람시: 한 혁명가의 생애와 사상』, 신지평 옮김, 두레출판사, 1991.]
12. Antonio Gramsci, 『옥중수고』(*SPN*), 158쪽. (강조는 필자)

이 아니라 "무에서부터"¹³ 통일된 의지를 창출하는 것이다. 퀜틴 호어는 그람시의 자코뱅주의를 "역사와 정치에 관한 그람시의 『옥중수고』 전체를 연결하는 통일적 줄기"¹⁴라고 정확하게 묘사한다. 다시 말해, 그람시는 헤게모니를 형성하기 위해서는 '의식적' 또는 지도하는 인자들이 하위 계급에게 형식을 제시해야만 한다고 확신했다. 그람시와 푸코의 정치에 대한 접근과 강조의 차이를 요약하자면, 그람시는 마키아벨리가 비르투(능력, virtu)라고 부른 것을 자기 작품의 주안점으로 삼은 반면 푸코는 이에 대한 어떤 이론도 갖추지 않았다고 할 수 있다.

다른 르네상스 시대 지식인들처럼 마키아벨리도 개인적 기술과 우월성, 비르투 또는 남성적 의지와 능력의 표현을 높이 평가했다. 마키아벨리의 손에서 비르투는 기독교의 도덕주의와 운명론에 맞서는 인간 자유의지의 가능성에 대한 솔직한 표명이 되었다. 르네상스 시대에는 아직 인간의 자유가 한정적이고 탁월함이라는 특정 영역에 제한적으로 속하는 것이며 인간의 통제력 밖에 있는 힘인 포르투나 또는 운명이 작동시키는 예측 불가능한 힘의 제약을 받는 것으로 여겨졌다. 하지만 마키아벨리는, 능숙한 정치 지도자는 이런 힘들이 강제하는 제약에 맞서 나아갈 수 있다고 생각했다. 많은 이들은 "이 세계의 사물들은 어떤 의미에서 운명과 신의 통제를 받으며, 인산은 자신의 지혜만으로 이것들을 통제할 수 없다는 견해"를 갖고 있다고 그는 썼다. 마키아벨리의 유명한 비유를 인용하자면, 운명은 "노하면 평야를 덮치

---

13. Gramsci, 『옥중수고』(*SPN*), 130쪽.
14. Quentin Hoare, 「근대 군주」의 서론; Gramsci, 『옥중수고』(*SPN*), 123쪽.

고 나무와 집을 파괴하고, 이쪽 땅을 저쪽으로 옮겨 놓기도 하며, 그리고 모든 사람이 그로부터 도망치고 그 공격에 굴복하며, 어떤 식으로도 저항할 수 없는, 파괴적인 강들의 하나"를 닮았다. 하지만 그는 비르투를 적절하게 발휘하는 사람들은 포르투나의 통제를 받을 필요가 없다고 썼다. 그래서 능숙한 군주 또는 지도자는 인민들에게 외부의 적으로부터 자신들의 도시국가를 지킬 준비를 시키면서 미리 대비한다.

[왜냐하면] 비록 [강들이] 그런 성격을 지니고 있지만, 그렇다고 해서 강이 평온할 때 인간이 제방과 둑을 쌓아 예방조치를 취함으로써, 다음에 강물이 불더라도 제방을 넘어오지 못하게 하거나 아니면 제방을 넘어와도 그 힘을 통제하지 못하거나 약화시킬 수 없다는 것을 의미하는 것은 아니다. 운명도 이와 마찬가지이다. 운명은 자신에게 저항하기 위해서 아무런 힘이 조직되어 있지 않은 곳에서 그 위력을 떨치며, 자신을 제지하기 위한 아무런 제방이나 둑이 없는 곳을 덮친다. 그리고 만약 당신이 이러한 격변의 근원이자 무대인 이탈리아를 살펴보면, 당신은 이 나라가 바로 제방이나 방파제가 없는 들판인 것을 알 수 있다.[15]

이런 식으로 마키아벨리는 본질적으로 운명을 능력의 일부로 만들었다. 폰태너는 "이제 운명은 더 이상 외부적인 힘이 아니고 능력의 한 측면으로 나타난다."[16]고 지적했다. 그래서 마키아벨리가 이탈리아

---

15. Niccolò Machiavelli, *The Portable Machiavelli*, Peter Bondanella and Mark Musa 엮음 (New York: Penguin Books, 1979), 159쪽.
16. Benedetto Fontana, *Hegemony and Power: On the Relation Between Gramsci and Machiavelli* (Minneapolis: University of Minnesota Press, 1993), 87쪽.

통일을 촉구하는 것으로 『군주론』의 결론을 낸 의미가 있다.[17] 저자는 인민들에게 외세의 침략을 격퇴시키고 위대함을 이룩할 능력을 갖춘 안정된 공화국의 기반을 세우기 위해 통일을 이룰 것을 촉구한다. 그러나 로마제국의 영광을 넘어서는 위대한 이탈리아를 다시 한번 만들기 위한 이런 통일, 집단적 의지는 인민의 존경과 충성을 획득할 수 있는 현명하고 강력한 군주, 능력을 발휘하는 군주의 창조적 지도력을 통해서만 달성될 수 있었다. 능숙한 군주만이 무자비한 사적 이익의 지배를 받는 질서인 개인사(res privata)를 국사(res publica) 곧 '공적인 것'으로 변화시킬 수 있다.[18]

이탈리아 전통 안에서 활동한 이론가인 그람시는 마키아벨리가 정치 생활에서 적극적이고 의식적인 의지를 강조한 점을 흡수할 수밖에 없었다. 그람시는, 마키아벨리가 역사의 새로운 세력으로서 인민의 중요성을 처음으로 인식한 이론가라는 점을 인정했다. 실제로 마키아벨리는 (스스로 말했듯이) '조숙한' 자코뱅이었으며, 의식적인 인자들에게 그런 형식을 부여할 필요성을 예민하게 느낀 실천적 이론가였다.[19] 그래서 그람시의 정치론에서 '근대' 군주는 '사회주의자의 능력'을 발휘한다.

---

[17] "나는, 그가 이런 외부의 홍수로 고통을 겪은 지역들로부터 받을 사랑을, 복수에 대한 열망을, 강력한 충성을, 동정을, 눈물을 표현할 길이 없다! 어떤 문들이 그에게 닫힐 것인가? 어느 인민이 그를 따르길 거부할 것인가? 어떤 질투가 그에게 맞설 것인가?" Machiavelli, *The Portable Machiavelli*, 166쪽.

[18] 그래서 마키아벨리의 『디스코르시(로마사논고)』(*Discourses*) 1권 57장의 제목이 「인민은 단결할 때 강하지만 개인들일 때는 약하다」인 것이다.

[19] 나중에 로베스피에르 자신이 "프랑스혁명의 기획이 마키아벨리의… 책들에 대문짝만하게 씌어 있었다."고 쓰게 된다. Hannah Arendt, *On Revolution* (New York: Viking Press, 1965), 30쪽에서 재인용. [한국어판: 『혁명론』, 홍원표 옮김, 한길사, 2004.]

마키아벨리의 군주와 마찬가지로 근대 군주도 자신이 원하는 식으로 역사를 만들 수는 없다. 비판적인 역사적 실천은 주어져 있는 유기적 관계와 접합적 관계를 정치적 이점으로 바꿔내어서, "현존하는 것"(essere)에서 "마땅히 그래야 하는" 것(dover essere)으로 옮겨가는 것이다.[20] 운명 또는 자연이 군주의 선택에 제약을 가하는 것과 마찬가지로, 객관적 또는 구조적 힘들이 근대 군주의 의식적 행동과 겉모습이 드러나는 맥락을 형성한다. 그람시는 마키아벨리의 운명과 능력의 변증법을 자신의 '유기적' 역사 운동과 '접합적' 역사 운동의 구별을 통해 본질적으로 역사화했다. 맑스의 하부와 상부구조 이론을 정밀화하면서 그람시는 '유기적' 위기를 경제의 기본 방식에 나타나는 근본적인 구조 변화에 뿌리를 둔 획기적인 변천으로 묘사했다. 또 '접합적' 위기는 정치와 문화 영역에서 훨씬 즉각적으로 나타나는 변화로 표현했다.

그래서 '유기적 위기'는 마키아벨리 사상의 운명과 유사하다. 핵심은, 자본주의의 모순들이 언제나 접합적 측면에서 곧 능력의 영역에서 스스로를 드러낸다는 점이다. 다시 말하자면, 경제적 재생산 방식의 유기적 변화는, 나름의 기회와 도전을 포함한 객관적 상황을 제공함으로써 특정 역사적 행동의 지평을 구성한다. 그러나 이 변천의 결과는 결코 미리 정해져 있지 않다. 실제로 경제가 '마지막에 가서' 문명의 운명을 정하긴 하지만, 정치적 힘은 언제나 단호한 지도자의 성취물이다. 마키아벨리의 정치 이론을 맑스의 역사유물론과 종합하면서, 그람시는 인

---

20. Fontana, *Hegemony and Power*.

간의 자유와 이 자유의 구조적 한계에 대한 감각을 유지했다.

정치는 '과학'은 아니지만, 직관과 개연성에 대한 합리적 계산에 바탕을 둔 투쟁이다. 그래서 정치의 합리적이고 지도적 요소를 부인하는 것은 정치 영역에서 무의식적이고 비합리적인 요소들의 작용을 부인하는 것만큼 어리석다. 그 어떤 정치 투쟁에서도, 특히 균형이 맞지 않는 강자에 맞선 약자의 투쟁에서는, 어떤 목표를 달성하려면 자신의 자원을 적의 가장 취약한 방어 지점에 집중하는 게 필수적이다. 그리고 이를 위해서는 지도력이 필요하다. 그람시는 이렇게 썼다. "군대 없는 장군에 대한 이야기가 있지만, 실제로는 군대를 구성하는 게 장군 집단을 형성하는 것보다 훨씬 쉽다. 서로 의견이 맞고 공통 목표를 지닌 장군들의 통일된 집단이 존재하면 군대가 전혀 없었던 곳에서라도 금방 군대를 만들어낼 수 있지만, 장군들을 잃으면 군대가 곧 무너진다는 것 또한 진실이다."[21]

전략과 근대 군주

그래서 (곧 보게 되겠지만) 푸코의 정치론과 인식론에는 거의 전적으로 결여되어 있는, 정치적 행동에 있어서 인간의 의지에 대한 그람

---

21. Gramsci, 『옥중수고』(*SPN*), 153쪽. 마키아벨리가 "지도자 없는 대중의 무기력"을 보여 주기 위해 로마시대 역사가 리비(Livy)로부터 나온 이야기를 언급한 것을 참조하라. (Book I, chap. 44, in Discourses, Bondanello and Musa 엮음, 261쪽). 마키아벨리는, 엉터리 지휘관이 이끄는 잘 훈련된 군대보다는 잘 훈련된 지휘관이 이끄는 약하거나 조직적이지 못한 군대가 도리어 낫다고도 봤다. (Book III, chap. 13).

시의 강조는, 그가 전략 문제에 유독 집중적으로 관심을 기울이는 이유를 설명해준다. 전투에서 군사를 지휘하는 과학 또는 기술을 뜻하는 전략이라는 단어는 사실 '장군의 직무'(strategos)라는 뜻의 그리스어 strategia에서 왔다. 그리고 strategos는 '퍼져 있는' (또는 야영하는) 군대라는 뜻의 stratos와 이끌다는 뜻의 agein에서 파생한 말이다. 이 말이 쓰인 초기부터 '전략가'는 자신이 기대하는 결과 곧 새로운 권력 균형의 달성을 위한 투쟁에서, 활용 가능한 세력들을 이끄는 데 필요한 행동 전체를 인식할 능력이 있는 지도자를 뜻했다. 두 가지 요소 곧 대담한 지도력(비르투)과 새로운 질서를 세우겠다는 관점을 가지고 세력들을 총체적으로 파악하는 능력이 그람시의 대항헤게모니 정치론의 핵심이다.

그람시 자신이 명 전략가였다. 그는 효과적인 사회적 투쟁에선 지도력이 핵심적이라는 신념을 흔들림 없이 유지한 인물이며 정치적 행동의 현상을 이해하는 데 거의 광적으로 집착하다시피한 인물이다. 사실 『옥중수고』는 그람시의 정치운동에 대한 많은 비평이 곳곳에 흩어져 있는 책이다. 그리고 그의 비평은 아직도 하위층의 운동이 정치적 세력 균형을 어떻게 분석해야 하는지 보여주는 실천적인 규범으로 남아있다. 예컨대 영국에 맞선 인도의 독립 투쟁에 대해서 그람시는 이렇게 썼다.

> 간디의 소극적 저항은 진지전이다. 이는 어떤 순간에 기동전이 되고 다른 순간엔 지하전이 된다. 불매운동은 진지전이고, 파업은 기동전이다. 일종의 **돌격전술**(아르디티의 전술)도 있는데, 이는 매우 신중히 써야하는 전술

이다. 인도가 거대한 봉기 운동을 준비하고 있으며, 영국군이 현재 확보하고 있는 전략적 우위를(이 우위는 어떤 면에서는 인도 내부의 선을 따라 군사를 움직이고 군사력을 '그때그때' 가장 위험한 지역에 집중할 수 있는 능력에서 온다.) 대중 행동을 통해 무력화하려 한다고 영국군이 생각한다면, 다시 말해 군대를 동시에 넓은 지역으로 분산시키지 않을 수 없게 함으로써 무력화하려 한다고 생각한다면, 영국군은 인도 전투세력의 정체를 파악해서 전체 운동의 목을 자르기 위해 섣부른 돌격을 유도할 것이다.[22]

이 짧은 구절에서 우리는 그람시의 전략적 사고의 핵심 요소 몇 가지를 확인할 수 있다. 먼저, 우리는 서로 경쟁하는 의지들의 복잡성과 힘에 대한 적응 능력과, 적의 강점과 약점에 대한 분석 능력을 보게 된다. 전략가는 이른바 시대를 초월한 방책이라는 걸 피해야 한다고 역설한 클라우제비츠와 같이, 그람시는 정치적 지식의 뿌리를 경험에 둔다. 다시 말해, 그는 전략을 전쟁 '그 자체'의 본질에 대한 연구로 보지 않고, (클라우제비츠의 말을 인용하자면) "전쟁 양상의 본질을 조사하고 이 양상과 이 양상을 구성하는 요소들의 성질의 관계를 제시하는 시도"[23]로 본다. 그래서 전략가는 형이상학자가 아니다. 전략가는 실제로 벌어지는 일을 인식하기 위해 자연주의적 태도 또는 '상식'을 '중지'시켜야 한다는 점에서 갈등의 현상학자다. 바로 이 때문에, 클라우제비츠는 『전쟁론』에서 전쟁이란 '무엇인지'에 대해 전통적으로

---

22. Gramsci, "Political Struggle and Military Way." *Prison Notebooks*, Joseph Buttigieg 엮음 (New York: Columbia University Press, 1991), 219쪽.
23. Carl von Clausewitz, 「서문」, *On War*, Michael Howard and Peter Paret 엮음 (Princeton, N.J.: Princeton University Press, 1984), 61쪽. [한국어판: 『전쟁론』, 류제승 옮김, 책세상, 1998 등.]

대물림된 개념을 '괄호 치는' 것으로 시작했다. 그는, 중요한 것은 전쟁을 수행하면서 우리가 겪는 경험의 구조를 이해하는 것이라고 제시했다.[24]

두 번째로, 간디에 대한 그람시의 평에서 전체 행동의 현장을 살피는 그람시의 예민한 경험론자적 눈을 확인할 수 있다. 계급 투쟁의 복잡함은 특히 대항헤게모니 주도자의 어깨에 크나큰 '해석학적' 책임을 부과한다. 그에게 '행동의 현장'이란 현재와 과거의 사회와 문화 전체 곧 총체성을 구성하는 것이어야 하기 때문이다.[25] 어떤 특정 정치 행동의 의미는 지난 시절 의미들의 더 폭넓은 맥락 또는 배경과 연관 속에서 생기는 것이기 때문에, 대항헤게모니를 이끄는 전략가는 맥락에 고도로 예민해야 한다. 그람시의 말로 하자면, 지도자의 책임은 의미, 사회경제적 구조, 문화적 대상 등의 전체 영역에서 나타나는 유형들을 식별하는 것이다. 이 모든 것은 서로 합쳐져 행동의 배경 또는 지평을 구성한다. 대항헤게모니 주도자는, 위계적 권력 조직에서 헤게모니가 불안정하거나 무너져 내리는 지점을 활용하기 위해서, 정당들, 운동들, 기구들, 경제적 세력들의 복잡한 지형, 간단히 말해 의지와 세력의 역동적 균형과 관계를 가능하면 정확하게 지도로 그려내야 한다. 케리 화이트사이드는 메를로-퐁티의 정치 현상학에 대해 이렇게 썼다. "권력을 이해하는 것은 사회적 조건들의 의미를 파악하는 데 달려있다."

---

24. 후설: "반성으로서의 현상학적 경험은 어떤 해석적 구조물도 피해야 한다. 경험의 서술은 경험의 구체적인 내용을 정확하게 반영하고, 경험된 바로 그대로 반영해야 한다." Edumund Husserl, *The Paris Lectures* (The Hague: Martinus Nijhoff, 1975), 13쪽을 참조하라.
25. Gramsci, "Political Struggle and Military Way", 『옥중수고』(*SPN*), vol. 1, 219쪽.

그래서 "정치 지도자의 효율성은 이런 구조를 정확하게 인식할 능력 여부에 달린 것이다."[26] 지도자는 유망하거나 위험한 행동 노선을 지시할 감춰진 유형들을 빠르게 바뀌는 의미들의 모래밭에서 식별해낼 수 있어야 한다.

마지막으로 그람시가 영국 치하 인도의 반제국주의 투쟁에 관심을 뒀다는 점이 지식에 대한 그의 태도를 예증한다는 걸 지적할 수 있다. 그의 태도는 소문과 달리 공평하고 객관적인 사회 '과학자'의 태도가 아니었다. 그는 혁명가, 지식인, 정치 지도자의 태도를 보였다. 전략가는 마음과 정신 속에 담고 있는 기준(윤리적·정치적 목표)을 이용해 사회의 모습을 그려내는 당파적 지리학자이다. 이 지리학자는 자신의 계획과 욕망에 부합하는 경향들을 인식하고 그것과 조화를 이루며 활동하기 위해 자신의 의지를 기존의 주변 조건에 적용한다. 가능한 것을 '보려는' 시도를 통해서만, 실재에 내재하는 잠재성이 현실 속에서 실현될 수 있다. 보는 것은, 전략가 자신의 주관적 감정과 느낌이 개입할 때 가능하다. 다시 말해 "강한 열정은 지성을 날카롭게 만드는 데 필요하며, 직관을 예리하게 하는 데 도움이 된다."[27]

---

26. Kerry H. Whiteside, *Merleau-Ponty and the Foundation of an Existential Politics* (Princeton, N.J.: Princeton University Press, 1988), 44쪽. 그람시에 대한 페미아의 의견을 참조하라. "표면상 합의에 기초한 자본주의 사회에서조차, 대중의 구체적인 행동과 대응들은 비록 모호할지언정 대안적 세계관을 암시한다." Joseph V. Femia, *Gramsci's Political Thought: Hegemony, Consciousness, and the Revolutionary Process* (Oxford, UK: Clarendon/Oxford University Press, 1981), 224쪽.
27. Gramsci, 『옥중수고』(*SPN*), 171쪽. 마거릿 레슬리는 「시대착오적인 것을 옹호하며」에서 현대 이론가들이 세계에 정열적으로 개입하는 걸 옹호하기 위해 그람시가 마키아벨리를 적극적으로 이용한 점에 의지한다. *Political Studies* 18 (1970): 433-447쪽.

"어떠한 것을 강렬하게 원하는 사람만이 자신의 의지를 실현하는 데 필수적인 요소들을 판별할 수 있다."[28] 역설적이게도, 정치적 결과나 사건의 정확하거나 '객관적인' 예측은 특정한 의지를 발휘함으로써 주관적인 상태가 될 때만 할 수 있다. 처음엔, 예측이란 이른바 "현재와 과거를 운동 측면에서 분명히 보기"라는 상대적으로 쉬운 일 같다. 그러나 이에 대해 그람시는 이렇게 언급한다. "그것들을 분명히 보는 것, 다시 말해 어떤 과정의 근본적이고 영속적인 요소를 정확하게 판별해내는 거다."[29] 그리고 어떤 특정 주체만이 이 본질적인 요소들을 비본질적인 것으로부터 선별해낼 수 있을 것이다.

어떤 특정한 강령이 실현되어야 할 때, 그 강령이 본질적인 것 곧 '조직될 수 있으며' 방향을 지을 수 있는 것들, 다시 말해 현실에서 예측할 수 있는 유일한 요소들을 제대로 다루고 있는지를 보장하는 것은 '예측하는' 사람이 존재한다는 사실뿐이다. 이는 문제를 바라보는 상투적인 방식과 대비되는 것이다. 왜냐하면 흔히들, 모든 예측 행위는 자연과학의 법칙과 비슷한 불변의 법칙에 의한 결정을 전제하기 때문이다. 그러나 이러한 절대적 또는 기계적인 의미의 법칙은 존재하지 않는다. 그래서 다른 사람들의 의지를 고려하지 않고, 그 의지의 적용을 '예측'하지 않게 된다. 결국 (상투적인 방식을 적용하면) 모든 것은 현실이 아닌 자의적인 가설을 바탕으

---

28. Gramsci, 『옥중수고』(SPN), 171쪽.
29. Gramsci, 『옥중수고』(SPN), 170-171쪽. 역사적 행동 이론을 위한 후설 현상학에 대한 엔조 파치의 질문을 참조하라. "현재와 미래의 결과를 변혁하기 위해 과거에 가두어져 있는 것을 발견하는 게 가능하다. 도달할 수 없는 과거의 근원은 미래에 제 스스로를 투사하고, 궁극 목적이 된다.… 과거에 대해 질문하는 동안… 나는 현재와 스스로를 변혁시키려는 현재의 욕구를 이해한다." Paci, *The Function of the Sciences and the Meaning of Man* (Evanston, Ill.: Northwestern University Press, 1972), 23쪽.

로 세워지게 된다.30

다른 말로 하면, "현실은 인간의 의지가 사회의 사물에 적용된 결과물이다."31 행위자가 자신의 생활세계를 변혁시키려 행동할 때 쓰는 수단에 대한 이런 현상학적 통찰은, 모든 전략의 인식론에서 중심을 차지하는 것이다. 예를 들어, 고대 중국의 전략가들은 이렇게 주장했다. "사람이 세계를 '안다'는 건 수동적으로 그것을 인식하는 것뿐 아니라 적극적으로 세계를 만들고 '실현하는' 것을 뜻한다. 또 이는 환경의 유형적 흐름을 예측하고 그 특성이 생산적인 조화에 가장 잘 기여하도록 유도하는 것이다."32 이런 참여적 지식 개념은 손자가 전략적 이점을 뜻하는 도교적 개념인 세(勢)를 사용하는 데 있어서 중심을 이루는 것이다.

모든 결정적인 상황은 이점이 될 수 있다. 능력 있는 장수는 차이를 만들어 내고 그래서 자신과 적의 위치를 조작함으로써 기회를 창출할 수 있다. 나와 적의 관계를 규정하는 이런 요소들을 온전히 이해함으로써, 그리고 상황을 적극적으로 통제하고 만들어 감으로써, 상대의 약점이 나의 강점으로 드러나게 되면, 주변 상황의 세력을 타고 승리를 얻을 수 있다.33

---

30. Gramsci, 『옥중수고』(SPN), 171쪽.
31. 같은 책. 그람시에게 있어서 "사회 변혁의 객관적 조건들은… 주관적으로 인식됐을 [때만] 역사적으로 작용할 수 있다." "객관적 조건들이 존재하는 것으론… 아직 충분치 못하다. 그 조건들을 '아는' 게 필요하고 그것들을 어떻게 이용할지 아는 게 필요하다. 그리고 또 그것들을 이용하길 원하는 게 필요하다." Femia, *Gramsci's Political Thought*, 120쪽.
32. Roger T. Ames, 서론, *Sun-Tzu: The Art of Warfare* (New York: Ballantine Books, 1993), 59쪽. [한국어판: 『손자병법』, 김광수 해석하고 씀, 책세상, 1999 등 다수.]

푸코의 전략에 대한 '위대한 거부'

푸코에 가장 공감하는 비평가일지라도, 그가 사회 변화 이론이나 권력에 도전할 전략을 제시하지 않았다는 점은 인정한다.[34] 푸코는 한 인터뷰에서 이렇게 말했다.

누군가 나에게 지금 하고 있는 게 뭐라고 생각하느냐고 묻는다면, 나는 이렇게 답할 것입니다. "전략가란 '전체의 커다란 필연성에 비해 볼 때, 그런 식의 죽음, 그런 식의 외침, 그런 식의 봉기가 무슨 상관이란 말인가? 그리고 내게는 우리가 살고 있는 이 상황에서 이런 저런 일반 원칙이 중요할 뿐이다.'라고 말하는 이라면, 나로서는 전략가가 정치인인지, 역사가인지, 혁명가인지, 아니면 이란 국왕 샤의 지지자인지 아니면 이슬람혁명 지도자 아야톨라의 지지자인지 여부에 아무런 관심이 없소"라고 말입니다. 내 이론적 도덕은 이와 정반대입니다. '비전략적'이라는 거죠. 그러니까 개인이 저항하고 나설 때는 그걸 존중하고 권력이 보통 사람들을 옥죌 때는 완고히 맞선다는 겁니다.[35]

지금까지 본 것처럼, 그람시는 경험을 정치와 진리의 절대적 기반으로 본 반면 구조주의를 이끈 인물이자 나중에 현상학에 대한 포스

---

33. 같은 책, 39-41쪽.
34. 예를 들어, 배리 스마트는 푸코의 고고학적 연구의 "주요 목표"는 "전략을 준비하거나 구성하는 것이 아니"었고 사회적 조건들이 구성되는 방식을 조사하는 것이었다고 쓰고 있다. Barry Smart, "The Politics of Truth", David Couzens Hoy 엮음, *The Foucault Reader* (Cambridge, Mass.: Basil Blackwell, 1986), 171쪽.
35. Michel Foucault, "Is It Useless to Revolt?" *Le Monde*, May 11, 1979; Eribon, 『미셸 푸코』(*Michel Foucault*), 291-292쪽에서 재인용.

트구조주의적 반란을 주도한 푸코는 경험을 대체로 부수적인 현상으로 봤다. 경험을 실제하는 동시에 '기초를 제공하는' 어떤 것(지식의 기반)으로 비치는 객체로서, 정확하게 해명이 요구된다고 본 것이다.(4장을 참고하라.) 그러나 경험과 의식의 언어를 거부했기 때문에 푸코는 오직 지식의 해방만을 말할 수 있었지, 인간의 해방은 말할 수 없었다. 서로 다른 영역에서 일하는 지식인과 인민은 "역사적 지식을 굴종에서 해방시키려 시도하고 그 지식이… 이론적이고, 단일하며, 형식적이고 과학적인 담론의 억압에 반대하고 거기에 맞서 싸울 수 있게 만들려 시도해야"[36] 한다. 이런 억압된 지식, 푸코의 용어를 빌리면 '국지적 기억들'(local memories)이 일단 해방되면, 단일한 논증 체제의 '억압에 맞선 투쟁'에 나서게 된다. 이 '투쟁'은 특정 계급이나 사회 집단에 대항한 것이 아니라 그저 모호한 '담론들' 또는 심지어 **권력**(pouvoir)에 대항한 것이기 때문에, 고고학자의 해방은 잠재적인 적들, 말하자면 특정 담론들을 억압하려고 노리는 이들의 의도나 계획을 걱정하는 것에서 해방되는 것이다.

경험과 현상학에 대한 푸코의 회의는 전략적 전통의 기반 상당 부분을 구성하는 다섯 가지 핵심 원칙에 대한 거부로 이어진다. 이 다섯 가지는 1) 정치, 군사 투쟁에서 지도력이 필요하다는 생각 2) 동기와 이해관계 그리고 다른 의식적 대상들에 대한 연구가 필수적이라는 생각 3) '총체성' 또는 사회의 기능적 총합 내 관계들에 대한 관점을 지

---

[36]. Michel Foucault, "Two Lectures", 『권력과 지식』(*Power/Knowledge: Selected Interviews and Other Writings*), Colin Gordon 엮음 (New York: Pantheon, 1980), 82, 85쪽.

니는 게 효과적인 정치 행동에 필요하다는 생각 4) 사람은 어떤 종류의 전술 또는 행동이 적절한지를 '교리적으로', 다시 말해 상황이 주어지기 전에 먼저 알 수 없다는 생각 5) 호전적 논쟁(agonism)의 목표는 규정적인 것이라는 생각, 다시 말해 논쟁은 특정 정치 또는 사회 질서가 다른 질서에 자리를 내어주는 상황의 변혁을 초래한다는 생각이다.

푸코는 주체와 마찬가지로 의미도 키메라 곧 비인간적인 권력 구조들이 만들어낸 가공의 결과물이라고 생각하기 때문에, 지식인이 문화적·정치적 헤게모니를 발휘할 인식론적 근거가 존재할 수 없다는 것이 그의 결론이다. 실제로 지식인들은, 그들이 주류 사회학자건, 부패한 노조 간부건, 공산당의 매문가(賣文家)건, 권력에 의해 주변부로 밀려난 이들의 '지식들'이 분출하는 걸 가로막았다.(또는 가로막고 있다.) "이 담론과 이 지식을 가로막고, 금지하고, 무효화한" 것은 지식인들을 자신의 '대리자들'로 거느린 '권력 체계'였다고 푸코는 1970년대 초에 썼다. 인민들과 관련해서는, "지식인은 이제 더 이상 자신이 대중의 지식 획득에 필요한 존재가 아니라는 걸 깨달았다. 그래서 인민들은 환상에 빠지는 일 없이 그 어느 때보다 더 잘 알게 됐다. 그리고 그들은 지식인보다 더 잘 알며, 자신들을 표현할 능력도 갖게 됐다."고 썼다.37

이렇게 명백한 대중주의적 정서가 푸코로 하여금 모든 형태의 지도력과 전략을 거부하게 만들었다. 그는 자신의 학문적 기획을 "예언자들과 입법가들 곧 남을 대변해 말하고 그들 위에 군림해 말하는 모든 이

---

37. Michel Foucault, *Language, Memory, Counter-Memory, Discourse*, Donald F. Bouchard 엮음 (Ithaca, N.Y.: Cornell University Press, 1977), 207쪽. 위에 언급한 『권력과 지식』에서 지식인에 대한 푸코의 더 자세한 언급도 보라.

들의 입을 닥치게 하는"38 필생의 노력으로 이해했다. 그래서 지식인들은 '보편적 가치의 담지자'라는 과거의 구실을 포기하길 요구받는다고 푸코는 주장했다. 장폴 사르트르 같은 공적 지식인이건, 레닌이나 그람시 같은 전략가이자 지도자건 마찬가지라는 것이다. 푸코는 대신 지식인들에게 자신을 '전문가'로 인식해야 한다고 주장했다. 지식의 전문가로서, 대학과 감옥과 학교와 연구소 등에서 일하는 전문가로서, 한마디로 "특정 지위를 차지한 사람, 그러나 자신의 특정성은… 진리의 기관의 전반적인 기능과 연결되는 사람"39으로서 이제 지식인들은 권력-지식 네트워크의 핵심적인 접점에 위치한다. 그래서 그들은 "우리 사회의 구조와 기능에 필수적인 것인, 진리 체제의 전반적인 수준에서 작동하고 투쟁할 수 있다."40 곧, 현재의 계보학을 수행함으로써 그들은 헤게모니적인 진리 체제를 내부로부터 솎아낼 수 있게 되고, 그럼으로써 억압되었던 지식들이 번성할 더 넓은 공간을 창출하게 된다.

두 번째로, 의미가 키메라라면 그리고 근대성의 역사에서 정말로 문제가 되는 게 권력과 지식이 결합해서 시도하는 눈에 잘 띄지 않는 음모라면, 지금까지 나타난 모든 하위층의 투쟁을 지배하던 전제들은 잘못 유도된 것이고 틀린 것이라고 전제하는 게 안전하다. 특히 잘못

---

38. Michel Foucault, *Remarks on Marx: Conversations with Duccio Trombadori*, James Goldstein and James Cascaito 옮김 (New York: Semiotext(e), 1991), 159쪽. (이탤릭체 가운데 첫 번째 부분만 추가된 것이고 나머지는 푸코 자신이 표시한 것임.) [한국어판: 『푸코의 맑스 — 미셸 푸코, 둣치오 뜨롬바도리와의 대담』, 이승철 옮김, 갈무리, 2004.]
39. Foucault, 『권력과 지식』(*Power/Knowledge*), 132쪽.
40. 같은 책.

된 전제는, 정치 투쟁이 '가슴과 정신'을 위한 투쟁이라고, 다시 말해 의미를 장악하려는 투쟁이라고 보는 전략적 담론의 전제라고 할 수 있을 것이다. 푸코는 적어도 한번 이상 이렇게 주장했다. "문제는 사람들의 의식을 곧 그들의 머리 속에 있는 걸 바꾸는 게 아니다. 진리 생산의 정치적·경제적·제도적 체제를 바꾸는 것이다."[41] 푸코는 이 문제에 관한 한 모호하게 말하지 않았다. 그는 이렇게 썼다. "왜 특정한 사람들이 남을 지배하고 싶어하는지, 그들이 추구하는 게 뭔지, 그들의 전반적 전략이 뭔지를… 묻지 말자. 대신 현재 진행되고 있는 억압의 단계에서 무슨 일이 벌어지는지 묻자. 또 우리의 몸과 몸짓을 지배하고 우리에게 행동을 지시하는 이런 지속적이고 중단 없는 과정의 단계에서 무슨 일이 벌어지는지 묻자."[42]

세 번째로, 푸코가 권력의 문제를 담론의 작동에 두기 때문에, 특히 근대성과 계몽사상에서 등장한 인간 과학의 담론, 사회적 '총체성'의 담론이 문제의 한 부분이 된다. 푸코는 인간 본질이라는 신화가 사회적 차이를 모호하게 만들고 비규범적 주체성 형식의 억압을 유발한다는 것을 근거로 인문주의를 거부한다. 비슷한 근거에서, 그는 인과 구조와 관계를 확실히 알 수 있는 '총체성'이란 걸 가정한다는 이유로 맑스주의자들을 비난했다. 총체성의 담론은 노동계급 주체에 대한 맑스주의적 형이상학에 부합하지 못하는 모든 주체성 형식들과 행동 방식, 지식을 억압하는 데 이용됐다는 것이다. 이런 근거에서, 푸코는 부분

---

41. 같은 책, 133쪽.
42. 같은 책, 97쪽.

과 전체, 특히 행동과 장기 목표의 관계에 대한 모든 사상의 종말을 주장했다. 또는 이렇게 썼다. "'사회 전체'라는 말은 파괴해야 할 어떤 것이라고 볼 때를 빼고는 고려도 하지 말아야 할 것, 바로 그것이다. 이렇게 하고 나면 우리는 그게 절대 다시 등장하지 않길 기대할 수 있다."[43]

네 번째로, 푸코는 겉보기에는 우리가 직면하게 될 어떤 실재 역사적 상황과도 무관한 노마디즘, 분산, 차이 등과 같은 자신의 독특한 전술 한 묶음을 제시하며 채택하라고 요구했다. 4장에서 지적했듯이, 푸코는 들뢰즈와 가타리의 『안티 오이디푸스』를 "일상생활의 교본 또는 안내서"라고 평하면서 받아들였다. 이 안내서를 푸코는 (이 책의 서문에서) 이렇게 요약했다.

- 세분과 피라미드식 위계화가 아니라 증식, 중첩, 분리접속을 통해 행동, 생각, 욕망들을 증대시켜라.
- 부정이라는 낡은 범주(법, 한계, 거세, 결핍, 결함)를 떨쳐버려라.… 차라리 긍정적이고 다양한 것을, 획일성보다는 차이를, 통일성보다는 흐름을, 체계보다는 유동적인 배치를 택하라. 생산적인 것은 머무는 게 아니라 유목적임을 명심하라.
- 투사가 되려면 슬퍼야만 한다고 생각하지 말라.… 혁명적 힘을 지닌 것은 욕망과 현실의 연결이다.
- 정치적 실천에 진리치를 부여하기 위해 사유를 이용하지 말라. 그리고 사유라는 것이 마치 순수 사변에 불과한 것인 양 사유의 가치를 손상

---

43. Foucault, *Language, Counter-Memory, Practice*, 233쪽.

시키기 위해 정치적 실천을 이용하지 말라. 정치적 실천을 이용해 사유를 강화시키고, 분석을 이용해서 정치적 행동이 개입하는 형식과 영역들을 다양화하라.
- 개인의 '권리들'을 복원시켜야 한다고 정치에 요구하지 말라. 개인은 권력의 산물이다. 해야만 하는 건, 증가와 이동, 잡다한 배치를 통해 '탈개인화'하는 것이다. 집단은 위계화한 개인들을 단결시키는 유기적 끈이 아니라 탈개인화를 지속적으로 창출하는 것이어야 한다.[44]

특정한 행동 수단들을 제시하는 이런 범주적 차림표는 전략적 반성과 화합할 수 없다. 전략은 그 본성상 전략가에게 유연성을 요구한다. 곧 역동적이고 즉흥적이고 경험적인 접근을 요구한다. 그래서 클라우제비츠는 변화하지 않는 법칙에 바탕을 둔 "완전한 체제와 포괄적인 교리"를 세우려는 그 어떤 의도도 조심스럽게 거부한 것이다. 책에 써진 처방에 따라 전투를 벌이는 지휘관은 곧 죽음이 찾아왔음을 깨닫게 될 것이다라고 한 것이다.[45] 그러나 물론 이런 목록의 존재 자체가 정작 놀라운 건, 그 어떤 규범성, 특히 '지도자'와 지식인을 자처하는 이들이 부과하는 새로운 규범에 대한 푸코의 거부 선언과 이 목록이 충돌한다는 점 때문이다.

---

44. Michel Foucault, 「서문」, Gilles Deleuze and Félix Guattari, *Anti-Oedipus*, xiii-xiv쪽.
45. 유용한 군사 지식은 "과학적 공식들과 구조들의 장치가 우격다짐으로 만들어낼 수 없다." Clausewitz, 『전쟁론』(*On War*), 146쪽. "지식은 정신 속에 온전히 동화되어 더 이상 별도로 존재하지 않는 지경에 이르러야 한다. 다른 기술 또는 직업 대부분의 경우에선, 케케묵은 책에서 배운 진리들을 이용해 작업할 수 있다. 그러나 그 진리들은 생명 또는 의미가 없는 것이다.… 전쟁에서는 전혀 다르다. 지속적인 변화와 이 변화에 대한 대응 필요성 때문에, 지휘관은 자기 정신 속 지식의 전체 장치를 작동시키게 된다." (147쪽)

푸코가 이런 요소들을 거부함으로써 하위층에게 부과하는 추가적인 어려움 몇 가지를 검토해보자.

의미에 바탕을 둔 정치론에 대한 푸코의 공격은, 우리 행동의 중요성과 그것이 가져올 수 있는 영향에 대해, 특히 이 행동이 다른 이들에게 어떻게 인식되고 그들이 어떻게 반응할지에 대해 생각하는 걸 막는 듯 하다. 그는 이해관계와 의지를 고려하는 것이 부적절하다는 점에 대해 단언적인 태도를 유지했다. 알렉스 호네스는, 푸코가 "어느 특정 시대를 지배하는 계급들은 체제적 과정의 단순한 담지자로, 다시 말해 원칙적으로 무시할 수 있는 성질의 것으로"[46] 보는 듯 하다고 주장했다. 불행하게도, 푸코는 다른 이들의 '전반적인 전략'이 무엇인지 묻는 게 어떻게 사회 변화를 위해 투쟁하는 하위층 집단에게 이로운지 결코 설명하지 않았다.[47] 곤란한 문제는, 전쟁 그리고 경쟁 상태에서 "의지의 적용 대상은 생생하게 반응하는 살아있는 대상"[48]이라는 점이다. 우리의 적도 우리와 마찬가지로 의지가 있으며 의도를 가지고 있다. 그래서 혁명 또는 저항 운동의 지도력은 극도로 유동적이고 역동적인 행동 영역과 씨름하는 것 외에 다른 선택의 여지가 없다. 이 영역는 우리의 적이 즉흥적으로 대응하고 행동하는 영역이기도 하다. 손자는 "적군의 형세에 따라 작전을 변화시켜 승리를 취하는 사람을 신

---

46. Alex Honneth, *The Critique of Power: Reflective Stages in a Critical Social Theory* (Cambridge, Mass.: MIT Press, 1991), 195쪽.
47. "푸코는 사회적 집단들이 자신들의 사회 권력 내 지위를 확고히 하고 확장하려 할 때 갖게 되는 전략적 고려에 대해 단지 약간의 관심만 기울인다." Honneth, *The Critique of Power*, 195쪽.
48. Clausewitz, 『전쟁론』(*On War*), 149쪽.

묘하다고 한다."[49]고 썼다. 그러나 푸코는 우리가 재능을 발휘할 여지를 남겨두지 않았다. 또 깨달음을 얻을 계기가 되는 실수를 범할 가능성도 남겨두지 않았다.

게다가 마찬가지로 푸코는 우리의 친구가 누구인지 아는 데 도움을 줄 수도 없다. 불의와 폭력과 말로 할 수 없는 고통으로 찢긴 이 세계에서 우리의 친구가 누구인지 아는 건 결코 사소한 문제가 아니다. 이 문제는 플라톤이 『국가론』에서 정의에 관한 긴 대화를 착수하게 만든 문제이기도 하다. 그러나 푸코는 다른 문제에 관해서는 너무나 풍성한 자신의 글에서 친교, 친밀감, 공감, 사랑과 같은 인간 조건의 근본 특성에 대해서는 거의 쓰지 않았다. 실제로 푸코는 니체의 상호 객체화와 지배의 철학에 친화성을 보인 걸 빼고는 상호주관성에 대한 적절한 이론을 결여하고 있다. 그런데 진실과 거짓, 친구와 적, 선과 악을 구별할 길이 없다면, 억압받는 이들이 생활세계 곧 사람들, 상황들, 정당들, 이념들, 삶과 죽음의 의미의 선택들 등으로 가득 찬 이 세상을 어떻게 받아들여야 할지 알기 힘들다.

푸코는 적절한 정치 이론의 결여에 대해 비판적인 질문을 제기한 그람시적 맑스주의자 둣치오 뜨롬바도리에게 이렇게 수세적으로 말했다. "대중은 정치적으로, 도덕적으로 성년에 이르렀습니다. 개인적으로, 집단적으로 스스로 선택하게 된 사람들입니다.… [그들이] 선택해야 합니다."[50] 한편에서 그에게 동조하는 비평가들은, 푸코의 작품에

---

49. Sun Tzu, 『손자병법』(*The Art of War*), 113쪽.
50. Foucault, 『푸코의 맑스』(*Remarks on Marx*), 172쪽.

서 이 말과 유사한 구절들을 감탄할 만큼 급진적이고 민주적이며 다원적인 정치론의 증거로 제시한다. 결국 그의 이론에는 지도자도, 그렇다고 지도받는 이도, 인민들을 지배하는 권위주의적 유형의 인물도 없다. 주변부화한 주체들(수감자, 정신병자, 이민자, 동성애자 등등)에 대한 억압을 특정한 계급이나 사회적 이해관계에 의한 억압으로 돌릴 수 없고 권력-지식 체제 탓으로 봐야 하기 때문에, 지식인들은 보편적인 주장이나 전략적 주장을 펴는 위치에서 물러나야 한다는 결론이 뒤를 잇는다. 푸코는 이렇게 말했다. "지식인은 더 이상 조언자의 구실을 할 수 없습니다. 채택할 기획, 전술, 목표는 싸우는 이들의 문제입니다. 지식인이 할 수 있는 것은 분석의 도구를 제공하는 것이고, 지금 이 시점에서 이 작업은 역사가의 본질적인 구실입니다.… 그러나 속담에 있듯이, '여기 당신이 해야 할 일이 있다'는 분명 아닙니다."[51]

그렇지만 그람시에게는, 조심스럽게 숨겨졌던 사회적 사실들에 대해 인민들에게 털어놓는 것이 그들을 크게 돕는 게 아니다. 그래서 그는 인민들이 "이미 무얼 해야 할지 알고 있다"는 식의 잘못된 감언이설에 저항한다. 만약 인민들이 무엇을 해야 하는지 아는 게 사실이라면, 아마도 억압 구조들이 금방 쉽사리 극복될 것이다. 그 구조들이 그렇게 쉽게 극복되지 않았다는 사실은 꼼꼼히 따져봐야 할 문제다. 세계를 바꾸려면 어떻게 해야 하는지 느끼는 건 고사하고 권력의 사회학이나 정치투쟁의 역사에 대해 어렴풋한 이해를 넘는 수준에 도달

---

51. *Quel Corps?*와의 인터뷰; Eribon, 『미셸 푸코』(*Michel Foucault*), 62쪽에 재수록. (강조는 필자)

한 이조차 극히 소수다. 훨씬 더 전형적인 현상은 대중들이 압제자와 자신들을 동일시하는 것이다. 사회를 지배하는 사상은 지배계급의 사상이기도 하기 때문이다. "물질적 생산수단을 마음대로 처분하는 계급은 동시에 정신적 생산의 수단도 처분한다."고 맑스와 엥겔스는 지적했다.[52] 그래서 그람시는 아는 사람들(chi sa)과 모르는 사람들(chi non sa)을 중요하게 구별하는 것이다. 근대 군주의 책임은 이런 구분이 실제로 존재하지 않는 척 하는 게 아니다. 인민들을 '위로' 끌어올림으로써 구분을 해소하는 것이다. 열쇠는 맑시즘이 '가톨릭에 반대'해야 한다는 것이다. 이 말에서 그람시가 뜻하는 바는 이렇다. 실천 철학이 해서는 안 되는 건

> '순진한 이들'을 원초적인 상식의 철학 수준에 방치하는 것이다. 대신⋯ 그들을 한층 더 높은 세계관으로 이끌어야 한다. 이런 생각이 지식인과 단순한 이들의 접촉 필요성을 주장한다면, 그건 과학적 활동을 제약하고 대중을 낮은 수준에 머물게 하기 위해서가 아니다. 정확하게 말해, 소수의 지식인 집단만이 아니라 대중 전체의 지적 진보까지도 정치적으로 가능하게 해주는 지적·도덕적 블록을 구성하기 위해서다.[53]

그래서 푸코가 했듯이 지도력을 원칙적으로 반대하는 건, 도덕주의적 태도 이상이 아니며 아주 해로울 잠재성이 있는 자세 같다. 문제는 지도자와 지도받는 집단이 존재하는 것처럼, 이 구별이 주어진 것처럼

---

52. Marx and Engels, 『독일 이데올로기』(*The German Ideology*), 64쪽.
53. Gramsci, 『옥중수고』(*SPN*), 332-333쪽.

행동해야 하느냐 아니냐가 아니라, 목표가 혁명을 통해서 "이런 구별이 더 이상 필요하지 않은 조건을 창출하는 것"이냐 아니냐에 있다.[54] 사회 운동은 100% 자발적인 것도 아니고, 그렇다고 100% 지도로 이뤄지는 것도 아니다. 모든 운동, 모든 조직은 지도력을 만들어내는데, 절차적 투표를 통해서 공식적으로 만드느냐 아니면 개인적 카리스마나 영향력을 통해 비공식적으로 만드느냐 하는 차이만 있다.[55] 언제나 운동에는 주도적인 인자들이라고 말할 수 있는 '의식적인' 인자, 활동가-지식인 핵심인자가 있다. 이들은 어떤 행동 노선을 취할지 적극적으로 결정해야 하고, 운동의 대표성을 어떻게 구성할지, 언제 어디서 행동을 개시할지, 수단과 목적을 어떻게 연결시킬지 등을 적극적으로 결정해야 한다. 이 점은 과거의 무정부주의적 또는 '순수히' 민주적인 운동에서조차도 마찬가지였다.[56] 이렇지 않은 척 하는 건, 지도 형식이 정당하냐 정당하지 않냐의 문제를 은폐하는 것일 뿐이다. 지상 과제는, 군주와 인민, 지도자와 지도받는 이들의 구별이 마침내 사라지게 할 방식으로 근대 군주가 지도력을 발휘하는 것이다.

권력 독해력 가르치기

이 점은 정치론의 문제 곧 새로운 규범적 질서를 부여할 가능성과 그

---

54. 같은 책, 144쪽.
55. Gramsci, Prison Notebooks, vol. 1, *Notebook* 2, § 75, Buttigieg 엮음, 321쪽을 보라.
56. "자생성과 의식적 지도"(Spontaneity and Conscious Leadership)에 관한 그람시의 상세한 언급, 『옥중수고』(*SPN*), 196-200쪽을 보라.

것이 바람직한지 여부에 대한 그람시와 푸코의 차이를 보여주는 핵심적인 뿌리를 마침내 드러내 보여준다. 조앤 콕스는 이렇게 봤다. 그람시와 푸코는 "새로운 분류체계, 새로운 감성의 영역, 새로운 행동의 가능성, 새로운 행동 규범, 새로운 제도, 근본 원리, 전통, 심지어 새로운 법-정치적 국가를 포함한 새로운 긍정적 헤게모니 문화를 부여하는 걸 [저항적] 운동이 목표로 삼아야 하느냐 하는 문제에 대한… 극과 극의 위치를… 대표한다."[57]

그람시에게 성공적인 대항헤게모니 투쟁은, 특정 계급 또는 사회적 집단이 다른 다양한 사회 구성 요소들에 대해 지도력을 발휘함으로써 새로운 사회적 동의의 바탕을 꾸준히 가꾸어가는 데 달려있다. 마키아벨리는 그의 유명한 비유에서, 군주는 여우와 사자의 특성을 차례로 보여야 한다고 제시했다. 지도자는 '반인반수'의 괴물 켄타우루스의 모습 속에서 완력과 교활함의 조화를 이루는 가운데 이 두 가지를 이용해 지배해야 한다는 것이다. 그람시는 이런 개념을 자신의 헤게모니 이론에 통합시켰다. 헤게모니는, 민주적 동의와 교육(여우)이라는 계기와 억압 또는 완력(사자)이라는 계기, 둘 모두와 관련되는 것이라고 그는 주장했다. 근대 군주는 정치 논쟁, 합리적 논의, 의식 고양과 관련될 때는 '여우'처럼 정치 투쟁을 전개하고, 자신의 목표가 특정 인민 또는 사회에 새로운 규범과 가치 체계를 부과하는 것인 한 '사자'처럼 행동한다고 말할 수 있을 것이다.

헤게모니는 사실 순수히 민주적 또는 합의적 수단을 통해서 달성될

---

57. Cocks, *The Oppositional Imagination*, 75쪽.

수 없다. 왜냐하면, 정치란 단지 의식의 수준(자율적 이성 또는 실천 이성이라는 신비적인 칸트적 수준)에서만 전개되는 게 아니라 무의식적인 의미 구조의 수준에서 전(前) 범주적으로도 전개되기 때문이다.[58] 헤게모니는 새로운 '상식'을 창출하기 위한 전략이다. 폰태너가 지적했듯이, 헤게모니적 운동은 "하층의 배타적인 개인 집단을 그들의 사상과 가치가 세계의 지배적 개념이 되는 주도적이고 헤게모니적인 주체로"[59] 성공적으로 변혁시킬 때만 성공한다. 헤게모니는 궁극적으로 단지 '사상들'의 투쟁이 아니고 인식 수단이라고 부를 수 있는 것을 둘러싼 투쟁이다. 폰태너는 이렇게 썼다.

> 그람시에게 있어서, 현실과 지식은 사회가 형식과 의미를 획득하는 수단인 도덕적·문화적·이념적 '프리즘' 또는 '필터'를 통해 각각 인식되고 습득되는 것이기 때문에, 헤게모니는 필연적으로 특정 지식 구조와 특정 가치 체계를 창조하는 걸 함축한다. 자신만의 지식과 가치 체계를 형성할 수 있으며 이것들을 세계에 전반적이고 보편적으로 적용할 수 있는 개념으로 바꿔낼 수 있는 사회 집단 또는 계급이 지적·도덕적 지도력을 발휘하는 집단이다.[60]

그래서 헤게모니적 운동 또는 기획의 성공은 우리의 일상적인 현실 경험을 구성하는 밑바탕의 형태들(Gestalten) 또는 인식 구조들을 바꾸

---

58. Maurice Merleau-Ponty, 『지각의 현상학』(*The Phenomenology of Perception*), 38쪽을 참조하라.
59. Fontana, *Hegemony and Power*, 32쪽.
60. 같은 책, 140쪽. (강조는 필자) 24-25쪽도 보라.

는 데 성공하느냐에 달려있다. 다시 말해 자신의 가치와 규범들이 사회 전반의 밑바탕을 이루는 '상식'이 되어서 인간 현실 그 자체의 '인식 및 감정 구조'를 영구적으로 바꾸느냐에 달려있다. 조셉 페미아의 말로 하자면, 헤게모니는 "[사람들이] 문제가 되는 사회 현실을 인식하고 평가하는 데 의존하는 인식 및 감정 구조 형성에 직·간접적으로 작용하는 시민사회의 제도들"을 통해서 달성된다. 근대 군주는 "본질적으로 서로 다른 현실의 표현들을 통일되고 안정적인 총체성으로 조직해내고 구성하는"[61] 인물이다. 정치 전략가 또는 지도자(il politico)는 다른 상황에서라면 '본질적으로 서로 다른' 현실의 현상적 표현들을 통일시켜야 한다. 그래서 지각의 '조직화'는 그람시가 '유효한 현실'(effective reality)이라고 부른 것 곧 세계의 '거기 있음인 것'(what-is-thereness)을 바탕으로 할 때만 이룰 수 있다는 걸 이해하는 한[62], 근대 군주를 창조자(Gestalter) 또는 조직자(conformator) 다시 말해 현실의 인식 구조들(Gestalten)을 구성하거나 조직하는 주체로 묘사할 수도 있을 것이다. 짧게 말해, 헤게모니는 언제나 새로운 정상 상태의 부과인 것이다.[63]

---

61. 같은 책, 22쪽.
62. 그래서 헤게모니 주도자(hegemonist)는 "'당위적인' 것이 자의적인 것이냐, 필연적인 것이냐, 그리고 그 의지는 구체적인 것이냐 아니면 게으른 공상이요 동경이요 백일몽이냐 하는 점을 볼" 수 있으려고 애쓰는 사람이다. "… 그는 유효한 현실을 자신의 기반으로 한다. 그러나 유효한 현실이란 무엇인가? 그것은 정태적이고 움직일 수 없는 어떤 것인가 아니면 끊임없이 움직이고 균형이 변해가는 세력 간의 관계인가?" Gramsci, 『옥중수고』(SPN), 172쪽.
63. "헤게모니는 세계를 해석하고 규정하는 사상과 신념의 '정상적인' 총체로 받아들여지게 된, 세계에 대한 개념의 구성 및 정교화다." Fontana, Hegemony and Power, 20쪽.

그래서 근대 군주의 운동은 사회의 운동 그 자체와 구별되지 않는 상태가 될 때만 완전하다. "**특정 집단의 발전과 확장은 보편적 확장의 추진력, '국가적' 에너지 개발의 추진력으로 인식되고 제시된다. 다른 말로 하면, 주도 집단은 하위 집단의 일반적인 이해와 확고히 통합된다.**"[64] 당을 형성하는 과정에서, 노동계급의 집단 의지(collectiva voluntà)는 자신들의 실천적·현세적 철학이 문명 전체를 포괄함으로써 "보편적이고 총체적인 것이 될" 때까지 그 철학을 확산한다.[65] 또는 폰태너의 표현을 빌리면, "하층의 배타적인 개인 집단을, 그들의 사상과 가치가 세계의 지배적 개념이 되는 주도적이고 헤게모니적인 주체로"[66] 성공적으로 변혁시킬 때까지, 그 철학을 확산한다.

마키아벨리의 '새로운' 군주처럼, 근대 군주는 이중적인 성격을 지닐 것이다. 그람시의 문장을 빌리자면, 근대 군주를 형성하는 것은 "종교개혁과 프랑스혁명을 결합하는 것이다. 그건 정치학이기도 한 철학이며, 철학이기도 한 정치학이다."[67] 다른 말로 표현하면, 군주는 헤게모니 블록의 '의식적인' 인자로서 담대하게, 심지어는 강압적으로 이끌어가야 한다. 그러나 동시에 인민의 교육자로서 미덕을 통해 '도덕적으로' 이끌어가야 한다. 폰태너는 "그야말로 진정한 의미에서 민주적인 철학자는 인민을 새로운 삶과 실천의 길로 이끌어가는 인민의 지도자(hegemon), 교사이자 안내자이다."[68]라고 쓴다. 『옥중수고』의 아

---

64. 같은 책, 181-182쪽. (강조는 필자)
65. Gramsci, 『옥중수고』(*SPN*), 129쪽 및 다른 부분들.
66. Fontana, *Hegemony and Power*, 32쪽.
67. Gramsci, 『옥중수고』(*SPN*), 395쪽.
68. Fontana, *Hegemony and Power*, 31쪽.

주 중요한 한 구절에서 그람시는 이렇게 쓰고 있다.

> 근대 군주론의 중요한 부분은 지적·도덕적 개혁 문제, 다시 말해 종교 또는 세계관의 문제에 할애되어야 한다.… 근대 군주는 지적·도덕적 개혁의 선포자이자 조직가여야 하며 또 그럴 수밖에 없는데, 이 개혁은 국민적-대중적 집단 의지가 근대 문명의 우월하며 총체적인 형태를 실현하는 쪽으로 계속 발전해 나아갈 수 있는 창조적 지형을 뜻하는 것이기도 하다.[69]

이 구절이 제시하듯이, 대항헤게모니적 투쟁은 페다고지(교육학)의 형태 곧 대중 교육의 전략으로 이해되어야 한다. 그람시는, 모든 사회 집단은 다른 이들에게 세계를 보는 자신의 관점을 '가르치려' 시도한다는 의미에서 "모든 '헤게모니'적 관계는 필연적으로 교육적 관계이다."고 썼다.[70] 권력의 성격을 신비화함으로써 지배하는 반동적이거나 자유주의적 운동과 달리, 근대 군주는 권력에 대한 인민의 기본 이해를 촉진함으로써 대중 교육 또는 의식 고양을 통해 인민을 '위로' 끌어올리려고 시도할 것이다. 그람시와 여타 급진적인 지도자들이 1926년 이탈리아 남부의 작은 섬 우스티카에 수감됐을 때, 처음으로 한 것은 글을 읽지 못하는 다른 수감자들을 위한 학교를 세운 것이다. 그들의 교육과정은 (이 과정은 교육을 못 받은 지방 관료와 가난한 현지 주민들에게도 개방됐다) 맑스나 엥겔스의 작품으로 구성된 것이 아니라

---

69. Gramsci, 『옥중수고』(*SPN*), 133쪽.
70. 같은 책, 350쪽.

기초 독해, 수학, 역사, 프랑스어와 독일어로 이뤄졌다. 그람시는 감옥에서 자신의 친구 피에로 스라파에게 보낸 첫 번째 편지에서 이렇게 썼다. "보통의 수감자들이 육체적으로 그리고 도덕적으로 얼마나 타락했는지 자네는 상상도 못할 걸세." 그는 가르치는 것을 통해서만 자신과 동료 정치범들이 "의기소침해지는 걸" 피할 수 있다고도 썼다.[71]

그람시의 사상에서 핵심을 이루는 헤게모니라는 단어는 그리스어 hegemon에서 왔다. 원래 이 단어는 두 가지 뜻과 관계가 있다. 하나는 전통적인 의미에서 지배하는 이라는 뜻의 '지도자'이고, 다른 하나는 '안내자'로서 이끄는 이 곧 길을 찾거나 '보여주는' 이라는 뜻이다. 그리스어 hegeisthai(안내하다 또는 이끌다)는 초기에는 exegeisthai였다. 이 단어는 사람들을 복잡한 것에서 탈출하게 안내하거나 이끈다는 뜻을 지니는데, 요즘 쓰는 exegesis(텍스트의 비판적 설명 또는 해석)가 여기서 나온 단어다. 그래서 그람시에게 있어서, 헤게모니적 지도력은 지배한다는 의미에서의 지도력을 뜻하는 동시에 사람들을 혼란에서 탈출하게 안내한다는 의미에서의 지도력 곧 다른 상황에서라면 이해할 수 없을 사회 현실의 혼돈을 이해할 수 있게 돕는다는 의미에서의 지도력을 뜻한다고 말할 수 있다.

군주는 '배경'이던 게 '형상'이 되게 하는 부생을 통해시, 다시 말해 다른 상황에서라면 이미 주어진 자연스런 사실로 인식될 사회 현상을 자연스럽지 않은 것으로 느끼게 만듦으로써 이 작업을 주로 달성한

---

71. Antonio Gramsci to Piero Sraffa, January 2, 1927, Antonio Gramsci, *Letters from Prison*, Lynne Lawner 엮음 (New York: Harper and Row, 1973), 66쪽. [한국어판: 『감옥에서 보낸 편지』, 양희정 옮김, 민음사 2000.]

다.72 바로 이런 의미에서, 사회주의가 두 번째 종교개혁에 가깝게 되는 것이다. 다시 말해 사회주의는 자본주의 권력의 예배 의식문집을 방언으로 해석함으로써 보통 사람들이 인간 문명 재창조를 위해 그것을 이해하고 활용할 수 있게 해주려 한다. 근대 군주는 인민들에게 권력을 '보고', 그럼으로써 극복하는 데 필요한 기본적인 이해력을 가르침으로써 그들을 혼돈에서 이끌어내려고 시도하게 된다.73

그래서 종교개혁과 마찬가지로, 군주의 도래는 인민이 자신들의 의식을 지니게 한다. 다시 말해 군주와 인민은 서로를 구성하고 완성한다.74 (『헤게모니와 권력』에서) 폰태너가 표현한 말로 하자면 이런 '민주적인 철학자'의 변증법에서, 이론가는 인민, 군주, 새로운 형식의 정치적 지식의 '삼각' 관계를 확립한다. 그런데 이론가가 이 관계를 확립하는 것은, 인민들에게 군주의 의심 많은(cynical) 방식을 보여주는 동시에 군주가 인민들로 하여금 새로운 국민적 주체라는 형식 안에서 자율성을 획득하도록 돕는 걸 통해 군주 자신도 위대해질 수 있음을 보여줌으로써다. 폰태너는 (같은 책에서) 이렇게 썼다. 근대 군주의 계획은 "끝이 없고 제한이 없는 동심원의 체계"가 되는 것이다. 그리고 이 동심원 체계의 방식은 "지식인들에 대한 인민의 행동은 세계에 대한 좀더 역사적으로 뿌리 깊고 비판적인 지식을 창출하고, 인민에 대한 지식인들의 행동은 인민의 문화 수준을 높이고 폭을 넓히는" 가

---

72. Gramsci, 『옥중수고』(*SPN*), 158쪽.
73. "새로운 유형의 지식인은 권력을, 그리고 사상과 지식의 사회적 바탕을 드러내고 밝힌다. 또 이와 동시에 이 드러냄의 과정은 비판적 지식을 창조한다." Fontana, *Hegemony and Power*, 28쪽.
74. 같은 책, 147쪽.

운데, 인민과 지도자의 의식이 서로의 의식을 심화하고 다른 영역으로 확장하는 방식이다. '민주적인 철학자'는 사실상 새로운 유형의 지식과 사회적 존재를 구성하면서 인민들에게 직접 말하고 마침내는 그들과 하나가 된다.[75] '말하기'(address)의 형식은 '나-너'의 형식 곧 너에서 나에게 그리고 나에서 너에게의 상호 교환 형식이다.[76]

페다고지(교육학)에 반해서

그람시의 사상이 새로운 긍정적인 문화, 심지어는 '새로운 문명'의 확립을 향하는 반면 푸코는 한 종류의 사회 질서와 다른 질서를 규범적으로 구별하는 것에 대해 아주 회의적이었다. 이 때문에, 푸코는 그람시에 반하여 '아는' 사람과 그렇지 못한 사람, '교사'와 '배우는 이'를 구별짓지 않았을 뿐만 아니라, 페다고지(교육학)라는 개념은 전복시켜야 할 '진리 체제'(truth regime)를 함축한다는 걸 근거로 내세우면서 가르치는 행위 자체를 반대했다. 이런 태도에는 훌륭한 동반자가 있다. 들뢰즈와 가타리가 똑같은 태도를 취했는데, 이는 장 프랑수아 리오타르가 한 것과도 같다. 리오타르는 "모든 페다고지는… '정치적' 조직들의 내·외부 관계에 함축되어 있는 것을 포함한, 억압에 관여한다"[77]

---

75. 같은 책, 99-115쪽을 보라.
76. 같은 책, 102쪽.
77. Jean-François Lyotard, "Nanterre, Here, Now", *Political Writings*, Bill Readings and K. P. Geiman 옮김 (Minneapolis: University of Minnesota Press, 1993), 59쪽. 푸코처럼 리오타르도 지식인들은 가르치려 하면 안 되고 스스로를 "방어적이고 지역적인 개

는 점을 근거로 해서, 제 스스로 '아페다고지'(apedagogy, 비(非)교육학)라고 이름붙인 걸 옹호했다.

페다고지와 지도력에 대한 포스트구조주의자들의 노골적인 적대감은, 마침내 이론에 사변적이고 '장식적인' 징후가 나타나는 데 핵심 요인으로 작용했다. 문화이론 비평가들은 이론을 '방언'으로 해석해줌으로써 보통 사람들이 사상을 접할 수 있게 해준 게 아니라, 대중 문화의 방언을 고급 라틴어로 번역하는 길을 택했다. 그람시적인 지식인이 인민들에게 군주의 길을 가르침으로써 혼란에서 벗어나게 돕는 해설자(exegete)라면, 포스트모더니스트들은 그들에게 혼란의 씨를 뿌리고 실제의 사회 관계들을 신비화함으로써 잘못 인도하는 지식인들 곧 '거짓선지자'(eisegetes)들이라고 말할 수 있다. 수천가지 예 가운데 하나만 들자면, 로라 키프니스는 사치스럽고 정교한 이론적 도구들을 동원해, 아마도 미국에서 발행되는 가장 노골적으로 여성혐오적이며 인종차별적이며 반유대적인 대중 도색잡지랄 수 있는 『허슬러』가 "대항-헤게모니적"(그 자신의 표현이다)이라고 주장했다. 이 잡지가 부르주아의 규범과 가치들을 풍자하기 때문이란다. 『허슬러』가 중간계급의 가치('취향')들에 대한 노동계급의 공격을 형상화하기 때문에 "대항-헤게모니적"이라고 주장하는 건, 히틀러가 '평범한 사람'(the little man)을 옹호하고 독일 노동계급에게 국민적 통합을 호소했기 때문에 공산주의자라고 주장하는 것과 같은 꼴이다.[78] 푸코에 대한 날카로운 비판

입"에만 한정시켜야 한다고 같은 책 7쪽에서 주장했다.

78. Laura Kipnis, "(Male) Desire and (Female) Disgust: Reading Hustler", Lawrence Grossberg, Cary Nelson, Paula Treichler 엮음, *Cultural Studies* (New York:

가였던 작고한 에드워드 사이드는 이렇게 봤다. "포스트모더니즘, 담론 분석, 신역사주의, 해체주의, 신실용주의 같은 숭배 의식은 그들을 암울한 나라로 데려간다. 역사와 개인의 책임의 진지함에 대해 놀랍게도 전혀 무게를 느끼지 못하는 감각이, 공적인 문제들과 담론에 대한 관심을 조각내 없애버리는 땅으로 말이다. 그 결과는 목격하기 가장 괴로운 장면이다. 마치 사회 전체가 아무런 방향도, 일관성도 없이 표류하기라도 하듯 더듬거리는 것이다."[79]

그람시의 '군주'가 인민을 가르치려는 시도를 통해 지도하는 동시에 스스로 인민이 되어가는 그 자리에서, 푸코의 '고고학자'는 규범을 파헤쳐내고 방언으로 말함으로써 의미의 손상과 불안정화를 시도한다. 그래서 푸코는 사회적 공간의 파편화를 다음과 같은 전형적으로 표현주의적인 표현들로 찬양한다.

> 헤테로토피아(이형공간)들은 불편하게 만든다. 그런데 그 이유는 아마도 몰래 언어의 토대를 허물고, 이것과 저것을 이름 붙여 부르는 게 불가능하게 만들며, 통용되는 이름들을 부수거나 방해하고, 앞서 '구문론'을 파괴하되 문장을 구성하는 데 쓰는 구문론뿐 아니라 단어들과 사물들이 (나란히 그리고 서로 맞내 채) '함께 모이게' 만드는 덜 명백한 구문론까지 파괴하는 데 있을 것이다.… 헤테로토피아들은… 말을 무기력하게 하고 단어들을 궤도에서 멈추게 하고, 문법의 존재 가능성을 그 근원에서부터 문제 삼는다. 또 우리의 신화를 소멸시키고 우리의 문장의 서정성을 메마르게 한다.[80]

Routledge, 1992), 373-391쪽.
79. Edward Said, *Culture and Imperialism* (New York: Random House, 1993), 303쪽.

푸코의 '비 교육학적' 전망은 말하자면 크로체 같은 것이다. 폰태너가 마키아벨리와 그람시에 대한 빛나는 연구서인 『헤게모니와 권력』에서 보여줬듯이, 베네데토 크로체는 대중의 역사 진입이라는 저급한 광경을 담고 있는, 곧 문화적·사회경제적 구별을 해소하는 성격의 종교 개혁을 이탈리아의 르네상스에 비교하는 건 부적절하다는 태도를 보인다. 그는 르네상스를 유럽 문명 진보의 정점으로 본다. 르네상스의 놀라운 미적·정치적 성취는 통속적인 이들의 문화(cultura polulare)에서 효과적으로 거리를 둔 부르주아 인텔리겐차의 '고급 문화'(cultura alta)의 산물이라고 크로체는 믿었다. 르네상스로부터 그가 끌어낸 교훈은, 역사적 필요성과 대중으로부터 분리된 사심 없고 '순수한' 철학만이 보편적인 진리에 도달할 수 있다는 것이다. 대중 교육이라는 개념에 섬뜩해 한 니체와 마찬가지로, 그래서 크로체는 제 스스로 '차이의 변증법'이라고 이름 붙인 것 곧 지식인과 대중의 실천 영역 분리를 옹호했다.

(『옥중수고』의 상당 부분을 크로체의 정치, 역사 철학의 심각한 결함을 보여주는 데 할애한) 그람시는 다른 관점을 가졌다. 미적 성취가 좁은 문화적·사회적 영역에 국한됐던, 다시 말해 한 줌의 지식 엘리트에게만 혜택이 돌아가는 '재생'에 국한됐던 르네상스가 아니라 종교 개혁이야말로 문명의 역사에서 진정으로 중추적인 사건이라는 것이다. 가톨릭 교회가 지니던 권력과 이념 독점 그리고 인민과 '더 고귀한' 사상 사이 중재 권한의 독점을 깨뜨리면서, 루터와 칼빈 같은 지식

---

80. Foucault, 『말과 사물』(*The Order of Things*), xviii쪽. (강조는 원저자)

인들은 계몽사상, 프랑스혁명, 19세기 사회주의, 민주주의 운동의 서막을 올렸다.[81] 그래서 종교개혁은 '고급' 문화와 이념이 대중들에게 어떻게 확산되는지를 보여주는 바로 그 역사적 실례다. 루터가 민주주의자는 아니었지만, 모든 사람이 제 자신의 사제라고 선언함으로써 그는 보통 사람들에게 그들 자신이 직접 신과 대화할 권한이 있다는 느낌을 불어넣었다. 자율적인 행위자로서 그들은 가톨릭 교회의 중재가 없이도 신앙 공동체에 참여할 수 있었다.[82] 따라서 그람시가 근대 군주를 '새로운 사제' 다시 말해 인민들에게 권력의 방식을 가르치면서 사회주의라는 '종교'를 전파하는 지도자에 비유한 것이다. (그의 비유법은 마키아벨리가 자신의 '군주'를 '새로운 군주'라고 칭한 것과 똑같은 식이다.)[83]

하지만 크로체는 『군주론』이 윤리와 진리의 영역에서 정치를 분리시킬 필요성을 제시한다고 봤다.[84] 정치 생활은 언제나 (폰태너의 표현을 따르면) "이기심 있는 개인들의 욕구와 경제적 이해를 조작하고 통제하는 걸 나름의 영역으로 삼는 활동이자 기술"[85]이며 이 점은 변함없을 것이라고 그는 생각했다. 그는 철학적·명상적 지식을 정치 생활의 '도구적' 영역으로부터 보호하면서, 아는 사람(chi sa)과 모르는 사

---

81. Fontana, *Hegemony and Power*, 35-51쪽을 보라.
82. 같은 책, 36-37쪽.
83. Femia, *Gramsci's Political Thought*, 138쪽.
84. "그래서 정치적 지식은 본질적으로 어떤 목표나 목적을 지니지 않는 기술과 수단으로 전락했다. 도구와 기술로서 윤리적으로나 도덕적으로 중립적인 것이다." Fontana, *Hegemony and Power*, 58쪽.
85. 같은 책, 57쪽.

람(chi non sa) 간 지식의 분기를 받아들였다. 크로체는, 이론 영역과 실천 영역이 서로 반대지점에 있다거나 실천과 명상은 서로를 조건짓는 것일 수 없다고 주장한 게 아니다. 그 둘이 '이중성-통일성'을 이룬다고 주장함으로써 본질적으로 아우구스티누스의 『신의 도시』(신국론)[86]를 '헤겔화했다.' 동시에 그는 노동(경제적 활동)을 실천의 형식이라며 배제하고, 집단이 아니라 개인에게 세계 정신의 주요 매개체라는 특권을 부여했다.[87] "세속적인 만인의 만인에 대한 투쟁의 결과이자 해법으로 인식된 국가와 '진정한' 정의가 지배하는 영역으로 여겨지는 영적·도덕적 영역에 대한 기독교적이자 아우구스티누스적인 구분"이라는 전통을 되살림으로써, 크로체는 노동계급을 사실상 '욕구를 지닌' 이익단체의 하나로, 영원한 무지 상태와 가상의 윗사람들에 대한 복종 상태에서 벗어나지 못할 운명인 집단으로 축소시켜버렸다.[88]

여기서 다시 푸코에게로 돌아가자. 앞장에서 나는, 푸코의 사회변화 이론이 헤겔적 관념론으로 강하게 되돌아가는 걸 통해 형성됐다고 주장했다. 그는, 역사가 자연발생적인 수많은 표피적인 상황들과 '특이성들'(singularities), 사건들을 계속 던진다고 봤다. 그리고 이런 사건

---

86. [옮긴이] 『신의 도시』(신국론)는 아우구스티누스가 413년부터 426년까지 16년 동안 쓴 책으로, 기독교는 세속 정치가 아니라 천상의 도시 예루살렘에 관심을 기울여야 한다고 역설한다. 그의 정교 분리 사상은 프랑스 혁명 이후 서구에서 중요한 원칙으로 자리잡았다.

87. Benedetto Croce, *Philosophy of the Practical: Economic and Ethic* (New York: Biblo and Tannen, 1967; 초판 발행은 1913), 304쪽; 특히 293-305쪽을 보라. Benedetto Croce, "In Praise of Individuality", *My Philosophy, and Other Essays on the Moral and Political Problems of Our Time* (London: George Allen and Unwin, 1949), 180-207쪽도 보라.

88. Fontana, *Hegemony and Power*, 60쪽.

들의 의미는 특정한 서사(narrative) 또는 한 묶음의 서사들로 축소될 수 없고, 사건의 움직임은 예측할 수도, 특정 방향으로 몰아갈 수도 없다고 봤다. 프랑스 파리의 반역에서부터 이란혁명의 봉기까지 이어진 당대의 대중 운동에 압도당한 듯한 그는 정치 행동에 대해서 지도력과 전략을 피하는 '자발주의자적'(spontaneist) 태도를 분명히 취했다.[89] 그런데, 크로체가 보편적이고 사심 없는 지식의 자율성을 정당화하기 위해 헤겔로 회귀한 반면 푸코는 보편적인 진리의 가능성을 거부하기 위해 (그리고 자신의 '고고학'의 자율성을 정당화하기 위해) 니체를 향했다. 이 두 사람의 이론적 결과는 똑같았다. 운명론적이고 본질적으로 '비극적인' 정치 개념, 곧 모든 '의식적' 요소를 거부하고 정치 생활의 윤리적 의미를 제거해버리는 것이 그 결과다.

최근 포스트구조주의 비평가인 웬디 브라운은, 아마도 무의식적으로 한 것이겠지만, 우리로 하여금 크로체와 푸코의 정치론의 감춰진

---

89. 어느 정도까지는, 그람시와 푸코의 실천 개념 차이를 급진적 사회·정치 사상 내의 자발주의와 주의주의(主意主義) 간 긴장의 맥락에서 대비할 수 있다. 부하린, 로자 룩셈부르크 또는 안톤 파네쿡 같은 '자발주의자'들은 결정주의 또는 급진적 인민주의 또는 두 가지 모두를 취했다. 그들은, 자본주의의 내적 모순들이 어느 정도까지는 대중들로 하여금 지배자들을 몰아내기 위해 '자발적으로' 봉기하게 할 걸로 기대할 수 있다는 신념에서, 강한 지도력이 필요하다거니 바람직하다는 생각을 거부한다. 반면 칼 카우츠키 또는 블라디미르 레닌 같은 '주의주의자'들은 올바르고 강한 정치적 지도력이 있으면 사실상 그 어떤 역사적 위기도 억압받는 이들에게 유리한 쪽으로 해소할 수 있다고 주장했다. 사회주의자들은 주의주의에 기우는 경향이 있었고, 반면 아나키스트들은 자발주의에 기울었다. 그렇지만, 아나키스트들은 (예를 들면 미하일 바쿠닌) 종종 이론의 뒷문을 통해 지도력 또는 지향 같은 형식을 몰래 도입했다. 반면 몇몇 사회주의 이론가들은 (예를 들면 코르넬리우스 카스토리아디스) 지도력을 프롤레타리아트의 자율과 타협시키려고 시도했다. Chamsy Ojeili, "The 'Advance Without Authority': Postmodernism, Libertarian Socialism, and Intellectiauls", in *Democracy and Nature* 7, no. 3 (Nov. 2001). 이 두 축으로 보면, 푸코는 아나키즘과 자발주의에 가깝고 (사회주의자임을 공언한) 그람시는 주의주의에 가깝다.

지적 유사성에 관심을 갖게 했다. 『역사에서 벗어난 정치론』에서 브라운은, 근대성의 메타담론(meta-narratives)이 소진됐고 좌파들이 낡고 향수에 젖은 혁명관과 해방관에 더 이상 매달리는 건 반동적인 것이라고 주장했다. 니체의 계보적 방법을 곤봉처럼 휘두르되, 스스로 좌파라고 하는 사람들이라면 보통 하듯이 자본주의와 가부장제, 인종차별주의 또는 기타 미숙한 사회 제도에 대해 휘두르는 게 아니라 사회주의, 여성주의, 정체성 정치론에 대해 휘두르면서 브라운은, 요즘 정치이론가들이 사회 운동들을 맹신적이고 거의 찬양 일변도로 다룬다고 꾸짖었다. 또 사회 운동들은 과거의 역사적 외상들에 대해 분노하거나 복수에 불타는 '상처입은 애착'을 보이기 때문에 진보에 방해가 된다고 주장했다. 다시 말해 진정한 비판적 성찰에 필수적인 인식 거리 같은 것을 확보하는 데 방해가 된다는 것이다.

유사하게도, 브라운은 자신의 비개입 정치이론을 뒷받침하기 위해 크로체의 헤겔적 역사철학으로 돌아갔다. "정치 생활과 지적 탐구를 문자적으로 그리고 형상적으로 구별하자는 크로체의 주장은 풍성한 도덕적 정치 전망을 되살리고, 동시에 요즘의 지적 구조와 정치적 구조가 서로를 오염시키는 수단인 도덕적 고찰을 줄일 가능성들을 제시한다"[90]고 이 여성학자는 썼다. "주목할 소논문"이라고 평가하는 크로체의 「정치론과 도덕」(1941)을 길게 인용하면서, 브라운은 이렇게 쓰고 있다.

---

90. Wendy Brown, *States of Injury*, 42쪽.

내가 왜 최대한 세심하게 이론과 실천, 정치철학과 정치를 구별하는 걸 고집해왔는가? 철학자들에게 신중할 것을, 그리고 이미 충분히 혼란스러운 정치 생활을 시의 적절치 못하고 허약한 주장을 펴는 철학과 혼동하지 말 것을 촉구하려고? 물론 그렇다.… 그러나 나는 정반대의 욕구, 말하자면 역사적 판단을 실천적 정치에 의한 오염에서 구하려는 욕구, 역사적 판단으로부터 관용과 공정성을 빼앗는 오염에서 구하려는 욕구로 마음이 움직였음을 고백한다.91

또 다른 책에서 브라운은 이와 비슷하게 실천적 정치를 사변적 사상의 '오염물'로 보는 크로체의 관점을 이렇게 반복한다.

정치 이론이… 사건들에 반응하는 데 매이게 되면 지식 생활에서 이론이 차지하는 독특한 가치 그리고 심지어는 정치 생활에 기여하는 부분까지 잃어버릴 위험에 크게 직면한다.… 그리고 현재의 폭정 또는 소여(所與, givenness)를 붕괴시키고 미래의 범위를 확장할 수 있는 능력을 지닌 탐구 영역으로서 이론이 지닌 능력을 제한할 위험을 맞게 된다. 또한 정치적 사상을 정치적 태도로 대체하고, 그래서 현재의 조건들에 대해 의문을 제기할 능력을 희생하는 위험도 맞게 된다. 그렇다고 해서, 광범한 정치 이론이 정치 생활로부터 뒤로 물러나야 한다는 뜻은 아니다. 다만, 정치 생활의 이론화를 정치 생활 내 행동과 구별할 필요가 있다는 것이다. 이 말은, 행동을 이론과 동일시하는 걸 거부할 뿐 아니라 둘 가운데 하나가 더 우월하거나 정치에 더 중요하다는 생각 자체도 거부해야 한다는 뜻이다.92

---

91. 같은 책.
92. Brown, "The Time of the Political", *Theory and Event* 1, no. 1 (1997). (강조는 필자)

브라운은 단지 정치 이론가들로 하여금 시사적인 사건에 즉각적으로 반응하지 말라고, 곧 분별 있는 관점을 가지라고 말하고 있는 게 아니다. 이 여성 학자는, 당대의 그 어떤 정치 쟁점에 대해서든 이론가로서 고려하는 걸 중단하라고 말하는 것이다. 실제로 그는, 경험적 고려는 거기에 맞는 훈련을 받은 전문가들에게 맡기는 게 낫다고 강하게 암시하고 있다. 공산주의 붕괴 이후 유럽 정치 질서의 복잡성을 언급하면서 그는 이렇게 쓰고 있다. "1989년의 여파와 사건들에 대한 실제적인 분석은 거기에 어울리는 언어에 능숙하고 관련 역사, 경제, 정치, 문화 구조에 박식한 이들에게 맡기는 게 어떤가?"93 이런 논리를 따르면, 보통 사람들 또한 이런 문제를 너무 깊이 파고들지 말아야 할 것이다. 종신 재직권을 확보한 정치학과 교수가 이런 사건들에 대해 의견을 표시하는 걸 가치 없다고 느낀다면, 제대로 교육받지 못한 대중이 의견을 표시하는 건 얼마나 자격미달이겠는가?

크로체의 비정치적 관념론에 새로운 생기를 불어넣은 브라운은 이어서 크로체와 푸코를 연결시키는 데까지 나아간다. 그는 푸코가 "비판적 사고의 가치를, 자신의 견해를 확립하거나 정책을 형성하거나 행동의 청사진을 제시하는 것의 가치와 [구별했다]"는 점을 찬양한다.94 그러나 이는 맞지 않는 이야기다. 푸코는 종종 막 전개되는 역사적 사건들에 대해 (그리고 그것도 브라운이라면 잘못된 방향이라고 경고할 만한 방식으로) 견해를 피력하곤 했다. 그러나 브라운이 이 프랑스 역

---

93. 같은 책.
94. Brown, *Politics Out of History* (Princeton, N.J.: Princeton University Press, 2001), 42-43쪽.

사학자와 저 이탈리아의 철학자 겸 비평가 사이의 연관성을 직감한 것 자체는 실수가 아니다. 이론과 실천의 그 어떤 변증법도 단언적으로 거부하는 이 여성의 태도는 크로체보다는 푸코로부터 더 직접적으로 도출된 것이다. 푸코 독해를 통해 그가 가져간 것은, 전략을 철학적 명상의 적합한 분야로 인정하지 않은 점이다. 신의 도시(civitas dei)와 세속 도시(civitas terrena)를 구별하는, 다시 말해 한편으로는 천국 곧 영적이고 도덕적이며 명상적인 영역을 설정하고 다른 편에는 세속 권력과 권위를 설정하는 아우구스티누스의 용어로 돌아가는 걸 대변하는 크로체와 마찬가지로, 푸코도 지식 영역간 구별을 받아들인다.

운명(포르투나)의 반전

칼 폰 클라우제비츠는 『전쟁론』에서 "이론의 임무는 다름 아니라… 목적과 수단의 성질을 연구하는 것이다."라고 썼다.[95] 19세기 중반부터 20세기 중반까지 급진적인 사회·정치 운동들은 근대 전략의 창시자인 클라우제비츠의 이 격언을 심각하게 고려했다. 급진세력이 어떻게 혁명이 발생하고, 왜 실패하며, 이떻게 해야 성공의 가능성을 높일 수 있는가 하는 문제로 씨름할 때, 좌파 담론을 지배한 것은 전략 문제였다. 맑스와 엥겔스는 유럽에서 민주적인 혁명 운동을 발전시키려는 관점에서 국제 관계, 전쟁, 정치경제학을 연구했다. 엥겔스는 특히

---

95. Clausewitz, 『전쟁론』(*On War*), 142쪽.

군사 문제와 전략적 정책의 전문가였으며, 전쟁 상태의 세밀하고 기술적인 문제에 특히 뛰어난 능력을 보여줬다. 맑스는 국제 군사, 정치 사건에 대해 해박한 글들을 발표했다.[96] 20세기 초 레닌은 클라우제비츠의 작품들을 연구했다. 그와 트로츠키는 공히 소비에트 혁명기와 볼셰비키의 지배를 강화시킨 내전 기간 동안 훌륭한 전략가이자 전술가임을 증명해보였다.[97] 그 이후에도 혁명적인 지식인들은 아프리카, 아시아, 라틴아메리카에서 전략적인 사상이 구체적인 정치 운동으로 나아가게 하는 과정에서 클라우제비츠의 조언에 주의를 기울였다. 20세기 후반에 이르러, 전략적 정책에 정통한 제3세계 반식민 투쟁들은 유럽 제국주의 체제와 식민 체제를 분쇄했다.

'선진' 또는 과잉개발된 자본주의 사회에서는 상황이 달랐다. 2차 세계대전 이후 억압의 이념적·문화적 상부구조가 날로 복잡해지고 전략 이론은 시들어갔다. 중요하며 동시에 특별한 예외가 바로 미국의 시민권 운동이었다. 이 운동에서는, 흑인들로 하여금 눈에 보이는 차별 구조와 정부 인가 아래 진행되는 테러에 맞서게 하는 남부의 상황이 어느 정도는 전략적인 (간디적인) 지향을 띠게 만들었다. 그러나

---

96. 맑스가 『뉴욕 트리뷴』에 쓴 크림 전쟁에 대한 정곡을 찌른 해설 기사는 독자들에게 높은 평가를 받았다. Sigmund Neumann, "Engels and Marx: Military Concepts of the Social Revolutionaries", E. M. Earle 엮음, *Makers of Modern Strategy* (Princeton, N.J.: Princeton University Press, 1952), 154-171쪽을 보라. [한국어판:『신전략사상사』, 곽철 옮김, 기린원, 1980.]
97. Raymond Aron, "Lenin as Interpreter of Clausewitz", *Clausewitz: Philosopher of War* (Englewood Cliffs, N.J.: Prentice-Hall, 1985), 267-277쪽을 보라. Edward Mead Earle, "Lenin, Trotsky, Stalin: Soviet Concepts of War", 『신전략사상사』(*Makers of Modern Strategy*), 322-364쪽도 보라.

서유럽과 일본 등지는 물론 미국 내 다른 곳에서도, 전후의 자유주의적이고 가부장적인 자본주의 질서가 상당히 인상적인 사회 통제 장치를 차츰 발전시켰다. 이 장치를 허버트 마르쿠제는 『1차원적 인간』(1964)에서 섬세한 서구적 전체주의 형태라고 냉담하게 묘사했는데, 이런 장치의 발전으로 전통적인 전략 이론들은 시대에 뒤진 게 아니라면 적어도 완전히 부적절한 것인 듯 했다. 전후 경제 호황은 미국 내 조직 노동운동을 정지 상태에 이르게 만들었다. 반면 서유럽에서 노동운동의 전투성은 더 강력하지만 관료적이고 기술중심적인 노동운동과 사민주의 정당으로 흡수됐다. 그런데 사민주의 정당들은 1980년대에 와서는 더 보수적인 정당들과 거의 구별할 수 없는 지경에 이른다. 많은 요소들 가운데 무엇보다 대량 소비주의와 강력한 중간계급의 등장, '스펙터클의 사회'의 도래라는 요소는, 서구의 급진세력으로 하여금 보통 사람들이 적어도 의식적인 차원에서는 자신과 동일시하고 있는 현존 경제·사회 체제의 '총체적인' 대안을 제시하는 걸 더 어렵게 만들었다.

그 이후에, 제2의 물결 여성주의자들과 동성애 권리 운동가들이 성적인 억압과 남녀 차별에 도전하는 데 있어서 전술적 탁월함을 보여준 점은 인정된다. 그래서 푸코가 아래와 같이 선언한 것은 정당성이 있었다.

1960년대와 70년대 초반에 벌어졌던 사건은 보존할 가치가 있는 것이라고 생각한다. 내가 보존해야 할 것으로 보는 것 하나는, 거대한 정당 밖에서 그리고 평범하거나 일반적인 프로그램 밖에서 정치적 혁신과 창조와 실험이 이뤄졌다는 바로 그 사실이다. 60년대 초와 지금을 비교하면 사람들의 일상 삶이 변화했다는 게 분명한 사실이며, 내 자신의 삶 또한 마찬가지다. 분명히 이 변화는 정당들 때문이 아니다. 많은 운동들의 결과다. 이 사회 운동들은 우리의 전체 삶과 심성과 태도 그리고 운동에 속하지 않는 다른 사람들의 태도와 심성까지 모두 진정으로 변화시켰다. 이는 아주 중요하며 긍정적인 것이다. 반복해서 말하지만, 이런 점검을 유발한 것은 평범하고 낡은 전통 정치조직이 아니다.[98]

안타깝게도, 그 이후의 사건들은 확산과 '차이'에 바탕을 둔 이 '새로운' 접근법이 기존 권력 구조를 깨기에 충분함을 스스로 증명하리라는 현실적 기대를 산산조각내고 말았다. 1990년대에 이르자, 푸코가 "불연속적이고 독특하며 특정 지역 고유 비판의 놀라운 유효성"이라고 칭한 것은 더 이상 20년 전처럼 놀라워 보이지 않게 됐다.[99] 좌파가 아니라 정치적·종교적 우파야말로, 진정 전 세계적인 범위를 지닌 변혁적 헤게모니 정치 기획을 준비하는 데 성공했다.

그런 진전을 이룬 세력이 좌파가 아니라 우파인 것은, 부분적으론 좌파가 헤게모니적, 다시 말해 전략적인 실천 개념을 거부한 탓이다.[100] 결여된 것은, 힘없는 이들의 고립·분산된 운동들을 긴밀히 결합된 전체로 조직해 낼 의지와 능력을 지닌 효율적인 지도력이다. 미국의 한 활동가(체스터 하트먼)는 1990년대 초에 "좌파 내 정치 지도력의 결핍

---

98. Michel Foucault, "Sex, Power, and the Politics of Identity", *Ethics, Subjectivity, and Truth*, vol. 1, Paul Rabinow 엮음 (New York: The New Press, 1997), 172-173쪽.
99. Foucault, 『권력과 지식』(*Power/Knowledge*), 80쪽.
100. Stuart Hall, *The Hard Road to Renewal: Thatcherism and the Crisis of the Left* (London: Verso, 1988)를 보라.

이 두드러진다."고 평가했다. 그는 또 이렇게 썼다. "협소한 부문별 쟁점들을 넘어설 전국적인 인물, 지도자가 거의 없다. 좌파는 상황이 왜 이런지 물어야 한다.… 우리 사회처럼 크고 복잡하며 엄청난 문제들을 안고 있는 사회에서는, 응집력 있는 정치 행동을 불러올 지적이고 도덕적이며 정치적인 인물이 필요하다."[101] 많은 좌파 인사들이 계속 지도력을 거부하고 전략적 지향, 다시 말해 현존 질서에 대한 의미 있는 대안 인식을 무시하고 그 대안에 이르는 데 필요한 구체적인 목표 인식을 무시하는 한, 사회 운동은 계속 위기와 위기 사이에서 흔들리게 될 것이다.

한편 이론의 사용 가치 소멸은 몇몇 비평가로 하여금 마키아벨리와 그람시를 거꾸로 뒤집는 방향으로 가게 했다. 능력과 운명의 관계를 뒤집어서, 행위력이라는 건 불가능한 것이고 사회 전체라는 개념은 더 이상 의미 있는 서술의 대상이 아니라고 암시한 것이다. 예를 들어 푸코적 문화 연구 비평가인 커스티 매클루어는, 지식인들에게 '세계의 진리'에 대해 뭔가 드러내려는 노력에 대한 쓸데없는 관심을 포기할 것을 요구한다. 그래서 우리는 "포괄적인 인과론, '진리'"의 이론, "실천적 의무의 보증자, 도구적 행동의 정당화 발굴자, 그리고 정당한 근거"[102] 구실을 하는 이론 찾기를 거부해야 한다.

그래서 포스트모더니스트들은 계속 우리의 정치에서 '지도적인' 또

---

101. Chester Hartman, "Nineteen Perspectives for the Left", *The Progressive*, Nov. 1990, 18쪽.
102. Kirstie McClure, "The Issue of Foundations", Joan Scott and Judith Butler 엮음, *Feminists Theorize the Political* (New York: Routledge, 1992), 364-365쪽.

는 적극적인 인자를 억압하거나 폐기한다. 이렇게 함으로써 그들은 아는 사람들 곧 사회적 위기의 실재적인 기원에 대해 적어도 어느 정도 지식이 있는 이들이 모르는 사람들을 교육하는 것에 대해 미묘하지만 명백한 압력을 행사한다. 이 명백한 대중주의(포퓰리즘)의 결과는, 비판적인 지식인 계층을 협소한 코스모폴리탄적 분파에 묶어두고 인민들을 권력 기구에 대해, 그리고 권력에 도전하기 위해 시도됐던 역사적 방법들에 대해 영원히 무지한 상태로 두는 것이다. 그런데 우리가 포스트모더니스트들의 조언에 귀를 기울인다면, 날씨가 좋을 때를 이용해서 댐을 강화하고 세금을 모으고 사람들을 높은 지역으로 이동하게 함으로써 준비시키는 걸 게을리하는 군주를 닮는 꼴이다. 이렇게 한다면 그건, 우리의 의지를 온전히 운명의 장난에 맡기고 양심의 가책과 인간애가 가장 부족한 이들의 손에 지구의 미래를 정확히 넘겨주는 것이다.

6장
탈근대 군주

그람시의 근대 군주론은 겉모습이 없는 행동은 모호한(in obscura) 행동, 의미하는 바가 없는 몸짓임을 상기시켜준다. 정치 생활이라고 하는 것은, 겉모습의 공간에서 서로에 대해 대등한 잠재성을 지닌 존재로 등장할 수 있는 능력을 전제로 하는 것이다. 남을 보고 또 남들에게 보인다는 현상적 바탕에서만 우리의 행동은 의미를 지니고 다른 이들이 이해할 수 있게 된다. 그래서 『군주론』에서 마키아벨리가 인민은 "보통 손보다는 눈으로 더 많이 판단한다. 모든 사람이 볼 수 있지만 느낄 수 있는 사람은 소수인 까닭이다."[1]라고 언급한 것이다. 한나

---

1. Niccolò Machiavelli, *The Prince, The Portable Machiavelli*, Peter Bondanella and Mark Musa 엮음 (New York: Penguin, 1979), 135쪽. [한국어판: 『군주론』, 강정인·문지영 옮김, 까치글방, 2003.]

아렌트는 정치 생활은 "사물들이, 피난처에 숨은 존재의 어둠에서 나와 모습을 드러낼 수 있는 공공 영역에… 전적으로 의존한다."2고 봤다. 그는 또 실재라고 하는 것은 "결국 다른 이들의 현존이, 그들의 나타남이 보증한다.… 이 겉모습이 결여된 것은 그 무엇이든지 꿈처럼 왔다가는 스쳐 지나간다. 이 꿈은 친숙한 우리 자신만의 꿈이며 실체가 없는 것이다."3고 했다. 겉모습이 없는 행동은 정치적 행동이 아니다.

그래서 하층민들이 정치적으로 '존재'하기 위해서는, 먼저 어떤 구체적인 모습을 지녀야 한다. 이 때문에 그람시가 근대 군주를 "집단적인 의지가… 구체적인 형태를 취하기 시작하는 사회 속의 유기체 또는 복합적 사회 요소"4라고 묘사한 것이다. "항구적으로 조직되어 있고 장기적으로 준비된 세력"으로, "상황이 유리하다고 판단될 때" 투입할 수 있는 세력으로 스스로를 조직함으로써만, 그들이 휘몰아치는 갈등의 바람과 운명에 한결같이 버틸 것을 기대할 수 있다. 또 그럼으로써 정치적 권력을 놓고 겨루기를 기대할 수 있다.5 부분적으로 정당이자, 사회 운동이자, 세속적인 철학이자, 복음의 종교인 근대 군주는 마침내 전혀 새로운 형태의 인간 문명의 핵심 또는 씨앗을 형성하게 된다.

이와 비슷하게, '탈근대 군주'도 전 세계에 걸쳐 이미 존재하는 해방

---

2. Hannah Arendt, *The Human Condition* (Chicago: University of Illinois Press, 1958), 51쪽. [한국어판: 『인간의 조건』, 이진우·태정호 옮김, 한길사, 1996.]
3. 같은 책, 199쪽. (강조는 필자)
4. Gramsci, 『옥중수고』(*Selections from Prison Notebooks*), Quentin Hoare 엮음 (New York: International Publishers, 1971) 129쪽 (강조는 필자); 194쪽을 참조하라.
5. 같은 책, 185쪽.

운동들의 분산된 에너지를 하나로 모아서 단일한 세계 역사적 운동의 형태를 부여하게 되는 '집단 지성'일 것이다. 자유의 도덕적 존재론을 명확히 표현하고 전략적 능력(virtú)을 발휘함으로써, 군주는 문화와 국가에 대해 헤게모니적 영향력을 발휘하는 가운데 사회 내 다른 운동·조직의 충성을 얻으려 시도할 것이다. 통일된 주체로 형성되는 과정에서, 탈근대 군주는 권력과 지배세력 곧 자본주의, 가부장제, 인종주의와 기타 왜곡된 제도의 다양한 성질을 밝혀내고 앞으로 올 정의로운 사회를 예시할 것이다.

이 책에서 이미 제시했듯이 이런 개념은 기존의 이론적 신념과 어긋난 방향으로 간다. 많은 비평가들은 저항세력의 통일성 문제 곧 긴밀하게 결합된 운동을 형성하기 위해 어떻게 해야 할 것인가 하는 실천적인 문제와 함께 제기되는 통일성의 담론이 이제 시대에 뒤떨어진 것임을 증명하는 근거로, 신좌파 시기 이후의 이른바 신사회 운동의 등장을 꼽는다. 예컨대 아이리스 매리언 영은 "정치적 통일을 추구하는 욕구가 차이를 억압할 것이고, 어떤 목소리들과 전망들을 공공 영역에서 배제하는 경향을 보일 것"[6]이라고 주장했다. 포스트모던 웅변가인 주디스 버틀러도 이와 비슷하게 여성운동에서 통일성이라는 개념을 훨씬 더 시급한 과제인 운동 내부에서 본질주의를 몰아내는 문제에 대한 관심을 흩뜨리는 위험한 것으로 치부한다.

---

6. Iris Marion Young, *Justice and the Politics of Difference* (Princeton, N.J.: Princeton University Press, 1990), 118쪽.

'통일'이 효과적인 정치 행동에 필수적인가? 통일의 목표를 때 이르게 주장하는 건 운동 대오의 훨씬 심각한 파편화의 원인이 [아닌]가? 어떤 형태의 용인된 파편화는 연대 행동을 촉진할 수도 있다. 여성이라는 범주의 '통일'은 전제된 것도, 바람직한 것도 아니라는 바로 그 점 때문이다. '통일'은 정체성 개념의 경계를 깨는 일련의 행동 가능성을 또는 경계 깨기를 분명한 정치적 목표로 하는 행동의 가능성을 배제하는 배타적인 연대 기준을 정체성 수준에서 설정해지 않는가?[7]

버틀러는 이 문제에 대해 아주 수사학적인 태도를 취한다. 통일의 위험성은 충분히 근거를 갖춘 것이어서 더 이상 논쟁이 필요하지 않다는 (그리고 경험적 조사도 필요 없다는) 태도를 보인다. 분명, 어떤 통일 담론은 '배타적'이다. 그러나 역사상 가장 성공적인 사회 운동은 통일과 연대, 심지어 정체성의 '동일성'을 보여주는 이미지와 상징을 자유롭게 이용했다. 버틀러 같은 포스트구조주의자들이 하듯이, '차이'를 최고선(summum bonum)과 실천의 지도 원칙으로 삼는 건 하위층 주체들을, 이 경우는 여성들을, 겉모습의 영역에서 보이지 않는 존재로 만드는 꼴이다.

포스트구조주의가 인문학에서 새로운 정통으로 떠올랐지만, 여러해에 걸쳐서 다양한 비평가들이 차이와 분열 숭배에 반대하면서 새로운 좌파 공통의 기획, 서로 다른 요소들의 통일을 위한 새로운 형식을 공개적으로 촉구했다. 이미 1973년에 신좌파 저술가인 브루스 브라운은

---

7. Judith Butler, *Gender Trouble: Feminism and the Subversion of Identity* (New York, Routledge, 1990), 15쪽.

저항세력의 "고도의 분산 및 원자화"의 전략적 취약점을 지적했다. 그는 "저항세력이 특수성의 한계를 넘어서고, 이론과 실천 영역에서 부문별 투쟁과 특정 부문의 억압을 공통의 객관적 뿌리와 연결시키고, 이들을 총체적인 혁명 기획안에 포괄할 수 있는 새로운 통일된 전망을 창출해내는 게 중대한 과제다."[8]라고 썼다. 같은 시기에 프랑스에서 앙리 르페브르도 비슷하게 "분리된 측면들을 함께 묶고 본질적으로 다른 경향들과 요소들을 통일하는 것"을 "기본 원칙과 목표"로 삼는 운동을 촉구했다.[9] 그는 이렇게 썼다.

> 인간성이 그 자체를 위해서 개입하는 지구적 실험을 시도하는 한에서, 말하자면 이 세계 공간에서 서로 분리되고 구별되는 일련의 시도를 하는 한에서, 이 가설은 국가, 정치 권력, 세계 시장, 상품 세계의 균질화 기도에 분명히 반대한다.··· 이것이 암시하는 바는, (고립된 채 각자의 생태계를 중시하는 경향을 띠게 마련인 자연적 기원의 차이를 포함한) 체제, 나라, 지역, 민족 집단, 천연 자원 등의 차이들을 하나의 운동 안에 모두 집결시키는 것이다.··· 공간적 '코드'의 재구성, 다시 말해 한 지역 거주자, 건축가, 과학자들이 공유하는 것처럼 이론과 실천이 공유하는 언어의 재구성은 실천적 관점에서 고려되어야 한다.··· 이런 코드가 첫 번째로 하게 될 것은, 분리된 요소들의 통일을 되찾는 것이다. 공과 사의 짐세 깊은 장벽들을 부수고 지금은 식별이 안 되는 집합체들과 저항을 공간 내에서 확인함으로써 말이다.[10]

---

8. Bruce Brown, *Marx, Freud, and the Critique of Everyday Life* (New York: Monthly Review, 1973), 191, 195쪽.
9. Henri Lefebvre, *The Production of Space* (Cambridge, Mass.: Basil Blackwell, 1991), 64쪽.

이후 다른 비평가들도 '분리된 요소들'을 함께 모을 새로운 통일, 새로운 융합을 촉구했다. 하지만 이들은 노동계급이 역사의 유일한 주체라는 맑스주의 언어로 회귀하지 않았다.[11]

가장 두드러진 예로는 1986년에 『해방 이론』이라는 제목의 공동 선언을 발표한 노련한 좌파 지식인과 활동가들이 있었다. 이들은 보스턴과 매사추세츠의 사우스엔드 출판사와 『제트 매거진』을 중심으로 활동한 마이클 앨버트, 레슬리 케이건, 놈 촘스키, 로빈 해멀, 멜 킹, 리디어 사전트, 홀리 스클라다. 이들은 자신들이 '새로운 인문주의'라고 칭한 새로운 이론과 실천의 '전체론'을 촉구했다. 또 형식상 서로 구별되는 사회 운동들에 대해 "서로의 상황에서 각자의 기능"[12]을 이해하라고 촉구했다. 그리고 서로 달라 보이는 권력과 지배의 형식들이 사실은 서로 연결되어 있고 단일한 기능적 통일체를 구성하기 때문에, 다양한 운동 요소들의 통일을 위한 물질적·역사적 바탕이 이미 존재한다고 했다. 그들은 또, 사회 운동들은 "자신들이 본질적으로는 거대한

---

10. 같은 책. (강조는 필자)
11. 칼 보그스는 새로운 정치의 "구성 요소들"이 앞에 있다고, "지배적인 사상과 행동 유형을 타도할 대안적 이념 구조를 이끌" 수 있는 "신생 사회 집단"이 앞에 있다고 주장했다. Carl Boggs, *Social Movements and Political Power: Emerging Forms of Radicalism in the West* (Philadelphia: Temple University Press, 1986), 5, 222쪽. 여성주의 철학자 서비너 로비번드는 "다른 모든 평등지향 또는 해방 운동들과 언젠가는 목표를 하나로 모을' '전 지구적' 정치 프로그램을 촉구했다. Sabina Lovibond, "Feminism and Postmodernism", *New Left Review* 178 (1989): 22쪽. 제임스 오코너는 「지속 가능한 자본주의는 가능한가?」라는 글에서 비슷한 주장을 폈다. James O'Connor, *Is Capitalism Sustainable?*, Martin O'Connor 엮음 (New York: Guilford Press, 1994), 172쪽.
12. Michael Albert, Leslie Cagan, Noam Chomsky, Robin Hamel, Mel King, Lydia Sargent, and Holly Sklar, *Liberating Theory* (Boston: South End Press, 1986).

단일 운동의 서로 다른 측면들이며, 이 단일 운동의 전체와 부분이 함께 공통의 적을 물리칠 뿐 아니라 상호의존적인 목표들을 달성하고 새로운 해방 사회를 창조하려면 부분들이 서로 적극적으로 관계지어야 함을 인식"해야 한다고 논했다. 서로 다른 운동들은 "투쟁의 요구와 수단의 궤도 속에 그리고" 노동자 평의회와 같은 "조직적 형식들" 속에 모아져야 한다. 대부분 신좌파 시절의 활동가였던 이들은, "사회 변혁을 희망하는 사람 숫자를 점차로 늘려가게"[13] 할 팽창적이고 외부 지향적이며 다수결적인 전략을 촉구함으로써 1960년대 저항운동 상당 부분의 특징이던 반율법주의적 충동과 은연중에 단절했다.

다양한 운동들이 하나로 뭉쳐 새로운 문명적 질서의 핵을 이루게 되는 통합된 운동에 대한 이런 전망은 넓은 관점에서 내가 탈근대 군주론이라고 부르는 것과 일치한다. 하지만 이 개념에 대해 더 논하기 전에 필수적인 것이, 근대 정치 이론가들, 특히 안토니오 그람시가 민주주의, 권력, 역사의 의미에 대해 말하는 방식으로서의 형식을 어떻게 이론화했는지, 그 역사를 보는 것이다.

근대 정치 사상에서 형식

형식은 특정 정치 공동체가 시간 흐름 속에서 스스로를 유지하는 방식이다. 형식과 정치형태 또는 운동의 관계는, 육체와 영혼의 관계

---

13. 같은 책, 144쪽. (강조는 필자)

와 같다. 형식을 통해서 특정 주체가 존재를 띠게 된다. 아리스토텔레스는 폴리스(도시국가)의 모르페(morphé) 또는 '형상'이 폴리스의 구조, 그러니까 군주제인지, 민주제인지, 과두제인지와 같다고 했다. 형상에 특정한 훌레(hulé) 또는 '질료' 곧 주민들이 합쳐져서 폴리스를 구성한다.[14]

이 고대 형상 이론은 일반적인 차원에서 여전히 시사적이다. 비록 근대의 형식의 핵심 특징을 이해하는 데 아주 유용하지는 않지만 말이다. 고대와 달리 근대 정치형태의 다양한 형식들은 불변하는 범주들에 묶어둘 수 없다. 쉼없는 역사적 변화로서 근대성은 정치 공통체를 지속적으로 불안정하게 하고, 그것의 '성질'을 계속 움직이는 목표물로 만든다. 하지만, 근대 정치론에서 식별해낼 수 있는 하나의 경향은 바로 두 가지 형식의 긴장 관계다. 그 두 가지는 자유주의적 입헌주의와 '대중'의 급진적 정치다. 이 긴장 관계의 근원을 이해하면 우리는 급진적 형식 이론에 그람시가 기여한 바를 평가할 수 있다. 게다가 탈근대 시대의 정치·사회적 도전에 적합한 새로운 형식을 논할 채비를 할 수 있게 된다.

근대 이전에 정치 '형식'은 주로 유럽과 아시아를 지배한 여러 전제 군주의 개성과 야심을 확장한 것이었다. 정치 사상은 아우구스티누스의 『신의 도시』 시절에서 거의 진전하지 못했다. 하지만 중세 말기에 신권이 약해지면서, 지식인들 사이에서는 정치 권위의 정당성과 권력

---

14. C. D. C. Reeve, "Introduction", Aristotle, *Politics* (Indianapolis, Ind.: Hackett, 1998), xxviii쪽.

홉스의 『리바이어던』에 등장하는 절대군주를 묘사한 삽화

의 연속성을 확보하는 것이 시급한 문제가 됐다. 영국 혁명 때 찰스 1세가 참수당한 뒤, 토마스 홉스는 최초로 확연히 근대적이고 '자유주의적인' 정치 형식 개념을 개발했다. 『리바이어던』은 후대 근대 국가론의 전형적인 사례가 됐다. 국가는 더 이상 신의 의지에 묶이지 않았지만, 개인들이 주변 사람들에 대한 공포 때문에 받아들이는 합리적인 편의적 장치에 불과한 것으로 바뀌었다. 하지만 홉스의 개념 속에서는 오직 소극적인 자유만이 가능했다. 정치적 주체들은 비록 주권 국가의 절대 권력 앞에서 모두 '평등'했지만, 공통의 가치나 기획과 상관없는 개인적 이해를 추구할 '자유'밖에 없었다. 그 결과는 파편화한 정치형태였고, 이는 『리바이어던』 앞부분에 나오는 통일성을 묘사한 삽화 그림을 철저히 배반하는 것이다. 이 유명한 고전적 삽화에는 거대하고

자애한 군주가 절대 권력의 칼을 들고 마을과 산 뒤에 우뚝 솟아있다. 자세히 보면 군주의 몸과 팔은 왕의 신민들로 구성되어 있음을 알 수 있다. 정치적 권위의 형식(왕)은 인민들의 개별적인 육체를 바탕으로 해서만 출현했다.

하지만 인민과 정부의 통일성을 보여주는 이 그림은 절대주의의 진정한 본성을 신비화한 것이다. 물론 홉스 이후의 자유주의 이론가들은 홉스의 절대주의를 거부하고 오늘날 우리가 아는 근대 민주 국가의 바탕을 세우기 시작했다. 오늘날 우리가 자유주의 정치체제의 본질적 특성이라고 생각하는 대의제에 있어서의 평등이 헌법적으로 신성시됐다. 대의 기구가 정치체제의 안정성을 보장할 만큼 영구적이고 동시에 변화하는 요구에 적응할 만큼 유연성을 갖게 되는 방안을 둘러싼 격렬한 이론 논쟁이 한동안 벌어졌다. (이 문제가 미합중국 건국 과정에서 알렉산더 해밀턴과 토마스 제퍼슨이 연방주의를 두고 의견 대립을 보인 핵심 문제다.) 하지만 18세기 말과 19세기 초에 이르면, 자유주의의 핵심 담론에 대한 공감대가 형성되기에 이른다. 대리 민주주의의 승리를 말하고 자유주의 국민국가의 세속화와 강화 과정에서 서구 '문명적' 규범의 확산이 불가피하다고 주장하는 이 담론은 오직 절반의 이야기만 전할 뿐이다.

역설적이게도, 자유주의 부르주아 이론의 소품이 된 헌법적 권리는 대중의 위험한 야망을 안전하게 억제하는 효과를 의도적으로 발휘했다. 18세기 이후 지금까지 존 로크와 장자크 루소 같은 자유주의, 공화정 이론가들은 정치적 권위의 바탕을 사회적·인종적·성적 계약에 됐는데, 이 계약은 여성과 유색인을 배제하는 백인 형제애라는 성격을 띤다.15 이매뉴얼 월러슈틴의 말로 하자면 "자유주의는 민주주의에 맞서기 위해 고안됐다."16 1차 세계대전이 발발할 때까지, 자유주의자와 보수주의자간 논쟁은 사실상 재산이 있는 소규모의 백인 남성 집단들 가운데 누가 국가를 통제할 것인가를 둘러싸고 벌어진 것이다.

그래서 형식의 자유주의적 담론은 근대성에 내재된 강력한 대항-전통을 효과적으로 억제했다. 이 전통 곧 정치 사상의 급진적 전통은 프랑스혁명에 기원을 둔 것으로 전형적으로 묘사된다. 부상하는 상인 계급 내 엘리트들이 설정한 조심스런 한계 안에서 정치 투쟁이 주로 벌어진 대서양 연안 미주 식민지의 혁명과 달리, 프랑스혁명은 이 계급적 기획의 모든 한계를 금방 뒤엎었다. 쥘 미슐레는 세계 무대에 등장한 새로운 극중 인물(dramatis persona)의 감각을 전달하기 위해 단어를 신중히 선택해서 작성한 프랑스 찬가에서 이렇게 썼다. "나는 온 인류에 대비시켜서 인민의 개성을 확립하게 되었다."17 바스티유 습격은 "이전 시대에는 줄곧 어둠과 치욕 속에 몸을 숨기고 있던 가난하고 억눌린 대중"을 한 순간에 조명하는 역사의 번개였다. 바로 이 인물상이 이제 "백주 대낮에 처음으로 [출현했다"18고 아렌트는 썼다.

루소는 프랑스 혁명의 철학적 기초를 제공했다는 평가를 받는다.

---

15. Carole Pateman, *The Sexual Contract* (New York: Polity Press, 1988) [한국어판: 『남과 여, 은폐된 성적 계약』, 이충훈·유영근 옮김, 이후, 2001] 그리고 Charles W. Mills, *The Radical Contract* (Ithaca, N.Y.: Cornell University Press, 1998)를 보라.
16. Immanuel Wallerstein, 『자유주의 이후』(*After Liberalism*), 39쪽.
17. Jules Michelet, "The People", *The Varieties of History*, Fritz Stern 엮음 (New York: Meridian Books, 1956), 113쪽.
18. Hannah Arendt, 『혁명론』(*On Revolution*), 41쪽.

특히 『사회계약론』에서 이른바 일반 의지와 정치체제의 신비한 융합을 시도함으로써 기초를 제공했다. 하지만 혁명의 지적 뿌리는 16세기 초 마키아벨리의 공화주의까지 거슬러 올라간다. 로베스피에르가 "프랑스혁명의 기획이 마키아벨리의… 책들에 대문짝만하게 씌어 있었다"[19]고 썼을 정도다. 위험하지만 활력이 넘치는 세력인 대중에 초점을 맞출 수 있는 군주만이 새로운 질서를 발견할 수 있다는 걸 유독 간파했다는 데에 마키아벨리의 독창성과 천재성이 있기에, 이런 평가가 가능하다. 그래서 그람시는 마키아벨리를 "조숙한 자코뱅"이라고 존경스럽게 언급했다.

마키아벨리가 『군주론』을 쓸 당시는 두 가지 서로 연관된 역사 발전이 근대 초기 유럽의 사회·정치 지형을 바꾸는 와중이었다. 하나는 전통적인 정치적 권위의 기원이 약해진 것이고, 다른 하나는 '인민' 또는 대중이 제 스스로 권력으로 떠오른 것이다. 마키아벨리의 정치 이론은 이 두 가지 현상을 인정하는 최초의 설득력 있는 시도를 대표했다.[20] 마키아벨리의 공화 정치론은 (무엇보다 『로마사논고』(디스코르시)에서 나타난 정치론) 정치론의 '조절된 융합'이라고 묘사할 수 있을 것이다. 그는 계급 집단들의 역동적이고 활기찬 적개심을 보존하려 하면서도 한편으로는 이 적개심이 폭발하는 수준까지 가는 걸 막으려 했다. 세속적이고 이교적인 종교 그리고 집단적인 남성적 능력을 통해서 확보되는 국가적 위대함의 기획, 이 두 가지가 합쳐져서 정치체제

---

19. 같은 책, 30쪽에서 인용.
20. Fontana, *Hegemony and Power*, 13쪽.

를 규제하고 안정화하는 구실을 한다. 자신과 거의 동시대 사람인 홉스가 동떨어져 있는 군주와 파편적이고 사적인 시민사회를 이론화한 것과 대조적으로, 마키아벨리는 집단적 영광을 이루기 위해 인민들이 하나로 합쳐서 분투하는 걸 상상했다. 하지만 무자비하고 강력한 사적인 이해가 지배하는 폭력적 질서의 혼돈을 억제할 능력을 갖춘, 결집력 있는 형식 안에 인민들을 정확하게 묶어둘 방법이 무엇이냐는 문제가 여기서 제기된다.[21] 혼돈 상태에 자신의 의지를 관철할 수 있는 지도자가 등장할 때만 이 작업이 가능하다고 마키아벨리는 결론지었다.

마키아벨리가 "특정 정치적 목표를 추구하는 특정 집단 의지의 형성 과정을 대변하려" 했다고 그람시는 봤다. 앞선 사람들과 달리 마키아벨리는 "길게 얽히고설킨 주장들"에 파묻히지 않았고 "행동 방법의 원칙과 기준에 대한 현학적 분류"에 집착하지도 않았다. 대신 그는 독창적인 방식으로 "구체적인 개인의 자질・성격・의무・자격의 관점에서 이 집단 의지 형성 과정을 대변했다. 이런 과정은 설득해야 할 대상들의 예술적 상상력을 자극하고 그들의 정치적 열망에 좀더 구체적인 형식을 부여한다."[22] 『군주론』의 말미에서 마키아벨리는 갑자기 원시 민족주의적 설교를 벌인다. 군주에게 이탈리아 인민의 통일을 권고한 것이다. "이탈리아에는 형식(형상)으로 빚어낼 좋은 질료가 결코 부족하지 않습니다. 이곳에서 개인들은 탁월한 능력과 용맹을 가지고 있

---

21. 그래서 마키아벨리의 『디스코르시(로마사논고)』(*Discourses*) 1권 57장의 제목이 「인민은 단결할 때 강하지만 개인들일 때는 약하다」인 것이다.
22. Gramsci, 『옥중수고』(*SPN*), 125쪽.

는데, 지도자들은 이러한 기질을 가지고 있지 못합니다."[23] 그람시는 이런 갑작스런 마무리가 마키아벨리의 총체성의 의미에서 필수적인 부분이라고 주장했다. "결론 부분에서 마키아벨리는 인민들과 하나가 되고, 제 스스로 인민이 되었다. 하지만 그건 '일반적인' 인민이 아니라 이 책의 앞에서 자신의 주장을 설파한 대상인 바로 그 인민, 마키아벨리 자신이 의식과 표현을 공유하는 인민, 자신과 하나가 된 인민이다." 한마디로 인민, 군주, 이론가가 하나가 되는 것이다. "'논리적' 주장 전체가 이제 인민들 편에서의 자기성찰에 다름 아닌 것으로 보인다. 대중적 의식 속에서 진행된 내적인 추론이며, 이 추론의 결론은 절박함을 열정적으로 외치는 것이다."[24] 그래서 '군주'는 인민 자신들의 매개체 또는 형식이 된다. 인민들이 정치적 겉모습의 공간에 제 모습을 드러내는 통로인 것이다. 군주라는 인물은 "물질적으로나 '의인적으로나' '집단 의지'의 상징을 대변한다." 이탈리아의 흩어진 다중의 의지들을 통일시키는 역사적 인물인 것이다.[25]

헤겔은 나중에 마키아벨리의 원시 민족주의적 집단의지 개념을 채용해서 보편적 자유의 형이상학으로 변형시켰다. 마키아벨리의 사상에서 분명한 것은, '군주'가 일단 자신의 역사적 임무를 완수하면 불필요해진다는 점이다. 인민들을 도덕적 공동체로 묶음으로써 정치체제의 원초적 조건을 창출하는 루소의 '입법자'와 같은 것이다. 헤겔 사상에서 '독일판 마키아벨리' 같은 게 비슷하게 등장한다. 헤겔은 '세계사

---

23. Machiavelli, 『군주론』(*The Prince*), 164쪽. (강조는 필자)
24. Gramsci, 『옥중수고』(*SPN*), 127쪽. (강조는 필자)
25. 같은 책, 125쪽.

적 개인들' 곧 "자기 시대와 세계의 진리가 무엇인지 알고… 시간의 자궁 속에 이미 형성되어 있는 다음에 올 부류(genus)를 알고 있는" 위대한 개인들을 길게 묘사한다. 이들은 "그들 세계의 보편적인, 다음 단계"를 본능적으로 감지하고 "그것을 자신들의 목표로 삼아 모든 힘을 거기에 쏟아 붓는" 근대 영웅들이다. 그러나 헤겔은 일단 "그들의 목적이 달성되면… [그]들은 덧없이 떨어져버리는 알맹이 없는 껍데기와 같이 되어버린다."[26]고도 썼다. 짧게 말해, 위대한 행동들은 개인들, 심지어는 집단들의 손아귀에서 벗어나 역사 자체의 예술적 '간지'(奸智)의 실례가 된다. 형식 문제는 더 이상 마키아벨리에게처럼 전략 문제가 아니고, 역사 형이상학의 해석 문제다.

헤겔은 인간적 현실과 물리적 현실이 이성적임을 논했다. 그는, 이념 또는 정신이 단순히 '자기 자신 안에'(in-itelf) 머물러 있는 한, 자연에 있어서는 내재적이나 '대상적인 것'(objective)으로 머물러 있다고 생각했다. 헤겔은 "신의 영원한 생명"처럼 이념(정신)은 "여전히 이 지점에서 **직접태** 속에서의 존재의 형식이 결여되어 있다"[27]고 썼다. 이념은 자신 안에 잠재적 '자아의식'과 주체적 활동을 지니고 있지만, 자연처럼 여전히 "보편적인 것"[28]으로 남아 있다. 그래서 정신은 자신에 맞서 분열된다. 그리고 이 상태는 정신이 스스로를 외화할 때까지, 곧 절대정신의 실현이 **표현**으로 펼쳐질 때까지 지속된다.[29] 헤겔의 천재성은

---

26. G. W. F. Hegel, 『역사속의 이성』(*Reason in History*), 40-41쪽.
27. 같은 책, 32쪽.
28. 같은 책.
29. Martin Jay, *Marxism and Totality: Adventures of a Concept from Lukács to Habermas* (Berkeley: University of California, 1984), 55쪽; Charles Taylor, *Hegel*

이 표현의 형이상학을 주체적 인간 열정 및 의지의 작용과 결합한 것이다. 말하자면 인간 역사의 펼쳐짐을 통해서 정신이 명백하게 나타난다. 정신(Geist)은 문명적 투쟁과 진화를 통해서 마침내 현상적 형식을 지니게 된다. 국가는 주관적 의지와 보편적인 이성의 합으로서 "인간 삶 속에 우주를 실현한 것"[30]이다. 국가는 자체로 "현실 영역 속에서 모습을 취한 형식 [이성]"[31]이다.

그러나 '국가'라고 할 때 헤겔이 뜻한 바를 정치적·사법적 기구가 아니라 국민의 '도덕적 총체', 국민의 본질을 구성하는 형태(Gestalt) 또는 총체성으로 이해해야 한다. 그는, 민족의 정신은 국민의 "민족의 진리나 본질에 관한 자기의식, 민족 속에 살아 있으면서 이를 지배하는 정식적 힘에 대한 의식", 상호 일체감의 느낌이라고 썼다.[32] 정치와 윤리의 통합이라는 고대 그리스의 이상에 많이 의존한 헤겔은 국가를 법과 구조의 형태로, 종교적 도덕성의 형태로, '국민의 정신'을 구체화한 형태로 존재하는 살아있는 유기체로 인식했다. 여기서 국민과 국가를 분석적으로 구별하려는 시도는 무의미하다. 왜냐하면, 둘은 하나의 존재론적 본질을 전개하면서 변증법적인 계기를 구성하기 때문이다.[33] 국가는 주체의 자유 곧 "앎과 의욕"과 객관적 필요의 통일을 표현한다. 국가는 공통의 의지를 통해서 개별적 의지에 형상을 부여한다.[34] 국가는

---

    and Modern Society (Cambridge: Cambridge University Press, 1979), 10쪽을 보라. [한국어판: 『헤겔철학과 현대의 위기』, 박찬국 옮김, 서광사, 1988.]
30. Taylor, 『헤겔철학과 현대의 위기』(*Hegel and Modern Society*), 51쪽을 보라.
31. Hegel, 『역사속의 이성』(*Reason in History*), 49쪽.
32. 같은 책, 52쪽.
33. 같은 책, 66쪽.

"이성적이고 스스로를 객관적으로 인식하는 대자적인 자유"를 실현한 것이다. 그러나 이 "한정된 국가 정신 그 자체는 세계사의 과정에서 하나의 개체일 뿐이다." 다시 말해, 절대 정신의 거대한 구도 안에서 많은 국가정신의 하나인 것이다.35

국가주의자와 사회주의자는 전체 인민과 계급의 불명료한 감정에 초점을 두는 엇비슷한 방식으로 헤겔의 국가라는 형식 속 자유의 존재론을 이용했다.36 18세기 말과 19세기 초, 계몽의 합리주의에 반발한 낭만주의자들 특히 주로 헤르더, 피히테, 노발리스 등이 인민 대중을 민족국가라는 표현주의적 형식에 묶는 꿈을 꾸기 시작했다. 그들의 자연주의적 존재론에서는, 언어와 '땅'이 정신적, 따라서 정치적인 실체 곧 폴크(국가)의 본질적인 기초로 간주됐다. 각각의 국가는 국가건설 행위를 통해서 앞서부터 존재한 자연적 성질에 집단적 표현을 부여하게 될 것이다. 자유주의자들은 이 낭만적 전망을 흡수해서 민족국가를 인간 진보의 보편적 정신의 특정한 형식으로 만들어냈다. 이들 국가주의자들에겐 아직 국가주의적 형식 개념과 보편주의적 형식 개

---

34. 같은 책, 62쪽.
35. 같은 책, 60-61쪽.
36. 이탈리아 19세기 독립운동 리조르지멘토의 지도자인 주세페 마치니는 이딜리이 노동자들에게 이렇게 연설했다. "그러나 당신 각자가 자신의 고립된 힘으로 도덕 증진을 위해, 인류의 진보를 위해 무엇을 할 수 있는가?… 언어, 성향, 습관, 능력에서 나뉘어 있는 당신들은 공통의 과업을 시도할 수 없다. 개인은 너무 약하고, 인류는 너무 광범하다.… 그러나 신은 당신들에게 조국을 줄 때 수단을 줬다.… 그가 인류를 이 땅 위에 뿔뿔이 나누어 놨을 때, 그래서 국가들의 씨앗을 뿌렸을 때… 당신의 조국은 신이 당신에게 인류를 완성하기 위해 부여한 임무의 상징이다." Giuseppe Mazzini, [한국어판: 『인간의 의무』, 김국형 옮김, 박영사, 1974] "The Duties of Man", Omar and Micheline R. Ishay 엮음, *The Nationalism Reader* (Atlantic Highlands, N.J.: Humanities Press, 1995), 92쪽.

념간의 모순이 없었다. 그러나 사실 19세기 중반에 이르러서는 시민사회에 대한 자유주의적 전망과 급진적 전망 사이의 충돌이 공개적으로 드러나기 시작했다. 1848년의 실패한 대중 혁명들은 지배계급에게 미래의 혁명을 그리 쉽게 억제하기 어려울 것이라는 불길한 통보와 같았다. 한편 자유주의자들에게 이 혁명들은 노동계급에 대한 일시적 양보를 통해 자본주의의 사회적 모순을 상쇄해야 할 필요성을 제기했다. 그러나 무자비하게 짓밟힌 사회주의자들과 노조운동가들에게, 실패한 혁명들은 더욱 더 전략적인 지향을 추구할 필요성을 보여주는 구체적 예증이었다.[37]

1848년의 재앙 이후 노동자들과 급진적 지식인 사이에서 나타난 자기 반성의 결과 하나가, 제1 인터내셔널 곧 각국 노동자당과 조직들이 뭉친 〈국제노동자협회〉를 1864년 9월28일 영국 런던에서 결성한 것이다. 마키아벨리가 군주라는 인물을 공화정 질서를 세운 뒤 사라지는 이행적인 인물로 불러낸 것처럼, 사회주의자들도 이제 노동계급이 자신들의 자의식을 집단적 의지로 나타내는 매개체로써 '형식 내부의 형식'을 불러냈다. 이 새로운 형식의 핵심 이론가가 칼 맑스다.

맑스는 혁명적 실천의 주요 행위자를 보편적인 계급으로 봤다. 맑스 자신의 설명을 따르자면, 그는 형식과 국가에 대한 헤겔의 추상적인 묘사를 감각적이고 물질적인 인간 활동 곧 인간 노동에 대한 구체적인 설명에 근거지음으로써 헤겔을 '일어서게' 했다. 헤겔에게, 국가의 진화는 인간 의식의 진화와 병렬적인 동시에 그것을 요소로 해서

---

37. Immanuel Wallerstein, 『자유주의 이후』(*After Liberalism*), 96쪽.

이뤄지는 것이다. 왜냐하면 정신의 생성은 다름 아니라 "제 모습의 시간적 연속 곧 역사 속에서 날로 증가하는 자각"[38]이기 때문이다. 맑스에게, 역사는 실로 이해 가능한 것이다. 그러나 이런 이해 가능성은 국가의 운동 속에서 볼 수 있는 것도, 그렇다고 역사 그 자체로서의 역사 속에서 볼 수 있는 것도 아니다. 오직 시민사회의 사회 계급간 충돌 속에서 볼 수 있는 것이다. 맑스와 엥겔스는 『공산당 선언』에서, 이 갈등은 때로는 '은밀하고' 때로는 '공공연하며', 지속적으로 더 높은 단계에서 해소되는 내재적인 것과 명백한 것 사이의 변증법이라고 썼다. 자본주의 자체가 만들어내는 객관적 사회 모순들을 통해서 노동계급은 마침내 보편적인 새 인종의 선구자이자 행위자로서 제 본질을 실현하게 되는 것이다. 역사의 내적 의미는 이렇게 밝혀진다.

맑스와 헤겔이 이렇게 표면적으로 유사하지만, 맑스에게 있어서 프롤레타리아트의 의미는 주로 형이상학적인 것이 아니라 전략적이다. 1848년의 프랑스 혁명이 실패하고 나폴레옹 3세가 권력을 장악하는 과정을 분석한 「루이 보나파르트의 브뤼메르 18일」의 유명한 구절에서 맑스는 이렇게 썼다.

그들의 생산 방식은 서로 교류하게 만드는 게 아니라 서로를 고립시킨다. 이 고립은 프랑스의 질 나쁜 통신 수단과 농민들의 빈곤에 의해 더 심해진다.… 이런 식으로, 자루 속의 감자들이 그저 감자 한 자루를 형성하듯

---

38. Werner Marx, *Hegel's Phenomenology of Spirit: A Commentary Based on the Preface and Introduction* (Chicago: University of Illinois Press, 1975), 60쪽. [한국어판: 『헤겔의 정신 현상학』, 장춘익 옮김, 서광사, 1991.]

이, 프랑스의 다수 대중은 단지 똑같은 크기의 사람을 쌓아놓은 식으로 구성된다. 수백만의 가구가 다른 계급들에 속한 사람들과 자신들의 생활 방식, 이해 관계, 문화를 나누는 경제 조건 아래 살고, 이 조건이 그들을 다른 계급들과 적대적인 대비를 이루게 하는 한, 이들은 하나의 계급을 형성하게 된다. 이들 소농들끼리의 지역적 연결만 존재하고 이들의 이해 일치가 단결, 전국적 조합, 정치 조직을 낳지 못하는 한, 이들은 계급을 형성하지 않는다.[39]

노동계급은 노동을 통해서 생산용 기계를 제어하고 이에 따라 생활 자체의 재생산을 제어하기 때문에, 그들은 집단적으로 자본주의에 대한 동의를 철회함으로써 착취 체제를 뒤집을 수 있는 독특한 특권적 위치를 차지한다고 맑스는 믿었다. 이런 보편적인 잠재력이 실현되려면, 노동계급은 하나의 계급으로서 자신들의 역사적 짐에 대한 의식을 형성해야 할 것이다. 단지 내재적이고 대상적인 '즉자적'(in-itself) 계급에서, 서로 밀착하고 자기의식이 있으며 전략적인 '대자적'(for-itself) 계급으로 옮겨가야 하는 것이다.

프랑스의 객관적인 상황은 농민들을 반동의 이념적 모래톱에 걸려서 오도가도 못하게 만들었다. 적절한 조건들이 갖춰질 때만 농민들은 어떤 새로운 놀라운 형식('통일' 또는 '전국적 조합')을 실현시킬 수 있다. 한편, 맑스가 「브뤼메르」를 쓸 당시 유럽 대부분 지역에서 계급 투쟁이 좀더 구체적이고 정돈된 형태를 띠기 시작했다. 그 전의 마구

---

39. Karl Marx, "The Eighteenth Brumaire of Louis Bonaparte", *The Marx and Engels Reader*, Robert C. Tucker 엮음 (New York: W. W. Norton, 1978), 608쪽.

잡이식 파업, 반란, 특정 지역만의 저항 행위가 대규모 혁명적 봉기, 민족주의적 운동, 계획적인 이상향 공동체, 노동계급을 대표하는 상당히 안정된 정당들로 대체되어 갔다. 이런 다양한 형식 실험 가운데 오직 하나, 근대 정당만이 혁명적 실천에 필요한 영속성과 유연성을 제공하는 듯 했다. 맑스와 엥겔스처럼 자임하는 공산주의자들에게, 국가는 결코 인류 대다수 곧 노동계급을 구성하는 이들의 가치를 전달하는 적합한 전달 수단일 수 없었다. 국민국가의 등장에는 전 세계로 발을 뻗는 식민주의·제국주의 세력간의 피에 물든 상호 파괴적 투쟁이 뒤따랐다. 그리고 이는 부르주아 엘리트의 특권을 보존하고 확장하는 구실을 하는 국가적 기획 속으로 대다수 사람들의 소망을 지양하는 걸 통해 달성됐다. 이 과정에서 남은 것은, 대중의 소망과 보편적 의미의 전달 수단인 국민국가의 반(反)으로서의 정당뿐이다.

19세기 말에는 오직 국민국가와 정당이라는 단 두 가지 근대 정치 조직 형식만 남게 됐다. 이 두 가지 형식은 그람시가 "일반 대중의 규격화(통신수단, 신문, 대도시 등)와 연관된 역사 단계"[40]라고 묘사한 시기인 종교개혁에 이은 정치적·기술적 진보가 작동시킨 것이다. 이들 '상상의 공동체들'을 통해서, 특정한 인민 또는 사회 계급들에게 정치 생활에 참여하는 통로를 제공하는 형식 한 가지가 등장했다.[41]

---

40. Gramsci, 『옥중수고』(*SPN*), 195쪽.
41. Benedict Anderson, *Imagined Communities* (London: Verso, 1991). [한국어판: 『상상의 공동체 : 민족주의의 기원과 전파에 대한 성찰』, 윤형숙 옮김, 나남출판, 2002.]

레닌의 리바이어던

러시아의 볼셰비키 혁명은 맑스주의 정치 사상을 뒤바꾸었다. 레닌의 유명한 '전위' 정당 개념, 곧 전략적 지도력을 발휘해서 노동계급을 즉자적 상태에서 대자적 상태로 옮겨가도록 돕는, 고도로 훈련된 비밀 조직 개념이 적어도 두 세대 동안에는 사실상 급진적 형식의 전형적인 모형이 됐다. 마오, 체 게바라, 그리고 수많은 제3세계 혁명가들은 레닌의 전략적 독트린을 각 지역 조건에 맞춰 적용했다. 전형적인 예는 민족 해방을 위해 맑스레닌주의와 농민에 기반을 둔 운동을 결합시킨 것이다.

레닌은 러시아의 원시적인 정치·경제 조건들이 좀더 공평한 사회 질서로 평화롭게 이행하는 걸 불가능하게 만든다고 믿었다. 차르 지배 러시아의 폭력적 제도들과 봉건적 사회 관계를 극복하려면 어떤 종류의 '의식적' 개입이 필요하다고 그는 결론지었다. 『무엇을 할 것인가?』에서 레닌은 노동계급이 혁명 의식을 지녔지만 그 의식이 아직 '맹아의 형태'를 띠고 있다고 논했다.[42] 이 단지 '자연 발생적'이고 '본능적'인 의식은, '전문적 혁명가들' 곧 프롤레타리아트를 '조합주의적'(지역 또는 노동조합적) 시도를 벗어나 진정으로 국제주의적이고 공산주의적인 의식으로 향하도록 훈련하게 될 고도로 단련된 지도자들의 '전위' 당이 이끄는 적절한 교화와 의식 전환을 기다리고 있었다.[43] 이런

---

42. V. I. Lenin, *What Is to Be Done? Burning Questions of Our Movement* (Peking: Foreign Languages Press, 1975), 36쪽. [한국어판: 『무엇을 할 것인가』, 최호정 옮김, 박종철출판사, 1999.]

전위는 본질적으로 대중을 따라잡게 될 텐데, 그들의 전투성과 혁명 준비성은 사민주의자들을 크게 앞섰다.

레닌적 형식 개념이 철학적으로 분명히 표현된 것은, 헝가리의 맑스주의자 죄르지 루카치를 통해서였다. 『역사와 계급의식』에서 루카치는 자본주의 아래서 의식과 문화가 어떻게 총체적인 상품화 과정에 허약하게 노출되는지 보여줬다. 역사의 '주체-객체'로서 프롤레타리아트만이, 혁명적 실천을 통해 시민사회에 잔존하는 주체/객체, 사실/가치, 현상/본체(noumena), 자유/필연 간의 이율 배반(명백한 모순들)을 극복하면서 이 사물화 과정을 뒤집을 수 있다. 레닌처럼 루카치도, 혁명을 피할 수 없는 것으로 보는 경제 결정론자들과 유럽에서는 혁명 조건이 아직 성숙하지 않다고 주장하는 경제 비관론자들, 두쪽을 모두 비난했다. 프롤레타리아트의 자기의식은 "그 어떤 운명론적이고 자동적인 방식"[44]으로 자연적으로 생겨나는 게 아니라고 그는 논했다. 자본주의의 객관적인 위기는 혁명에 필요한 조건을 창출하는 '경향'을 지닐 뿐이다.[45] 그래서 운동에는 프롤레타리아트가 제 자신과 자신의 역사적 임무에 대한 '온전한 의식'에 도달하게 해주는 지도력이 필요하다. 그렇기에, 다양한 레닌주의 사상의 중심에는 '조직' 문제가 자리잡고 있다. "변증법적 과정의 생산자이자 생산물"인 노동계급은 이미 "의식적 형식의 세계" 곧 맑스레닌주의 정당의 세계를 만들어가고 있다고 루카치는 썼다.[46]

---

43. 같은 책, 135쪽. (강조는 원저자)
44. Georg Lukács, 『역사와 계급의식』(*History and Class Consciousness*), 306쪽.
45. 같은 책, 310쪽.

헤겔이 이성을 내부 분열적이라고 봤듯이, 루카치도 프롤레타리아트의 보편적인 의식이 내부적으로 특수한 것과 보편적인 것으로 나뉘어 있다고 이해했다. 프롤레타리아트가 원초적 또는 순진한 상태일 때는 자신 내부의 이념적·인식적 차이를 아직 극복할 수 없다. "국가와 직업 등등에 따른 사물화한 분열"[47]을 극복하기 위해서 지도력이 필요하다. 당은 "인간과 역사를 구체적으로 매개하는"[48] 지점이 될 것이다. "가장 의식적인 요소들의 자유롭고 의식적인 행위로서의" 당이 없으면, 노동계급 운동은 "행동할 수 없는 개인들의 느슨한 집합체로" 해체될 것이다. 러시아 외부의 인터내셔널과 제휴한 급진 경향들을 약화시킨 것은 "그들의 입장을 조직적으로 구체화할 능력도 의지도 없었다."는 점이라고 루카치는 강하게 주장했다. 그가 말하는 조직적 형태는 공산당이다.[49] 공산주의자들이 "프롤레타리아 계급 의식의 구체적 화신"이라면, 공산당은 존재론적으로나 정치적으로 "그 계급 의식의 독립적 표현"[50]이어야 한다. 당은 "바로 이 의식의 형식이자 바로 이 의식의 형식이다. 다시 말해 독립적이며 종속적인 현상이다."라고 루카치는 썼다. 당 형식은 그 자체만으로도 노동계급에게 "그 자신의 계급에 역사적 형상이 부여됐음을 보게" 해준다.[51] 한편 국제공산당은 "레닌의 당 개념을 세계 차원으로 넓힌 것" 곧 "전 세계에 걸친 억압받는 인민의

---

46. 같은 책, 142쪽. (강조는 필자)
47. 같은 책, 339쪽.
48. 같은 책, 318쪽. (강조는 원저자)
49. 같은 책, 302쪽.
50. 같은 책, 332-333쪽; 또한 330쪽.
51. 같은 책, 326쪽.

해방 투쟁 조직이고 중심지"에 다름 아니다.52

그런데, 노동계급은 자신들의 경험에 대한 인식론적 접근 통로를 확보할 수 없기에 그들의 경험을 이해하는 임무는 당에 넘겨진다. 노동자들의 존재론적 '표현'인 당이 올바른 길을 가고 있는지 노동자들이 어떻게 확신할 수 있느냐는 문제에 대해, 루카치는 의심스런 주장을 펼쳤다. 당이 실제로 정확한 역사 관점을 지니고 있지 않다면, 당은 생존할 수 없을 것이라는 주장이다. "왜 그런고 하니, 잘못된 이론의 결과가 당을 곧 파괴할 것이기 때문이다."53 그런데 당은 실제로 파괴되지 않았다. 고로, 당이 진정 사물에 대한 제대로 된 관점을 지녔음이 틀림없고, 진정 역사의 진리를 나타내는 게 틀림없다는 것이다.

이런 식의 삼단논법은, 진리 문제를 도구적 척도 차원으로 전락시키고 당 지도력에 의문을 제기할 여지를 남기지 않는다. 레닌은, 볼셰비키의 진정한 힘은 차르 지배 국가를 장악하는 데 필수적인 "엄격한 중앙집중화와 강철의 규율을 만들고 성공적으로 유지하는" 능력에 있다고 자랑했다.54 말기 제정 러시아의 물질적 요건이 당 내부의 비밀주의와 조직적 위계질서를 요구했기 때문에, 레닌은 당-국가와 개인의 관계 조정 문제를 거의 생각하지 않았다. 그래서 홉스의 『리바이어던』에서처럼, 통치자(당)의 권력에 내한 견제가 없었디. 당은 이론상 대

---

52. Georg Lukács, *Lenin: A Study on the Unity of His Thought* (Cambridge, Mass.: MIT Press, 1971), 59쪽. [한국어판: 『레닌』, 김학노 옮김, 녹두, 1985.]
53. Lukács, 『역사와 계급의식』(*History and Class Consciousness*), 327쪽.
54. V. I. Lenin, *"Left-Wing" Communism, and Infantile Disorder* (Peking: Foreign Languages Press, 1970), 7쪽. [한국어판: 『공산주의에서의 "좌익"소아병』, 김남섭 옮김, 돌베개, 1992.]

중에 '종속'되어 있지만, 실제로는 결코 그렇지 않았다. 이것이 초래한 실제 결과는 개인 자유의 박탈이다. 루카치는 이렇게 썼다. "완전히 발전한 공산주의 사회"는 실제로 진정한 자유를 가능하게 해주는 역사상 "최초의 사회"가 되겠지만, 그 때까지 투쟁에는 "개인적 자유의 포기가 뒤따라야 한다. 이는 진정한 자유를 가져다줄 예정인 이 집단적 의지에 자아를 의식적으로 종속시키는 걸 암시한다.… 이 의식적인 의지가 공산당이다."[55]

이런 문장들 속에서, 루카치는 루소의 '일반 의지'의 맑스레닌주의 판본을 분명히 드러낸다. 『사회계약론』에서 루소는 자기동일적인 일반 의식이라는 신비스런 개념을 제시하면서 대리제 정부에 대한 비관적인 관점을 보여준다. 그는 이렇게 썼다. "주권은 누가 대리해줄 수 없다. 주권이 소외될 수 없는 것과 똑같은 이유에서다. 주권의 본질은 일반 의지이고 그건 대리해줄 수 있는 게 아니다. 그게 일반 의지이건 다른 무엇이건 마찬가지다. 중간의 가능성은 없다."[56] 또 이렇게도 썼다. "우리 모두는 공동체 안에서 우리 자신과 우리의 모든 힘들을 일반 의지의 궁극적인 지도 아래 둔다. 하나의 조직체로서, 우리는 각 소속원을 전체에서 분리할 수 없는 부분들로 통합한다."[57] 루카치의 관점도 사실상 이와 똑같다. 그는 이렇게 썼다. "권리와 의무의 분리는 지도자가 대중에게서 분리되어 그들의 대표자로서 행동하는 곳에서만

---

55. Lukács, 『역사와 계급의식』(*History and Class Consciousness*), 315쪽.
56. Jean-Jacques Rousseau, *The Social Contract* (New York: Penguin, 1968), 141쪽. [한국어판: 『사회계약론』, 이성근 옮김, 명지대학출판부, 1972 등 다수.]
57. 같은 책, 61쪽.

실현 가능하다. 이런 곳에서 대중들이 취하는 태도는 관조적인 운명론이다. 그런데 권리와 의무의 분리가 없어지는 진정한 민주주의는, 형식적인 자유가 아니고 집단 의지 구성원들의 활동이다. 이 활동은 연대의 정신 속에 긴밀히 통합되며 협력한다."[58] 루카치는 당이 "수동적인 방관자 구실을… 부여받은 일반 구성원 대중에게서 유리된 관료의 위계질서"[59]로 전락하는 것에 대해 경고했다. 그러나 그의 이론 속에는 야만적인 국가 기구로부터 취약한 개인을 보호할 장치가 없다.

그래서 맑스주의 신조 가운데 가장 '유물론적인' 것으로 시작한 레닌주의는 보편적이고 자기표현적이며 자기동일적인 주체인 정신을 당이라는 형식 속에서 실체화함으로써 그 나름의 형이상학이 되고 마는 걸로 막을 내렸다. 이론상으론 마키아벨리의 '군주', 헤겔의 '운명의 인간들'처럼, 공산주의로 가는 도중에 있는 국가가 되는 전위당은 제 역사적 임무가 완료되면 사라지게 된다. 하지만 실제로 이 일은, (이렇게 사라질 것으로 예상하는 무정부주의자들을 빼고는) 그 누가 상상한 것보다 훨씬 어렵다는 게 확인됐다. 결과는, 폴리스(국가)의 역사에서 가장 완고한 정치 형식 곧 소비에트 전체주의와 수백만 명에 대한 관료화한 학살과 탄압이었다.

---

58. Lukács, 『역사와 계급의식』(*History and Class Consciousness*), 337쪽.
59. 같은 책, 336쪽.

입장하다, 왼쪽 무대로: 근대 군주

20세기 말에 와서, 레닌의 위계적이고 권위주의적인 형식 개념은 대부분의 좌파 정치 이론가들에게 완전히 배척당하게 된다. 민주적인 사회 혁명 개념에 헌신하는 이들의 관점에서 보면 이는 불가피한 일이며 동시에 환영할 일이다. 그렇지만, 형식 이론과 실천 이론에 큰 구멍을 남긴 것도 사실이다. 라클라우와 무페는 나중에 『헤게모니와 사회주의 전략』(한글 제목은 『사회변혁과 헤게모니』)에서 이렇게 썼다. "지금 위기에 처한 것은, 노동계급의 존재론적 중심성을, 대문자로 표시되는 혁명의 구실을, 하나의 사회에서 다른 사회로 이행하는 데 근거가 되는 계기로 삼고, 정치의 계기를 무의미하게 만들 완벽하게 단일하고 균질적인 집단 의지라는 허황된 전망에 의지하는, 사회주의의 개념 전체다."[60]

그러나, "완벽하게 단일하고 균질적인 집단 의지"라는 개념이 레닌주의를 부정확하게 묘사한 것은 아니더라도 안토니오 그람시의 좀더 미묘하고 낯선 형식 개념을 제대로 묘사한 것 또한 아니다. 그람시는, 근대 군주가 사실은 마키아벨리의 군주가 지닌 '자코뱅적인' 성격과 레닌의 전위가 지닌 규율 있고 국제주의적인 성격을 동시에 지니게 된다고 썼다. 그러나 근대 군주는 여기에 그치지 않고 새로운 보편적 도덕(Sittlichkeit)을 세우는 종교개혁의 종교적 성격과 루소의 입법자의 특성을 동시에 지닐 것이다. 그람시가 표현한대로 하자면, 근대 군주

---

60. Ernesto Laclau and Chantal Mouffe, *Hegemony and Socialist Strategy* (London: Verso, 1985), 2쪽. [한국어판: 『사회변혁과 헤게모니』, 김성기 등 옮김, 터, 1990.]

의 목표는 "개신교 종교개혁 또는 프랑스 계몽주의의 대중성을 가지며 그리스 문명 또는 이탈리아 르네상스가 지닌 고전적 문화성을 동시에 지닌 **총체적인 새 문화**, 막시밀리앙 로베스피에르와 이마누엘 칸트를, 정치와 철학을, 더 이상 프랑스나 독일이지 않고 유럽 전체와 세계의 사회 계급에 속하는 변증법적 통일 속에 종합하는… 문화"[61]를 창조하는 것이다. 바로 이 혼란스러울지언정 매력적인 요소들의 융합이야말로, 오늘날 가능한 새로운 정치 형식의 기반에 대한 통찰력을 얻기 위해 우리가 관심을 기울여야 할 것이다.

레닌처럼 그람시도 시민사회 영역에서 국가와 같은 뿌리를 지닌 기관에 해당하는 근대 정당은 개인을 대신해 역사의 '주인공'이 될 운명이라고 결론지었다.[62] 그람시가 자신을 맑스레닌주의자라고 여기고 레닌에게서 많은 것을 빌려왔지만, 그의 헤게모니 이론과 당 개념은 양적으로도, 질적으로도 레닌과 결별한 것이다. 레닌의 전위당의 한계와 위험한 함의를 그람시가 인식했다는 건, 권위주의적이고 상명하복식 당 조직 구조를 지칭하는 '관료적 집중제'와 더 '유기적'이고 민주적인 형식인 '민주 집중제'를 중요하게 구별한다는 데서 짐작할 수 있다. 그람시는, 후자의 우월성이 "다양한 형식으로 구체화할 수 있는 탄력적인 구조식"을 제공한다는 사실에 있다며 "그 형식이 요구에 끊임없이 적응하는 형식인 한 민주 집중제는 살아난다."[63]고 썼다.

그람시가 뜻하는 '민주 집중제'의 실마리는, 역사적 정치·군사 갈

---

61. Giuseppe Fiori, 『그람시』(*Antonio Gramsci: Life of a Revolutionary*), 241쪽.
62. Gramsci, 『옥중수고』(*SPN*), 147쪽.
63. 같은 책, 189쪽.

등에 대한 경험적 분석을 제시한 『옥중수고』의 여러 구절에서 볼 수 있다. 이런 구절의 하나가, 1차 세계대전 때 영국과 독일의 극히 중요한 해상 전투에 대한 분석이다. (윈스턴 처칠이 유틀란트 해전을 분석한 것에 대해 평하면서) 그람시는, 유틀란트 해전에서 독일 제독이 미리 "부하 지휘관들에게 전반적인 전략적 계획"을 설명하고 "상황에 따라 작전을 펼 재량권을 개별 부대에 [허용]"함으로써 전장의 산하 부대에 작전 이행을 위임한 것을 이야기한다. 대조적으로 영국 해군본부는 전함들이 "언제나 '명령을 기다리게'" 만드는 심히 중앙집중적인 명령 체계에 의존했다. 전장의 독일 부대들의 작전 재량권이 영국 전함을 무찌르는 데 기여한 핵심적인 요소다. 영국 전함은 "우월했음에도… 적극적 전략 목표를 달성할 수 없었다. 왜냐하면 어떤 특정한 순간 사령부가 현장의 전투 부대들과 교신이 끊겼고 전투 부대들은 실수에 실수를 연발했기 때문이다."[64]

이 전투에 대한 그람시의 관심은 의심의 여지 없이 코민테른(제3인터내셔널)[65]의 문제에 대한 심사숙고에서 비롯한 것이다. 스탈린이 모스크바의 코민테른 통제를 공식화하자, '위성' 국가 정당들은 날로 영국 함대를 닮아갔다. 다른 말로 하면, 코민테른의 실패는 각 지역 세력들이 자신들의 특정한 상황에 적합하게 전술적 결정 사항을 자율적으로 이행하도록 위임하지 않은 데 있다. 필시 그람시는 정치 투쟁이

---

64. Antonio Gramsci, *Prison Notebooks*, vol. 1, Notebook 1, §57, 165쪽.
65. [옮긴이] 코민테른은 레닌에 의해 1919년 3월 창설되어 1943년 5월 해체된 국제 공산당 조직이다. 각국 공산당의 관계를 강화하고 그들의 활동을 통일적으로 지도함으로써 자본주의를 전복하고 공산주의를 건설하는 것을 목표로 했다.

어떤 형식을 취하든, 지도부는 각 지역 세력들에게 상당한 자율성을 허용해야 한다고 제안하고 있었다. 이와 동시에 그람시는, 각 지역 세력들에게 행동의 자율성이 허락되어야 하지만 효율을 위해서는 이 세력들이 전체 전략적 뼈대 안에서 '형태를 갖춰야' 한다고 느꼈다. 사회와 문화의 '상부구조'가 고도로 분화된 선진자본주의적 상황에서, 이 뼈대 또는 전략이란 '진지전'을 닮아야 한다. 진지전에선 하위 계급들이 국가에 대한 전면적 군사 공격 곧 '기동전'을 펴지 않고, 대신 주변부를 따라서 조금씩 조금씩 전략적 영역을 확보하는 투쟁을 전개한다. 이런 진지전은 경제적인 것일 뿐 아니라 문화적이고 정치적이기도 하며, "적극적 전략 목표"를 지닌 중앙집중적이지 않지만 통합적인 투쟁이다.

민주 집중제는 또 다른 중요한 측면에서도 레닌의 전위당과 다르다. 그람시는 지도자와 지도받는 이들 사이에 이른바 유기적 지식인이라는 결정적으로 중요한 중간 요소를 넣었다. 레닌이 공산주의 실천을 지도자와 지도받는 이들의 이원론으로 전락시킨 바로 그 지점에서, 그람시는 서로 변증법적인 관계에 있는 세 개의 인자를 도입했다. 첫 번째는 "창조적인 정신이나 조직적 능력의 형태가 아니라 규율과 충성의 형태로 참여하는 보통의 평균적인 사람들인 대중 인자"이다. 그런데 이 단계에서 '집단적 의지'는 단지 "초보적인… 조직"에 머물 뿐이다. 대중은 오직 "자신들을 집중시키고 조직하고 훈련시키는 누군가가 있는 한에서만 세력"이 된다. 그래서 그람시도 레닌처럼 두 번째 인자 곧 규율 있는 혁명가들 또는 지도자들을 도입한다. 그들은 "응집적인 주요 인자"를 형성한다. 이 인자가 없이는 "의지들이 무한히 나뉘게 될" 뿐이다. 이 자코뱅적인 인자의 책임은 '무로부터' 의지를 창조하고 이렇게 창조한 의지를 "구체적이고 합리적인 목표를 향해" 이끌어가는 것이다. 이 지도하는 인자는 "홀로 존재할 때는 별것 아니거나 무의미할 뿐인 세력들을 전국적으로 모아서 효율적이고 강력한 세력 복합체로 만든다."[66]

여기까지만으로는 이 개념이 레닌의 개념과 거의 구별이 안 된다. 그러나 이제 그람시는 레닌의 이론에 암시되어 있었지만 적절히 이론화하지 않은 제3의 인자를 도입한다. 이 인자는 "첫 번째 인자를 두 번째 인자와 잇고 이 둘의 접촉을 물리적으로만이 아니라 도덕적·지적으로도 유지하는 중간적 인자"[67]다. 그람시가 말하는 '중간적 인자'는 대중 내부에서 비롯된 지식인들 또는 투사들이다. '전통적' 지식인들은 쇠락하는 사회 조직과 연결되어 있지만, 유기적 지식인은 지배적인 생산 양식과 밀접히 연결되어 있는 계급에서 나온다. 그람시의 개념에서, 이런 지식인들은 노동계급이 제 스스로를 규정하는 데 중요한 구실을 하는 노동계급 출신으로서 권위 또는 지도력의 위치까지 오르는 이들이다.[68] 그래서 이 인자의 전반적인 작용 결과는 "조직을 지속적으로 실제 운동에 맞춰가고, 밑으로부터의 분출과 위로부터의 명령을 조화시키고, 밑바닥에서부터 올라오는 인자들을 규칙적인 경험 축적과 연속성을 확보하는 장치인 굳건한 지도기구의 틀 속에 지속적으로 수혈하

---

66. 같은 책.
67. 같은 책, 153쪽. (강조는 필자)
68. Anne Showstack Sassoon, *Gramsci's Politics* (Minneapolis: Minnesota University Press, 1987), 141쪽.

는 것"69이다.

이 중간적 인자만으로도 (그람시 자신의 표현대로 하자면) "거대한 중앙집중적, 규율적 권력"을 부여받은 당 지도부에 대한 그람시의 불길한 묘사를 충분히 완화시킬 수 있을지 여부는 미결 문제이다. 이 문제는 어떤 논평가들로 하여금 그람시를 권위주의적 사상가로 보게 만든 것이기도 하다. 그러나 그람시를 권위주의적 사상가로 보는 건, 그가 레닌의 이론을 포함해 과거 모든 형식의 이론화 작업과 날카롭게 결별한 사실을 간과하는 것이다. 이 결별은 그람시의 복합적인 당 개념 속에 함축되어 있다.

그람시의 사고 방식에서는, 효과적인 실천을 이루는 데 있어서 적절한 조직적 규율과 전문적인 '간부진'보다 더 본질적인 것이 근대 군주에게 정치적·정신적·도덕적 통일성을 가져다주는 데 필수적인 경험적 기반이다. 그리고 이 통일성이 없이는 그 어떤 '당'도, 레닌주의적 당이건 아니건 간에, 존립 자체가 불가능하다. 근대 군주는 관료주의적이고 순전히 '기계적인' 기구의 정적인 형식 속에 화석화하지 않으면서 "상대적으로 안정적이고 영구적인 기구에 주의를 [기울이게]" 된다.70 그람시는 이렇게 썼다. 군주는 "과거 또는 전통 또는 미래와의 '연속성'을 전제로 한다. 다시 말해, 모든 행동은 이미 시작됐으며 앞으로 계속될 복합적인 과정의 한 계기라고 전제한다." 이렇게 되면 집단적 의지는, "추상적이지 않고 구체적이어야 하고, 말하자면 어떤 의

---

69. Gramsci, 『옥중수고』(*SPN*), 189쪽.
70. 같은 책.

미에서 일정한 한계를 넘지 않아야 하는" 어떤 것으로서의, 제 자신의 '지속'감을 형성할 수 있게 된다. 그람시는 심지어 이런 형상에 삶의 주기를 부여했다. "가장 좁은 한계를, 지나간 한 세대와 앞으로 올 한 세대라고 하자."[71]

그람시는 마키아벨리의 군주를 이탈리아 민족의 '집단적 의지'를 구현하고 상징하게 될 '의인적' 형상의 '구체적 신화'라고 묘사했다. 비슷하게 근대 군주는, 프롤레타리아트와 그 연대 계급의 집단적 의지에 촉매 구실을 할, 새로운 역사적 형식의 그람시적 구체적 '신화' 또는 상징이었다. 이 '집단적 의지'의 개체발생(ontogenesis)은 서로 겹치는 국면들 속에서 나타날 것이다. '경제적-조합주의적' 단계에서 집단은 예컨대 자신의 가게나 상인조합 같은 직업 관련 집단 또는 조합 소속원들과의 동질감을 바탕으로 '통일성과 균질성'의 감각을 형성한다. 다음에 노동자들은 경제적 연대 의식을 형성한다. 이 연대는 "같은 사회계급 내 모든 구성원의 이해관계의 연대이지만 아직은 순수히 경제적인 영역에 머무는 연대"다. 노동자들은 노동자로서의 경제적 권리를 추구한다. 하지만 이는 여전히 기존 체제의 맥락 안에 있는 것이고 아직 '자아'의 이해관계에 바탕을 둔 것이다. 마지막으로, 하나의 계급은 초월적 연대라고 할 수 있을 '최고의' 의식 형태에 도달한다. 이 단계에서 "집단들은 자신의 조합주의적 이익이 현재와 미래의 발전 과정에서 순수히 경제적인 계급의 조합주의적 한계를 넘어서서, 계급 내 다른 종속적 집단들의 이익이 될 수도 있고 되어야 한다는 걸 인식하게

---

71. 같은 책, 146-147쪽.

된다."72 이 단계에선 "전 단계에서 싹튼 이념들이 '당'이 되고, 이 가운데 하나 또는 적어도 몇몇이 결합한 단일 조합이 널리 퍼지고, 우세해지고, 사회 전체로 전파될 때까지 서로 대결하고 충돌한다."

다른 말로 하면, 지금까지 미완성이었고 모순적이던 피지배 계급들의 서로 다른 세계관(Weltanschauungen)들이 갈고 닦여서 하나의 공통 철학으로 뚜렷해질 때까지, 그래서 진정으로 정치적인 운동의 이념적 밑바탕을 형성할 때까지, 실천의 선반(旋盤) 위에서 조심스럽게 돌려지는 것이다. 이제 '당'으로, 다시 말해 어느 정도 밀착된 전국적인 존재로 작용하는 이 '집단적인 의지'는 "경제적, 정치적 목표의 조화뿐 아니라 도덕적이고 지적인 통일성까지" 창출한다. 요약하면, 당의 영향력은 "일개 조합주의적 차원이 아니라 '보편적인' 수준에서 전개되는 투쟁을 둘러싼 문제들을 제기하고, 그래서 종속적 집단들에 대한 기본적인 사회 집단의 헤게모니를 [창출하는 데]" 이를 만큼 강한 힘을 지니게 된다. 한편 "국가의 삶은… 기본적인 사회 집단의 이해와 종속적 집단들의 이해간의… 불안정한 균형을 생성하고 또 대체하는 지속적인 과정으로 인식된다." 국가의 기능과 정책 기조는 점점 더 헤게모니를 장악한 계급의 이해와 일치해간다는 말이다. 그래도 아직은 이 두 가지 이해, 국가와 '집단적 경제 이해' 곧 특정 계급의 이해가 완선히 일치하지는 않는다.73

그람시는 종종 근대 군주의 보편적 도덕성을 최고의 도덕률과 비교

---

72. 같은 책, 181-182쪽.
73. 같은 책.

했다. 이 부분은 마치니의 헤겔주의적 국가주의에서 영감을 얻은 것으로 보인다. (마치니는 이탈리아의 노동자들에게 "그 어떤 다른 신조도, 다른 도덕률도 받아들이지 말라.… 당신의 존재를 점진적으로 통제하는 데 적용될 2차적인 법칙들은 다름 아니라 이 최고의 법률을 점진적으로 적용하는 것이 되도록 하라."고 촉구한 적이 있다.)[74] 근대 군주의 보편주의가 암시하는 건 "정확하게 근대 군주 자체만을 준거점으로 하여 어떤 행위가 근대 군주를 강화하느냐 근대 군주에 대립하느냐에 따라 그 행위를 유용한 것 또는 해로운 것으로, 고결한 것 또는 사악한 것으로 판단하는 것이다. 인간의 양심 속에서 근대 군주는 성스러운 것 또는 지상명령의 자리를 차지하는 한편, 삶의 모든 측면과 모든 관습적 관계들을 완전히 세속화하는 근대 세속주의의 기반이 된다."[75]

이런 개념은 실로 전체주의적이지는 않을지언정 '전체화하는' 기미가 충분해서 아마도 우려를 자아내는 게 틀림없을 것이다. 루카치 또한 결국 독실하고 전체주의적인 헌신의 측면에서 사회주의를 논했다. 이 헌신은 혁명의 본성이란 개인의 '권리들'과 집단적 '의무들'의 구별을 완전히 없애는 것이라는 점에서 불가피하다고 그는 말했다.[76] 루카치는, 투사들이 "자신들의 전체 인격"을 "당과 혁명의 생활 전체와 생생하게 관계짓는 데" 헌신해야 할 것이라고 썼다.[77] 당의 '지상명령'에

---

74. Mazzini, 96쪽. 마치니는 국가를 "신이 꼭대기에, [그리고 평등한 인민들이 바탕"에 있는 "사원"에 비유했다.
75. Gramsci, 『옥중수고』(*SPN*), 133쪽.
76. Lukács, 『역사와 계급의식』(*History and Class Consciousness*), 319쪽.
77. 같은 책, 336쪽.

대한 그람시의 절대주의적 정식화가 레닌의 '올바른 당 노선'이라는 교리문답서를 닮는 한, 그람시의 사회주의적 칸트철학의 그림자 아래서 전진하는 걸 조심스러워하고, 심지어는 회의적으로 여길 근거가 있다.

그런데 그람시가 종교를 언급하고 특히 종교개혁의 민주적인 측면을 높이 평가한 것으로부터 꽤 분명한 사실은 그가 마지막까지 옹호한 것이 바로 '당' 개념이라는 점이다. 이 당은, 지도부가 '성스런' 법령에 따라 행동하는 당, 지도부가 공산주의의 성스런 법(샤리아)을 집행하는 근본주의적 성직자와 같은 당이다. 비록 그람시의 『옥중수고』에는 모호함의 그림자가 많지만, 하나의 계급(노동계급)에 사실상 종속될 헤게모니 블록 내부의 여러 계급들과 집단들이 지도받는 데 동의할 거란 점은 의문의 여지가 없다고 그람시는 봤다. 다른 말로 하면 근대 군주는 '도덕적이고 지적인 지도력'을 발휘해, 새로운 문명적 질서가 가능할 뿐만 아니라 바람직하며 여러 계급과 집단 자신들이 생각하는 정의로운 세계라는 개념과 어울리는 것이라고 설득함으로써 그들의 동참을 유도할 것이라는 이야기다.

단결과 차이: 번역의 도전

지금까지 본 것처럼, 근대 군주가 대변하는 것은 (리처드 벨라미의 말을 인용하자면) "다수의 분산된 의지들, 이질적인 목표들이 평등한 세계라는 공통의 개념을 바탕으로 삼아 단일한 목표로 결합하는 걸"[78] 추구하는 노력이다. 동질적인 의지(대항헤게모니 블록)에 대한 이런 전망이 오늘날 논란거리가 된다면, 그건 부분적으로는 다양한 계급들과 사회 집단들이 단결해서 마침내 근대 군주로 통합될 때 각 집단의 '차이들' 곧 고유한 정체성이 억압당할 것이라는 널리 퍼진 오해 탓이다. 사실 그람시가 내다본 것은 하위 요소들의 '절대적' 통합(일반 의지 속으로의 신비한 융합)이 아니라 단순히 실천적인 조화, 특정하고 구체적인 역사적 목표를 달성하게 해줄 조화임을 보여주는 강력한 증거가 있다.

아마 틀림없이, 이 집단적 의지(collectiva voluntà)는 헤겔의 총체적인 관념론을 닮기보다는 아리스토텔레스의 특수와 보편의 전체론적 변증법을 더 닮았을 것이다. 아리스토텔레스는 "전체는 필연적으로 [본성생 부분에 우선한다."는 생각을 견지했다.[79] 그렇지만, 폴리스를 이루려면 이 '전체'는 동질적 성질과 이질적 성질을 모두 지녀야 한다. 아리스토텔레스는 이렇게 썼다.

> 가정이나 폴리스나 마찬가지로 통일성은 어느 정도까지 필요한 것이 사실이다. 그러나 총체적 통일성은 아니다. 통일성이 높아지면서 폴리스가 더 이상 폴리스가 아니게 되는 지점이 있다. 그러나 여기에는 못 미쳐 여전히 폴리스를 유지하지만 그 본질을 잃어버릴 지경에 이르는, 그래서 더 나쁜 폴리스가 되는 또 다른 지점이 있다. 이는 합창을 제창으로 만들어 버리거나 음악의 선율을 단일한 북소리로 만드는 것 같은 것이다.[80]

---

78. Richard Bellamy, *Modern Italian Social Theory* (Cambridge, UK: Polity, 19987), 139쪽. (강조는 필자)
79. Aristotle, 『정치학』(*Politics*), 6쪽.
80. 같은 책, 51쪽.

정확하게 말하면, 폴리스는 "서로 닮지 않은 요소들로 구성되어야" 한다. 왜냐하면 "합창의 지휘자와 합창단원들에게 한 가지 공통된 장점이 있을 수 있다는 수준을 넘어서는 의미에서, 모든 시민이 공통의 한 가지 장점을 지닐 수 없기 때문이다."[81] 모든 정치적 형식은 통일성과 차이의 연속성을 위한 분명한 조정작업에 달려있다고 할 수 있다. 부분과 전체의 절대적 동일성 곧 존재론적 융합이 있을 수 없듯이, 완벽한 '차이' 또는 비동일성도 있을 수 없다. 이래서는, 더 이상 사회 또는 공통체에 대해 의미 있는 말을 하는 것 자체가 불가능해지기 때문이다.

이와 비슷하게 그람시의 헤게모니 블록은 동일성과 차이를 동시에 표현한다. 그람시도 레닌처럼 노동계급의 분산된 이해를 강력한 '집단적 의지'로 바꾸고 방향과 형체를 부여하기 위해선 규율 있고 조직적인 당이 필요하다고 단언했다. 그는, 근대 군주가 당면하는 "본질적 임무"는 "이 세력이 형성·발전하고 훨씬 더 동질적이고 짜임새 있으며 더 강한 자각을 지니게 되도록, 체계적이고도 끈기 있게 작업해 놓는 일"[82]이라고 썼다. 그렇지만 레닌과 달리 그람시는 이 세력을 구성하는 주체들의 절대적 동일성 측면에서 대항헤게모니 블록을 묘사한 적이 결코 없다. 그래서 그람시가 '단일한 목표' 설정을 언급한 것은 형이상학적인 게 아니라 실용적인 측면에서였다. 근대 군주의 실천은 "어느 정도의 동질성을 갖춘 집단의지가 탄생하기 위해 요구되었던 그

---

81. 같은 책, 103쪽.
82. Gramsci, 『옥중수고』(SPN), 185쪽.

간의 오랜 노력이다. 이 때의 동질성이란, 역사적 사건의 무대가 되는 시간・공간 차원에서 동시적이고 조정되어 일어날 수 있게끔 하는 데 필요 충분할 정도"[83]라고 그람시는 썼다.

여기에 더해, 대항헤게모니적 실천은 지도 계급에게 "헤게모니 안에 포섭해야 할 대상이 되는 집단들의 이해관계와 경향성에 대해, 그리고 어떤 타협적 균형이 형성되는 것에 대해"[84] 주의를 기울일 것을 요구한다. 그래서 근대 군주의 지침이 되는 조직적 원칙은 절대적 동일성의 성취가 아니다. 원칙은 "표면상 서로 달라 보이는 형식 속에서 이루는 동일성을, 그리고 다른 한편으로 서로 구별되고 심지어 명백한 획일성을 거부하는 어떤 것을" 추구하는 것이다. "그것은 비슷한 것을 서로 긴밀하게 연관시키고 조직하기 위한 것이다."[85] 근대 군주의 지도력의 과제는 서로 다른 사회적 집단들의 현실적 또는 실질적 차이들을 (곧 "서로 구별되고 심지어 명백한 획일성을 거부하는 어떤 것"을) 인식하는 것뿐만 아니라 이 집단들 사이에서 그리고 그 집단들 속에서 공통성의 영역을 찾아내는 것, 곧 표면상 차이 때문에 모호해진 공통성의 영역을 찾아내는 것이기도 하다. 세심하게 "동질성과 자각의 정도를 평가하고 다양한 계급들이 달성한 조직을 평가한"[86] 뒤에야 비로소, 근대 군주는 사실상은 엇비슷한 각각의 요소들을 조직하고 '서로 연결한다.'

---

83. 같은 책, 194쪽.
84. 같은 책, 161쪽; 그리고 182쪽을 참조하라.
85. 같은 책, 190쪽.
86. 같은 책, 181쪽.

서로 다른 집단들과 운동들 사이에 존재하는 차이를 단지 감출 뿐인 균질성이라는 '총체화하는' 개념을 그람시가 옹호한다고 보는 건, 그래서 그의 정치론이 지닌 독특하고 유용한 요소를 놓치는 것이다. 그람시는 통일된 형식이 없이는 하위층이 전국적이고 국제적인 사건에 영향을 끼칠 역량을 거의 확보할 수 없다고 봤다. 그의 통일성과 차이의 변증법은 비록 둘 사이의 본질적 긴장을 결코 해소하지는 않지만, 급진적 사회 사상 영역에서 나타난 중요한 혁명을 대표했다.

차이에 대한 '적응'이 그람시의 정치론에 담겨 있다는 점은, 언어에 대한 그의 해박한 이론적 저술에서 찾을 수 있다.[87] 그람시는 이탈리아의 사회-언어학을 탐구하는 과정에서 (서기 400~1300년께의) 유럽 중세 라틴어 문어체가 두 개의 서로 다른 언어 곧 "대중 언어 또는 방언과 지식인과 교양 있는 계급이 배우는 언어"[88]로 나뉘었다는 사실에 강한 인상을 받았다. 유럽의 다른 지역에서는 종교개혁이 대중적 의식을 창출하면서, 그리고 특히 민족주의가 번성할 바탕을 창출하면서 이 두 언어의 차이를 빠르게 없앴지만, 이탈리아에서는 상황이 전혀 달랐다. 사유주의적인 부르주아 지식인들이 여전히 자신들의 '유럽적' 언어 전통을 (이 전통은 그들을 대중과 구별하며 동시에 그들의 계급적 헤게모니를 강화하는 것이었다) 유지하려 한 점과 수많은 방언들이 공존한다는 점이 서로 맞물린 탓에, 이탈리아의 국가적 통일

---

87. Peter Ives, *Gramsci's Politics of Language* (Toronto: University of Toronto Press, 2004)를 보라.
88. Antonio Gramsci, Letter to Tatiana Schucht, November 17, 1930, 『감옥에서 보낸 편지』(*Letters from Prison*), 184쪽.

형성이 심히 늦춰졌다. 그래서 이탈리아 언어사는 효과적인 '민족적 대중 의지'를 결집시키는 데 있어서 언어의 중요성을 보여주는 훌륭한 교훈을 담고 있다. '첫 번째' 종교개혁 때처럼, 사회주의의 언어는 보편적인 요소를 가능하게 하는 동시에 인민의 자의식・자율성 인식을 가능하게 하는 것이어야 했다. 각 지역의 문화적・언어적 차이가 널리 존재하는 상황에서 근대 군주는 새로운 보편적 문명의 씨를 키워야만 했다. 루터가 교회의 '전통적인' 지식 관료들만 접근할 수 있던 라틴어 예배용 문구들을 독일어와 같은 대중의 언어들로 번역했듯이, 그리고 '이탈리아의 루터' 마키아벨리가 군주들(곧 권력집단들)의 지식을 평민들도 접할 수 있게 해주려 했듯이, 근대 군주는 권력의 모호한 '라틴어'를 보통 사람들이 이해할 수 있는 언어로 '번역한다.' 동시에, 인민들은 자신들의 경험을 하나의 세계관으로 제 스스로 '번역할' 것이다. 그리고 다시 이 세계관은 근대 군주 자신의 지적 지평과 인식의 지평을 형성할 것이다.

그람시는, 차이에 대한 물신숭배와 민족주의가 인민들로 하여금 현실의 진정한 본성을 인식하지 못하게 방해하고 그래서 또 그들이 무엇을 해야 할지 보지 못하게 만든다는 생각을 견지했다. 개인의 폐쇄적인 고향 땅에 뿌리박힌 채 꼼짝하지 않는 건, 모든 역사적 행위의 맥락을 이루는 더 넓은 세상을 보지 못하는 지방 근성을 유발한다. 그람시는 이렇게 썼다. "한 사람의 세계에 대한 인식이 얼마나 복잡한지는 그가 쓰는 언어를 보면 판단할 수 있다. 방언만 할 줄 아는 사람은 그 누구도… 필연적으로 세계에 대해 대체로 제한적이고 편협한 직관만 지니게 된다."[89] 이념으로서의 언어는 세계를 그린다. 언어가 편협

할수록 세계도 편협하다. 그렇지만 그람시가 이론화한 것은 신화적인 완벽한 언어, 단어와 사물이 서로 투명하게 일치하는 영지주의의 언어로 '되돌아감'이 아니다. 그보다는 이 세계에서 구체적인 사회적·윤리적 목표를 달성하는 데 적합한 보편적인 번역의 형식을 추구하는 것, 말하자면 (마틴 제이의 말로 표현할 때) "의미들을 공유하는 언어적으로 통일된 공동체"[90]에 뿌리를 둔 새로운 정치적·도덕적 정체성을 끈기 있고 부지런히 건설하는 것이다.

그람시의 초기저작에서도, 근대 군주를 언어적 헤게모니를 구축하는 새로운 역사적 인물로 설정하는 후기 그람시의 전망의 단서를 볼 수 있다. 근대 군주는 지역별 차이와 '방언들'을 없애버리는 게 아니라 그 고유한 전망을 이해할 수 있는 일상 언어로 '번역'함으로써, 다시 말해 인민들이 그들의 다양성 속에서 현실의 다양한 조건들과 삶의 경험들을 조직적으로 표현할 수 있는 정치적 구문으로 '번역'함으로써, 언어적 헤게모니를 구축한다. 도전 과제는 각 지방의 언어를 없애지 않으면서도 보편적인 언어를 만들어내는 것이다. 이 문제는 19세기 말과 20세기 초에 제기된 언어 차이의 코스모폴리탄적 '해법들'에 익숙했던 그람시가 절실히 인식한 문제다. 예를 들어 1918년에 쓴 「하나의 언어와 에스페란토」(La Lingua unica e l'esperanto)라는 글에서, 그람시는 19세기 소설가인 알렉산드로 만초니가 제시한 이탈리아 언어의 단일화 제안을 비판했다. 만초니는 표준어를 '위로부터' 강제해

---

89. Fontana, *Hegemony and Power*, 38쪽에서 재인용.
90. Jay, *Marxism and Totality*, 159쪽.

야 한다고 주장했다. 그람시는 이렇게 썼다.

언어 단일화 옹호자들은, 이 세상에는 서로 직접적으로 의사소통을 하고 싶어하는 많은 사람이 있는데 의사소통 능력을 제약하는 끝없이 많은 언어들이 넘쳐나는 걸 걱정한다. 이는 국제주의적인 걱정이 아니라 코스모폴리탄적인 걱정이다. 사업 또는 여가를 위해 여행하는 부르주아들의 걱정이고, 정착해 생산하는 시민들의 걱정이 아니라 유목민들의 걱정이다.… 그들은 시공간 내 변화를 인정하지 않는, 절대적으로 융통성 없는 언어를 인공적으로 만들고 싶어한다.

그람시는 이어서 이렇게 쓰고 있다. "만초니는 스스로 묻는다. 이제 이탈리아가 형성됐으니, 어떻게 이탈리아어를 창조할 수 있을까? 그는 스스로 답한다. 모든 이탈리아인들은 토스카나 말을 해야 하고 이탈리아 정부는 초등학교 교사들을 토스카나에서 뽑아야 한다." 그러나 이런 지리적·문화적 차이에 대한 무관심은 허용되지 않을 것이다. 그람시는 부르주아적 코스모폴리타니즘의 총체화하는 제국주의에 맞서 각 지방의 방언을 지킬 윤리적 필요성에 가장 열성적인 사람이었다.

특정 지역에서 실제로 쓰이고, 살아있는 출처와 관련지을 수 있는 특정 언어조차 국가 내 특정 영역에서 강제로 쓰게 할 수 없다고 한다면, 완전히 인공적이고 기계적이며 몰역사적인 데다가 위대한 작가들이 윤택하게 갈고 닦지 않은, 그리고 다양한 방언에서 비롯되거나 서로 다른 시기에 형성된 다양한 형식에서 비롯된 표현의 풍부함도 결여된 국제 언어가 어떻게 뿌리를 내릴 수 있겠는가? 이에 대해서는 의심하지 말자. 에스페란토어라는 단일 언어는 헛된 생각일 뿐이고, 코스모폴리탄적이고 인도주의적이며 민주적인 심성의 환상일 뿐이다. 그런데 이 심성은 역사적 맥락을 지닌 비판적 사고에 의해 풍요로워지지도, 이 비판적 사고에 휘둘린 적도 없는 심성이다.… 오직 국제 동맹(인터내셔널)의 도래를 위해 노력하는 걸 통해서, 사회주의자들이야말로 단일한 언어의 도래 가능성을 향해 나아가게 될 것이다."[91]

2년 뒤 그람시는, 많은 노동자들이 에스페란토어에 대한 부르주아적 환상에 매력을 느낀다는 사실을 마지못해 인정했다. 그들의 관심은 "국가의 한계를 넘어서고, 현재의 국어들을 사투리의 위치로 내려가게 만드는 언어적 합성물(verbal complex)을 구성하려는 진정한 욕구와 역사적 추진력을"[92] 보여주는 것임을 인정했다. 그러나 에스페란토어

---

91. Antonio Gramsci, "A Single Language and Esperanto"(1918), *Selections from the Cultural Writings*, David Forgacs and Geoffrey Nowell-Smith 엮음 (Cambridge, Mass.: Harvard University Press, 1985), 29쪽. 지역 언어 전통의 문화적 통합에 대한 그람시의 예민한 감수성은 그람시 고향 사르디니아에서 공부하고 있는 조카에 대해 그의 여동생 테레시나에게 쓴 다음의 편지에서 잘 볼 수 있다. "그가 사르디니아 말을 말할 수 있고 그 말에 어려움이 없게 가르치면 좋겠다. 내 생각에는, 에드메아(그람시의 조카딸)를 사르디니아의 어린 소녀들처럼 자유롭게 말하지 못하게 한 건 실수였다. 그건 그 아이의 지력 발달을 해쳤고 상상력을 억압했다. 네 아이들에게는 이런 실수를 범하지 말아야 한다. 사르디니아 말은 단지 방언이 아니라 그 자체로 하나의 언어다. 게다가 비록 대단한 문학이 나오지는 않았지만, 아이들이 가능한 한 많은 언어를 배우는 게 좋다. 또 네가 아이들에게 이탈리아어를 가르치게 되더라도, 그건 기껏 몇몇 단어와 문장으로 그들과 대화하는 게 고작인 빈약하고 엉성한 말일 것이다.… 그 아이는 일반적인 환경을 접하지 못할 것이고 결국 제대로 된 언어가 아니라 두 개의 혼합된 언어를 배우고 말 것이다.… 진정으로 바란다. 이런 실수를 범하지 말고, 네 아이들이 사르디니아의 정신을 원하는 만큼 받아들이고 자신들이 태어난 자연 환경에서 자연스럽게 자라나도록 해주어라. 이는 그 아이들의 장래에 걸림돌이 아니라 그 반대가 될 것이다." Antonio Gramsci, 1927년 3월26일 편지, 『감옥에서 보낸 편지』(*Letters from Prison*), Volume I, 89쪽.
92. Gramsci, *Selections from Cultural Writings*, Forgacs and Nowell-Smith 엮음, 43쪽.

가 아니라 사회주의야말로 진정으로 이런 새로운 '언어적 합성물'의 구실을 할 것이라고 그는 느꼈다.

그래서 근대 군주의 역사적 구실은 해설자 곧 폭력적인 세상을 바꾸기 위해 이 세상의 무의미를 이해하는 방법을 보여주는 안내자다. 그람시의 이야기는 어떤 면에서 단지 마키아벨리의 새로운 군주 신화를 반복하는 것일 뿐 아니라, 바벨탑의 신화적 모습과 그것이 대변하는 보편적 언어의 꿈을 환기시키는 것이다. 그렇지만, 그람시가 인식한 근대 군주의 책임은 탑을 어떻게 쌓을지 인민들에게 말하는 것이 아니다. 근대 군주의 책임은 인민들을 역사의 현장으로 이끌어 가서 공통 언어를 가르침으로써, 그들의 비밀 결사체가 건설 방법을 깨닫게 유도하고 자신들이 건설하고픈 게 뭔지 결정할 수 있게 해주는 것이랄 수 있다.

탈근대 군주

마지막으로 오늘날의 형식 문제로 돌아가자. 탈근대 군주는 오늘날 다양한 운동들의 단일하고 초월적인 의식을 대표하고, 그럼으로써 시민사회의 사회적 요구를 대표하는 게 될 것이다. 이번 장의 서두에 썼듯이, 이 군주는 앨버트, 케이건, 촘스키 등이 『해방 이론』에서 묘사한 통일된 운동과 아주 유사한 모습을 띨 것이다. 이 통일된 운동이란, 기존의 각종 운동들이 "자신들이 본질적으로는 거대한 단일 운동의 서로 다른 측면들이며, 이 단일 운동의 전체와 부분이 함께 성공하려면 부분들이 서로 적극적으로 관계지어야 함을 인식하게" 되는 순간에 하나로 합쳐진 운동이다. 이 주제는 『해방 이론』이 나오기 한해 전인 1985년에 출간된 라클라우와 무페의 『헤게모니와 사회주의 전략』의 주제와 많이 비슷하다.

이 책에서 라클라우와 무페는, 다양한 운동 요소들이 제 자신 고유의 대의와 정체성을 노동 착취 또는 계급 착취에 대한 역사적 적개심이라는 유일한 대의로 환원시키지 않으면서도 각 요소들을 '접합'할 것을 촉구했다. 그러나 두 사람은 이 접합의 내용을 구체적으로 제시하지는 못했다. 다양한 운동들을 하나로 뭉치는 현상학적·사회학적·정신적 '근거'를 제시하지 못한 것이다. 다양한 요소들의 '접합'에 대한 그들의 설명은 순전히 '부정적'이다. 다시 말해, 각각의 운동이 다른 운동들을 오직 '타자'로 보고 관계를 맺는다는, 본질적으로 이론적이고 소외 유발적인 개념에 바탕을 둔 설명인 것이다. 『해방 이론』의 저자들은, 공통의 역사적 현실에 얽혀있는 인간들이자 가치에 대한 인식 공유를 통해 움직이는 인간들로서 우리가 공유하는 걸 바탕으로 각각의 요소들을 '긍정적으로' 접합할 것을 내비쳤다. 이들이 보기에 "전체 좌파의 발전을 위한 포괄적 계획에 전략들을 짜맞추는 일이 모든 단계에서 나타나야 한다.… 바로 이 통찰력들을 연결하고 전체론적 전망에 결합시키는 것이야말로, 이런 교류 형태의 최우선 과제가 될 것이다."[93]

이와 대조적으로 라클라우와 무페의 '헤게모니 블록'은 공통된 억압

---

93. Albert, Cagan 등, *Liberating Theory*, 145쪽. (강조는 필자)

의 경험에 바탕을 둔 것도, 그렇다고 공유된 윤리적 가치들과 정치적 목표들의 초월적 배열에 바탕을 둔 것도 아니다. 다만 각각의 운동들을 '다르게' 만드는 것들의 '동등성'에 바탕을 뒀다.94 짧게 말해, 라클라우와 무페는 『헤게모니와 사회주의 전략』에서 왜 서로 다른 조직들과 운동들이 함께 일해야 하는지에 대해 실천적인 이유들을 제시하지 않았다. 그런데, 라클라우와 무페의 책은 좀더 학술적인 기질로 쓰인, 블랙홀처럼 촘촘한 책이어서 출간 이후 여러 해 동안 비판 이론에 계속 영향을 끼친 반면, 『해방 이론』은 학술 지향적이지 않은 출판사에서 나온 데다가 (당시를 지배한 장식적인 이론들에 맞서는) 이론적이지 않은 언어로 쓰였기 때문에 별다른 논쟁을 촉발하지 않았다. 그렇지만, 사실 『해방 이론』이 형식과 통일성의 이론에서는 더 큰 진전을 보여준 책이다.

라클라우와 무페의 책이 지닌 결정적 결함은 본질적으로 문제에 형식주의적으로 접근했다는 점이다. 그람시가 반복적으로 경고했듯이, 통일된 의지를 창출하는 과제는 "합리주의적·연역적·추상적 과정,

---

94. "다원성의 개별 조건이… [곧 각각의 개별 투쟁이] 그 자체 내부에서 타당성의 원칙을 발견하되, 초월적 근거 또는 내재적인 긍정적 근거에서 전체 의미의 위계질서와 정당성의 근원 및 보장을 찾으려 하지 않는 한에서만, 다원론은 급진적이다." (강조는 필자) Ernesto Laclau and Mouffe, 『사회변혁과 헤게모니』(*Hegemony and Socialist Strategy*), 167쪽. 여기서 라클라우와 무페는 단지 맑스주의가 모든 사회 운동의 '내재적인 긍정적 근거'가 아니라고 말하는 것이 아니다. 두 사람은 이를 넘어서, 모든 '초월적' 원칙을 거부하고 각각의 운동들은 '그 자체 내부에서' 타당성을 찾아야 한다고 말하는 것이다. 그람시에 반하는 헤게모니 개념에서, 다양한 운동들은 존재론적으로 그리고 심지어는 정치적으로 서로 소외된 채 있다. "급진적이고 복합적인 민주주의 기획은, 최우선적인 의미에서 동등·평등의 논리 일반화를 바탕으로 한 영역들의 자율성 극대화 투쟁에 다름 아니다." 공통의 기획이 아닌 것이다. 같은 책.

이론적인 지식인들(또는 순전히 난 체하는 바보들)에게서 전형적으로 나타나는 과정"으로 인식해서는 안 된다. 그건 "조직화와 상호연결이 실천적·'귀납적'·경험적인 필요에 따라 행해지는 걸로 보이게"[95] 표현되어야 한다. 다른 말로 하면, 정치 형태의 다양한 요소들, 예를 들면 도시와 농촌의 노동자들, 농민들, 중간계급 지식인들의 통일이 사상에만 바탕을 두고 나타날 수는 없고, 서로 다른 집단들이 몸소 겪은 현실의 실제적인 공통성에 바탕을 두고 나타나야 한다. 이와 달리 사물들이 어때야 '하는지'에 대한 인공적인 또는 독재적인 전망에 바탕을 둔 채 인민들을 통일시키려는 시도는, "통일이 아니라 잔잔하고 '침묵하는' 고인 늪에 불과하며, 그리고 연합이 아니라 '감자 한 자루'에 불과한, 다시 말해 개별 '단위들'이 서로 연결되지 않고 그저 기계적으로 나열되어 있는 것에 불과한, 관료적 개념"[96]에 굴복하는 꼴이다. 핵심은, "각각의 개인들이 특정한 위계질서와 지도력을 제 스스로에게 부과하고 능동적으로 수용하는 한에서 바로 그 각각의 개인들로 집단적 유기체를 구성하는 [것이다.]" 이어서 그람시는 이렇게 말하고 있다.

각각의 구성원들이 이 집단적 유기체를 자기 외부의 실체로 본다면, 그 순간부터 이 유기체는 더 이상 존재하지 않는 게 분명해진다. 단지 정신의 유령, 물신이 되고 만다.… 놀라우면서도 전형적인 것은, 이런 종류의 물신숭배가 [국가 조직에서만이 아니라 또한… 당과 노조 같은… '자발적' 유기체에서… 나타난다는 사실이다.… 이런 경향은… 개인들이 유기체에

---

95. Gramsci, 『옥중수고』(*SPN*), 190쪽.
96. 같은 책.

대해 외부적이고 비판적인 태도를 갖게 한다.… 어쨌든 물신숭배적 관계가 되는 것이다. 이런 개인은 자신은 무관한 듯이 유기체가 작동하길 기대하게 된다.… [게다가]… 자신은 개입하지 않아도 여전히 무슨 일이 벌어지는 걸 보게 되면, 개인들 위에 어떤 변화무쌍한 환영적(幻影的) 존재가, 집단적 유기체의 추상적 관념이, 일종의 자율적인 신성함이, 구체적인 두뇌를 쓰지 않아도 생각하고 인간의 다리를 쓰지 않아도 움직이는 그 어떤 것이, 실제로 존재한다고 생각하게 된다.[97]

'변화무쌍한 환영적' 존재들과 '자율적인 신성함'과 같은 것은 바로, 포스트구조주의 비평가들이 그람시와 그의 헤게모니 이론을 포스트구조주의 기획에 써먹으려고 헛수고할 때마다 주술을 걸어 불러내는 것들이다. 비판적 이론의 복도들은 이제 이런 영혼들로 가득하며, 이 영혼들은 '다중', '리좀' 또는 (라클라우와 무페의 판본으로 하자면) '영역들의 자율성'(autonomization of spheres) 같은 이름 아래 배회한다.

그러므로 중요한 것은, 탈근대 군주가 결코 일반적인 의미에서의 '연합' 곧 오랫동안 공동으로 행동한 끝에도 여전히 각 집단의 자율성과 정체성을 유지하는 방식의 집단간 결합으로 해석될 수 없다는 것이다. 군주의 집단적 의지는 본질적으로 다른 부분들의 '연속' 또는 집합으로 축소될 수 없다. 오히려 이는, 인간과 비인간 존재의 해방을 지향하는 다양한 운동들이 새로운 사회 질서의 기반을 다지는 단일한 보편적 기획 속으로 유기적인 융합을 하는 걸 나타낸다. 본래, 연합(coalition)과 융합(coalescence)이라는 단어는 같은 뜻이었다. 구별된

---

97. 같은 책.

실체들이 유기적 총체를 구성하기 위해 점차 하나로 뭉치는 과정을 뜻했다. 그렇지만 근대를 거치면서 두 단어는 나뉘었다. 오늘날 연합은 "서로 구별되는 당들, 개인들 또는 국가들이 영구적으로 하나로 통합되지 않은 채 공통의 행동을 위해 맺은 동맹"(옥스포드 영어사전 풀이)을 뜻한다. 반면 융합은 여전히 본래의 통일성이라는 뜻을 지닌다. 근대 생물학에서 융합한다는 건 "구별되는 부분들이 하나로 자라나는 것"을 뜻한다. 바로 이 후자의 '하나로 자라남'이라는 뜻에서 탈근대 군주를 인식하고 불러내야 한다. 이 융합 자체의 '토양'은 인간 삶의 경험 외에 다른 것일 수 없다.

포스트모더니즘에 반하는 이 책의 주제 가운데 하나는 현상학적 접근을 통한 급진 정치론의 바탕 구성이 중요함을 제시하는 것이다. 내가 강조했듯이 그람시는 현상학적 사상가였다. 사실, 정체성과 의미가 경험에 뿌리를 둔다고 보는 그람시의 관점은 후대 인물인 프랑스 현상학자 모리스 메를로-퐁티가 취한 관점과 아주 비슷하다. 르네이트 홀러브가 관찰했듯이, 두 이론가는 인간사에서 '의미와 가치 생산'의 절대적 확실성을 인정했다.[98] 두 사람은 또 의식 또는 "앎의 형식들"을 "단지 주체 속에(주관주의) 또는 지각 대상 속에(객관주의) 존재하는 것으로 보기보다는 상호관계성… 속에 묻혀있는 것"[99]으로 봤다. 우리가 아는 한, 그람시는 실제로 후설이나 브렌타노의 작품을 접한 적이

---

98. Renate Holub, *Antonio Gramsci: Beyond Marxism and Postmodernism* (London: Routledge, 1992), 125, 22쪽. [한국어판: 『그람시의 여백 — 맑스주의와 포스트모더니즘을 넘어』, 정철수 옮김, 이후, 2000.]
99. 같은 책, 141쪽.

없다. 보통 잘 지적되지 않는 점이지만, 그가 현상학적 전통과 유사한 태도를 보이는 건 혁명가로서 그람시 개인의 정치적·윤리적 개입에서 자연스럽게 우러나온 것임에 틀림없다. 전략적 사상가이자 정치가로서 그람시는 실천적으로 사고할 수밖에 없었고, 그래서 또 '감각적으로' 사고할 수밖에 없었다. 그람시는 단지 노동계급의 '존재론적 중심성'을 옹호하는 데만 관심이 있던 게 아니다. 그는 그전부터 존재하던 본질들을 조작하는 것이 아니라 새로운 정치 구조들을 끈기 있고 부지런히 건설하는 정치를 추구했다.

인간 정체성의 **경험적** 성질에 대한 이런 감수성은 그의 작품들에 깊게 배어 있는데, 아마 가장 유명한 글은 '남부 문제에 대하여'일 것이다. 이 글에서 그람시는 남부 농촌 지역의 농민들과 북부 도시 지역 노동자들의 역사적 동맹을 성사시킬 필요성에 대해 유창하게 썼다. 프롤레타리아트와 농민의 이런 '집단적 의지' 형성은 그들이 공유한 '본질'에 바탕을 두고 이뤄져야 하는 게 아니다. 그들이 공유하는 사회정치적·실존적 조건들에 바탕을 두는 것이어야 했다. 이 조건들은 이탈리아 지배계급이 뒤집히는 걸 보고파 하는 그들 속에 **잠재된** 공통의 정치적 이해를 생성시켰다. 짧게 말해서, 형식은 언제나 피와 살이 있는 실제 인간의 체험에 뿌리를 둬야 한다. 다시 말하면, 인식하는 존재들이 함께 만들어내는 형식과 자신들 사이의 현상학적 관계에 뿌리를 둬야 한다.

현상학이 발견한 중요한 것 하나는, 생활세계가 그것과 '의도적인' 또는 의미있는 관계를 맺는 특정 주체들의 적극적인 성취물이라는 점이다. 메를로-퐁티가 행동주의를 비판하면서 제시했듯이, 살아있는 유기체는 세계에 대한 존재론적 '태도'에서 그 세계와 의미 있게 분리될 수 없다. 말하자면, 현실은 유기체에게 있어서 유기체 자체에 어떤 의미를 띠는 형태(Gestalt) 또는 의미의 종합적 유형으로 존재한다. "유기체 자체는 사물들의 행동을 그 행동에 근거해 판단하고, [생명력 없는] 물질 세계에선 유사성을 찾을 수 없는 순환적 과정을 통해 환경의 한계를 정한다."[100] 그래서 한 유기체의 '행동'은 전체로서만 이해될 수 있는 것이지, 데카르트적 관점에서처럼 전체 부분들의 총합 또는 '외부 자극들'에 대한 반사작용이나 '반응'으로 이해될 수 있는 것이 아니다. 주체와 환경은 상대에 대해 작용하는 동시에 상대를 조건짓는 것 같은 지속적인 긴장 관계에 있다. 곧 "살아있는 유기체는… 다른 모든 것과 관계지어져 있다."[101] 근대 군주에 대한 그람시의 관점이 본질적으로 이랬다. 근대 군주가 형식을 갖추는, '모습을 띠는' 과정에서 사회의 기존 세력들과 의미들을 자신 주변에 모으고 그것들을 변혁시키는 한에 있어서, 근대 군주는 결코 사회와 분리되거나 구별될 수 없다고 할 수 있다. 오히려, **주변 환경**(ümwelt)과의 교류 또는 변증법적 교환 과정에서 근대 군주는 생활세계와 얽히는 의도와 행동의 조직인 '살아있는 유기체'를 닮게 될 것이다.[102]

새로운 정치적 주체 곧 탈근대 군주를 이런 식으로, 다시 말해 유기

---

100. Maurice Merleau-Ponty, *The Structure of Behavior* (Boston: Beacon Press, 1963), 148쪽.
101. Maurice Merleau-Ponty, *Sense and Non-Sense*, Hubert L. Dreyfus and Patricia Allen Dreyfus 엮음 (Evanston, Ill.: Northwestern University Press, 1964), 101쪽. [한국어판: 『의미와 무의미』, 권혁면 옮김, 서광사, 1985.]
102. Fontana, *Hegemony and Power*, 27쪽.

체로 인식하려고 시도하면, 막상 이 작업이 그리 쉽지 않다는 걸 깨닫게 된다. 아마도 대체로 국민국가든, 정당이든, 노조든, 우리가 익숙한 정치 형식들이 역사적으로 황폐해졌고 시대에 뒤처졌거나 그저 부패했다고 느껴지기 때문일 것이다. 그러나 또한 오늘날 이런 새로운 집단적 주체가 취하게 될 형식의 이념-상(idea-image)을 우리가 결여한 탓이기도 하다. 우리가 이미 봤듯이, 근대 초기 정치이론가들은 자신들이 근대 세속 정치조직의 기반으로 제시한 새로운 정치 형식을 표현하기 위해 다양한 은유를 동원했다. 홉스가 제시한 정치 형식은 인민들로 이뤄진 몸을 가지고 칼을 휘두르는 통치자를 닮은 것이었고, 마키아벨리에게 있어서 새로운 정치 형식은 인민의 국가 의식 계발을 위한 운송수단에 비유되는 군주 상이었다. 우리의 탈근대 군주는 어떤 모습일까?

옥타비오 오캄포[103]의 작품인 세사르 차베스 상이 새로운 급진적 정치형식 이론을 그리는 데 도움을 줄 것이라고 주장하고 싶다. 그람시의 용어로 '유기적' 지식인의 전형인 세사르 차베스는 멕시코 출신 이주 노동자의 아들로, 이주한 농장 노동자들을 조직해서 연합 농장 노동자 조합을 결성했다. 오캄포의 그림을 자세히 보면, 놀랍게도 차베스의 모습은 환영(幻影)에 지나지 않는다. 얼굴, 어깨, 가슴은 수많은 농부와 노동자, 여성과 남성, 흰 얼굴과 갈색 얼굴의 사람들이 함께 행진하는 모습으로 이루어져 있다. 머리카락은 쟁기질한 밭으로 표

---

103. [옮긴이] 옥타비오 오캄포는 1943년에 태어난 멕시코 화가 겸 조각가다. 지미 카터 전 미국 대통령, 미국 대중가수 쉐어 등 유명인의 초상화를 그렸으며, 사실적 세부 묘사와 비사실적 이미지를 겹치거나 병치하는 기법을 주로 쓴다.

옥타비오 오캄포 작, 〈세사르 차베스 : 이상의 초상〉

현되어 있고, 입술은 비둘기들로 그려졌으며, 얼굴의 강조점들은 시위용 현수막이다. 농장노동자 운동이 통시적으로 묘사된다. 행진하는 이들은 과거로부터 현재로 흘러나와 관객을 '통과해' 행진한다. 그림의 왼편에 줄지어 있는 두개골들은 가난과 농약 중독으로 희생돼 땅에 묻힌 여성과 아이들이다. 작품명 〈이상의 초상〉(Portrait of La Causa)이 제시하듯이, 오캄포는 대중 대항권력의 복합적 구조를 포착하려 했다. 그래서 차베스라는 개인은 마키아벨리의 군주처럼 이행하는 인물,

집단적 의지가 제 스스로를 표현하는 운송수단으로 잠깐 작동하는 형식의 인물로 묘사된다. 연합 농장 노동자 조합은 노동자 투쟁의 형식이었고, 세사르 차베스는 단지 그것의 '얼굴'이었다고 말할 수 있다. 오캄포의 그림에서 형식 내 통일성은 다양한 요소들을 기반으로 삼아 형성된다. 다양성은 통일성의 걸림돌이 아니라 전제 조건임이 드러난다.

오캄포의 초상화는 대리제 정부라는 근대 자유주의적 개념과 맑스레닌주의의 균질적인 '전위'당을 동시에 넘어설 새로운 정치 형식을 암시한다. 이 연합 농장 노동자 조합의 초상화가 단일 운동 내부의 다양성 속 통일성만을 묘사하고 있지만, 이를 공통의 이상향적 기획 속에서 여러 운동들이 통일성을 이루는 모습으로 환유적으로 확장할 수 있을 것이다. 더 넓은 범위에서는 균질적인 형식이 서로 다른 요소들의 존재를 무릅쓰고 나타나는 게 아니라 서로 다른 요소들을 바탕으로 삼아 나타날 것이다. 말하자면 아리스토텔레스를 따라서, 전체와 부분의 관계를 변증법적으로 볼 것이다. 한편으로, 다양한 요소들은 탈근대 군주가 될 규범적인 '전체'에 빛을 비출 것이다. 하지만 동시에 탈근대 군주는 제 스스로를 교육(bildung)하고 펼치는 과정에서 과거의 '서로 다른' 요소들이 전체의 단면을 이룬다는 사실을 드러낼 것이다. '군주'는 다른 경우였다면 서로 분리됐을 요소들의 긍정적인 접합이다. 그리고 그 접합 방식은, '당위적인' 것 곧 치유된 세상의 모습은 물론이고, 보이는 영역 다시 말해 '현존하는' 것, 권력의 총체성까지 함께 모여 '그리는' 식이다.

탈근대 군주의 통일성은 정신적이고 역사적인 통일성이며, 이것이 뜻하는 바는 부분들이 서로를 단지 기능적으로가 아니라 '유기적으로' 연결된 것으로 보게 되는 것이다. 게다가 정치적으로 유효한 것이 되기 위해, 군주는 때로 단일 유기체처럼 행동함으로써 전략적 기회들을 활용할 수 있어야 한다. 다시 말해, 목적의 일관성을 유지한 채 장기 목표들을 추구할 수 있어야 하고, 이 목표들은 단지 지역적인 동시에 전 지구적으로 추구되는 것만 아니라 일정한 동시성을 지니고 전술적 조정을 거쳐 추구되어야 한다. 실천적인 측면에서 이것은, 새로운 인터내셔널과 같은 어떤 것이 필요함을 뜻한다. 과거의 인터내셔널들처럼 이 인터내셔널 또한 이상향적 관점에서 제 스스로를 인간 생활의 재구축 시도로 인식하게 될 것이다. 그렇지만 과거의 인터내셔널들과 달리 이 인터내셔널은 단지 자본주의 그 자체의 반대에 그치기보다는 비판적인 생활-철학에 뿌리를 두게 될 것이다. 또한 정치 권위의 중앙 집중화를 피하면서 철저히 민주적일 것이다.

그렇지만, 탈근대 군주의 형식은 변증법적이고 역동적이며 지속적으로 운동하는 것임을 이해하는 게 아주 중요하다. 이 군주는 형식인 동시에 형식 없음이다. 탈근대 군주는 단순히 관료적 또는 '행정적' 조직 또는 대리인으로 축소될 수 없다. 그렇다고 단일한 정당의 관점에서 인식되어서도 안 된다. 일단 우리의 이상향적 상상이 단일한 조직적 구조 속에 묶이거나 제한되면 사물화하고 만다. 밖으로부터의 공격과 내부의 부패 및 관료화에 취약한 상태가 되는 것이다. 중국의 전략가 손자가 주목했듯이, "군대 형태의 극치는 형체가 없음에 이르는 것이다. 형체가 없으면, 간첩도 능히 엿볼 수 없고 지혜 있는 사람도 능히 전략을 세우지 못한다."[104] "물에는 일정한 형태가 없듯이", 세력도 "일

정한 태세"를 지니지 말아야 한다.105

이 점과 관련해 '근대' 군주라는 그람시의 독특한 개념을 설명하는 비평가들이 언제나 직면하게 될 도전 가운데 하나는, 그가 마음에 두고 있는 실체가 어느 정도 보통의 정당을 닮고 어느 정도 운동을 닮은 것인지를 규정하는 것이다. 사실 둘을 모두 닮을 것이다. 한편으로, 인민들의 '정신적' 소망을 상징하는 한 근대 군주는 본질적으로 비물질적이고 심지어 경계조차 없다. 다른 한편, 그람시가 언급한 것을 보면 근대 군주는 조직되어 있고 중앙집중적이며 규율 있는 구조라는 형식적 의미에서 정당의 기능과 같은 성질을 지니는 것 또한 분명하다. 그람시의 당 개념에 관해 혼란스러울 수 있는 것은, 그가 맑스를 따라서 국가를 대체로 사회 자체에 뿌리를 둔 이해관계와 갈등들의 싸움터로 보면서 국가와 시민사회 사이에는 '방법론적' 구별 이상 아무 것도 없다고 보는 탓이다.106 이런 이유로, 그람시는 '당'이라는 용어를 단지 형식을 갖춘 조직체 곧 사무실이 있고 공식 명칭이 있고 의석이 있는 등록 정당에 한정하지 않는다. 그의 이론에선 문화·경제·정치 권력을 위해 다른 집단들과 경쟁하려고 내부적으로 단결해 행동할 능력을 갖췄다면 그 어떤 결집된 또는 분명한 집단적 '이해'도 당으로 해석될 수 있다. 이런 관점에서 보면, 형식적 정당들 곧 선거 조직들은 단지 시민사회 내 특정 '정당들', 다시 말해 사회 계급이나 집단들의 이해를 명확한 형식 속에 구체화한 것에 불과하다. 헤게모니 계급은 단지 계

---

104. Sun Tzu, 『손자병법』(*Sun-Tzu*), 111쪽.
105. 같은 책, 113쪽.
106. 그람시, 『옥중수고』(*SPN*), 160쪽.

략 또는 힘을 통해서만 권력을 얻고 유지하는 게 아니다. 더 중요한 건 사회 내 다른 집단들의 동의를 확보함으로써 권력을 얻고 유지한다는 사실이다.

간단히 말해, 지배계급은 직접 '지배하지' 않는다. 전형적으로 그들은 단일한 정당 형태를 취하지도 않는다. 만약 특정 정당과 지배 집단이 동일하다면, 비판과 직접적인 공격에 취약하게 노출될 것이다. 헤게모니 집단은 여러 정당들 위에 그리고 너머에 서서, 많은 사회 집단들에게 '도덕적'이고 이념적인 영향력을 발휘하는 걸 선호한다.

> 따라서 유기적 당의 지적인 참모본부는 흔히 그 어디에도 속하지 않고 마치 정당들 위에 독자적으로 선 지도 세력인 것처럼 작용한다. 또 때로는 대중이 이렇게 믿기도 한다. 한 신문(신문 집단) 또는 한 평론지(한 무리의 평론지)도 '정당' 또는 '정당의 조각'이라는 관점에서 출발하면 이런 기능을 훨씬 더 정확하게 연구할 수 있다.[107]

그람시의 이런 정식화는 오늘날에도 여전히 유용해서, 우리 정치 조직의 가장 기본적인 특징들을, 예를 들어 기업의 주요 정당들에 대한 기부와 원로식 지배 같은 것을 이해하는 데 도움을 준다.[108]

대항헤게모니적 운동 또는 운동들도 비슷하게 적어도 중단기적으론

---

107. 같은 책, 148쪽.
108. 가부장적 헤게모니와 세계체제 내 젠더의 구실에 대해서는 R. W. Connell, "The Big Picture: Masculinities in Recent World History", *Theory and Society* 22 (1993): 597-623쪽을 보라. 미국의 정치 절차에서 젠더 문제에 관해선 Kira Sanbonmatsu, *Democrats/Republicans and the Politics of Women's Place* (Ann Arbor, Mich.: University of Michigan, 2002)를 보라.

'통치하지' 않으면서 '지배한다'. 그람시가 국가 권력에 대한 전면 공세('기동전')보다 문화적·정치적 '진지전'의 필요성을 기술할 때 염두에 둔 것은 조정되지 않은 활동이 아니라 자코뱅적 지도와 종교개혁식의 풀뿌리 문화 선전을 복합한 것이다. 스튜어트 홀은 이렇게 설명한다.

> [헤게모니는] 기존 정치 구조에 도전하고 그 구조를 해체하는 투쟁이고, 사회의 다양한 영역들 곧 경제, 시민사회, 지식 및 도덕적 생활, 문화 등에 대해 단번에… '주도적인 지위'를 확보하는 것이고, 광범하며 서로 차별적인 다양한 유형의 투쟁을 수행하는 것이다. 또 대중적 동의라는 전략적 수단을 차지하고 그래서 사회를 새로운 역사적 기획에 순응하게 만들 정도로 깊은 사회적 권위를 확보하는 것이다.[109]

그래서 탈근대 군주는 눈에 보이는 것인 동시에 보이지 않는 것이어야 하고, 형식을 갖추는 동시에 형식이 없어야 한다. 한편으로 탈근대 군주는 세계에 자신의 '얼굴'을 보여줘야 한다. (그렇지 않으면 어떻게 인민의 존경, 동의를 얻겠는가?) 그리고 개별 국가를 초월한 운동에 개입하는 데 필요한 일정한 정도의 동질성과 권위도 갖추어야 한다. 예를 들면, 탈근대 군주는 국제연합 총회와 같은, 민족 국가가 아니라 전 세계 시민사회에 뿌리를 둔 '그림자' 권위의 형태를 띠게 될 것이다. 이런 조직체는 의사결정을 하는 안전보장이사회의 순번제 회원들을 매년 선출할 것이다. 그러나 탈근대 군주는 또한 정체성의 국가적, 지역적 축을 중심으로 스스로를 조직하기도 해야 한다. 예를 들어

---

109. Stuart Hall, *The Hard Road to Renewal* (London: Verso, 1988), 7쪽.

미국에서라면 이는 '제3당' 건설 노력이 될 것이다.

그렇지만 다른 한편, 탈근대 군주는 정치적인 세력인 만큼 도덕적인 세력으로서 물처럼 부드럽고 섬세하기도 해야 한다. 손자는 이렇게 썼다. "전쟁의 형세는 물과 같다. 물의 형세는 높은 곳을 피하고 낮은 곳으로 달려가고, 전쟁의 형세는 충실한 곳을 피하고 허한 곳을 공격해야 하는 것이다."110 군주를 구성하는 이들은 가장 폭넓은 이념적·문화적 관점에서 자신들의 임무를 마음에 그려야 한다. 그리고 자신들이 확보한 저항과 변혁의 역사적 '장비'들로 완전 무장해야 한다.

총체성과 지각

사미르 아민은 이렇게 썼다. 비록 "단편적으로 나뉜 [보편적] 사회운동이 아직은 제기된 도전에 맞설 힘을 갖추고서 명료화 작업의 강력한 공식을 발견하지 못했지만… 운동의 영향력을 높이는 방향으로 상당한 진전을 이루었다. 주요하게는, 역사상 처음으로 지구 전체를 위협할 정도의 환경 피괴에 대한 새로운 인식과 여성의 강력한 사회 진출을 꼽을 수 있다."111 그런데 아민의 이 문구가 정작 회피하는 실문은, 통일적인 운동의 '명료화 작업'의 '강력한 공식' 같은 걸 발견하

---

110. Sun Tzu, 『손자병법』(*The Art of War*), 112쪽.
111. Samir Amin, "Globalization and Capitalism's Second Belle Époque", *Radical Philosophy Review* 5, nos. 1 and 2 (2002): 92쪽. *Monthly Review* 52, no. 2 (2000)에 처음 실렸다.

거나 고안하는 게 진정 가능하냐는 것이다.

사실 나는 새로운 총체성(totality) 이론과 전체(whole)의 새 패러다임이 없이는, 새로운 집단적 주체와 이에 상응하는 현상적 형식의 기반을 상상하려는 시도가 사실상 쓸모없다고 주장하고 싶다. 이 점과 관련해, 1980년대와 90년대 벌어진 맑스주의와 포스트모더니즘 간 이론 논쟁의 불행한 결과 하나는 사회적・자연적 관계의 **총체성**에 대한 전혀 새로운 패러다임을 정식화할 가능성을 흐리게 한 것이다. 사실, 실천 요구에 적합한 우리 시대의 인식론적 틀을 확립하려 한다면, 맑스주의와 포스트구조주의론 안 된다. 맑스주의는 강력한 힘과 변함없는 타당성을 지니고 있지만 환원론적이고, 반면 포스트구조주의는 관념론적이고 형식에 치우친, 고대의 원격작용(actio in distans)[112] 형이상학의 기호적 변형이다. 우리에게 필요한 지식론은 가능한 한 유연하고 열려있는 것이면서도 모든 형태의 자의적인 신조들과 형이상학적 자만을 피해야 한다. 우리의 과제는, 사회 생활의 차원들과 결들을, 특히 권력 구조와 이 구조의 내적 모순 지점들을, 그리고 전략적 취약성을 훨씬 더 총체적으로 '볼' 수 있게 해주는 전체의 이론을 구성하는 것이다.

적절한 총체성 이론의 필요성은 우리 실존의 현실들을 고려하면, 다시 말해 우리의 실제 현상적 세계 또는 **생활세계** 경험을 반성해보면 바로 이해할 수 있다. 그리고 무엇보다 이 실존과 그것을 구성하는 경

---

112. [옮긴이] 원격작용(actio in distans)은 중간 매개체가 개입하지 않는 가운데 멀리 떨어져서 작용하는 것을 말하는데, 뉴튼의 물리학에도 등장하는 개념이다.

험들은 오직 우리가 존재를 본질적으로 지각하기 때문에 가능한 것들이다. 메를로-퐁티는 이렇게 썼다. "감각한다는 것은 우리에게 세계를 우리 삶의 친숙한 환경으로 나타내는, 세계와의 생명력 있는 의사 소통이다."113 그래서 인간 외 다른 모든 세계내존재들과 우리가 공통으로 지닌 능력인 감각 지각은 모든 행동 이론의 인식론적 근거를 구성하기 마련이다. 맑스를 '유물론' 사상가로 만든 것은 노동 자체의 존재론이 아니라, 현상적 세계에서 실제 인간이 겪는 경험들에 대한 방법론적이고 윤리적인 헌신 또는 주의기울임이다. 블로흐가 맑스 사상과 관련해 주목했듯이 "단지 그것으로부터 추출해낸 개념이 아닌 지각은, 모든 유물론적 인식 작용이 스스로를 인식하는 시작 지점이며 이는 변함없다."114 무엇보다, 지각을 진지하게 다룬다는 것은 아마도 현상학의 가장 중요한 경험적 발견이라고 할 것에, 다시 말해 우리가 전체를 본다는 사실에 몰두하는 걸 뜻한다. 지각이 전체적으로 구성된다는 점, 곧 지각 있게 말해서 전체는 언제나 부분에 앞선다는 점은 20세기 초 독일에서 한 무리의 실험적 심리학자들이 처음으로 발견한 것이다. 볼프강 쾰러 같은 게슈탈티스트(Gestaltist)들은 다른 동물처럼 인간들도 구조적 전체 또는 '형태들'(Gestalten) 속에서 지각한다는 걸 보여줬다. 다시 말해 모든 현상적 대상은 전체 구조 또는 형태(Gestalt)의 부분으로서만 주체를 위한 의미(sens)를 획득한다는 걸 보여줬다.

---

113. Maurice Merleau-Ponty, 『지각의 현상학』(*The Phenomenology of Perception*), 52-53쪽. 많은 면에서, 이 부분에 대한 내 언급들은 엔조 파치와 폴 피콘 같은 초기 맑스주의 현상학자들의 작품을 바탕으로 한 것이다. 특히 새 영역을 개척한 작품인 파치의 *The Function of the Sciences and the Meaning of Man*을 보라.
114. Ernst Bloch, 『희망의 원리』(*The Principle of Hope*), vol. 1, 255쪽.

형태(게슈탈트)의 특징 하나는, 그 어떤 개별적 '형'(形)도 '배경' 또는 '지'(地, fond)와의 관계에서 벗어나 지각될 수 없다는 것이다.115 메를로-퐁티는 이렇게 언급했다. "지각적인 '어떤 것'은 언제나 다른 어떤 것의 중간에 있으며, 이는 어떤 '장'(field)의 일부를 형성한다. 독립된 지각적 소여는 상상할 수 없다."116 지각의 전체론적 성격은 우리의 정치론에 대한 중요한 암시를 담고 있다. 사실 '급진적' 또는 비판적 사회 실천을 다른 대부분의 인간 행동과 구별짓는 것은, 실천하는 사람이 지각적 폐쇄(occlusion)의 조건이 지배한다고 가정한다는 점에 있다.117 급진적 교육학은 문자 그대로 다른 경우라면 보이지 않을 것 곧 우리 삶을 형성하는 의미와 권력의 숨겨진 구조들을 드러내거나 조명하는 기능을 한다. 그리고 이 작업은 오직 전체를 드러냄으로써 가능해진다.118 이른바 모든 비판적 사회 운동은 배경 그 자체를 드러내려 시도한다. 다시 말해 배경이 그 자체로 형상이 되게 만들려 한다. 왜냐하면, 일단 배경이 형상이 될 때라야, 지각하는 이는 처음에 자신이 '고립된 소여'로 여긴 것, 예를 들면 강간, 노동자 해고, 잘려나간 열대

---

115. [옮긴이] 형(形)과 지(地)는 형태심리학이 말하는 유명한 지각의 두 구조다. 지각적 경험에서 우리에게 두드러져 보이는 장면 곧 전경을 형이라 하고, 보이지 않는 배후의 장면 곧 배경을 지라고 한다. [한국어판:『지각의 현상학』, 류의근 옮김, 38쪽, 옮긴이 주에서 인용)
116. Merleau-Ponty, 『지각의 현상학』(*The Phenomenology of Perception*), 4쪽.
117. 실천은 "잊었던 것의 재현, 막힘으로부터의 역사적 탐구의 해방, 막혔던 생활세계의 재발견, 재발견으로서의 실제 생활세계 갱신으로" 구성된다. "… 시간 속 현재가 제 스스로를 구성 요소로 자리매김하기 위해서는 스스로를 해방시키고 과거를 재현해야 한다. 또 감춰졌거나 잊혀진 현재에서 스스로를 재발견하고 미래를 의미 있게 구성해야 한다." Enzo Paci, *The Function of the Sciences and the Meaning of Man*, 37쪽.
118. 같은 책, 451쪽을 보라. Kerry H. Whiteside, *Merleau-Ponty and the Foundation of an Existential Politics* (Princeton, N.J.: Princeton University Press, 1988), 96쪽도 보라.

우림 같은 것들이 사실 처음 생각한 것이 아니고 이해, 분석, 잠재적 타도 가능성을 지닌 더 큰 의미 구조의 한 '계기'라는 걸 이해하게 된다.[119]

모든 급진 운동은 기존 사실들을 '부자연스럽게 만들려'(denaturalize) 시도하는 한에서 인민들에게 인식론을 가르친다. 그람시는 이렇게 표현했다. "어떤 실제의 운동도 단번에 제 자신의 전체적 성격을 지각할 수 없으며 오직 경험을 통해 점차적으로 파악할 수 있을 뿐이라고 말할 수 있다. 달리 말하자면, 존재하는 그 무엇도 자연스러운 게 아니고… 어떤 특정 조건이 있기 때문에 존재한다는 사실, 그것이 사라지면 어떤 결과가 남게 된다는 사실로부터 배울 때 자신의 전체적 성격을 자각한다는 것이다."[120] 그리고 실천의 주요한 결과는 현실의 지각을 구조화하는 지배적인 여과장치들의 변화다.

그러나 게슈탈티스트들의 발견에는 더 깊은 의미가 있다. 그건 하나의 형상은 오직 특정한 맥락 또는 장 속에서만 지각된다는 것이다. 사람이든 무생물이든 아니면 사회적 사실이든 간에 그 어떤 현상적 형상을 지각할 수 있으려면, '거기에' 무엇이 있는지 알려면, 끊임없이 우리에게 쏟아지는 막대한 양의 불완전한 감각 소여들의 분류를 도울 한 묶음의 지각 규칙과 규범적 기대치가 먼저 존재해야 한다. 찾는 것이 무엇인지 감을 잡기까지는, 이 세계에 존재하는 것을, 그게 권력

---

119. 메를로-퐁티는 "지식이 진보하기 위해서는 배경이었던 것이 형상이 되어야 한다. 우리 행동의 결과물인 것을 운명으로 보는 걸 그쳐야 한다."고 썼다. Whiteside, *Merleau-Ponty and the Foundation of an Existential Politics*, 96쪽에서 재인용.
120. Gramsci, 『옥중수고』(*SPN*), 158쪽.

형식이건 정치 혁명을 향해가는 길이건 상관없이, '볼' 수 없다. 왕겨에서 밀을 구별해 분류하는 방법과 같은 선택 원칙이 필요한 것이다.

19세기 말부터 20세기 중반까지 맑스주의는 모든 종류의 사회적 대상들을 '볼' 수 있게 해주는 선택 원칙, 강력한 지각의 '틀' 또는 체계를 제공했다. 사실 맑스주의는 토마스 쿤이 사용한 의미에서의 패러다임, 곧 비판적 탐구와 실험 결과를 묶는 수단으로서 지각의 틀 그리고 효과적인 정치적 실천을 규정하기 위한 한 묶음의 역사적 '전형'과 같은 것이었다. 맑스는 인간 문명을 시간의 흐름에 따라 변하되 시종 일관되는 전체로 파악할 수 있다고 주장했다. 그의 변증법적 범주들의 도움을 받음으로써, 밖으로 나가 세계를 조사하고 역사의 씨줄과 날줄이 되는 의미 있는 유형들을 인식할 수 있다. 어디를 어떻게 볼 것인지 알기만 한다면 말이다. 그리고 맑스주의에 패러다임적 성격을 부여한 것은 맑스와 엥겔스의 역사에 대한 '과학적' 접근이 아니라 총체성이라는 그들의 도량 넓은 개념이었다. 말하자면, 사회 관계들의 전체를 이해하려는 시도를 통해서만 사회주의 혁명가는 생활세계의 특정한 구조들과 유형들을 '볼' 수 있다.

예를 들면 그람시에게는 어떤 것도 '부수현상적'이지 않다. 모든 것이 '현상학적'이다. 모든 현상은 사회와 정치의 숨겨진 의미와 일어남 직한 시간적 흐름을 밝힐 열쇠거나 열쇠의 일부다. 그래서 온갖 종류의 지식과 정보에 대한 그람시의 욕구는 만족을 모른다. 감옥에서 그는, 농업 조사 결과, 러시아 소설들, 인플레이션의 경제사와 이탈리아 금융 체계, (19세기 이탈리아 문학비평가) 데 상티스의 글들, 라틴아메리카 여행 이야기 등등을, 심지어는 흔해빠진 엽서까지 분석했다.[121]

겉보기엔 난잡한 이런 덩어리들, 무한한 해석 가능성으로 가득 찬 재료들로부터, 그람시는 다른 사람에게는 보이지 않았을 사회와 문화 유형들을 지각할 수 있었다. 심지어 대량으로 찍어낸 낭만적 소설조차 사회 구조의 의미를 밝힐 열쇠를 쥐고 있을 수 있다. 경제적 '토대'를 거칠게 반영하는 사소한 것(헤겔적 의미에서 '정신'의 미리 주어진, 균질적인 본질의 '겉모습')으로서가 아니라, 다른 대상들 및 사회 관계들의 전체 배치와 열린 관계를 맺고 있다는 측면에서 그 자체로 탐구할 만한 현상으로서 말이다. 그람시의 『옥중수고』가 지닌 바로 이런 지적 다양성은, 사회 현실이 어떻게 바뀔지를 더 잘 이론화하기 위해 사회 현실의 복잡하고 역동적인 전체를 충분히 이해하려는 그의 노력을 보여준다.[122]

요약하자면 맑스주의는 지식인들과 활동가들에게 단지 역사 '이론'과 이상향적 꿈(사회주의 혁명)만을 제공한 게 아니라 게슈탈트를 지각

---

121. 그람시의 감옥 내 학습 습관은 진정 놀라웠다. 특히 주변 상황을 생각할 때 더 그렇다. 1927년 밀라노의 감옥에서 재판을 기다리고 있을 때 쓴 편지에서, 그람시는 세 달 동안 다섯 종류의 일간 신문과 잡지 몇권을 읽으며 독일어와 러시아어를 공부하는 와중에 푸슈킨의 단편소설 한 편을 외웠고 게다가 82권의 책을 읽었다고 자랑했다. Antonio Gramsci, 『감옥에서 보낸 편지』(*Letters from Prison*), vol. 1, 109-110쪽.
122. 르네이트 홀러브의 표현을 빌리면, 이런 "현상학적 세부에 대한 관심"은 1930년대 세계 경제 위기에 대한 그람시의 언급에서도 볼 수 있다. "이 사건들을 단 하나로 정의하려고 하는 사람, 그리고 이와 똑같은 것이지만, 단 하나의 원인 또는 발단을 찾으려고 하는 사람은 그 누가됐든지 논박해야 한다. 우리는 제 자신을 다양한 방식으로 드러내는 어떤 과정을, 원인들과 결과들이 서로 얽히고설킨 어떤 과정을 다루고 있다. 단순화하는 건 잘못 표현하고 왜곡하는 걸 뜻한다. 그래서 (이 사건은) 다른 많은 현상들과 마찬가지로 복잡한 과정이지, 단 하나의 원인에서 비롯되어 다양한 형태로 반복하는 독특한 '사실'이 아니다." Antonio Gramsci, *Further Selections from the Prison Notebooks*, Notebook 15 §5, Derek Boothman 엮음 (London: Lawrence and Wishart, 1995), 219쪽.

하는 길도 제공했다. 메를로-퐁티는 (맑스주의자이던 시기에) 『인문주의와 테러』에서 이렇게 썼다.

> 본질에 있어서 맑스주의는, 역사가 하나의 의미(sens)를 지니고 있다는, 다른 말로 하면 역사가 이해 가능하며 방향이 있다는 사상이다. 또 자본주의의 모순을 해소하고 자연을 인간미 있게 이용할 자질이 있는 생산의 핵심 요소인 동시에 사람 사이의 투쟁과 국가 및 사회적 갈등을 극복할 수 있는 '보편적 계급'인 프롤레타리아트 권력을 향해 역사가 나아가고 있다는 사상이다. 맑스주의자가 되는 것은… 역사가 하나의 게슈탈트를 지니고 있다는 걸… 역사가 개인의 노력과 행동 없인 달성할 수 없는, 그러나 지금의 위기에서 해법으로 제시되는 계급 없는 사회 곧 균형 상태를 향해 가는 전체론적 체계라는 걸 믿는 것이다.[123]

사르트르와 공산주의 문제로 싸운 이후 메를로-퐁티는 이런 맑스주의의 게슈탈트 이론에 내포된 의심스런 목적론을 거부했다. 그는 인간 행동의 열려있음을 단언하면서, 맑스주의가 절대 확실한 역사 과학을, 이해 가능성의 유일하게 확실한 지평을 제공한다는 걸 부인했다. 그는 이렇게 표현했다. 사회주의는 "특수한 환경들과 그 환경의 있음직한 의미에 대한 구체적인 관점을 그리고 개연적인 것의 관점에서 역사 읽기를, 이런 역사 읽기가 내포할 그 모든 오류들과 함께 전제한다. 그리고 이는 결코 이론에서 기계적으로 추론될 수 없다."[124] 그는, 맑

---

123. James Schmidt, *Maurice Merleau-Ponty: Between Phenomenology and Structuralism* (New York: Macmillan, 1985), 122쪽에서 재인용.
124. Maurice Merleau-Ponty, "For the Sake of Truth" (1946), 『의미와 무의미』(*Sense and*

스주의 곧 자본주에 대한 변증법적 비판은 더 이상 적절한 전체의 패러다임 구실을 할 수 없다고 결론지었다. 그렇지만, 그 어떤 정치 행동의 의미도 게슈탈트 또는 역사적 관계들의 총체에 대한 유기적 참여를 통해 형성된다는 자신의 관점을 부정하지는 않았다.

여기서 우리는 잠깐 패러다임들의 역설적 성격을 지적하고 넘어가야 한다. 패러다임들이 진정으로 지배적이 되는 순간, 이 패러다임이 제공하는 배후의 뼈대는 드러내는 구실을 할 뿐 아니라 감추는 구실도 한다. 다시 말해, 진정으로 '패러다임적인' 이론들은 사회적 대상들을 지각할 선택 이론을 제공하고, 그 안에서 움직이는 이들에게 다른 면에서라면 무한할 가용 데이터 가운데 극히 일부만 선택하고 나머지는 무시하거나 억압하게 만드는 식으로 작동한다. 쿤이 주목했듯이, 특정 패러다임의 유효성은 "특정 시대에 과학적 탐구를 위해 접근 가능한 현상학적 영역을 제한하는"[125] 능력에서 도출된다. 이와 비슷하게 맑스의 패러다임도 노동계급을 역사의 잠재적 주체-객체로서 모든 사회적 의미의 중심에 두는 경제적 생산의 존재론에 기초해 지각의 영역을 제한한다. 이런 본질주의적이고 환원론적인 총체성 개념은 종종 사회주의자들로 하여금 연대의 심리적·감정적 차원에 충분히 주의를 기울이지 않게 만들었다. 뿐만 아니라 계급 착취로 환원될 수 없는 정체성 형성을 무시하거나 낮춰 보게 했다.

Non-Sense), 165쪽.
125. Thomas Kuhn, *The Structure of Scientific Revolutions* (Chicago: University of Illinois Press, 1970), 60-61쪽. [한국어판: 『과학혁명의 구조』, 조형 옮김, 이화여대출판부, 1980.]

맑스주의는 실로 인간 경험과 억압의 전체 영역을 보지 못하는 것임이 드러났다. 특히 여성주의적 사회 비판은, 맑스의 경제적 전제 곧 역사와 의식의 모든 두드러진 측면들이 계급 갈등과 착취로 환원될 수 있다는 전제 때문에 무뎌졌다. 바버라 테일러가 19세기 여성주의 연구(『이브와 새로운 예루살렘』)에서 지적했듯이, 이상향적인 로버트 오웬의 "모든 형태의 사회적 위계질서에 대한 다면적 공격 촉구"가 "계급에 기초한 문제들이 우선이라는 독선적인 주장, 계급 공통의 적 앞에서 남녀의 단결 요구, '혁명 이후' 여성의 지위 향상에 대한 모호한 약속으로 대체됐다."126 '과학적' 사회주의가 지배적인 패러다임으로 자리를 굳히기 시작하면서, 여성주의적 쟁점들은 "무시되거나, 부르주아적 편향으로 공격받거나, 2차적인 문제의 범주로 강등당했다."127 짧게 말해, 총체성과 정체성에 대한 맑스주의적 설명들은 인간 노동이라는 단 하나의 사회적 경험 곧 한 가지의 소외와 대상화 형식에서 출발했다. 오늘날에조차 일부 맑스주의자들은 인종주의와 성차별을 계급의 부수 현상으로 환원하려고 고집하거나, 인권 운동의 출현을 자본주의적 축적 전략 변화에서 파악하려고 고집한다.128

---

126. Barbara Taylor, *Eve and the New Jerusalem: Socialism and Feminism in the Nineteenth Century* (New York: Pantheon Books, 1983), xv-xvi쪽.
127. 같은 책, 285쪽.
128. 예를 들어 멜 라이먼은 자신의 책 『인종주의의 정치경제학』(*Boulder, Colo.: Pluto Books*, 1993)에서, 자신의 연구는 인종을 "계급 문제와 복잡하게 얽히기는 했지만 궁극적으로는 계급 문제에 종속되는 것"으로 다룰 것이라고 선언했다. 왜냐하면 인종주의는 "무엇보다 계급 착취의 한 형식"이기 때문이라는 것이다.(4쪽) "인종, 젠더, 계급이 밀접하게 얽혀있고 인종주의와 국수주의 [곧 성차별주의]에 맞선 투쟁이 자본주의에 대한 계급 투쟁의 핵심을 이루기는 하지만, 여성과 흑인의 열등한 지위를 인종과 성 차이에 근거해 해명하는 것은 계급과 관련해 해명하는 것에 비해 해명 능력이 떨어

문제는 오늘날 비환원주의적인 총체성 개념을 분명히 할 수 있는 새로운 비판과 실천의 패러다임에 도달하는 게 가능한 것인가, 바람직한 것인가 하는 점이다. 메를로-퐁티는 자신의 후기 저작들에서 맑스주의를 총체적인 패러다임으로 인정하지 않는 걸 넘어서, 비판적인 철학은 더 이상 맑스주의가 대변했던 역사 변화를 포괄하는 패러다임 같은 걸 바랄 수 없다고 결론짓는 데까지 나아갔다. 그의 이런 비관론은 공산주의가 프랑스의 사상을 부패시킨 점과 냉전 시대라는 점을 고려할 때 이해할 수 있다. 하지만, 전체에 대한 그 어떤 관점도 지니지 않는 게 실천에 심각한 걸림돌이 된다는 사실이 오늘날 증명되고 있다. 세계 변화를 꿈꾸는 활동가들과 비판적 지식인들이 직면한 어려움은, 현재 진행되고 있는 사물화 과정이 인식의 점차적인 파편화를 유발하고 어떤 역사적 주체를 단순 '자료' 이상의 것으로 묘사하는 걸 극도로 어렵게 만든다는 점이다. 자본주의 아래서 지리적·시간적 거리(그리고 차이)에 대한 일관된 감각의 상실은 어떤 전체 상을 지각할 능력을 사실상 파괴했다. 역사는 단지 이해할 수 없는 '사건들'의 연속으로, 보통 사람들을 두렵게 만드는 모호하고 심지어는 불합리한 데서 비롯

진다."(343쪽) 이와 비슷하게, 테레사 에버트는 포스트구조주의 여성주의 이론에 대한 통찰력 있는 비판서인 『유희적 여성주의』에서 성 권력 관계에 대한 모든 문제는 "계급 문제"로 환원되고(27쪽), "젠더, 인종, 계급 불평등에 대한 투쟁은… 최종적으로 사회적 노동 분업의 모순에 이르게 된다."(13쪽)고 규정했다. 에버트는 경제주의적이고 사물화한 토대-상부구조론에 의지해서, 심지어 남성이 여성을 강간하는 건 단지 자본주의의 결과물이라고 제시하는 지경까지 나아가고 만다. 에버트는 "강간은 지역적 사건으로 여겨진다."고 쓰면서, 남성의 성폭력이 종종 소여로써 연속적으로 취급된다고 지적한다. 그러나 이어서 강간이라는 현상을 "가부장적 자본주의가 전 지구적으로 작동한 결과"로 환원한다.(20쪽)

된 특이성들 또는 파편들로 전락했다.

확실히, 잘 조직된 사회 운동은 여전히 수만, 심지어 수십만의 시위대를 거리로 뛰쳐나오게 하고 그래서 전국적인 언론매체에 5초짜리 영상으로 전파를 타게 할 수 있다. 하지만 집에 있는 시청자들에게 이런 시위는 덧없는 인상만을 남긴다. 시청자들은 오직 하나의 '항의', 명백히 서로 관련이 없는 이기적인 의사표현의 구경거리들로 비치는 수많은 항위들 가운데 또 하나만을 '본다.' 시위들이 명백한 논리적 근거나 계획 없이 지나가는 계절과 함께 왔다가 가는 것이다. 그래서 알맞은 정치적 '출현'을 구경거리와 혼동하면 안 된다. '시선을 집중시키는' 항의시위들, 말하자면 내용보다 미학을 강조하고 전략보다 전술에 특권을 부여하는 '표현주의적' 시위들은, 사람들을 수동적인 '관중'으로 보고 그들에게 질문을 던진다. 이런 시위들은, 부정을 만연하게 만든 사회 관계들의 총체성을 밝힌다기보다는 서로 별개인 '연속적인' 항의의 순간들을 보여줄 뿐이다. 아무 뜻도 제시하지 않는 흘러가는 분노들인 것이다. 그래서 '독립된' 운동들과 행동 형식은, 자신들의 출처인 행동의 모호함과 '기호의' 모호함으로 되돌아가 잠잠해진다. 보거나 지각해야 '믿기' 때문에, 현상적 형식이 결여된 정치 행동은 문자 그대로 '믿을 수 없다.' 유령 같은 행동이고 다른 그림자들 위에서 벌이는 그림자놀이인 것이다. 그래서 우리가 세계에 영향을 끼치길 원한다면, 정치에서는 사실상 '존재'와 같은 것인 '겉모습'의 차원에서 우리의 행동이 남들에게 어떻게 영향을 끼칠지를 면밀히 따져봐야 한다. 이어서, 제 자신의 지각 '바탕'을 드러낼 능력이 없는 운동은 진정한 '형상'으로 등장할 수 없다는 걸 따져봐야 한다. 자유주의적이거나 복합적인 정치 체제에서, 한 쟁점만 제기하는 사회 운동은 인식된다 할지라도 단지 '이익 집단' 곧 공통의 선이나 공공의 이익에 무관심한 이기적인 행위자로 보일 여지가 있다. 분명히 본래 모습대로, 새로운 삶의 형식의 전령으로 보이지 않을 것이다.

내가 뜻하고자 하는 바는, 정치적 파편화는 모든 개별 운동의 진짜 급진적인 중요성, 보편적 중요성이 드러나는 걸 막는다는 것이다. 그리고 이는 물론 지배 권력 체제가 원하는 바다. 권력은 진리를 영구적으로 봉쇄하고 총체성 다시 말해 시간 속에서 나타나는 사회적 관계들과 이 관계들이 지니는 중요성의 총체를 잊게 만듦으로써 번성한다.[129] 실로 막대한 에너지가 진리를 확실히 파괴하기 위해 지속적으로 모이고 강화된다. (대항헤게모니 지도자의 움직임 하나하나는 지배 권력의 맞대응에 직면하게 되고, 속임수는 거기에 맞서는 속임수에 직면하게 되는 식이다.)

하지만 정치적 파편화가 구경꾼들로 하여금 총체성 곧 억압적 권력의 실제적이고 상호 연관된 구조를 보지 못하게 한다면, 이 파편화는 활동가들과 전략가들에게도 이 총체성을 보지 못하게 한다. 프레드릭 제임슨이 경험적 총체의 '인식 지도'라고 부른 것을 구체적인 내용으로 채울 능력이 없으면, 운동은 사회 변화의 필요·충분 조건을 보지 못할 위험에 직면하게 된다. 말하자면, 환경주의자들이 '자연'을 상품으로 만드는 자본주의라는 세계체제의 팽창주의적 본성을 이해하기까

---

129. 그람시에게 있어서 "정치는 현실을 연속적으로 창조하고 재창조하는 활동이다."라고 폰태너는 썼다. 이는 비코(Vico)에게서 빌려온 개념이다. (Fontana, *Hegemony and Power*, 23, 29쪽.)

지는, 브라질의 열대우림이 파괴되는 이유, 지구 온난화가 나타나는 이유를 이해할 수 없다. 이와 비슷하게, 자본주의적 발전 방식이 전제로 삼는 계급 계층화가 인종 차별을 확산시키고 영구화하는 방식을 인권 운동가들이 볼 줄 모르는 한, 그들은 인종주의 극복을 위해 전진하지 못할 것이다. 마찬가지로, 인종주의의 복잡한 정신적·상징적 질서를 계급 착취로 축소시키는 사회주의자들은 인종주의의 실제 본성을 오해하게 될 것이다. 개별 운동들이 서로를 **근본적으로** 다르고 구별되는 걸로 보는 한, 개별 운동들이 남의 눈에 보이지 않을 뿐 아니라 운동의 역사적 중요성도 드러나지 않는다. 다시 말해 현실을 바꾸는 데 필요한 비판과 사회 변화의 도구들에 온전히 접근하는 게 막히고 만다.

한마디로 말해, 전체에 대한 감각이 없으면 '좌파'란 무엇인지 또는 이 말이 여전히 의미 있는 것인지 알 수 없다. 또 우리의 전략적 우선순위를 어떻게 결정해야 할지, 왜 우리가 이 행동 방식을 다른 행동 방식보다 선호하고 이 작전을 다른 작전보다 선호하는지 분명히 느낄 수도 없게 된다. 또 우리의 적이 누구고 동지가 누구인지 아마도 알지 못하거나 충분히 파악하지 못하게 된다. 다시 상기하자면 패러다임으로서 맑스주의가 지닌 힘의 본질은, 맑스주의를 실천하거나 신봉하는 이들이 정치적·사회적 통일성의 바탕을 평가할 실천적인 틀을 갖게 된다는 데 있다. 맑스주의는 "유사한 것들을 조직하고 서로 연결시키기 위해서… 표면상 달라 보이는 형식 속에서 동일한 것을, 다른 한편으론 똑같아 보이는 것에서 서로 다르거나 심지어 반대되는 것들을"[130] 구별할 방법을 제공한다. 이와 유사하게 우리가 전체를 보기 원하고 새로운 '전체'를 이루기 원한다면, 비슷한 요소들과 서로 다른 요소들을 구별하기 위한 새로운 지각적 선택의 원칙이 필요할 것이다. 총체성 이론이 없으면, 탈근대 군주를 형성하는 데 필요한 다양한 요소들과 전망들의 효과적인 종합에 도달하길 기대할 수 없다.

새로운 총체성 이론을 향하여

'유물론적 인식'의 형식으로서 맑스주의는 자본주의의 본질에 대한 체계적인 현상학적 탐구 곧 상품 형식을 드러내는 걸 대표했다.[131] 그러나 맑스와 엥겔스가 감각적인 존재를 존재의 1차원으로 곧 인간 노동으로 환원시킨 곳에서, 탈근대 군주의 바탕을 이루는 실천의 패러다임은 동물의 경험을 포함한 모든 감각 경험의 일반적인 현상학적 '환원'을 바탕으로 삼아야 한다. 총체성의 실재 현실들 곧 가부장제와 인종주의, 종족 제국주의 등의 자율적이고 부분 자율적인 논리들이 이를 요구한다. 우리는 계급 착취가 결코 유일한 억압 형식이 아니고, 그렇다고 필연적으로 (즉 선험적으로) 존재론적 제1 형식도 아님을 간단히 안다. 가부장제는 자본수의 형성보나 더 역사가 길고, 남성의 지배는 남성과 여성 정체성의 리비도적 질서로부터 뿌리째 제거되지 않는 한

---

130. Gramsci, 『옥중수고』(*SPN*), 190쪽.
131. Paci, *The Function of the Sciences and the Meaning of Man*, 335쪽. Shirley R. Pike, *Marxism and Phenomenology: Theories of Crisis and their Synthesis* (Totowa, NJ.: Barnes and Noble Books, 1986)도 보라.

자본주의가 붕괴해도 살아남을 것이다. 그래서 우리가 기존의 연구 노력을, 억압을 유발하는 사회 구조 유형들을 지도로 그려내는 데까지 꾸준히 확장할 수 있느냐 여부에 많은 게 달려있다. 메를로-퐁티는 정치 현상학의 목표가 "지각 구조들의 현상이 어떻게 사회적 계급을 이해할 수 있게 해주는지 보여주는 것"[132]이라고 썼다. 오늘날 우리의 임무는 훨씬 어렵다. 우리는 지각 구조들이 어떻게 다양한 권력 구조들을 이해할 수 있게 해주는지 보여줘야 한다. 우리의 임무는 자본주의의 작용을 드러내는 것이고 또 인종주의적 의식의 구조를 드러내 보여주는 것이며, 가부장제의 감춰지고 당연시된 습성과 가부장제의 구조화하는 구조들 등을 조명하는 것이다. 노련한 풀뿌리 조직가인 레슬리 케이건은 이렇게 쓰고 있다. "진보적인 운동의 우선 순위 하나는 [그래서] 쟁점들, 투쟁들, 사람들이 어떻게 서로 얽혀 있는지 좀더 철저히 분석해서 명백히 드러내기 시작하는 것이다.… 우리는 얽히고설킨, 상호의존적인 일련의 억압들, 지배 구조들, 통제의 위계질서와 전투를 벌이고 있다."[133] 우리가 운동들을 서로 연결하는 고리들을 보기 시작하면, 밝게 드러나는 실천의 대로를 발견하고 그로써 더 확실한 정치 전략 형식들을 발견하길 기대할 수 있다.

어떤 의미에서, 탈근대 군주의 건설에 암시되어 있는 요소들의 통일은 일상적 지각의 의도적인 매트릭스(intentional matrix, 의미를 드러내려는 의도)를 닮을 것이다.[134] 메를로-퐁티가 보여줬듯이, 각 개별

---

132. Whiteside, *Merleau-Ponty and the Foundation of an Existential Politics*, 94쪽.
133. Leslie Cagan, "A More Coherent Movement", *The Progressive*, Nov. 1990, 21쪽.
134. "맑스주의가 호소력을 발휘할 무언가가 역사적 영역에 있음이 분명하다. 내가 친구와

주체가 세상을 서로 조금씩 다르게 지각하지만 생활세계는 단지 기호들의 자의적인 행위를 위한 게 아니다. 생활세계는 비록 본질적으로 '모호성'을 지니고 있긴 해도, 합의된 의미 이해의 바탕을 제공한다. 메를로-퐁티의 현상학을 이용해 자연적인 세계에서 우리와 타자의 관계를 해명하면서, 데이비드 어브램은 지각을 "내 경험 속에 타인을… 그리고 그들의 경험 속에 나 자신을 서로 새겨넣는 것"으로 묘사한다. 이런 서로의 관계 망을 통해서만 우리는 "우리의 개별 현상적 영역들을 하나의 지속적으로 변화하는 직물로, 하나의 현상적 세계 또는 '실제'로 엮어짜는 걸"135 달성할 수 있다. 비슷하게 케리 화이트사이드는 메를로-퐁티의 일상적 지각 이론에 대해 "이해하기의 과제는 언제나 우리의 부분적인 전망들을 하나로 모아서 전체를 '선언하는' 것"136이라고 봤다.

게슈탈티스트들은, 조사 대상에게 모호하게 그린 그림을 제시하면 그들이 한 순간 이를 하나의 이미지 또는 의미로 지각하고는 갑자기 전혀 다른 것으로 인식한다는 걸 보여줬다. 말하자면 한 순간 오리로 봤다가 다음 순간 토끼로 보는 식이다. 여기서 유추하자면, 탈근대 군주가 모습을 드러내는 것, 전 지구적 균형의 '게슈탈트 교체'를 대변할 것이다. 탈근대 군주는 사회적 총체성이 갑자기 '배경'으로 보이게 만

함께 산책할 때 [몸짓을 통해서] 친구에게 보여주려고 하는 무언가가 지각 영역의 지평에 비록 모호하게라도 존재하는 게 분명하듯이 말이다." Albert Rabil, Jr., *Merleau-Ponty: Existentialists of the Social World* (New York: Columbia University Press, 1967), 123쪽.

135. David Abram, *The Spell of the Sensuous* (New York: Vintage, 1996), 39쪽.
136. Whiteside, *Merleau-Ponty and the Foundation of Existential Politics*, 81쪽.

듦으로써, 기존의 해방 운동들을 겉모습의 영역으로 이끌어내어 하나의 '형상'으로 보이게 한다. 사회적 비판들의 수렴이 이뤄지면 총체성 그 자체가 사회적 구조물로 보이게 된다. 다시 말해 사회 관계들을 조건짓는 관계의 묶음으로 보이게 된다. 이어, 모습을 드러낸 전체는 각 개별 '측면', 개별 운동에 빛을 비추고 그것을 일관된 억압과 지배 체제의 한 부분으로 이해할 수 있게 해준다. 앨버트와 케이건 등이 쓴 『해방 이론』을 다시 인용하자면, 자신들이 "본질적으로 거대한 단일 운동의 서로 다른 측면들이며, 이 단일 운동의 전체와 부분이 함께 성공하려면 부분들이 서로 적극적으로 관계지어야 함을" 인식하면서 사회 운동들은 "새로운 해방 사회" 건설을 시도한다. 예시적인 문화를 형성함으로써, 과거에 서로 분리되었던 운동들은 상징적으로 새로운 사회적 전체가 되거나 그것임을 '선언한다.' 이런 식으로 탈근대 군주는 새로운 문명의 씨앗 또는 핵심을 구성한다.

이 과정을 아름답게 은유한 것으로, 코끼리가 감춰진 어두운 방에 초대된 시크교도 집단에 대한 중세 수피교 이야기를 들 수 있다. 이 가운데 누구도 그전에 코끼리를 본 적이 없다. 그래서 각자 어둠 속에서 팔을 뻗어 느낀 것을 자기가 과거에 경험한 것에 비추어서 판단한다. 몸통을 만진 사람은 코끼리가 물이 흐르는 관 같다고 느끼고, 움직이는 코끼리의 귀를 만진 사람은 코끼리가 부채의 일종이라고 생각한다. 코끼리의 발을 만진 사람은 그것을 큰 신전의 기둥으로 착각하고, 상아를 만진 사람은 그것이 자기로 만든 검일 것이라고 주장한다. 위대한 수피 시인 루미는 이 이야기를 다시 들려주면서 이렇게 썼다.

우리 각자는 한 부분씩을 만졌도다
그리고 전체를 서로 다른 방식으로 이해했도다.

손바닥과 어둠 속의 느낌은
감각이 코끼리의 실체를 어떻게 탐색하는지 보여주도다.

우리 각자가 촛불을 들고 있었다면
그리고 함께 갔다면
우리는 그걸 볼 수 있었으리라.[137]

현상적 세계의 총체성을 드러내주는 계몽은, 우리가 먼저 서로 대화하는 법을 배울 때만 주어진다. 모든 사회 운동은 고통 전체의 부분적 관점만 제공한다. 홀로그램의 파편처럼, 각각은 특정 관점에서 비롯된 굴절된 전체의 모습만을 담고 있다. 한 사람은 이 고통을 보고 그것이 노동자 착취라고 생각한다. 반면에 두 번째 사람은 그것을 여성에 대한 남성의 지배로 본다. 그리고 세 번째 사람은 그것을 다른 인류를 노예로 삼고 대량 몰살하는 것으로 본다. 누구도 잘못 본 것이 아니다. 각각은 전체 억압의 특정한, 다른 무엇과도 바꿀 수 없는 측면을 지각한 것이다. 하지만 그들이 한 방에 모여서 각자의 전망을 공유하게 되면, 각자가 총체성에 빛을 비춰줄 자신의 '촛불'을 들게 되면, 그들은 실천 행위 속에서 서로에게 의존적인 전체를 대상으로 하는 공통의 작업을 보게 된다. 하나로 뭉칠 때만, 그들의 서로 다른 지각

---

[137] Rumi, *The Essential Rumi*, Coleman Barks 엮음 (Edison, N.J.: Castle Books/Harper Collins, 1995), 252쪽.

영역들이 하나로 뭉치기 시작한다. 함께 그들은 전체의 지도를 그릴 수 있고 그럼으로써 권력의 유형들, 공통의 저항 전통, 자신들의 이념적 통일을 지각할 수 있게 된다. 사회주의자들은 여성의 대상화가 노동자의 대상화와 같다는 걸 보게 된다. 게이와 레즈비언들은 노동자의 굴욕과 불명예가 동성애자 폄하와 같다는 걸 보게 된다. 유대인들과 유색인들은 동물을 노예처럼 다루고 때리고 학대하는 것이 바로 자신들을 '인간 이하'로 취급하는 행동의 논리적 지평이자 전형적인 실습 행위임을 보게 된다. 핵심은, 나름의 관점들을 결합하는 것만이 서로 흩어진 저항 세력들로 하여금 자신들 앞에 놓인 현실 문제와 정신적 도전 과제를 보게 해준다는 것이다.

7장
메타인문주의

  이 책의 어떤 부분에도, 우리가 맑스의 자본주의 비판을 포기해야 한다거나 그럴 수밖에 없다는 걸 암시하려는 의도는 없다. 도리어 우리는 그걸 확장하고 심화시켜야 한다. 탈근대 군주는 역사적으로 국제 사회주의 운동의 직접적인 후계자이다. 전 세계 자본주의가 500년 동안 남겨놓은 건, 인류 두 명 가운데 한 명꼴로 심각한 빈곤에 허덕이는 현실이다. 아프리카, 라틴 아메리카, 동남아시아 그리고 과잉개발된 국가들 내부에서, 수억 명이 영양결핍과 완전히 예방할 수 있는 질병으로 채 자라지도 못하고 죽어가고 있다. 그들은 다수를 희생한 대가로 소수의 배를 불리는 경제 체제의 '정상적인' 희생자들이다. 그러나 세계 자본주의 체제 아래서 발생하는 이런 가장 어처구니없는 고통들이 제거될지라도, 여전히 자본주의적 소유 관계가 전제로 삼고 있는 노동분업은 남는다. 그래서 착취와 소외가 인간 삶의 보편적인 특징인 점 또한 변함없을 것이다. 150년 전 젊은 맑스가 지적했듯이, 자본주의는 노동자들을 자신의 노동 과정과 대상으로부터 소외시키고 개인과 인류를 자연의 나머지 부분으로부터 소외시키고 또 인간 서로서로를 소외시킨다. 자본주의는 그 본성상 사회적 불평등 덕분에 번영하고 자연 전체를 끊임없는 교환 가치 생산을 위해 '대기중인 비축물'로 전락시키는 팽창적 체제이다. 소수 엘리트들의 생산 수단 독점이 대의 정치를 왜곡하기 때문에, 자본주의는 진정한 민주주의, 말하자면 참여민주주의의 발전을 방해한다. 세계 경제를 궁극적으로 대규모 사적 소유의 폐지와 노동 과정의 민주화를 지향하는 체제로 급진적으로 구조개혁함으로써만, 빈곤과 계급의 '숨겨진 상처'가 극복될 수 있을 것이다. 또 세계체제로부터 지속적으로 유발되는 사회·생태적 위기들이 인간의 집단적 통제 아래 놓이게 될 것이다. 이런 이유들 외에 또 다른 수많은 이유들로 해서, 탈근대 군주는 사회주의 운동이 아닌 다른 것으로 여겨질 수 없다. 세계체제로서 자본주의의 폐지를 위해서 끊임없이 노력해야 한다. 바꾸어 말하자면 생산 수단 통제를 민주화하려 시도해야 한다.

그렇지만 분명한 것은, 생산 수단의 민주화와 노동분업의 해소만으로 충분하지 않다는 것이다. 이 말이 독자들에게 아주 놀랍게 들릴 수도 있겠다. 세계체제로서 자본주의의 해체조차 이상향적이기 짝이 없고 거의 불가능해 보이는 과업 같기 때문이다. 하지만 미래에 대한 우리의 꿈이 있을지라도, 그 꿈은 현재에 대한 우리의 불완전한 비판과 마찬가지로 충분히 야심적이지 못했다는 게 내 진정한 신념이다. 소수

자본가 엘리트들의 생산수단 독점에 도전하는 것이 사르트르가 인간성의 새로운 '형상'이라고 부른 걸 창조하려는 운동과 결합하지 않는다면 결국 그건 '정신적으로' 그래서 도덕적으로 그리고 정치적으로 공허한 목표일 뿐이다. 생산에 대한 대중적 통제라는 목표가 제 아무리 가치 있는 일일지라도, 단지 이 목표 속에서 이 새로운 형상을 발견할 가능성은 거의 없을 것이다. 이 발견은 모든 형식의 지배를 피하는 총체적인 삶철학 속에서만 '구체적인' 게 될 수 있다.

앞에서 봤듯이 그람시는 사회주의가 "폭넓은 대중 운동을 통해 종교개혁과 비슷한 역사 과정을 대변해왔고 지금도 대변하고 있다"[1]고 썼다. 근대 군주는 시민들의 '영혼'을 얻으려고 시도했을 것이다. 지도자들은 교사들이고 새로운 세계 종교의 성직자들일 것이다. 성경을 방언으로 번역함으로써 인민들이 성경의 지식을 접할 수 있게 해준 마르틴 루터처럼, 그러나 또한 인민들을 '군주의 방식'으로 가르친 '이탈리아의 루터' 마키아벨리의 군주처럼, 근대 군주는 세속의 특정한 문제를 다루는 새로운 '세속적인' 철학을 가꾸는 데에, 다시 말해 지배와 위계구조의 현존 질서의 사회학에 그리고 보편적이고 윤리적이며 전 세계적인 사회주의 기획에 인민들을 개입시킨다. 이런 이론과 실천의 변증법은 실천적인 차원과 이를테면 '영적인' 차원을 통합한다. 실제로 그람시는 맑스를 예수에, 레닌을 예수의 사도 바울에 비교했다. "예수(세계관)와 성 바울(세계관의 조직가, 행동가, 확장자), 이 둘은 똑같은 정도로 필요하고 그래서 똑같은 역사적 중요성을 지닌다. 기독교는 역

---

1. Antonio Gramsci, 『옥중수고』(SPN), 132쪽.

사적으로는 '기독교·바울주의'라고 부를 수 있을 것이다. 사실 이것이 더 정확한 명칭일 것이다."2

그람시가 문자 그대로 사회주의와 복음 운동을 이렇게 비교하면서 실제로 의도한 바가 무엇인지 우린 알 수 없다. 분명, 그람시는 사회주의가 스스로를 세계변화 윤리학의 도구로 인식해야 한다고 강하게 느꼈으며, 이 야심은 아마도 헤겔에게서 배운 바일 것이다. 헤겔의 현상학에선, 정신의 최종 전개, 윤리학과 정치, 존재와 생성이 마침내 이상적인 국가에서 함께 나타날 것이다. 이 상태에선 이제 본질적으로 인류는 객관적으로나 실제적으로 참되고 이성적인 것을 도덕적·주관적으로 의도하는 선택만 할 것이다. 심지어 헤겔에게는 주관적 자유가 윤리적, '객관적' 문화와 이음매 없이 합쳐지는 상태인 온전히 실현된 변증법의 역사적 전형도 있었다. 그 문화는 다름 아닌 고대 아테네다. 헤겔은 "아테네인들에게 아테네는 이중의 의미, 곧 총체성을 상징하는 여신이라는 의미와 아테네시 자체의 총체성이라는 의미를 지녔다."3고 썼다. 폴리스에서, 아테네인들은 일관된 도덕적 질서를 지니는 공동체에 대한 개인의 자유롭고 의식적인 참여를 극대화했다. 그래서 헤겔은 폴리스를 공동체의 이상형으로 봤다. 폴리스는 테일러의 용어로 표현하자면 "우리가 유지하고 지속해야 할 더 큰 삶에 대한 윤리적 의무들의 차원"을 드러내는 한에서 "어떻게든 소크라테스와 예수의 보편적 주관성을 윤리와 결합시키는"4 것이다.

---

2. 같은 책, 382쪽.
3. G. W. F. Hegel, 『역사속의 이성』(*Reason in History*), 66쪽.
4. Charles Taylor, 『헤겔철학과 현대의 위기』(*Hegel and Modern Society*), 124-125쪽.

명백히 그람시는 이와 비슷한 것을 염두에 두었다. 그래서 근대 군주를 "종교개혁 또는 프랑스 계몽주의의 대중성을 가지며 그리스 문명 또는 이탈리아 르네상스가 지닌 고전적인 문화성을 동시에" 지닌 것으로 감질나게 묘사했다. 스스로의 세계관과 가치를 보편화함으로써 기독교와 이슬람교처럼 궁극적으로 모든 (또는 적어도 대부분의) 인류를 위한 영구적인 기초 또는 '틀'이 되기 위해, 사회 내 서로 다른 집단들과 연합을 형성하고 착실히 진전시켜 점점 더 넓게 변증법적으로 확장해 나가면, 군주는 본질적으로 사회 전체의 '도덕적이고 지적인' 지도력을 떠맡을 가치가 있는 구원 세력으로 제 스스로와 남들에게 인식될 것이다.

비슷하게 탈근대 군주는 처음부터 단지 '저항' 또는 '반대' 운동으로 (다시 말해 부정의 부정으로) 인식되는 게 아니라 도덕적으로 구원의 힘을 지닌 세계 역사적 운동으로 인식되어야 한다. 마키아벨리의 '군주'가 정치 체제의 도덕적 조건을 창출하는 인물인 루소의 '입법자' 개념을 앞서 형상화했듯이, 그람시의 '근대 군주'는 사회화한 노동을 바탕으로 새로운 도덕적 질서 또는 윤리를 건설하는 사회주의적 입법자로서 탈근대 군주를 앞서 형상화한다고까지 말할 수 있을 것이다.

물론 이런 정식화가 지닌 문제는 금방 스스로 드러난다. 우리는 위기에 처한 '도덕적 질서'가 어떤 종류인가 하는 문제를 이미 회피했다. 사실, 좌파의 취약점 하나는 스스로를 도덕적이고 영적인 운동으로 공개 선언함으로써 자신의 과감한 존재론과 윤리학을 제시하기를 역사적으로 꺼려했다는 것이다. 맑스처럼 그람시도 생산을 사회화하는 것과 별개로, 지도자와 지도받는 이들 사이의 윤리적 관계 설정을 통해서 자신의 '종교적인' 전망의 규범적 또는 윤리적 내용을 구체화하는 데 실패했다. 그러나 사회주의는 우리에게 윤리학을 줄 수 없다. 우리의 윤리학이 사회주의를 가져다준다. 다시 말해, 우리의 근본 도덕적 신념과 헌신이 우리의 지각 대상을 규정하기 때문에, 신념과 헌신은 우리가 결국 하게 될 구체적인 행동의 형식들을 구성하는 데 핵심 구실을 한다.

그 뒤에 따라 오는 것이 이 작업의 가장 이론적이고 철학적인 부분이다. 이 부분은, 우리의 수많은 운동들의 통일성을 위한 지각·도덕의 '바탕'으로 작용할 긍정적인 철학 또는 윤리, 또는 심지어 '종교'에 대한 비평적 요약(또는 프롤로고메논)을 제공하려는 시도를 대표한다. 내가 여기서 간략히 전개한 틀에서, 탈근대 군주는 메타인문주의적 삶철학의 형식, 정치적·현상적 표현이 된다. 메타인문주의는 탈근대 군주의 토대가 되는 존재론이자 윤리적 삶철학이다. 이는 기존 사회 운동들이 자본주의적 자유주의를 대체할 전 세계 시민사회의 윤리로 받아들여 보편화해야 할 '긍정적인' 규범적 뼈대이다. 그리고 또 기존 운동들의 이제 막 싹트는 단계에 있는, 역사적으로 내재적인 철학이기도 하다. 다른 말로 하면, 이는 이미 모든 해방을 위한 정치 행동의 규범적인 도덕 기반'이며' (이와 동시에) 이 기반이 될 수 있는 것이다. 메타인문주의는 '다름'과 같음을 소통시키기 위한, 그리고 지금 '있는' 것에서 '당위적인' 것으로 옮겨가기 위한, 공통의 철학적(존재론적) 그리고 정신적(도덕적) 바탕을 우리에게 제공한다.

메타인문주의라는 신조어는 의도적으로 모순 또는 긴장을 담고 있다. 메타인문주의를 강조함으로써, 나는 우리가 전통적인 자유주의적·인문주의적 기획의 인간중심주의를 '넘어서' 가야 한다는 걸 제시하고자 한다. 그리고 이는 사람이 아닌 타자를 우리의 '인간' 개념에 통합할 때만 가능하다. 고통에 주목하는 데서 비롯되는 윤리적 실천을 개략적으로 정리함으로써 이 주제를 전개하는 것이 이번 장의 초점이다. 그리고 내가 메타인문주의를 제기함으로써 의도하는 것 또 하나는, 계몽, '진보적인' 전통, 조화로운 사회 질서라는 이상과의 일정한 연속성을 주장하는 것이다. 계몽 등 이 세 가지는 우리 인류가 지닌 자연스런 능력들과 특성들을 긍정적으로 평가하는 데 뿌리를 두고 있다.

존재론은 최근 뉴스거리가 되었다. 과학자들이 실험실에서 완전히 새로운 생물 종들을 만들어 내고 (다른 식물이나 동물에서 채취한) 변이 디엔에이를 동물의 난자에 삽입하면서, 신과 같은 권능을 사칭하기 시작했다. 이성의 간지에 의해 새로운 세계내존재가 불려나오고 이질적인 무균 상태의 기계 세계에 '던져진다.' 이것들은 만성적인 질병 상태 또는 불구 상태, 존재감을 잃은 상태로 이 세계에 던져지고, 우주 내 다른 존재들과 완전히 고립된다. 또 다른 과학자들과 기업가들은, 인간 개인 또는 개인의 몸 일부를 디자이너 상품 수준으로 만들기 위해 우리 인간들을 육체적·유전적 차원에서 조작한다. 또 인간 유전자코드 지노를 만들고 있다. 아노르노는 언센가 이렇게 썼다. "표준화되어 관리되는 인간 단위들 틈바구니에 끼여서도 개인은 계속 존속하고는 있다… 그러나 개인이란 실제로는 그가 갖고 있는 독특함이 빚어낸 기능에 지나지 않으며, 예전에 아이들이 놀라면서 비웃던 기형아 비슷한 전시용이 되었다."[5] 이제 인류의 독특함은 그저 전시품(게놈)처럼 진열되고 있고, 이 독특함의 존재 자체도 위협받는 지경이다.

그런데, 서구 학계에서 문화연구 이론가들과 기타 분야 학자들은 이른바 탈인간 시대를 축하하고 사이보그와 인공물 삽입술, 생명공학의 미덕을 찬양하는 회의들을 열고 있다. 탈인간주의는 학계 장사꾼들이 자신들의 작업이 지니는 사용 가치의 겉모습이 망가지는 걸 막기 위해 고안해온 일련의 상품 개념들의 최신판일 뿐이다. 그런데 이 담론이 지닌 의미는, 이 자체가 제시하는 것보다 훨씬 큰 어떤 것이라고 생각한다. 탈인간주의의 도래와 함께 우리는 비판적 전통의 결정적인 순간으로 빠르게 접근하고 있다. 단지 탁월한 비평가들만 아니라 이제는 우리의 꿈을 구성하는 것들을 문자 그대로 조작하는 과학자들까지 나서서 비판적 전통이라는 주제를 가위표(말소 기호) 아래(sous rature) 놓게 되면, 심지어 포스트구조주의적 기획조차 자멸하게 된다. 현존재(Dasein)의 존재론적 통일성의 파편화에 의해 해체 그 자체가 타당성을 잃게 되기 때문이다. 이는 사소한 지점 같아 보일 수 있지만, 이미 비판적 이론은 자본이 주도하는 모든 '인간' 사물의 최종적 소멸 작업에 위험스런 공모를 감행한 상태다.

그러나 내가 보기에는, 현재 우리의 이 존재 또는 우리가 되어갈 어떤 존재의 옹호 선언을 꺼려하는 도덕적 또는 정치적 운동이라면 그건 해방을 주장할 근거가 없다. 그래서 비판적 사상이 이런 이론의 내부 파열을 견뎌내려면, 탈인간주의를 솔직하게 대면해야 할 것이다. 그리고 이는 인간을 의미 있게 평가하는 존재론과 사상의 바탕으로 돌아가는

---

5. Theodor Adorno, *Minima Moralia* (London: Verso, 1974), 135쪽. [한국어판:『미니마 모랄리아 : 상처받은 삶에서 나온 성찰』, 김유동 옮김, 도서출판 길, 2005.]

일과 함께 이뤄져야 한다.

타자에 대한 공감과 주목

폭넓게 말해서, 윤리적 관계들은 대니얼 브러드니가 "타자에 대한 주목"[6]이라고 부른 것에 의존한다. 이 주목이 없으면 우린 '누구'를 '무엇'으로, 다시 말해 존재나 주체를 사물로 착각할 위험을 안게 되고 그래서 모든 방법의 정치적 폭력을 정당화하게 된다. 주목하지 않고선, 탈근대 군주의 통일성도, 도덕적 목적도 보장될 수 없다.

이런 타자에 대한 주목의 바탕은 무엇보다 공감하는 능력에 달려있다고 주장하고 싶다. 그 어떤 지각 이론과 총체성의 이론도 우리 존재의 결정적인 정서적 차원에 그리고 특히 공감의 윤리적이고 정치적인 의미에 주목하지 않고서는 완결되지 않을 것이다. 그런데 이는 우리의 분석에 어떤 특정한 문제를 제기한다. 왜냐하면 연대와 정치 공동체의 창출에 있어서 공명이 지니는 구실은 사실 근대 정치 사상에서 역사적으로 별로 주목받지 못했기 때문이다. 마키아벨리는 느낄 줄 아는 사람은 거의 없는 반면 모든 사람이 볼 줄 안다고 씀으로써 전통의 기조를 세웠다. 어떤 뜻에서 그는, 정의로워 보이기만 하는 사람이 실제로 정의로운 사람만큼 행복하게 살 것인가 여부를 놓고 소크라테스가 논쟁을 벌이는 대목이 나오는 『국가』의 앞부분에서 플라톤이 제기한 도

---

6. Daniel Brudney, "Marlow's Morality", *Philosophy and Literature* 27, no. 2 (October 2003): 318-340쪽.

전에 대답하고 있는 것이다. 마키아벨리의 관점에서, 정치와 선함의 수렴을 꿈꾼 플라톤의 이상은 너무 많은 걸 바라는 것일 뿐이다. 정치 생활에서 문제가 되는 것은 존재가 아니라 겉모습이고, 이 둘의 차이를 모르면 신민들뿐 아니라 제 자신까지 죽음으로 몰 지배자를 맞게 될 것 같다고 마키아벨리는 주장했다. 우리의 본성을 본래 '합리적인' 존재라기보다는 지각하는 존재로 보고 실천하지 못하는 한, 우리는 색다른 정치이론들을 구성할 근거가 없다.

겉모습이라는 현상적 영역에 대한 무관심이 정치에서 치명적인 게 사실이지만, 정치 생활에 있어서 특정 종류의 감정들을 낮게 평가하는 것 또한 무자비한 국가의 폭력을 정당화함으로써 정치체제의 기반을 허물 수 있다. 이른바 현실적이라는 남성주의적 정치 사상 전통에선 무엇보다 두 가지 감정이 이론가와 전략가들에 의해 완전히 배제되는데, 다름 아닌 공감과 사랑이다. 오래 전부터 일부 급진적 이론가들은 타자와 공감하기(Mitgefühl) 또는 '함께 느끼기'를 자신들의 비판적 작업의 필수적인 부분으로 삼았다. 예를 들면 불교 정치 사상, 간디와 마틴 루터 킹의 비폭력 철학, 그리고 최근의 마셜 로젠버그와 여성주의적 보살핌의 윤리 철학자들의 이론이 그렇다. 하지만 급진적 전통의 훨씬 더 강한 특징은 공감이라는 걸 회의적으로 보거나 노골적으로 적대시하는 것이었다.[7]

맑스주의자들은 공감을 부르주아적 인습에 지나지 않는 것으로 보

---

7. Marshall Rosenberg, *Nonviolent communication: A Language of Life: Create Your Life, Your Relationships*, 제 2판 (New York: PuddleDancer Press, 2003).

고, 그래서 결국 위험한 것으로 생각하는 경향이 있었다. 한편으로, 맑스주의는 혁명의 실천적 기반인 노동계급 구성원 사이의 '동지애'에 꽤 과도하게 의존했다. 그런데 맑스 자신이 노동계급 투쟁에 헌신했으면서도, 공감 그 자체에 대한 이론을 개발할 필요성을 전혀 보지 못한 게 명백하다. 심지어 다른 면에서는 '정열적인' 발터 벤야민조차 [감정이입의 역사방법론의 근원에 대해 - 옮긴이]] "심장의 나태 즉 순간적으로 스쳐 지나가는 진정한 역사적 이미지를 이해하고 파악하는 데 절망함으로써 생겨난 나태"[8]라고 쓸 수 있었다. 우리의 강력한 자연스런 능력인 공감을 구석에 바짝 몰아넣어서 합리주의자의 냉정을 향한 정열로 승화시켜야만 했다. 그래서 전 세계 공산주의자들은 혁명의 메시아적 시간-흐름을 방해할 수 있는 사람들의 고통에 대해 마치 (애굽의) 파라오처럼 "마음을 모질게 하는 걸" 배워야만 했다. 그러나 자본주의와 마찬가지로, 역사적으로 남성주의적인 기질과 도구주의에서 비롯된 공감의 억압은 극도로 위험한 것이다. 트로츠키와 레닌으로 하여금 반란을 일으킨 크론슈타트 수병들의 대량 학살을[9] 명령하게 만든 바로 그 통제와 폭력의 논리는, 지금도 핵전쟁 입안자들로 하여금 수억 명의 인류를 효과적으로 일소할 수 있음을 보여주는 도표를 준비하게 만든다. 레닌의 도구주의적 '강퍅함', 자신의 감싱직 민감'성을

---

8. Walter Benjamin, *Illuminations* (New York: Schocken Books, 1968), 256쪽. [한국어판: 『발터벤야민의 문예이론』, 반성완 외 옮김, 민음사, 2000.]
9. [옮긴이] 1921년 3월 페트로그라드혁명을 지탱한 기둥의 하나였던 크론슈타트 요새에서 반란이 발생했고, 철저하게 진압됐다. 크론슈타트반란이 진압된 시점을 내전의 종료, 크게는 러시아혁명시대의 종결로 볼 수 있다. 혁명과 내전에서 승리한 소비에트권력은 강력한 국가를 이루게 된다.

혁명의 제단에 바치는 영웅적 '희생'은, 모든 인민이 자유와 행복을 실현할 세상에 대한 인간미 있는 꿈으로 갑자기 일탈하게 했고, 궁극적으로는 그가 세운 정치·경제 체제 그 자체의 몰락을 초래했다.[10]

그러나 나름의 정당성을 지닌 지각의 한 형식이자 도덕적 판단을 가능하게 하는 '기관'으로서 공감은 기존 사회적 실천 이론의 결정적인 잃어버린 고리다. 동정심이 정치 영역에 침입하는 걸 회의적으로 보는 한나 아렌트에 대한 중요한 비판(『지각, 공감, 판단』)에서 아르네 요한 베틀레센이 주장하듯이, 공감은 "세계에 대한 감각적-인지적-감정적 개방성"이고 "이는 우리에게 인간 경험 영역에 대한 주요 접근 방식을 제공한다."[11] 왜냐하면 한 주체가 도덕적으로 행동할 수 있으려면, 먼저 도덕적 상황 또는 딜레마를 인식할 수 있어야 하기 때문이다.[12] 그리고 주목 또는 '조율'(attunement)은 저지할 수도, 키울 수도 있는 성질의 것이기 때문에, "주목하기를 장려하고 도덕적 공간을 창출하는 것은 사회적인 [그리고]… 정치적인 문제다."[13]

---

10. 막심 고리키는 레닌이 사랑의 감정을 억제하기 전에 베토벤 음악의 아름다움에 대한 감상으로 고조된 상태에서 자신과 나눈 대화를 이렇게 기록했다. "음악을 자주 들을 수가 없소. 음악이 내 신경을 자극해서, 바보스럽게 말하게 만들고, 이 더러운 지옥에 살면서도 그런 아름다움을 창조할 수 있는 사람들의 머리를 쓰다듬게 만든다오. 그러나 지금은 머리를 쓰다듬을 때가 아니오. 손을 물어뜯어야 할 거요. 우리가 이상적으론 사람에 대한 어떤 폭력에도 반대할지언정 지금은 사람들의 머리를 무자비하게 때려야 하오. 아! 내 일은 끔찍하게도 어려워." Georg Lukács는 『레닌』(*Lenin: A Study on the Unity of His Thought*, Cambridge, Mass.: 1971), 94쪽에서 만족스런 태도로 인용함.
11. Arne Johan Vetlesen, *Perception, Empathy, and Judgment: An Inquiry into the Preconditions of Moral Performance* (University Park, Pa.: Pennsylvania University Press, 1994).
12. 같은 책.
13. 같은 책, 9쪽.

중세 이슬람 신비주의 수피교 시인 루미는 사람과 코끼리 이야기를 하면서 이렇게 썼다. "우리 각자는 한 부분씩을 만졌도다 / 그리고 전체를 서로 다른 방식으로 이해했도다." 루미는 우리에게 존재의 진정한 본성과 세계의 조건에 대한 윤리적 통찰을 오직 감정을 통해서만 얻을 수 있다고 말하는 듯 하다.

전체를 지각하는 것은 단지 명확한 '시각'을 지니거나 가르치는 문제가 아님이 드러난다. 감정은 신비론자들의 직관이다. 비법을 전수 받은 이가 성스러운 존재의 전체 진실을 파악하게 해주는 '제3의 눈'이다. 그러나 정서적 상호주관성, '느낀' 전망의 공유를 통해서만 전체가 스스로를 드러내게 된다. 오직 (지향성으로서의, 다시 말해 무엇에 대한 파악, 시간적 의향으로서의) 지각에서만 도덕적 판단과 행동이 나올 수 있다.

몇몇 사람들은, 억압에 익숙한 개인적 경험을 통해, 곧 구체적인 개인적 고통 또는 억압의 경험을 통해 부정과 억압의 존재를 보게 된다. 하지만 개인의 인식론 그리고 여기서 비롯된 전체 지각 능력과 개인의 사회적 견해는 간접적 인과관계만 있을 뿐이다. 억압을 겪은 모든 사람이 자신의 조건이나 상황을 이런 측면(자유롭지 못한 조건)에서 이해하는 건 아니다. 여성주의자들과 비판적인 인종 이론가들이 이제는 서로 동의하듯이, 사회적 위계 구조 속 개인의 '객관적' 위치 또는 개인적 억압 경험은 그 자체로 결코 정치의식화의 충분 조건이 아니다.

그러나 한 개인이 지배당하는 위치에 있다는 것은 사실 비판적 직관의 필요 조건조차 못된다. 왜냐하면 운동들을 하나로 묶는 현상학적 '접착제'인 연대는 단지 '일차적' 권력 경험을 통해서만 형성되는 게 아니라, '이차적' 경험 곧 고통을 겪는 이들에 대한 공감을 통해서도 형성되기 때문이다. '보는' 법을 배우는 것이 세상에 '민감해지는' 것이라면, 도덕적으로 보는 것은 타인의 고통에 민감해지는 것을 뜻한다. 이 기본적이고 근본적인 능력이 없으면, "'고통'이라는 현상이 도덕적 판단의 대상이 되지 않을 것이다."14(베틀레센, 『지각, 공감, 판단』) 보통은 남의 고통에 민감해짐으로써, 억압에 대한 우리의 상상력 풍부한 '감각' 또는 감정이 계발된다. 다름 아닌 이것이 바로, (프리드리히 엥겔스 같은) 부자가 혁명을 옹호함으로써 '계급 자살'을 감행하게 만들고, 남성이 여성의 평등을 옹호하게 만드는 지적·정서적 인식을 분출시킨다. 이런 '공감에서 비롯된' 정치 의식의 예는 많이 있다.15

공감은 중요한 문제인 폭력의 도덕적인 억제뿐 아니라 모든 정치적 정체성의 구성에도 필수적으로 요구되는 듯 하다. 왜냐하면 비록 타인에 대해 공감할 수 있는 능력이 분명히 연대를 보증하는 것도 아니고 윤리적 행동을 보증하는 것도 아니지만, 공감은 정치적 논쟁에 내재된 위험 일부를 피하는 데 도움을 주기 때문이다. 우리가 공감을 인간 경험에 접근하는 방식으로 인정하길 고집스럽게 거부할 때, 우리의 정치적 판단의 결과와 이것이 가져오는 재앙들을 보지 못하게 된다. 우리는 단지 정치 생활을 망치고 세계에 불필요한 고통만 유발하는 게 아니라, 목표들을, 그게 '위대함'이든지 아니면 보편적 사회적 평등이든지 간에, 성취할 능력마저 파괴하는 것이다. 두 번째로, 공감은 실천이

---

14. 같은 책, 158쪽.
15. Sandra Lee Bartky, *"Sympathy and Solidarity" and Other Essays* (Lanham, Md.: Rowman and Littlefield, 2002)를 보라.

론에서 강조되어야 한다. 왜냐하면 탈근대 군주의 핵심 전략적 관심인 다양한 운동들의 연합은, 오직 공감에서 우러나와 서로의 주장을 경청하고 모든 사회 운동을 괴롭히는 피할 수 없는 모순들과 편견들을 뚫고 작업함으로써 달성될 것이기 때문이다. 실제로 공감은 탈근대 군주의 연대를 현상학적으로 그리고 정치적으로 타당하게 만드는 감정임이 증명된다.

산터시 조지가 주목했듯이, 좌파 내부에서 여전히 발견할 수 있는 것은 "너무나 명백한 인종주의, 성차별주의, 편협함, 독단론, 시대착오적 사고와 행동 유형의 찌꺼기다. 변치 않는 듯한 것은, 현재 진행중인 전략적·전술적 조직화에 [필수적인], 꾸준한 관계와 대화의 형성 및 지속 능력의 결핍이다." 조지는 이렇게 쓰고 있다.

> 미국 좌파의 임무는 단지 정치적이거나 경제적인 게 아니다. 먼저 그리고 무엇보다 정신적이고 사회적인 것이어야 한다. 다시 말해, 실천과 이론 차원에서 집단적 행동의 가장 교묘한 걸림돌임이 분명한 문제 곧 사회의 파편화와 원자화에 대해 대안을 제시하는 것에서 출발해야 한다. 다른 좌파 운동들의 경험에서 분명해졌듯이, 좌파는 자기 내부에서 더 큰 사회의 병리 현상 전체를 보여주고 있다. 미국 좌파가 저어도 좀더 민주적이고 포용력 있어야 할 필요성을 인식하고 있지만… 사회적 결합의 기반을 재창출하는 것도 좌파에게 필요하다.[16]

우리 운동 내부에 사회적 결합의 기반을 창출하는 건, 우리 모두에

---

16. Santosh George, "The Crisis of the American Left" (미출간, 1992), 1, 4쪽.

게 개인적으로나 정치적으로 크나큰 도전 과제를 제시할 것이다. 그 어떤 '연합'의 과정에서도 필수적인 것은, 관여하는 모든 사람이 억압과 고통의 존재론적 현실을 하나의 **총체성**으로 보고 거기에 현상학적으로 '적응'하고 그것을 존중하는 걸 배우는 것이다.

이 마지막 부분이 특히 중요하다. 공감을 이 세계 내에 있는 우리들 **삶의 방식**(modus vivendi)의 한 부분으로 받아들이고 긍정해야 한다. 이런 것으로서의 공감은 정치 간부가 조작하거나 동원해서는 안 되고 이념에 종속되어서도 안 된다. 곧, 공감의 목표는 오직 우리와 같은 계급, 인종, 성 또는 사회적 집단 내 구성원들에 대한 염려로 한정되어서는 안 된다.[17] 공감이 고통의 **총체성**을 인식하는 데 이용될 때는 초월적이고 보편적인 것만 다룬다. 다시 말해 믿음의 힘만 다룬다. 정치적 행동 그 자체와 같이, 공감은 경계가 없어야 한다. 왜냐하면 고통은 보편적인 도덕적 의미를 내재적으로 '지시하기' 때문이다. 즉 고통의 의미는 근원적이다. 고통은 최초의 초월적 질문 곧 '왜?'를 지시하는 첫 번째 기호였다. 내 고통의 의미는 나 자신을 초월해 다른 모든 고통받은 존재들과 관련된다. 내 고통은 모든 비유적 의미보다 우선하는

---

17. 단지 그저 생각해본 것일 뿐이지만, 1차 세계대전 때 사회주의자들의 정치적 헌신과 감정적 귀속감이 갑자기 바뀐 것 곧 노동계급에서 치명적인 국가주의로 옮겨간 것은, (니체가 쓴 의미에서의) 원한(*ressentiment*)과 결합된 '일방적인' 동정이 너무 쉽게 사회주의적 실천에서 군사적 침략으로 바뀔 수 있었던 탓이라고 볼 수 있지 않을까 싶다. 이런 측면에서, 한나 아렌트가 프랑스 혁명에 대해 언급하면서 정치 영역에 동정이 개입할 때의 위험성을 지적했을 때 무언가 중요한 것을 파악했던 것이다. 그렇지만 베틀레센이 도덕적 판단에 있어서 감정의 적합성에 대한 아렌트의 칸트적 회의주의를 상세히 비판하면서 제시했듯이, 정치적 또는 도덕적 행동에서 공감을 억제하거나 박탈하는 게 훨씬 더 위험하다. 이 점은 나치의 유대인 수용소가 너무나 잘 보여준다. Vetlesen, *Perception, Empathy, and Judgment*, 85-125쪽을 보라.

존재론적 의미를 지닌다.

　나는 이것이 "어느 한 곳의 부정은 모든 곳의 정의에 대한 위협이다."라는 마틴 루터 킹의 저 유명한 구절 뒤에 있는 신학적이고 윤리적인 의미라고 본다. 말하자면, 부정은 "나에게 나타날 수 있기" 때문에 (곧, 멀리 떨어진 땅의 부정이 다른 지역으로도 확산될 수 있기 때문에) 도덕적으로 반대할 만한 것이 아니라, 심오한 존재론적 차원에서, 유한한 육체적 존재로서 우리의 고통 속에서 우리는 하나이기 때문에 반대할 만한 것이다. 멕시코 사빠띠스따 운동의 카리스마 넘치는 대변인이자 아마추어 시인인 마르코스 부사령관은, '용인받지 못한-소수로-스스로-변장한-다수'라고 이름 붙인 공개 선언문의 추신에서 바로 이런 초월적 통찰력에 빛을 비추었다.

> [멕시코 언론들이 보도하기 시작한 '혐의'인] 마르코스가 동성애자인지 여부에 대한 이 모든 것에 관해: 마르코스는 샌프란시스코에서는 게이고, 남아프리카공화국에서는 흑인, 유럽에서는 아시아인, 산 이시드로에서는 멕시코계 미국인 노동자, 스페인에서는 무정부주의자, 이스라엘에서는 팔레스타인 사람, 산 크리스토발 거리에서는 원주민이다… 또 독일에서는 유대인, 세드나(SEDNA, 멕시코 국방부)에서는 민원조사관, 정당에서는 여성주의자, 냉전 이후 시대에는 공산주의자, 친탈라파(치아빠스 해안쪽의 삭은 도시)에서는 죄수, 보스니아에서는 평화주의자, 안데스산맥에서는 마푸체족이고, 멕시코 전국교원노동자연맹(CNTE)에서는 교사, 화랑 또는 화집 없는 화가, 멕시코 어느 지역 어느 도시 어느 토요일밤의 주부, 20세기 말 멕시코에서는 게릴라, [멕시코 노동자 동맹]의 파업 노동자, 여성주의운동 내 성차별주의자, 밤 10시 대도시 한복판에 홀로 있는 여성, 초칼

로(멕시코시티 중앙광장)에서 한없이 기다리는 은퇴자, 땅 없는 농민, 이류 편집자, 실업자, 일거리 없는 의사, 반항적인 학생, 신자유주의 반대자, 책 또는 독자 없는 작가, 그리고 확언컨대 멕시코 남동부의 사빠띠스따입니다. 요컨대 마르코스는 이 세계의 인간, 그 어떤 존재다. 마르코스는 용납되지 않고, 억압받으며, 저항하며, 폭발하며, "이제 그만"이라고 말하는 모든 소수자입니다. 모든 소수자는 바로 이 순간 말하기 시작하고, 바로 이 순간 대다수는 침묵합니다. 말을, 자신들의 말을, 다수를 영원히 파편화한 존재인 우리에게 돌아오게 할 말을 찾는 모든 용납되지 못한 이들, 권력과 양심을 불편하게 만드는 모든 이들, 그가 바로 마르코스입니다.18

이를 약간 바꿔서, 우리는 이 편지의 '마르코스'라는 떠다니는 기표를 탈근대 군주의 정치적, 도덕적 통일의 기호라고 말할 수도 있을 것이다. 독자, 시인, 세계의 고통과 기쁨을 통일시킨 『풀잎』에 표현된 월트 휘트먼의 초월적 인문주의처럼, 여기서 마르코스의 '시'는 우리로 하여금 우리의 가슴이 부여한 힘있는 '시각'으로 세계화에 답하도록 재촉한다. 우리는 "세계를 바라보고" 인간의 고통과 부정의 무한히 다양한 얼굴을 인식한다.19 바로 이 고통의 상호 인식으로부터 정치적

---

18. Subcommandante Marcos, *Shadows of Tender Fury: The Letters and Communiques of Subcommandante Marcos and the Zapatista Army of National Liberation* (New York: Monthly Review Press, 1995), 214-215쪽. [한국어판: 『분노의 그림자 : 멕시코 한 혁명가로부터 온 편지』, 윤길순 옮김, 삼인, 1999.]
19. 특히 내가 생각하는 휘트먼의 시는 「나 여기 앉아 바라보노라」다. 이 시는 이렇게 시작한다. "나는 앉은 채로 세상의 모든 슬픔을 두루 본다, 온갖 고난과 치욕을 바라본다 / 나는 스스로의 행위가 부끄러워 고뇌하는 젊은이들의 가슴에서 복받치는 아련한 흐느낌을 듣는다 / 나는 어미가 짓눌린 삶 속에서 아이들에게 시달려 주저앉고 앙상하게 마른 몸으로 죽어감을 본다" 시는 이런 기분으로 계속 증언하다가 다음과 같이 끝맺는다. "이 모든 끝없는 비천과 아픔을 나는 앉은 채로 바라본다 / 보고, 듣고, 침묵한다." 『풀잎』(*Leaves of Grass*, New York: Boni and Liverite, 1921), 234-235쪽. 마르코스는

통일성이 만들어진다.

포이어바흐는 이렇게 썼다. "오직 감각 있는 존재들만이 서로에게 영향을 끼친다. 나는 나에게는 하나의 '나'이고 동시에 타자들에게는 하나의 '너'이다. 하지만 이 나는 오직 감각 있는 존재이다."[20] 이 구절에서 포이어바흐는 후설과 메를로-퐁티 같은 실존적 현상학자들을 미리 형상화하고 있다. 두 철학자는 비슷하게 데카르트의 합리주의와 단절하고서 우리는 단지 생각하는 존재일 뿐 아니라 동시에 그리고 우선적으로 "진정으로 실존하는 존재들"[21]이라고 단언한다. 맑스는 우리의 본질이 감각 있는 본질이라는 데서 포이어바흐의 생각에 동의했지만, 결론은 아주 다르게 냈다. 사상과 감정은 역사적으로 구성된 것, 곧 사회 내 물질적 모순들 속에서 나온 것이며 그에 따라 우리의 자기변혁과 자기극복은 오직 실제의 역사적 투쟁 측면에서만 달성되고 이해될 수 있다고 주장했다.

맑스는 이렇게 썼다. "감각 있는 존재는 고통을 겪는다. 그러므로 대상적이고 감각적인 존재인 인간은 고통을 겪는(감응하는) 존재이다. 그리고 자신이 고통스러워하는 걸 느끼기 때문에 열정적인 존재다. 열정은 자신의 대상을 힘차게 추구하는 인간의 고유한 능력이다."[22] 인간

사실 휘트먼 시의 끝만 바꿔서 우리에게 소리쳐 말하라고, 전략적 집단 행동을 취하라고 제기한다.

20. Ludwig Feuerbach, *Principles of the Philosophy of the Future* (Indianapolis and New York: Bobbs-Merrill, 1966), 52쪽. [한국어판: 『미래철학의 근본원칙』, 강대석 옮김, 이문출판사, 1983.]
21. 같은 책, 52쪽.
22. Marx, 「경제학 철학 초고」(Economic and Philosophical Manuscripts), *The Marx and Engels Reader*, Robert C. Tucker 엮음 (New York: W. W. Norton, 1978), 116쪽.

은 "자연적이고 몸을 지니고 있고, 감각적이고, 대상적인 존재로서 동물이나 식물처럼 고통을 겪고, 조건지워져 있고 제약되어 있는 존재이다."23 맑스는 또 이렇게 썼다.

> 세계에 대한 인간의 모든 인간적 관계 곧 보고, 듣고, 냄새맡고, 맛보고, 느끼고, 생각하고, 직관하고, 자각하고, 원하고, 행동하고, 사랑하는 일, 짧게 말해 그 형식상 직접 사회적 감각기관들로 존재하는 감관들처럼 인간의 모든 감관들은 대상 지향적으로 그 대상을 전유하며, 인간적 현실을 전유한다. 그들의 대상 지향성은 곧 인간적 현실성의 실증이다. 이것이 인간적 활동성이고 인간적 고통이다. 왜냐하면 인간적으로 파악해보면 고통은 일종의 인간의 자기 향유이기 때문이다.24

맑스를 따르면, 우리의 몸은 우리를 자연적인 존재로 만든다. 다른 한편, 이 고통 겪는 '동물' 본성의 초월이 우리를 온전히 인간적으로 만든다. 자연이 우리의 몸이다. 그래서 자연에 대한 우리의 노동은 우리 자신의 주체 측면과 객체 측면의 화해를 부른다. 맑스에게 '자연'은, 그는 이 범주에 다른 모든 동물들도 포함시켰는데, 인간 종 내부의 한 계기이다.

포이어바흐와 맑스가 실재하는 감각적인 존재로부터 자신들의 비판적인 철학을 구성하긴 했지만, 두 사람 모두 단지 우리만 감각적인 존재인 건 아니다는 사실의 중요성을 숙고하는 건 게을리 했다. 그러나 만

---

23. 같은 책, 115쪽.
24. 같은 책, 87쪽.

약 내가 옳다면, 다시 말해 공감은 보편적인 데에 다가가기 위해서 고통의 총체성을 탐구해야 한다면, 우리는 모든 타자들, 모든 고통받는 존재들에 지속적으로 관심을 기울여야 할 것이다.

인문주의, 고통, 그리고 사랑

내가 고통을 겪는다면, 내가 고통을 겪을 능력이 있는 창조물이기 때문이다. 다시 말해, 내가 '혼이 불어넣어졌으며' (라틴어의 아니마 anima 또는 '영혼'에서 기원한 뜻에서) 동물(animal)이기 때문이다. 그래서 맑스의 기반이 지닌 윤리적 결함 곧 감각 있는 존재(인간)를 감각 있는 세계내존재의 유일한 양상으로 환원시킨 점이 드러나게 된다.

맑스를 포함해서 과거의 모든 인문주의에 담겨 있는 문제는, 오직 인간의 고통만 '본다'는 것이다. 인간 주체를 의미와 가치의 유일하고 독창적인 바탕으로 여긴다. 이런 형이상학적 자만은 고대 그리스의 사상 속에 거친 형태로 존재했음을 발견할 수 있다. 그러나 오늘날 우리가 인식하는 인문주의는 르네상스 사상가 피코 델라 미란돌라의 사상에서 처음으로 온전히 철학적인 표현을 명확히 얻다. 『인간 존엄에 관한 연설』에서 피코는 존재의 존재론적 순서를 천상적인 존재, 인간, 동물의 3가지로 제시했다. 이 위계질서에서 인간은 동물보다는 성스러운 존재에 훨씬 더 가깝다. 표면적으로는 우리가 중간 존재, "형이상학적 중심"이지만, 우리의 동물적 본성은 본질적이지 않다. "동물들은 태어날 때 장차 소유할 모든 것들을… 갖고 온다." 반면 "인간은" 제 자신의 "조형자이자 조각가"이다. "카멜레온 같이 [무엇이나 될 수 있는] 우리의 [특전을] 누가 경탄하지 않겠습니까?"라고 피코는 묻는다. 신이 아담에게 말했듯이, "너는 어느 장벽에도 묶이지 않는 만큼 너의 자유 의지에 따라서 네 본성을 테두리짓도록 하여라."[25] 그렇다고 해서 우리에게 본질이 없다고 말하고 있는 건 아니다. 우리의 본질은 추론할 수 있는 능력에 있다. 그리고 성스러움은 이성에 내재하기 때문에, 이성은 우리에게 신과 직접적인 유사성을 지니도록 이끌어 간다는 것이다.[26]

적어도 고대 유대교 신화로부터 지금에 이르기까지 다양한 형태로 나타났던 피코의 삼각 존재론은 19세기와 20세기의 '비판적' 철학 상당 부분을 규정할 것이다. 피코 이후의 모든 인문주의는 한 가지 지점에서 피코와 일치한다. 그건, 인간은 독특하고 우월하다는 것이다. '그'가 신의 형상에 따라 만들어졌기 때문이든지 (그의 이성은 성스런 본질을 반영한다), 아니면 그가 제 홀로 도덕적 자율성을 지니고 있기 때문이든지 (칸트), 아니면 그는 미완의 기획이고 보편적인 '유적 존

---

25. Pico della Mirandola, *On the Dignity of Man, On Being and the One, Heptaplus* (Indianapolis, Ind.: Bobbs-Merrill, 1965), 5쪽. [한국어판: 『피코 델라 미란돌라 : 인간 존엄성에 관한 연설』, 성염 옮기고 엮음, 철학과 현실사, 1996.]
26. 피타고라스를 인용하면서 피코는 이어서 인간 영혼의 성스러운 부분이 이성이라고 주장한다. 이것이 우리를 신에 가장 가까이 가게 하는 것이다. 피코는 아폴로와 디오니소스의 긴장을 해소하는데, 이는 우리가 이성과 함께 반드시 황홀경에 빠지게 되는 신비한 변증법을 통해서 이뤄진다. "소크라테스의 광분에 우리도 사로잡히도록 할 것입니다. 그 광분이 우리를 정신나가게 만들어 우리와 우리 정신을 하느님 안에 들어가게 할 것입니다.… 그리하여 무사(여신)들의 우두머리 바쿠스신이 자기 비사 중에서, 다시 말해서 대자연의 가견적인 표지들 속에서 하느님의 불가견한 [비사들을] 철학하는 우리에게 보여줌으로써 하느님 집의 풍요로 우리를 취하게 만들 것입니다." 같은 책, 13-14쪽.

재'이기 때문이든지 (맑스), 아니면 그가 제 홀로 '무', 실존이 본질에 우선하는 존재이기 때문이든지 (사르트르) 말이다.

포이어바흐는, 신은 인류의 진정한 본성이 전도된 것, 스스로를 만드는 우리의 능력을 추상적인 순수 이성 개념에 투사한 것일 뿐이라고 주장했다. 그래서 '신'을 물질적으로 근거지음으로써만 신학이 땅으로 내려올 수 있다는 것이다. 그는 "새로운 철학은 인간만이 합리적이고, 인간이 이성의 척도라고 선언한다."[27]고 썼다. 또 "낡은 철학은 합리적인 것만이 진실하고 실재한다고 선언한 반면 새로운 철학은… 인간만이 진실하고 실재한다고 선언한다. 인간만이 합리적이고 인간이 이성의 척도이기 때문이다."[28]고 썼다. 그를 이어 맑스는 스스로에서 비롯되고, 독자적이며(sui generis), 본질적인 것인 인간 이성의 '성스런' 본성에 대한 포이어바흐의 존재론을 급진적으로 바꾸었다. 다만 인간중심적 자만은 고스란히 유지했다. 그건 초월적 본질에, 곧 '단순한' 동물적 본성에서 벗어난 자율성에 존재론적 의미가 있는 존재인 호모 사피엔스(지혜로운 인간)라는 개념이다. 맑스를 따르면, 기존 권력들과 생산의 조건들이 우리의 인간적인 본성을 깨닫는 걸 불가능하게 한다. 우리는 동물적 습관과 존재 방식에 매어 있다. 그래서 세계 사회주의 혁명의 의미는 우리의 몸과 정신을 '동물적' 욕구와 성실(생물적 요구)에서 해방시키고, 그 결과 우리의 동물적 감각들을 온전히 '인간적인' 것으로 변화시키는 것이다. "그러나 인간은 단지 자연적 존재만이 아

---

27. Feuerbach, 『미래철학의 근본원칙』(*Philosophy of the Future*), 67쪽.
28. 같은 책.

니라 인간적인 자연적 존재이다. 다시 말하자면 자신의 존립을 자각하는 존재이다. 따라서 인간은 유적 존재이다. 인간은 자신의 존재뿐만 아니라 자신의 지식을 통해서 자신이 유적 존재임을 입증하고 확인해야 한다."29

맑스의 '유적 존재'는 사실 메리 미젤리가 '유적 유아론'이라고 부른 것, 우리가 이 세상에 홀로 존재하지 않는다는 걸 잊게 만드는 형이상학적 자기도취증과 구별되지 않는다. 문자 그대로 우주적인 크기를 지니는 이 자아도취 속에서 우리는 인간 외의 모든 감각들과 의식들을 이 우주에서 제거해버린다. 맑스가 역사 내내 벌어진 계급간 변증법적 갈등 속에서 '과학적' 기반을 발견했다고 주장하면서 인간학의 '합리적 신학'의 기초를 놓은 포이어바흐를 거부했지만, 맑스도 인간 종을 유일하게 보편적인 유적 존재로 곧 스스로를 초월할 수 있게 허용된 유일한 존재로 제시하면서 인간을 자기 나름의 '신학'의 중심에 놓았다. 이 점에서 맑스를 무비판적으로 따른 그람시는 자기 부인 지울리아에게 보낸 편지에서 이렇게 썼다. "신은 다름 아니라 상호 도움을 위해 조직된 인간들의 조화를 지시하는 은유이다."30

많은 면에서 이는 매력적인 정서다. 분명히 이는 고립되고 자기창조적인 개인의 자유주의적 인문주의 존재론보다는 개선된 것이다. 그렇지만, 심지어 그람시 같은 '서구' 맑스주의자조차 부르주아 정치경제

---

29. Marx, 「경제학 철학 초고」(Economic and Philosophical Manuscripts), 116쪽.
30. Antonio Gramsci, Letter to Giulia Schucht of December 7, 1931, Dante Germino, *Antonio Gramsci: Architect of a New Politics* (Baton Rouge, La.: Louisiana State University Press, 1990), 215쪽에서 재인용.

학의 토대에 자리잡은 자아도취에 어떻게 얽매여 있는지를 보여준다. 맑스는 "인간의 본질은 오직 공동체와 인간들의 통일성에 담겨 있다." "인간은 제 스스로 인간이다." "인간과 함께 있는 인간이… 신이다."[31] 와 같은 포이어바흐의 주장을 무비판적으로 수용했다. 그의 개념 속에서, '유적 존재'는 유일한 최고 주체('인간')의 서로 다른 자아들 사이 대화 속에서 실현되는 것이다. "인간은 제 스스로 인간이다."는 포이어바흐의 인간 중심적(humanist) 개념을 받아들임으로써 맑스는 이 지구에 존재하는 수십억의 다른 고통받는 세계내존재들을 감각 있는 존재의 사고와 경험 영역에서 말살하는 결과를 불렀다.

맑스가 받아들이는 데 실패한 것은, 단지 생물학적이라기보다는 존재론적인 다윈주의의 함의이다. 다윈을 따르면, 호모 사피엔스는 생물학적·진화론적으로 말해서 다른 동물 종들과 질적으로 다른 게 아니다. 그런데 이 생물학적 연속성의 주장은, 유대교-기독교 존재신학을 확고히 논박하는 걸 뜻할 수밖에 없다. 다윈의 『인간의 유래』에 담긴 혁명적인 역사적 의미는 체계적이고 경험적인 바탕에서 인간을 성스러운 존재와 단절시킨 데 있다. 다윈 스스로는 아마도 의식하지 못했을지라도, 그는 본질적으로 피타고라스가 몇 천 년 전에 믿었던 것, 이른바 "우리 모두는 피부 한 꺼풀만 벗기면 동류다."는 생각, 인간과 동물은 존재론적으로 유사하거나 본질에서 유사하다는 생각을 확인한 것이다. 그러나 맑스는, 우리가 다른 자연적 존재들, 다른 세계내존재들과 조화로운 변증법적 춤을 추면서 진화했다는 다윈의 통찰을 잘못 위치

---

31. Feuerbach, 『미래철학의 근본원칙』(*Philosophy of the Future*), 71쪽.

지었다.

만약 맑스 그리고 지금까지의 다윈 해설자 대부분이 다윈 이론의 진정한 의미를 오해했다면, 맑스는 자신이 포이어바흐의 사랑 이론을 명료화함으로써 포이어바흐의 '일방적인' 인문주의를 교정할 수 있는 방법이 있음 또한 보지 못했다.『미래철학의 근본원칙』에서 포이어바흐는 이렇게 썼다. "유일한 존재이며 존재라는 이름을 붙일 가치가 있는, 존재의 대상으로서의 존재는 감각·감정·사랑의 존재이다. 그래서 존재는 지각·감정·사랑의 비밀이다."[32] 사랑은 우리에게 세계에 대한 애착을 주는 것이지만, 이것 이상이다. 그건 무엇보다 우선 우리에게 '세계' 또는 '존재'를 준다. "사랑은 열정이다. 그리고 오직 열정만이 존재의 특징이다. 정열의… 대상인 것만 존재한다." 그리고 우리 스스로를 '인간'으로 사랑함으로써, 우리는 진정 우리가 된다. 그리고 이 진정한 우리에게 모든 대상은, 우리 자신에 대한 사랑이 대상으로 삼는 것이다. 사랑 속에서 우리는 성스러움에 접근한다. "오직 감정과 사랑 속에서 '이 사람' 또는 '이 대상'에서와 같이 특정한 '이것'이 절대적인 가치를 지니고, 유한한 게 무한한 것이 된다. 이것 하나만으로, 그리고 오직 이것에서, 무한한 깊이, 성스러움, 사랑의 진실이 구성된다. 오직 사랑 속에서만 신이… 진리와 실재가 된다. 기독교의 신은 인간 사랑의 추상화이고 형상일 뿐이다."[33] 포이어바흐가 '나'와 '너'의 상호주관적이고 인간적인 영역의 실현을 뜻한 사랑을 통해서만, 우리는 우리의 진정

---

32. 같은 책.
33. 같은 책.

한 잠재력을 실현할 수 있다.

그렇지만 맑스는 사랑의 현상학과 이것과 인간 실천의 관련성에 대한 포이어바흐의 언급을 소홀히 했다. 그 결과 사회주의 이론은 우리가 다른 모든 동물 존재들과 마찬가지로 고통을 겪고 교제(에로스)의 충동을 지니고 있다는 사실의 중요성을 보지 못하게 됐다. (타인의 접근과 타인의 따뜻함에 대한 '동물적' 본능을 멍청한 '무리', 보금자리 속의 저급한 쥐떼 등의 표현을 써가며 노골적으로 경멸한) 니체처럼 맑스도 때때로 에로스를 경시했다. "야만인과 동물들은 적어도 사냥과 산책, 군집생활 등의 욕망을 가지고 있다."고 그는 썼다. 또 "기계 및 노동의 단순화는 성장하는 인간, 아직 미성숙한 인간 곧 아이를 노동자로 만드는 데 이용되고 있다."[34]고 썼다. 인간 문화는 (변증법적 갈등을 통해서) 교제의 '원초적인' 정서에서부터, '인간' 자신, '총체로서의' 인간을 최종 대상으로 삼는 온전히 '인간적인' 감각들로 진화할 때까지 자연적 단계들을 거쳐간다고도 했다.

이런 에로스 간과의 주요한 결과는 집단행동의 행로와 다음 세기를 위한 사회 이론을 왜곡하는 것이었다. 맑스가 경험 과학을 위한 철학을 거부하지 않았다면, 사회주의, 노예폐지운동, 여성주의, 동물보호운동 등 자기 시대의 몇 가지 서로 다른 사회 운동들의 수렴 가능성을 봤을 것이다. 왜냐하면, 19세기 말에 이르러서 샬럿 퍼킨스 길먼 같은 여성주의자들과 헨리 솔트 같은 급진주의자들이 서로 다른 형태의 많은 저항운동의 종합을 이론화하고 실천하기 시작했기 때문이다. 안타

---

34. Karl Marx, 「경제학 철학 초고」(Economic and Philosophical Manuscripts), 95쪽.

깝게도 맑스 등은 이런 노력을 잘못 인식되고, 이상향적이며, '부르주아적인' 개혁 노력으로 성급히 판단하고 말았다.35

최근 25년 동안 환경, 동물 권리, 여성주의 운동이 떠오르면서, 철학자들과 활동가들이 마침내 비판적인 전통을 손상시켜온 수많은 존재론적인, 그리고 그래서 도덕적인 오류들을 푸는 데 진전을 보이기 시작했다. 인간 주체에만 집중하지 않고 '종군'(種群)과 다른 지배 이데올로기의 결탁을 폭로하면서, 사회 비평가들은 적어도 사고의 영역에서는 수천 년의 역사를 지닌 가부장적 존재신학의 뼈대를 부식시키기 시작했다. 예를 들어, 비평가들은 유대인 학살과 기타 학살 행위들이 인간의 다른 동물 지배와 학살을 어떻게 논증적으로, 물질적으로, 심지어 기술적으로 본뜬 것인지 경험적으로 보여준다.36 그 사이에 채식주의 생태여성주의자들은, 실천을 이끌 긍정적인 윤리적 뼈대를 지키면서도 전체에 대한 새로운 관점에서 비판을 제기하는 이중의 목표에 기여할, 새로운 이론적 통합의 창출을 향한 거대한 진전을 이뤘다. 예를 들어, 캐럴 애덤스는 인종차별과 성차별의 존재론이 역사적으로 볼 때 남성 인간 존재를 여성과 동물보다 더 신에 가까운 것으로 규정하는

---

35. 맑스와 엥겔스는 공산당선언에서 이렇게 비웃었다. "부르주아지의 일부는 부르주아 사회의 존재를 공고히 하려고 사회의 질병들을 치료하고자 한다.… 경제학자, 박애주의자, 인도주의자, 근로 계급의 처지 개선론자, 자선 사업가, 동물 애호 협회원, 금주 협회 조직자, 각양 각색의 보잘것없는 개량주의자들이 모두 이에 속한다." Marx and Engels, 공산당선언 "The Manifesto of the Communist Party", *The Marx and Engels Reader*, Tucker 엮음, 496쪽.
36. 예를 들어 나치는 많은 대량 살상 기술을 갖고 있었고 축산업('사육')에 인종적 용어들을 사용했다. 또 시카고의 사육장에서 선구적으로 개발된 산업적 대량 도축 기술도 확보하고 있었다. William Patterson, *Eternal Treblinka: Our Treatment of Animals and the Holocaust* (New York: Lantern Books, 2002)를 보라.

'흉악한 신학'에서 어떻게 나왔으며, 이 신학과 어떻게 통합되어 있는지 보여줬다.37 한편 조제핀 도너번은 인간 아닌 동물의 고통에 주목하는 걸 근거로 여성주의적 보살핌 윤리학을 발전시키기 위해 막스 셸러의 공감 현상학에 눈을 돌렸다.38

이들 여성주의 비평가들이 보여주었듯이, 인종주의와 가부장제 그리고 여타 사회 지배 체제들의 공통점은 동물 존재 폄하, 우리의 동물적 본성의 거부에 뿌리를 둔 관념론적 형이상학(또는 푸코의 용어로 하자면 에피스테메)이다. 맑스주의 담론에서는 일단 생산의 사회화가 이뤄지면 자연과 문화의 '화해'가 중요시된다. 그러나 자연을 우리 자신의 '몸'으로 도구적으로 축소시키는 맑스의 철학에서 진정한 화해를 찾을 수는 없다. 화해는 오직 자연적 세계에 대한 매력 회복 곧 우리와 지구를 공유하고 우리와 생활세계가 겹치는 인간 아닌 존재들의 풍부한 경험들, 생활세계, 문화의 발견에서 찾을 수 있다. 오직 동물 타자들과의 관계를 이렇게 변화시키는 데서, 인간 사회 관계들의 급진적 변혁을 기대할 수 있다.39

---

37. Carol Adams, "On Beastly Theology", Josephine Donovan and Carol J. Adams 엮음, *Beyond Animal Rights: A Feminist Caring Ethic for the Treatment of Animals* (New York: Continuum, 1996). Carol Adams, *The Sexual Politics of Meat: A Feminist-Vegetarian Critical Theory* (New York: Continuum, 1990)도 보라.
38. Josephine Donovan, "Attention to Suffering: Sympathy as a Basis for Ethical Treatment of Animals" *Beyond Animal Rights*, 147-169쪽.
39. 동물과 자연에 대한 맑스의 개념의 한계에 대한 훌륭한 비판으로는 Ted Benton, "Humanism = Specieism: Marx on Humans and Animals", *Radical Philosophy* 50 (1988): 4-18쪽을 보라. Benton의 *Natural Relations: Ecology, Animal Rights and Social Justice* (London: Verso, 1993)도 보라. 대륙 철학자들은 최근 인간과 인간 아닌 동물의 더불어 있음 또는 상호주관성의 현상학을 탐구하기 시작했다. Peter H. Steeves의 선구적인 선집인 *Animal Others: On Ethics, Ontology, and Animal Life* (Albany,

새로운 영적 지식

 메타인문주의는 서구 문화의 중심에 자리잡은 존재론적 범주 오류 곧 다른 주체들과 다른 세계내존재 양상들을 대상의 자리로 전락시킨 걸 극복하려는 시도를 대변한다. 도구적 이성의 목적을 이루기 위해서 체계적으로 다른 종 존재들을 존재하지 않는 것으로 만들고, 인간 외 세계내존재의 '두께'를 억제하고 동물 타자의 세계를 감소시키는 이 범주 오류를 극복함으로써만, 비폭력적이고 억압적이지 않은 제도와 규범들에 기초한 질적으로 새로운 인간 사회를 상상할 수 있다.

 근대성의 특징들 가운데 하나가 합리화, 생활세계를 정량화할 수 있는 과정과 방법으로 바꾸는 근대적 환원이다. 그러나 계몽은 이 과정에서 자연의 신비를 제거하면서 인간 아닌 존재들을 훼손했다. 이 훼손은 다시, 기술 혁신과 과학 혁명이 '단지' 다른 동물뿐 아니라 인간에 대해서도 강력한 통제 수단을 제공하는 데 대한 '환멸'이라는 양상으로 우리 자신을 훼손하는 걸로 이어졌다.[40] 그래서 메타인문주의는 실제 존재를 막지-않음(드러냄)이고, 우리의 감각 지각 교육이다. 이 막지-않음은 단지 이성을 통해서 뿐 아니라 감정과 경험적 과학과 '신화'를 통해서 가능해진다. 다시 말해 규범적 윤리학, 내재성을 거쳐서 **초월적 믿음과 사랑으로 가는 도약**이야말로 경험적 대상들을 "우리

 N.Y.: SUNY Press, 1999)를 보라.
40. Theodor Adorno and Max Horkheimer, *Dialectic of Enlightenment* (New York: Continuum, 1993). [한국어판: 『계몽의 변증법 : 철학적 단상』, 김유동 옮김, 문학과지성사, 2001.]

에게 준다." 미신으로 돌아가는 걸 말하는 게 아니다. 처음부터 신성불가침 속에 있던 진실한 것 즉 세계내존재의 환원될 수 없는 질적 다면성을 회복하는 걸 말한다. 이 다면성은 자연과 우리 자신에게 크나큰 폭력을 휘두르지 않고는 결코 균질적인 것으로 환원하거나 의미를 빼앗을 수 없는 것이다.

『사랑의 육체』에서 노먼 O. 브라운은 영적 지식으로 '복귀' 곧 직관적이고 신비스런 앎의 방식으로 복귀, 자연과 언어 및 인간과 우주의 융합을 촉구했다. 그러나 메타인문주의는 도리어 영적 지식 곧 초기 기독교 신비주의자들의 심령주의를 뒤집는 것으로 해석되어야 한다. 다만 우리 존재의 뿌리를 언어가 아니라 우리의 동물적 육체에 두는 한에서 말이다. 이런 의미에서, 메타인문주의는 동물의 영성을 회복하기 위해 인간에게서 영성을 추방하려 한다. 이 새로운 영적 지식에서, 종교의 초기 형태는 초월적이기보다는 내재적이거나 내재성의 의식을 통한 초월성의 모습을 띤다. 메타인문주의의 영적 지식은, 인간 아닌 존재의 경험의 언어, 육체 그 자체의 고통과 기쁨이 모든 의미의 바탕이 되게 하는 언어를 막지 않고 드러낸다. 이 지식의 출현은 인간 영혼에 대한 아브라함적 종교 개념을 뒤집는 뜻이며, 영혼을 '마음'이 아니라 아니마(anima, 영혼) 또는 '정신'으로 보는 고대의 관점으로 돌아가게 한다. 여기서 생명 있는 세계내존재의 다른 것으로 환원될 수 없는 고유한 다면성으로 이해되는 '영혼'의 긍정은, 억압과 지배에 반대하는 모든 '유적 존재'의 기반이 된다. 사랑, 이 세상에서 고통을 겪는 이들에 대한 사랑이야말로, 모든 메타인문주의적 실천 형태에 의미를 부여한다. 육체를 지닌 감각 있는 존재에 대한 사랑은 겉으로는 '서로 다른'

운동들과 '대의명분들'을 하나로 묶는다. 예컨대, 생산 수단의 민주화를 추구하는 이들을, 동물들을 우리와 도살장에게 풀어주려 운동하는 이들 또는 남성의 시선이라는 폭력에서 벗어나려고 운동하는 이들과 조화를 이루게 해준다.

이런 형상화한 윤리학은 토니 모리슨의 책 『사랑받는 사람』에서 해방된 노예 가정의 여성 가장인 베이비 서그스가 숲 속 빈터에서 가족들에게 연설하는 아주 중요한 장면에서 드러난다.

그이는 말했다. "여기, 여기 이 자리에서, 우리 몸뚱이, 울고 웃는 몸뚱이, 맨발로 풀밭에서 춤추는 몸뚱이. 이걸 사랑하라. 지독히 사랑하라. 저기 저들은 너희 몸뚱이를 사랑하지 않는다. 얕본다… 그리고 오 내 사람들이여, 그들은 너희 손을 사랑하지 않는다. 너희 손을 사랑하라! 그걸 사랑하라. 손을 들어서 입을 맞춰라. 그 손으로 다른 이들을 만지라. 쓰다듬으라. 너희 얼굴을 두드리라. 그들은 그것들도 좋아하지 않기 때문이다. 너는 그것, 바로 너를 사랑해야 한다! 그리고 아니, 그들은 너희 입에 애착을 느끼지 않는다 … 아니, 그들은 너희 입을 사랑하지 않는다. 네가 그걸 사랑해야 한다. 이게 내가 지금 말하는 몸뚱이다. 사랑해야 하는 몸뚱이 말이다. 휴식과 춤이 필요한 발들, 받쳐줘야 할 등, 팔들이, 강한 팔들이 필요한 어깨들을, 말하는 거다… 그러니 너희 목을 사랑하라. 거기 손을 얹고, 아름답게 꾸미고, 두드리고, 치켜세우라. 그리고 그들이 돼지에게 먹이로 준 너희 내장 모두를 너희는 사랑해야 한다. 짙은, 짙은 간, 그걸 사랑하라, 사랑하라. 그리고 박동과 박동치는 심장, 그것도 사랑하라. 자유로운 공기를 아직 더 마셔야 하는 폐보다 더. 삶을 사랑하는 자궁과 삶을 부여하는 내장들보다 더, 내 말을 들어라. 너희 심장을 사랑하라. 그게 너희에게 주어진 상이기 때문이다." 더 이상 말없이 그이는 일어나서, 제 가슴이 말해

야 할 나머지 것들을 엉덩이를 흔들며 춤춰 표현했다.41

이 구절에서 모리슨은 자유를 효과적으로 존재론화했다. 자유를 몸과 가슴에 '위치지음'으로써, 그이는 도덕적 자율성과 이성뿐만 아니라 사랑과 육감적 형상화의 단순한 기쁨들이 자유를 구성한다는 걸 암시한다. 자유를 얻은 자아의 '소유권'을 말하는 건, 노예 상태에서처럼 단지 경제적 소유권을 의미하는 게 아니라 세계를 '가지는 것'의 현상학적이고 형상화한 의미에서의 소유권을 뜻한다. 분리됨 또는 홀로 있음엔 인간의 자유가 없다. 자유로운 인간은 사회적인 동물이라기보다는 타자로부터 "속속들이 사랑 받는" 동물이다. 그래서 자유라는 단어의 의미는 '사랑받는' 상태에 다름 아님이 드러난다. 산스크리트어에서 자유는 사실 사랑받는이라는 단어에서 나왔다. 여기서 '사랑 받는'은 누군가가 사랑하는 사람들 가운데 하나에 포함되는 상태다. 모리슨이 자신의 소설에서 묘사한 노예 상태 탈출은 사랑으로서의 자유 속으로 탈출하는 것에 다름 아니다. 곧 자아사랑(감각적 존재)을 가능하게 하는 공동체를 통해 '이' 세상에, 형상화한 존재에 지독히 애착을 갖는 것이다. 형상화한 감각적 존재의 사랑, '단지 동물적인' 애착의 사랑, 교제, 성적 황홀경, 살아있는 기쁨이야말로, 모든 해방 투쟁, 모든 사회 운동, 해방이라는 이름으로 행해지는 모든 의식적 행동 뒤에 궁극적으로 존재하는 것이다.

그러나 타인과 더불어 있음(Mitsein)이라는 이 토대는 단지 인간과

---

41. Toni Morrison, *Beloved* (New York: Random House, 1987), 88-89쪽. [한국어판: 『소중한 사람들』, 설영환 옮김, 세종출판공사, 1988 등.]

인간의 관계에만 국한하는 게 아니라, 인간과 인간 아닌 존재의 관계, 인간 아닌 존재간의 관계에까지 모두 고루 미치는 것이다. 인지 비교 행동학, 비교 심리학, 생물학, 신경학 그리고 기타 다양한 과학 분야에서 벌어진 최근의 경험적 연구들은 여러 세기 동안 인간의 동물 지배를 비판하던 사람들이 주장한 것을 확인해준다. 그건, 다른 동물들이 감성 구조, 유전적 구성 또는 심리적 기질에서 우리와 질적으로 다르지 않다는 사실이다. 인간은 말하고, 문화를 전수하고, 도구를 쓰고, 생각하거나 행복과 사랑과 정신적 충격을 경험할 능력을 갖춘 지구상의 유일 존재가 아니다. 이 새로운 연구가 철학적으로, 정치적으로, 도덕적으로 암시하는 바는 실로 충격적이다. 그런데 한 가지 지적할 것은, 이 새로운 연구가 생태운동과 동물 권리 보호운동 때문에 비롯됐고, 그리고 따라서 동물들의 고통과 그들의 세계내존재 방식에 대한 '동조'가 고조된 덕분에 시도된 것이란 점이다. 이런 연구가 암시하는 걸 심각하게 받아들인다면, 경제적 생산과 문화, 과학의 기존 형식 대부분을 폐기해야 하는 건 말할 것도 없다. 더 나아가 우리 자신에 대해 우리가 갖고 있는 개념을 존재론적으로 획기적으로 바꾸는 작업이 요구될 것이다.

 '새로운' 인문주의적 종교 또는 메타종교, 생태존재론으로서의 메타인문주의는, 영혼론(de anima)의 경험의 현상학에 뿌리를 두어야만 한다. 오직 이런 방식을 통해서만, 실천은 인간과 인간 아닌 존재의, 내재성과 초월성의 (비록 언제나 완벽하지도 완전하지도 못하지만) 진정한 화해를 추구할 수 있다. 이런 실천을 매력 회복의 '노래'에 비유할 수 있을 것이다. 이 노래란, 세계내 동물존재를 막지-않음(드러냄)

을 통한 노래부르기인 동시에 듣기이다.[42] 유대 신비주의 사상에선, 진정으로 신비를 전수 받은 이는 코스모스(우주)의 낭송자, 자신의 노래가 밖으로 퍼져나가 자신과 타자의 더 넓은 통일성을 껴안는 데까지 이르는 이다.

자신의 영혼 속에서 모든 걸 발견한, 온전한 영적 완성을 이룬, 제 영혼의 노래를 부르는 이가 있다.

제 민족의 노래를 부르는 이가 있다. 충분히 개방적이지는 않지만 그렇다고 고요하지도 않은, 제 영혼의 개인적인 영역에서 떠오른 그는 부드러운 사랑으로 이스라엘 전체 공동체에 밀착한 채 거친 정상을 향해 나아간다…

그리고 제 영혼이 [국가와 민족의] 경계를 넘는 데까지 이르도록 확장하는, 인간성의 노래를 부르는 이가 있다. 인간 종족의 영광 속에서, 인간 형식의 영광 속에서, 그의 영혼은 인류의 목표를 갈망하고 인류의 완성을 상상하면서 널리 퍼진다. 이 삶의 활력에서 그는 자신의 가장 깊은 반성적 사고, 연구, 노력 그리고 전망 모두를 끌어낸다.

---

42. 완전히 성숙한 운동으로 발전하기 위해서는, 메타인문주의가 '제2의' 종교개혁 (또는 '제2의' 이슬람교)의 문화적 힘을 지닐 수 있어야 한다. 사회주의를 '교회'에, 사회주의 혁명가들을 '성직자'로 지칭한 그람시의 비유를 문자 그대로 잠시 빌리자면, 탈근대 군주는 메타인문주의적 기도책과 찬송가집, 성가대가 있는 메타인문주의적 '교회'를 통해 등장할 필요성을 깨닫게 될 것이다. 기존 사회운동 관행은 임시응변식이고 생명이 짧고 덧없으며 날로 놀이를 닮아가고 자유의지론적 경향을 띤다. 풀뿌리 차원에서, 곧 지역사회 공회당, '회중'이 모이는 교회당에서 의미 있는 정신적·정치적 존재감을 확립하는 것이 운동의 연속성을 보장하는 길이 될 것이다. 이는 과거 급진적 조합 강당의 현대판인데, 차이가 있다면 과거처럼 '조합주의적'이라기보다는 보편주의적인 데 초점을 둔다는 것이다.

그리고 더 나아가 모든 존재, 모든 피조물들과 하나가 되는 데까지 확장하며 그들 모두와 함께 노래부르는 이가 있다.

이 모든 노래들 곧 영혼의 노래, 국가의 노래, 인간성의 노래, 코스모스의 노래들과 함께 한 목소리로 메아리치고, 조화롭게 섞이고, 삶의 활기와 성스런 기쁨의 소리를 전파하는 데까지 이르는 이가 있다.[43]

마침내 우리는 성스러운데, 그건 우리가 이성적인 신의 형상으로 만들어졌기 때문이 아니다. 존재가 제 자신을 알고, 스스로를 만지고, 제 자신의 '노래'를 듣는 바로 그 순간에 '신'이 존재하기 때문이다. 메타인간의 영역은 세계 정신의 운동으로 모습을 드러내지 않는다. 느낌과 생각을 통해, 다시 말해 감각 있는 존재와 의식의 다면성에 공감하는 동조와 그에 대한 반성적 사고를 통해, 제 자신과 타자를 '알게' 되는 때 나타나는 '육체 정신'(body spirit)의 운동으로 모습을 드러낸다. 초월성의 존재신학적 이야기를 내재성과 자연에 대한 매력 회복의 존재-시학적 이야기로 대체함으로써, 우리는 동물 타자 내부의 성스러움을 우리 자신에게 열어 보여줄 것이다. 가브리엘 마르셀은 "누군가의 있음이 진정으로 느껴질 때, 그건 나의 내적 존재를 새롭게 할 수 있고 나 스스로를 내게 드러내 보여준다."[44]고 썼다. 동물이 있음을 주목함으로써만, 우리는 우리 내부에 있는 건강한 자아 사랑 곧 우리가 될

---

43. Daniel C. Matt, *The Essential Kabbalah* (Edison, N.J.: Castle Books, 1997), 154쪽.
44. Gabriel Marcel, *The Mystery of Being: I, Reflection and Mystery* (Chicago: Henry Regnery Co., 1960), 252쪽. [한국어판: 『존재와 신비』, 김형효 옮김, 세계의 대사상 17, 휘문출판사, 1972.]

수 있는 어떤 존재에 대한 사랑을 깨우게 될 것이다. 우리가 다른 세계 내의 예민한 존재들의 마음과 몸에 차마 말로 표현할 수 없는 잔인함과 폭력을 끝없이 가함으로써 우리 스스로를 괴물로 만든 것에 주목함으로써만, 우리는 우리가 누구이고 무엇인지에 대한 새로운 담론을 구성하기 시작하게 될 것이다. 이런 식으로 자연에 대해 매력을 회복하는 것이 우리 자신에 대한 매력 회복으로 이끌어갈 것이다. 우리 자신에 대한 매력 회복은, 우리가 다른 고통받는 존재들에 대한 지배를 포기하면 우리 자신이 사랑 받을 가치가 있다는 걸 계시하는 것이다.

에로스를 위한 투쟁

메타인문주의를 통해서, 탈근대 군주는 제 자신의 바탕이 단지 역사적이거나 '유물론적'인 게 아니라, 예컨대 자본주의 구조 내 모순들의 명백한 드러냄 같은 것에 국한하지 않고, 존재론적이기도 함을 보여준다. 다시 말해 탈근대 군주의 바탕은 자유와 사랑을 추구하는 모든 생명 있는 유기체들의 텔로스(궁극의 목적)에 있다. 실존적으로 그리고 존재론적으로, 탈근대 군주는 존재의 완성을 향한 세계내존재의 무의식적 노력, 자율성과 연대간의 그리고 자아와 타자간의 영구적인 윤리적 변증법 속에서 드러나는 노력의 현상적 형식이다. 니체의 자연주의적 존재론에서는 '권력 의지'라고 잘못 제시됐지만 실제는 에로스에 다름 아닌 이 충동의 좌절이야말로 모든 소외와 고통의 원천이다. 탈근대 군주의 궁극적인 영적 또는 '종교적' 목표는 이 에로스, 삶의 원칙을 타나토스 또는 죽음의 본능에 뿌리를 둔 모든 사회적 훼손으로부터 지키는 것이다. (왜 그런가 하면, 기존 사회 운동들이 에로스, 삶의 의지의 차별적이고 부분적인 표현이 아니면 무엇인가?) 존재 곧 절대자로서가 아니라 이 세계내존재로서의, 고통을 겪는 이 동물로서의 '존재'를 옹호하면서, 사회주의자들이 자본주의 타도를 위해 투쟁하고 여성들이 남성의 특권과 권력에 도전하기 위해 보조를 맞추는 것이다. 그러나 메타인문주의는 단지 감각 있는 존재의 경이에 대한 긍정이 아니다. 이는 생활세계를 지키기 위한 열정적인 윤리학이고 정열적인 정치론이다. "오늘날 삶을 위한 투쟁, 에로스를 위한 투쟁은 정치적인 투쟁이다."45

---

45. Herbert Marcuse, "Political Preface", *Eros and Civilization* (Boston: Beacon Press, 1966), xxv쪽. [한국어판: 『에로스와 문명 : 프로이트이론의 철학적 연구』, 김인환 옮김, 나남, 1989.]

맺음말

많은 것들이 안토니오 그람시로 하여금 감옥에서 고민하게 했지만, 이탈리아 좌파의 큰 실수들에 대한 지속적인 반성이 그에게 특히 심한 고통을 줬음에 틀림없다. 그는 특히 이탈리아 노동계급을 "어떤 계급 통일 의식도 없는 흩어지고 고립된 개인들의 집합체"[1]로 사실상 되돌아가게 만든, 사회당의 이른바 리보르노 전당대회에서의 사회당파와 공산당파의 결별을 충분한 시간을 두고 뉘우쳤다. 무솔리니의 반동 세력이 장악력을 강화했다가 저지당하고, 다시 더 강력해진 시기인 1920년대 말과 30년대 초에 걸쳐, 다른 곳에서처럼 이탈리아의 사회

---

1. Giuseppe Fiori, 『그람시』(*Antonio Gramsci*), 147쪽에서 재인용.

주의 이론과 실천은 스탈린의 코민테른의 편집증적이고 권위주의적이며 관료적 형식에 의해 날로 왜곡됐다. 자신들의 필요와 소망을 집중적으로 표현하도록 도와줄 효과적인 지도력을 잃어버린 이탈리아 노동계급은 결국 자본에 의해 진압되거나 파시스트 국가에 흡수됐다. 좌파가 제 스스로 자율적인 운동을 조직하는 데 실패했거나 식민지 '무산자들'이 이끈 전투적인 민족주의의 등장에 확실히 반응하는 데 실패한 지역인 이탈리아, 스페인, 독일, 일본에서, 극우 세력이 승리했다. 뒤를 이은 전 세계적 재앙은 수백만 명의 목숨을 앗아갔고 근대 식민지 세계체제의 뼈대를 허물었다.

그람시 시대처럼 오늘날도 대부분의 반동적인 요소들이 다시 대담하게 움직이고 있다. 반면 우리의 운동들은 서로 흩어지고 고립되고 고통스러우지만치 희망이 없다. 하지만 1930년대 그람시와 같은 사회주의자들이 직면했던 위험들은 현재 우리가 직면한 위험과 비교하면 별 것이 아니다. 막대한 생태적·경제적 긴급함이 날로 자유주의적 해법을 좌절시킨다. 세계 인구의 절반은 가까스로 버티고 있고, 그 와중에 근대 역사상 최대 규모로 진행되는 부자들의 빈민 착취는 날로 심해지고 있다. 수천만 명의 사람들이 지역 내 전쟁과 경제적 어려움에 따른 빈곤에 밀려 영원한 피난민 신세가 되고 있다. 한편으로, 석유화학 산업이 인간에게 남겨준 선물인 지구 온난화는 극지방의 빙하를 줄이고 있다. 온난화는 (미국 국방부가 의뢰한 보고서를 보면) 해수면의 심각한 상승과 지역적 가뭄, 육지의 침수, 세계 경제와 정치 질서를 불안정하게 하는 위험을 제기하고 있다. 지구 온난화는 이미 많은 식물과 동물의 멸종을 불렀으며, 2003년 여름엔 유럽에 500년만의 최고 폭염을 유발했다. 또 대산호초가 죽어가고 있다. 바다의 상업적 개발은 거대한 해양의 먹이 사슬 한 부분을 통째로 없애버렸다.

다가오고 있는 종말을 맞으며 산업화한 세계의 몇몇 비평가들은 신중함을 촉구하는 한편 우리의 꿈을 다시 줄이라고 요구했다. 이성의 꿈(*El sueño de la razon*)은 괴물(*monstruos*)을 만들었다. 그리고 어떤 이성의 꿈도 사회주의자들의 바벨탑에 대한 꿈이 만들어낸 것처럼 끔찍한 악몽을 만들진 않았다. 보편적 연대에 대한 이 꿈은 재앙을 불렀다. 그래서 오늘날의 정치는 "완벽한 의사소통에 맞서는, 모든 의미를 완벽하게 해석하는 하나의 코드에 맞서는… 투쟁"2이어야 한다. 그리고 여기에 진리의 한 부분이 있다. 인간은 결코 '다시' 하나의 말을 쓰게 되지 않을 거라는 게 진실이다. 통역은 언제나 불완전한 해석학이고 오해가 넘치는 것이다. 어떤 운동, 어떤 인간 사회도 모든 갈등, 모든 적대감을 화해시킬 수 없다. 어떤 방법이나 어떤 이론도 결코 전체에 대한, 총체성에 대한 완전하고 자명한(논리적으로 필요충분한) 묘사를 제시할 수 없다. 실로, 전체를 알고 싶어하는 욕구는, 데카르트를 비롯해 근대 과학적 방법론을 만들어낸 이들이 물신숭배한 '확실성'의 가능성에 대한 환상에서 비롯된 만족할 줄 모르는, 파괴적인 욕구다. 53살에 심장마비로 갑자기 숨진 메를로-퐁티는 말년에 이렇게 썼다. "정치론은 결코 전체를 직접 볼 수 없다. 이는 언제나 불완전한 종합, 특정한 시간의 반복 또는 일단의 행동들을 목표로 한다. 이는 순수한

---

2. Donna Haraway, 「선언」, 『유인원, 사이보그, 그리고 여자』(*Simians, Cyborgs, and Women*), 176쪽.

도덕성이 아니고, 이미 쓰여진 보편적인 역사의 한 장도 아니다. 도리어 이는 자아-창출의 과정에 있는 행동이다."3 인간 지식은 다른 말로 하자면 기껏해야 진리에 차츰 접근해가되 결코 도달할 수 없다.

그렇지만 이 사실이 꼭 우리를 상대주의에 빠뜨릴 필요는 없다. 어떤 관점들은 다른 관점들보다 더 진실하고, 윤리적·전략적인 행동을 위해서는 총체성에 대한 균형 잡힌 이해면 충분하다. 신화적인 '완벽한' 의사소통 추구를 포기하는 건, 불완전한 통일과 상호 이해 추구를 포기해야 한다는 의미가 아니다. 마르코스 부사령관은 멕시코 민주주의 위기 문제와 멕시코 및 전 세계 좌파의 향후 전략을 논의하기 위해 사빠띠스따 주최로 1994년 8월 치아빠스 밀림 속 아과스칼리엔테스에서 개최된 대규모 국제 회의에서 이렇게 선언했다.

치아빠스 주 아과스칼리엔테스는 노아의 방주, 바벨탑, 피츠카르랄도의 정글 보트, 네오사빠띠스따의 몽상, 해적선이며, 시대착오적 역설, 얼굴 없는 이들의 부드러운 광기…

어떤 사람은 지금 요구되는 건 신중함이라고 한탄하면서, 역사의 고통스런 문턱에 앉아 있습니다. 아무 것도 안하는 고통, 기다리는 고통, 절망하

---

3. Maurice Merleau-Ponty, *Adventures of the Dialectic* (Evanston, Ill.: Northwestern University Press, 1973), 4쪽. 메를로-퐁티의 실존주의적 정치사상에 대한 훌륭한 소개서로는 무엇보다 Kerry H. Whiteside, *Merleau-Ponty and the Foundation of an Existential Politics* (Princeton: Princeton University Press, 1988)를 보라. 마틴 제이는 메를로-퐁티가 전체성에 대한 열린 관점을 갖는 쪽으로 변화한 것에 대해 "Phenomenological Marxism: The Ambiguities of Maurice Merleau-Ponty's Holism", *Marxism and Totality: Adventures of a Concept from Lukács to Habermas* (Berkeley: University of California, 1984), 361-384쪽에서 간결하게 개관하고 있다.

는 고통 속에서… [그러나 우리는] 남아돌 만큼 시간이 많았고, 우리에게 결여됐던 것은 더 나아지려는 시도를 두려워한 것에 대한 부끄러움이라고, 바벨탑의 문제는 그 기획 자체에 있는 게 아니라 사람들을 서로 연결하는 훌륭한 체계와 번역자 무리가 없었다는 점이라고 말했습니다. 실패는 어떻게 바벨탑이 올라갔고 지탱됐으며 무너졌는지를 그저 앉아서 바라보는 무기력한 시도 그 자체에 있었습니다. 실패는 탑에 대해서가 아니라 그저 앉아서 실패를 기다리는 사람들에 대해 역사가 뭐라고 말할지를 그저 앉아서 바라보는 것에 있었습니다…

… 아과스칼리엔테스를 두고, 우리는 권력의 하수구에서 쏟아져 나와서 우리를 태어날 때부터 키워온 두려움, 매혹적인 공포를 한켠으로 내칠 수 있고 그래야만 한다고 말했습니다… 단지 방관자가 되는 공포는 공통의 바탕을 찾으려 하는 공포, 우리를 하나로 합쳐줄 어떤 것을 찾으려 하는 공포, 이 코미디를 역사로 바꿔줄 어떤 걸 찾으려 하는 공포보다 더욱 클 것이라고 말입니다.

… 아과스칼리엔테스를 두고, 우리는 우리를 나누고 서로 등돌리게 하는 차이들이, 공통의 적, 우리를 무능력하게 만들 정도로 너무나 공공연하고 명백한 폐단을 낳는 체제에 대항해 뭉치는 걸 막지는 못할 것이라고 말했습니다.

… 그래서 대다수가 원주민으로 구성된, 얼굴을 가린 수많은 남성과 여성들이 이 탑을, 이 희망의 탑을 쌓아올렸던 겁니다.[4]

---

4. Subcommandante Marcos, 『분노의 그림자』(*Shadows of Tender Fury*), 245쪽.

『옥중수고』를 가지고 그람시는 우리에게 이런 희망의 탑을 건설하라고 열심히, 참을성 있게, 그러나 아무런 보장도 없이 권한다. 그는 우리에게 무엇을 세울지 보여주는 청사진을 남기지 않았다. 단지 어떻게 건설할지에 대해 곧 어떻게 서로 다른 '방언' 또는 역사적 경험의 방식들을 번역할지, 어떻게 함께 땅을 다질지, 어떻게 진정으로 보편적인 기획의 "참을 수 없는 가벼움"을 지탱하기에 충분할 정도로 깊이 기반을 세울지에 대해 약간의 실천적 제안을 남겼을 뿐이다. 역사의 황혼이 드리우는 중엔 어떤 전략들을 추구해야 할지 보기 어렵고, 우리가 건설할 필요가 있고 아마 건설하길 갈망할 탑의 모양을 식별하기는 더욱 어렵다. 역사적 경험이 우리의 등불이 되어야 한다. 그러나 사랑이야말로 우리의 불꽃이 되어야 한다.

옮긴이 후기

　책을 번역해 내놓을 때마다 항상 변변치 못한 번역 실력을 절감하지만, 이번만큼 번역을 내어놓기 부끄러운 적은 없었다. 미국의 40대 현상학 연구자인 존 산본마쓰의 *The Postmodern Prince — Critical Theory, Left Strategy, and The Making of A New Political Subject*를 미국에서 책이 출판되기 두 달 전인 2004년 7월 초고 상태로 입수했다. 철학에 문외한인 옮긴이가 제대로 소화하기 어려운 내용이었지만 읽을수록 번역하고 싶은 욕심이 났다. 이렇게 욕심을 내서 시작한 번역 작업이 꼬박 1년이 걸렸다. 부족한 철학 지식과 번역 솜씨를 탓해가며 나름대로는 최선을 다했지만, 여전히 결과는 부끄러운 수준이다. 잘못 알고 틀리게 번역한 부분에 대한 독자들의 지적과 비판을 겸허히 수용할 것임을 먼저 밝혀둔다.

이론 자체를 위한 이론은 이 책 저자의 관심사가 아니다. 이 책은 이론이 사회 변혁적 실천과 동떨어진 현실을 분석하고 새로운 좌파 전략을 수립하기 위해 무엇을 해야 할지를 탐구한다. 저자가 제시하는 방향은, '전략'을 거부한 프랑스 철학자 미셸 푸코를 버리고 이탈리아의 맑스주의자 안토니오 그람시의 정신으로 돌아가자는 것이다. 그람시는, 마키아벨리의 『군주론』에 표현된 정치 이론을 맑스의 이론과 종합한 전략가이자 정치 사상가다. 그는 두 번의 세계대전 사이 유럽의 체제 위기 상황에 적합한 '집단적 주체'(근대 군주)의 육성을 이론화했다. 산본마쓰는 자본주의의 모순이 분명히 드러나면서 체제 위기에 직면한 오늘날에 적합한 사회변혁의 집단적 주체인 '탈근대 군주'의 이론화를 시도한다. 탈근대 군주의 철학은 '메타인문주의'다. 저자가 말하는 메타인문주의는 계몽과 진보적인 전통을 계승하되 인간중심주의를 넘어서서 '인간' 개념에 동물까지 포괄한다. 동물을 포함한 '영혼'을 지닌 모든 존재의 고통과 억압에 공감할 수 있는 삶의 철학을 지닐 때, 차이만 강조함으로써 '존재의 파편화'를 초래한 포스트모더니즘의 해악을 극복할 수 있다는 것이다. 그래서 저자는 이렇게 주장한다.

> 모든 사회 운동은 고통 전체의 부분적 관점만 제공한다.… 하지만 그들이 한 방에 모여서 각자의 전망을 공유하게 되면, 각자가 총체성에 빛을 비춰줄 자신의 '촛불'을 들게 되면, 그들은 실천 행위 속에서 서로에게 의존적인 전체를 대상으로 하는 공통의 작업을 보게 된다.… 함께 그들은 전체의 지도를 그릴 수 있고 그럼으로써 권력의 유형들, 공통의 저항 전통, 자신들의 이념적 통일을 지각할 수 있게 된다. 사회주의자들은 여성의 대상화가 노동자의 대상화와 같다는 걸 보게 된다. 게이와 레즈비언들은 노동

자의 굴욕과 불명예가 동성애자 폄하와 같다는 걸 보게 된다. 유대인들과 유색인들은 동물을 노예처럼 다루고 때리고 학대하는 것이 바로 자신들을 '인간 이하'로 취급하는 행동의 논리적 지평이자 전형적인 실습 행위임을 보게 된다. 핵심은, 나름의 관점들을 결합하는 것만이 서로 흩어진 저항 세력들로 하여금 자신들 앞에 놓인 현실 문제와 정신적 도전 과제를 보게 해준다는 것이다.

차이만 강조하고 전략이나 통일성을 금기시하는 포스트모더니즘 시대의 새로운 주체는 이렇게 서로의 차이 속에서 억압과 착취, 고통이라는 공통점을 찾아내어 새로운 세계를 창조하는 주체다.

맑스주의 이념을 유지하면서도 개인의 감성과 정서를 놓치지 않는 좌파의 섬세함을 보여주는 이 책의 또 다른 장점은 포스트모더니즘에 대한 통렬한 비판이다. 1960년대 신좌파 운동이 쇠퇴한 이후 강단으로 몰려든 미국 좌파 학자들이 학문의 상품 가치를 높이기 위해 프랑스 포스트모더니즘을 수용한 과정에 대한 분석은 특히 눈부시다. 1990년대 이후 미국 포스트모더니즘이 자본의 움직임에 적극 가담하는 과정을 보여주는 대목 또한 아주 흥미롭다.

이 책에는 수많은 학자들의 글이 인용되는데, 한글로 번역 출판된 것들도 상당수에 이른다. 지면 제약 때문에 일일이 열거하기는 힘들지만, 번역된 책들을 가능한 한 많이 참조하려 노력했다. 참조한 여러 번역서 가운데 특히 그람시의 『옥중수고』(이상훈 옮김), 마키아벨리의 『군주론』(강정인, 문지영 옮김), 에리봉의 『미셸 푸코』(박정자 옮김),

헤겔의 『역사 속의 이성』(임석진 옮김)은 최대한 기존 한글 번역문을 존중했다. 아직 출간되지 않은 『안티 오이디푸스』 새 번역본 가운데 푸코가 쓴 서문 부분을 미리 제공해준 김재인 씨 등 수많은 이들의 직·간접적인 도움이 없었으면, 이 책은 훨씬 더 문제가 많은 번역서가 됐을 것이다. 특히 원 저자인 존 산본마쓰는 옮긴이의 수많은 질문에 성의를 다해 답해줬다. 이 덕분에 영어판 출판 과정에서 편집 실수로 빠진 본문 일부분을 찾아내는 등 크고 작은 오류들을 고칠 수 있었다. 하지만 오역 등 이 책의 문제점들은 전적으로 옮긴이의 책임이다. 끝으로 번역 작업이 늦어지는 데도 인내심 있게 기다려주고 편집과 교열을 위해 애쓴 갈무리 식구들에게 감사한다. (번역서에 대한 비판과 지적은 옮긴이의 전자우편 marishin@jinbo.net으로 보내주시기 바란다.)

2005년 7월

옮긴이

인명 찾아보기

간디 Gandhi: 1869-1948, 인도 독립운동 지도자
게랭, 다니엘 Guérin, Daniel: 1904-1988, 프랑스 아나키스트
게바라, 체 Guevara, Che: 1928-1967, 아르헨티나 태생 쿠바 혁명가
게이츠 주니어, 헨리 루이스 Gates Jr., Henry Louis: 1950- , 미국 흑인 문제 학자
고르즈, 앙드레 Gorz, Andre: 현대, 프랑스 맑스주의 사회학자
고틀리브, 로저 Gottlieb, Roger: 현대, 미국 워스터대학 철학 교수
굿맨, 폴 Goodman, Paul: 1911-1972, 미국 사회비평가
그람시, 안토니오 Gramsci, Antonio: 1891-1937, 이탈리아 맑스주의자
네그로폰테, 니컬러스 Negroponte, Nicholas: 현대, 미국 매사추세츠공대 미디어연구소장
네그리, 안토니오 Negri, Antonio: 1933- , 이탈리아 정치철학자
노발리스, 프리드리히 레오폴트 Novalis, Friedrich Leopold: 1772-1801, 독일의 시인 겸 소설가
니체, 프리드리히 빌헬름 Nietzsche, Friedrich Wilhelm: 1844-1900, 독일 철학자
데 상티스, 프란체스코 De Sanctis, Francesco: 1817-1883, 이탈리아 문예 평론가
데리다, 자크 Derrida, Jacques: 1930-2004, 프랑스 철학자
데일리, 메리 Daly, Mary: 1928- , 미국 여성주의 학자
도너번, 조제핀 Donovan, Josephine: 현대, 미국 여성주의 학자
돌바흐, 폴 앙리 티리 남작 D'Holbach, Paul Henri Thiry, Baron: 18세기 프랑스 유물론자
뒤링, 카를 오이겐 Dühring, Karl Eugene: 1833-1921, 독일 철학자 겸 경제학자
드골, 샤를 De Gaulle, Charles André Joseph Marie: 1890-1970, 프랑스 제5공화국 대통령
드레이퍼스, 휴버트 Dreyfus, Hubert: 현대, 미국 캘리포니아대 철학 교수
드리월, 마거릿 톰슨 Drewal, Margaret Thompson: 현대, 미국 노스웨스턴대학 공연학 교수
드보르, 기 Debord, Guy: 1931-1994, 프랑스 철학자
드브레, 레지 Debray, Régis: 현대, 프랑스 언론인 겸 학자
드워킨, 안드레아 Dworkin, Andrea: 1946-2005, 미국 여성주의 작가
들뢰즈, 질 Deleuze, Gilles: 1925-1995, 프랑스 철학자
디마지오, 폴 DiMaggio, Paul J.: 1951- , 미국 사회학자
라메트리, 쥘리앵 오프루아 드 LaMettrie, Julien Offroy de: 1709-1751, 프랑스 의학자 겸 철학자
라몽, 미셸 Lamont, Michelle: 현대, 프랑스 사회학자
라캉, 자크 Lacan, Jaques: 1901-1981, 프랑스 정신 분석학자
라클라우, 에르네스토 Laclau, Ernesto: 현대, 영국 에섹스대학 정치학 교수
래비노, 폴 Rabinow, Paul: 현대, 미국 캘리포니아대학 인류학과 교수
러스틴, 베이어드 Rustin, Bayard: 1910-1987, 미국 흑인 인권운동가
러시, 노먼 Rush, Norman: 현대, 미국 소설가
레슬리, 래리 Leslie, Larry: 현대, 미국 애리조나대학 교육학 교수
로드, 오드리 Lorde, Audre: 1934-1992, 미국 흑인 여성시인
로베스피에르, 막시밀리앙 Robespierre, Maximilien François Marie Isidore de: 1758-1794, 프랑스 혁명가

로셰크, 시오도어 Roszak, Theodore: 1933- , 미국 역사학 교수
로젠버그, 마셜 Rosenberg, Marshall: 현대, 미국 임상심리학자
로크, 존 Locke, John: 1632-1704, 영국 철학자
루게, 아놀드 Ruge, Arnold: 1802-1880, 독일 철학자
루미 Rumi: 중세 이슬람 수피 시인
루소, 장자크 Rousseau, Jean-Jacques: 1712-1778, 프랑스 사상가
루카치, 죄르지 Lukács, György: 1885-1971, 헝가리 맑스주의 사상가
루터, 마르틴 Luther, Martin: 1483-1546, 독일 종교개혁가
룩셈부르크, 로자 Ruxemburg, Rosa: 1870-1919, 폴란드 태생 맑스주의 혁명가
르노, 알랭 Renault, Alain: 현대, 프랑스 학자
르페브르, 앙리 Lefebvre, Henri: 현대, 프랑스 지리 역사 학자
리오타르, 장프랑수아 Lyotard, Jean-François: 1924-1998, 프랑스 철학자
리치, 어드리엔 Rich, Adrienne: 1929- , 미국 여성주의 시인
린드, 스토튼 Lynd, Staughton: 1929- , 미국 평화운동가 겸 역사학자
마르셀, 가브리엘 Marcel, Gabriel: 1889-1973, 프랑스 철학자
마르코스 Subcommander Marcos: 1958- , 멕시코 사파티스타 민족해방군 부사령관
마르쿠제, 허버트 Marcuse, Herbert: 1898-1979, 독일 태생 미국 철학자
마리네티, 필리포 토마소 Marinetti, Filippo Tommaso: 20세기초, 이탈리아 미래주의 창시자, 시인
마오쩌둥 Mao, Tse-tung: 1893-1976, 중국 혁명가
마진슨, 사이먼 Marginson, Simon: 현대, 오스트레일리아 모내시대학 교육학 교수
마치니, 주세페 Mazzini, Giuseppe: 1805-1872, 이탈리아 학자
마키아벨리, 니콜로 Machiavelli, Niccoló: 1469-1527, 이탈리아 정치사상가
만초니, 알렉산드로 Manzoni, Alessandro: 1785-1873, 이탈리아 소설가
매클루어, 커스티 McClure, Kirstie: 현대, 미국 문화연구 이론가
맥더모트, 패트리스 McDermott, Patrice: 현대, 미국 매릴랜드대 문화이론 교수
머스트 Muste, A. J.: 1885-1967, 네덜란드 태생 미국 노동운동가
머천트, 케럴린 Merchant, Carolyn: 현대, 미국 버클리 캘리포니아대학 환경학과 교수
머키넌, 캐서린 MacKinnon, Catherine: 1946- , 미국 미시간대 법학과 교수, 여성주의 학자
메를로퐁티, 모리스 Merleau-Ponty, Maurice: 1908-1961, 프랑스 철학자
멜란히톤, 필리프 Melanchthon, Philipp: 1497-1560, 독일 종교 개혁가
모리슨, 토니 Morrison, Toni: 1931- , 미국 흑인 여성 작가
모한티, 찬드라 Mohanty, Chandra Talpade: 현대, 인도 태생 미국 시라큐스대학 여성학 교수
무솔리니, 베니토 Mussolini, Benito: 1883-1945, 이탈리아 독재자
무페, 샹탈 Mouffe, Chantal: 현대, 프랑스 여성 정치학자
뮌처, 토마스 Münzer, Thomas: 1490-1525, 독일 종교개혁가
미슐레, 쥘 Michelet, Jules: 1798-1874, 프랑스 사학자
미젤리, 메리 Midgely, Mary: 1919- , 영국 여성 철학자
민하, 찐 Minh-Hah, Trinh T.: 현대, 베트남 태생 여성학자
밀스, 찰스 라이트 Mills, Charles Wright: 1916-1962, 미국 사회학자
바르트, 롤랑 Barthes, Roland: 1915-1980, 프랑스 비평가

바바, 호미 Bhabha, Homi: 현대, 인도 태생 문화이론 연구가
바스코, 아서 Waskow, Arthur: 현대, 미국 정치 운동가 출신 유태교 혁신가
바우어, 브루노 Bauer, Bruno: 1809-1882, 독일 헤겔주의 철학자
바우어, 에드가 Bauer, Edgar: 1820-1866, 독일 언론인
바타이유, 조르주 Bataille, Georges: 1897-1962, 프랑스 소설가
발라, 지아코모 Balla, Giacomo: 1871-1958, 이탈리아 미래주의 화가
배로, 클라이드 Barrow, Clyde W.: 현대, 미국 매사추세츠대학 정치학 교수
배리, 매리언 Barry, Marion: 1936- , 미국 시민운동가
버틀러, 주디스 Butler, Judith: 현대, 미국 여성주의 학자
벌린, 이사야 Berlin, Isaiah: 1909-1997, 영국 철학자
베이커, 엘러 Baker, Ella: 1903-1986, 미국 시민운동가
베이컨, 프랜시스 Bacon, Francis: 1561-1626, 영국 철학자
베틀레센, 아르네 요한 Vetlesen, Arne Johan: 현대, 노르웨이 오슬로대학 철학 교수
벤담, 제러미 Bentham, Jeremy: 1748-1832, 영국 철학자
벤야민, 발터 Benjamin, Walter: 1892-1940, 독일 문예이론가
보르도, 수전 Bordo, Susan: 현대, 미국 켄터키대학 철학 교수
뵈메, 야코프 Böhme, Jakob: 1575-1624, 독일 연금술학자
부르주, 에르베 Bourges, Hervé: 현대, 프랑스 언론인
북친, 머레이 Bookchin, Murray: 1921- , 미국 아나키스트, 노동운동가
브라운, 노먼 Brown, Norman O.: 1913-2002, 미국 사회비평가
브라운, 브루스 Brown, Bruce: 현대, 미국 신좌파 저술가
브라운, 웬디 Brown, Wendy: 현대, 미국 버클리 캘리포니아대학 정치학 교수
브러드니, 대니얼 Brudney, Daniel: 현대, 미국 시카고대 철학과 교수
브루노, 조르다노 Bruno, Giordano: 1548-1600, 이탈리아 철학자
블레이크, 윌리엄 Blake, William: 1757-1827, 영국 시인
블로흐, 에른스트 Bloch, Ernst: 1885-1977, 독일 철학자
빌레너, 알프레드 Willener, Alfred: 현대, 스위스 학자
사르트르, 장폴 Sartre, Jean-Paul: 1905-1980, 프랑스 철학자
사비오, 마리오 Savio, Mario: 1942-1996, 미국 학생운동가)
사이드, 에드워드 Said, Edward: 1935-2003, 팔레스타인 태생 영문학자, 문명비평가
사전트, 리디아 Sargent, Lydia: 현대, 미국 작가, 사회운동가
세베리니, 지노 Severini, Gino: 1883-1966, 이탈리아 미래주의 화가
셤웨이, 데이비드 Shumway, David: 현대, 미국 카네기멜론대 영문과 교수
소쉬르, 페르디낭 드 Saussure, Ferdinand de: 1857-1913, 스위스 언어학자
소크라테스 Socrates: 고대 그리스 철학자
손자 Sun Tzu: 중국 춘추전국시대 전략가
솔다니, 마시밀리아노 Soldani, Massimiliano: 1656-1740, 이탈리아 바로크시대 조각가
솔레르스, 필립 Sollers, Philippe: 1936- , 프랑스 소설가
솔트, 헨리 Salt, Henry: 1851-1939, 영국 작가, 사회개혁가
셸러, 막스 Scheler, Max: 1874-1928, 독일 철학자

실러, 요한 크리스포트 프리드리히 폰 Schiller, Johann Christoph Friedrich von: 1759-1805, 독일 시인
슈크먼, 루시 Suchman, Lucy: 현대, 미국 인류학자
슈타이너, 조지 Steiner, George: 1929- , 프랑스 태생 비교문학 비평가
슈티르너, 막스 Stirner, Max: 1806-1856, 독일 철학자
스라파, 피에로 Sraffa, Piero: 1898-1983, 이탈리아 태생 영국 경제학자
스콧, 조앤 Scott, Joan: 현대, 근대 프랑스 전문 미국 역사학자
스클라, 홀리 Sklar, Holly: 현대, 미국 언론인 겸 활동가
스톤, 앨루커 로젠 Stone, Alluquere Rosanne: 현대, 미국 오스틴 텍사스대학 방송학 교수
스피박, 가야트리 Spivak, Gayatri Chakravorty: 1942- , 인도 태생 미국 포스트모던 비평가
슬로터, 쉴러 Slaughter, Sheila: 현대, 미국 애리조나대학 교육학 교수
실로네, 이그나치오 Silone, Ignazio: 1900-1978, 이탈리아 소설가
아도르노, 테오도어 비젠그룬트 Adorno, Theodor Wiesengrund: 1903-1969, 독일 철학자
아렌트, 한나 Arendt, Hannah: 1906-1975, 독일 태생 미국 정치철학자
아리스토텔레스 Aristotle: 고대 그리스 철학자
아민, 사미르 Amin, Samir: 1931- , 이집트 태생 맑스주의 사상가
아폴리네르, 기욤 Apollinaire, Guillaume: 1880-1918, 프랑스 소설가
안줄두아, 글로리아 Anzuldua, Gloria: 1943-2004, 멕시코계 미국 여성주의 작가
알튀세, 루이 Althusser, Louis: 1918-1990, 프랑스 철학자
애덤스, 캐럴 Adams, Carol: 현대, 미국 여성주의 채식주의 작가
앤더슨, 페리 Anderson, Perry: 1938- , 영국 신좌파 지성사학자
앨버트, 마이클 Albert, Michael: 현대, 미국 좌파 활동가
어로너위츠, 스탠리 Aronowitz, Stanley: 1933- , 미국 뉴욕시대학 사회학 교수
어브램, 데이비드 Abram, David: 현대, 미국 생태주의자
에리봉, 디디에 Eribon, Didier: 현대, 프랑스 언론인
에버트, 테레사 Ebert, Teresa: 현대, 미국 좌파 여성주의자, 뉴욕주립대 영문과 교수
엘브티우스, 클로드 아드리앙 Helvetius, Claude Adrien: 1715-1771, 프랑스 철학자
엡스타인, 바버라 Epstein, Barbara: 현대, 미국 좌파 평화운동가
영, 나이절 Young, Nigel: 현대, 영국 사회학자
영, 아이리스 매리언 Young, Iris Marion: 현대, 미국 시카고대학 정치학과 교수
오언, 로버트 Owen, Robert: 1771-1858, 영국 사회주의 사상가
오캄포, 옥타비오 Ocampo, Octavio: 1943- , 멕시코 화가
와인슈타인, 제임스 Weinstein, James: 1926-2005, 미국 진보운동가
월러스틴, 이매뉴얼 Wallerstein, Immanuel: 1930- , 미국 사회학자
월린, 셸던 Wolin, Sheldon: 현대, 미국 프린스턴대 정치학과 명예교수
유벤, 피터 Euben, Peter: 현대, 미국 듀크대학 정치학과 교수
이글턴, 테리 Eagleton, Terry: 1943- , 영국 문화이론가
재거, 앨리슨 Jagger, Allison: 현대, 미국 콜로라도대학 철학과 교수
제이, 마틴 Jay, Martin: 1944- , 미국 버클리 캘리포니아대학 역사학과 교수
제임슨, 프레드릭 Jameson, Frederic: 1934- , 미국 듀크대 비교문학 교수
제퍼슨, 토머스 Jefferson, Thomas: 1743-1826, 미국 제3대 대통령

존슨, 린든 베인스 Johnson, Lyndon Baines: 1908-1973, 미국 제36대 대통령
졸라, 에밀 Zola, Émile: 1840-1902, 프랑스 소설가
지틀린, 토드 Gitlin, Todd: 현대, 미국 뉴욕대 사회학과 교수
길, 스티븐 Gill, Stephen: 현대, 영국 태생 캐나다 요크대 정치학과 교수
길먼, 샌더 Gilman, Sander: 1944- , 미국 일리노이대학 인문학부 교수
길먼, 샬럿 퍼킨스 Gilman, Charlotte Perkins: 1860-1935, 미국 여성 작가
차우, 레이 Chow, Rey: 현대, 홍콩 태생 미국 브라운대 교수
처칠, 윈스턴 Churchill, Winston: 1874-1965, 영국 정치인
촘스키, 놈 Chomsky, Noam: 1928- , 미국 언어학자
카마이클, 스토클리 Carmichael, Stokely: 1941-1998, 트리니다드 태생 미국 흑인운동가
카뮈, 알베르 Camus, Albert: 1913-1960, 프랑스 실존주의 작가
카스토리아디스, 코르넬리우스 Castoriadis, Cornelius: 1922-1997, 그리스 태생 신좌파 정치사상가
카우피, 닐로 Kauppi, Niilo: 1959- , 핀란드 정치학자
칸트, 이마누엘 Kant, Immanuel: 1724-1804, 독일 철학자
칼더, 메리 Kaldor, Mary: 현대, 영국 런던정경대 교수
캘빈, 장 Calvin, Jean: 1509-1564, 프랑스 종교개혁가
커, 클라크 Kerr, Clark: 1911-2003, 미국 캘리포니아대학 총장
케이건, 레슬리 Cagan, Leslie: 1947- , 미국 사회운동가
케이스, 수엘런 Case, Sue-Ellen: 현대, 미국 캘리포니아대학 연극학과 교수
코널, 밥 Connell, R.W.(Bob): 1944- , 오스트레일리아 시드니대학 교수
콕스, 조앤 Cocks, Joan: 현대, 미국 마운트홀리억 칼리지 정치학과 교수
콘벤디트, 다니엘 Cohn-Bendit, Daniel: 1945- , 독일 국적 프랑스 학생운동 출신 유럽의회의원
쾨펜, 칼 Köppen, Karl: 1808-1863, 독일 청년헤겔파
쾰러, 볼프강 Köhler, Wolfgang: 1887-1967, 독일의 심리학자
쿠시너, 토니 Kushner, Tony: 1956- , 미국 희곡작가
쿤, 토마스 Kuhn, Thomas: 1922-1996, 미국 과학사학자
크로체, 베네데토 Croce, Benedetto: 1866-1952, 이탈리아 철학자
크루체닉, 알렉세이 Kruchenyk, Alexei: 러시아 미래주의 예술가
크리스테바, 줄리아 Kristeva, Julia: 1941- , 불가리아 태생 프랑스 여성주의자
클라우제비츠, 칼폰 Clausewitz, Carl Von: 1780-1831, 프로이센 장군
키프니스, 로라 Kipnis, Laura: 현대, 미국 노스웨스턴대학 언론학과 교수
킹, 멜 King, Mel: 현대, 미국 지역공동체 운동가
킹 주니어, 마틴 루터 King Jr., Martin Luther: 1929-1968, 미국 흑인운동가
터프트, 에드워드 Tufte, Edward: 1940- , 미국 그래픽디자인 전문가
테오도리, 마시모 Teodori, Massimo
테일러, 바버라 Taylor, Barbara: 현대, 영국 역사 학술지 편집자
테일러, 찰스 Taylor, Charles: 현대, 미국 노스웨스턴대학 철학과 교수
톰슨, 에드워드 파머 Thompson, Edward Palmer: 1924-1993, 영국 맑스주의 사학자
투랜, 알랭 Touraine, Alain: 1925- , 프랑스 사회학자
트뢸치, 에른스트 Troeltsch, Ernst: 1865-1923, 독일 신학자

뜨롬바도리, 둣치오 Trombadori, Duccio: 현대, 이탈리아 맑스주의자
파월, 월터 Powell, Walter W.: 현대, 미국 스탠퍼드대 교육학과 교수
파이크, 셜리 Pike, Shirley
파치, 엔조 Paci, Enzo: 1911-1976, 이탈리아 철학자
페리, 뤼크 Ferry, Luc: 1950- , 프랑스 작가
페미아, 조셉 Femia, Joseph: 현대, 영국 리버풀대학 정치학과 교수
포이어바흐, 루트비히 Feuerbach, Ludwig: 1804-1872, 독일 철학자
포터, 폴 Potter, Paul: 현대, 미국 학생운동가
폰태너, 베네디토 Fontana, Benedetto: 현대, 미국 뉴욕시티대학 정치학과 교수
푸코, 미셸 Foucault, Michel: 1926-1984, 프랑스 철학자
프로이트, 지그문트 Freud, Sigmund: 1856-1939, 오스트리아 정신분석학자
프롬, 에리히 Fromm, Erich: 1900-1980, 독일 사회학자
플라톤 Platon: 고대 그리스 철학자
플랙스, 딕 Flacks, Dick(Richard): 현대, 미국 샌타바버라 캘리포니아대학 사회학과 교수
피시, 스탠리 Fish, Stanley: 1938- , 미국 일리노이대학 영문과 교수
피코 델라 미란돌라, 조반니 Pico della Mirandola, Giovanni: 1463-1494, 이탈리아 르네상스 사상가
피타고라스 Pythagoras: 고대 그리스 철학자
피히테, 요한 고틀리프 Fichte, Johann Gottlieb: 1762-1814, 독일 철학자
해러웨이, 다나 Haraway, Donna: 1944- , 미국 여성주의 학자, 스위스 유럽대학원 교수
하버마스, 위르겐 Habermas, Jürgen: 1929- , 독일 철학자
하비, 데이비드 Harvey, David: 1935- , 영국 태생 미국 존스홉킨스대학 지리학 교수
하우크, 볼프강 Haug, Wolfgang Fritz: 1936- , 독일 맑스주의 철학자, 전 베를린자유대학 교수
하이데거, 마르틴 Heidegger, Martin: 1889-1976, 독일 철학자
하트, 마이클 Hardt, Michael: 1960- , 미국 듀크대학 문학 교수
해밀턴, 알렉산더 Hamilton, Alexander: 1755-1804, 미국 건국 당시 정치인
헤겔, 게오르크 빌헬름 프리드리히 Hegel, Georg Wilhelm Friedrich: 1770-1831, 독일 철학자
헤르더, 요한 고트프리트 폰 Herder, Johann Gottfried von: 1744-1803, 독일 문학자
헤스, 모제스 Hess, Moses: 1812-1875, 독일 청년헤겔파
헤이든, 톰 Hayden, Tom: 1939- , 미국 신좌파 지도자
호네스, 알렉스 Honneth, Alex: 현대, 독일 철학자
호르크하이머, 막스 Horkheimer, Max: 1895-1973, 독일 철학자
호어, 켄틴 Hoare, Quentin: 현대, 영국 번역가
호프만, 애비 Hoffman, Abbie: 1936-1989, 미국 정치운동가
홀, 스튜어트 Hall, Stuart: 1932- , 자메이카 태생 영국 문화이론가
홀러브, 르네이트 Holub, Renate: 현대, 미국 버클리 캘리포니아대학 교수
홉스, 토머스 Hobbes, Thomas: 1588-1679, 영국 철학자
화이트사이드, 케리 Whiteside, Kerry: 현대, 미국 프랭클린 앤드 마셜 칼리지 교수
후설, 에드문트 Husserl, Edmund: 1859-1938, 독일 철학자
휘트먼, 월트 Whitman, Walt: 1819-1892, 미국 시인

용어 찾아보기

ㄱ

가부장적 존재신학의 뼈대 392
가부장제 93, 99, 100, 101, 121, 126, 182, 276, 287, 359, 360, 393
가위표(말소 기호) 아래 372
'가족의 가치' 강령 106
가톨릭 교회 85, 272, 273
간디 146, 244, 246, 280, 374
갈등의 현상학자 245
갈색의 힘 운동 91
감각적인 존재 359, 383, 384
감각적-인지적-감정적 개방성 376
감옥에 관한 정보 그룹 232
감정 구조 34, 46, 47, 51, 67, 93, 94, 126, 127, 264
개인사 241
개인적 자유의 포기 310
거기 있음인 것 264
거대 제약회사 116
거대구조적 모순 42
거리를 둔 개입 158
거짓선지자 270
겉모습 81
게랭, 다니엘 19, 51, 60, 64
게바라, 체 89, 306
게슈탈트 27, 348, 352, 353, 361
게이츠 주니어, 헨리 루이스 154, 183
결정론 207, 307
결정적인 순간 372
결합 친화적 유사성 132
경계 넘기 117, 132, 159, 170
경계 오염 111
경계 재설정 171
경계 침범자 110
경제 비관론자 307
경제 연구와 행동 프로젝트 58
경제적 생산의 존재론 353
경제적-조합주의적 318
계급 자살 378
계급 착취 331, 353, 354, 359
계급 투쟁 246, 304, 375
계급의 부수 현상 354
계몽 29, 48, 123, 140, 154, 178, 254, 273, 301, 313, 363, 369, 371, 394, 410
계몽된 사적 이익 154
계몽의 합리주의 301
고고학 35, 131, 201, 203, 204, 209, 229, 230, 234, 250, 251, 271, 275
고급 라틴어 84
고급 문화 272
고르즈, 앙드레 60
고통 80, 90, 115, 196, 219, 231, 232, 241, 258, 263, 365, 371, 375, 377, 378, 380~385, 389, 391, 393, 395, 398, 401~403, 404, 406, 407, 410, 411
고틀리브, 로저 9
공감 9, 45, 51, 55, 114, 115, 214, 226, 230, 238, 250, 258, 294, 373, 374, 375, 376, 378~380, 385, 393, 400, 410
'공감에서 비롯된' 정치 의식 378
공감하기 374
공공 영역 86, 126, 286
공리주의 192
공산당 55, 93, 111, 146, 220, 231, 252, 303, 308, 310, 314, 392, 403
과학의 기능과 인간의 의미 227
과학주의 50
관념론적 현이상학 393
관능적인 언어 76
관료적 집중제 313
교양 있는 계급 325
교육 35, 86, 121, 148~150, 152, 153, 155, 161, 215, 238, 262, 265, 266, 269, 270, 272, 278, 284, 340, 348, 394
교제 391, 397
구별의 변증법 236
구체적 신화 318
『국가』 373

국민국가 체제 39
국민국가의 쇠퇴 24
국민적·대중적 집단 의지 266
국사 241
국제노동자협회 302
『군주론』 35, 36, 40, 241, 273, 285, 296~298, 410, 412
군주의 방식 367
굿맨, 폴 60, 61
궁극의 목적 42, 71, 401
권력 구조 43, 146, 155, 182, 234, 252, 346, 360
권력 체계 179, 252
권력 19, 35, 43, 59, 82, 83, 90, 93, 97, 107, 119, 126, 134, 146, 155, 160, 166, 176, 179, 182, 183, 186, 187, 197, 198, 203, 205, 207~209, 213, 215, 217, 219, 221, 224, 226, 228, 231, 234~237, 244, 246, 250~257, 259, 261, 266, 268, 272, 273, 279, 282, 284, 286, 287, 289~294, 296, 303, 309, 317, 326, 339, 340, 342~344, 346, 348, 350, 352, 355, 357, 360, 364, 375, 377, 382, 387, 401, 402, 407, 410
권력의 사회학 259
권위주의적 사상가 317
규범적인 도덕 기반 370
규율 있는 혁명가 315
규율 26, 73, 87, 88, 183, 197, 198, 221, 234, 236, 309, 312, 315, 317, 323, 342
균질성 318, 325
그라마톨로지 206
그람시, 안토니오 5, 8, 20, 21, 35~37, 40, 42, 84, 86, 146, 147, 176, 180, 230~239, 241~250, 253, 258~267, 269~273, 275, 283, 285, 286, 291, 292, 296~298, 305, 312~319, 321~330, 332~338, 342~344, 349~351, 357, 367~369, 388, 399, 403, 404, 408, 410, 412
그림자놀이 356
극중 인물 295
근대 군주 15, 35~38, 40~42, 238, 239, 242, 243, 260~262, 264, 265, 266, 268, 273,

285~287, 291, 312, 317~324, 326, 327, 330, 334, 335, 337, 338, 340~342, 344, 345, 359~362, 365~367, 369, 370, 373, 379, 382, 401, 410
근대언어협회 119
근원적 순간 47
급진적 여성주의 92, 98, 99, 101, 107, 110, 180
급진적 형식 이론 292
긍정적 헤게모니 문화 262
기계 시대 끝의 욕망과 기술의 전쟁 123
기계 장치에 의한 신 111
기계의 인격 113
기독교·바울주의 368
기동전 21, 71, 244, 315, 344
기술과학 107, 111, 112, 114, 116, 158
기업 문화 152
기업 자본 145, 153
기표 135, 382
기호 29, 39, 97, 107, 135, 160, 173, 175, 183, 192, 202, 216, 225, 234, 346, 356, 361, 372, 380, 382

ㄴ

나쁜 유물론 189
남근 중심적 경계 위반 111
남근숭배적 다모클레스의 칼 134
남근적 이성 중심주의 126
남근정치 99
남부 문제에 대하여 336
남부기독지도자협의회 68, 72
남성이 모체가 되는 유전공학 110
낭만주의 47~52, 65, 101, 102, 104, 105, 128, 129, 301
내밀한 레즈비언 92
내부의 적 89, 90
냉전 19, 20, 143, 148, 355, 381
네오사빠띠스따의 몽상 406
노동계급 17, 30, 31, 37, 147, 180, 194, 195, 222, 231, 236, 254, 265, 270, 274, 290, 302~309, 312, 316, 323, 336, 353, 375, 380, 403, 404

노동자 평의회 60, 291
노마디즘 126, 214, 228, 255
노아의 홍수 75
뇌혈관 장벽 162
능력(비르투) 40, 239
니체의 상호 객체화와 지배의 철학 258
니체주의 213, 237

ㄷ

다중 107, 119, 123, 124, 126, 158, 186, 188, 214, 298, 334
당-국가 309
대기중인 비축물 366
대꾸하기 120
대량 소비주의 281
대륙간탄도미사일 142
대중 문화 162, 270
대중 전체의 지적 진보 260
대중 18~21, 37, 43, 53, 56, 60, 70, 83, 84, 93, 113, 119, 136, 153, 161, 162, 168~180, 187, 190, 214, 215, 217, 236~238, 243, 245, 247, 252, 258, 260, 266
대항문화 43, 50, 51, 63, 64, 66, 80, 85, 89, 114
대항-전통 180, 295
대항헤게모니적 실천 324
대항헤게모니적 84, 217, 266, 324, 343
도덕 18, 21, 35, 45, 63, 64, 66, 67, 71, 78, 88, 90, 115, 116, 178, 180, 220, 237, 250, 258, 263, 265, 267, 273, 276, 279, 283, 287, 298, 300, 301, 312, 316, 319, 321, 343~345, 367~370, 372, 373, 376~378, 380~382, 386, 392, 397, 398
도덕률 48, 320
도덕성 80, 89, 300, 319, 405
도덕적이고 영적인 운동 369
도덕주의 239, 260
도메인 매트릭스: 인쇄 문화의 끝에서 여성동성애자 행세하기 173
도식적인 기능주의적 틀 195
독일 관념론 140, 188

독일 이데올로기 35, 163, 185, 188, 190~192, 206, 218, 260
독일의 낭만주의자들 65
독자적 70, 343, 387
동물 본능 385
동물 본성 384, 387, 393
동물 타자 393, 400
동지애 375, 10
두 번째 종교개혁 268
『디스코르시(로마사논고)』 241, 297
디오니소스적 분출 197
디자이너 상품 371

ㄹ

레닌주의 19, 55, 87, 223, 307, 311, 312, 317
레즈비언 국가 101
렌돈의 멕시코계 미국인 선언 92
『로르디네 누오보』 231
루이 보나파르트의 브뤼메르 18일 303
르네상스 239, 272, 313, 369, 385
리바이어던 293, 306, 309
리좀 214, 334

ㅁ

만인의 만인에 대한 투쟁 274
『말과 사물』 193, 199, 201, 202, 272
말하기 121
맑스레닌주의 정당 307
『맑스를 위하여』 193, 194, 197
맑스의 '가톨릭교리' 56, 221
맑스주의 18~20, 22, 34, 36, 43~45, 56, 81, 84, 108, 146, 147, 180, 185, 192, 194, 196, 197, 214, 220~222, 236, 237, 254, 258, 290, 306, 307, 311, 332, 335, 346, 347, 350~352, 354, 355, 358~360, 374, 375, 388, 393, 410, 411
맑스주의적 사회주의 43, 109, 221
맑스주의적 형이상학 254
매력 회복 393, 398, 400, 401
맨해튼 프로젝트 64
맹아의 형태 306

머더퍼커스 91, 95
메타담론 211, 276
메타서사 182
메타윤리학 99, 102
메타인문주의 42, 365, 370, 370, 371, 394, 395, 398, 399, 401, 402, 410
메타정치 75
메타종교 398
멕시코계 미국인 92, 381
모든 곳에서 본 관점 203
모르는 사람들 260, 284
몸소 겪은 현실 333
무대장치 204
『무엇을 할 것인가?』 306
무정부적 조합주의 57, 60
문제 있는 이분법 114
『문화의 위치』 136, 237
문화적 분산 171
문화적 여성주의 110
『미국 인류학자』 153
미네르바의 올빼미 211
미래주의자 선언 130, 160, 187
미학적 차원 81, 82, 87
미학적 혁신 160, 165, 168
미학적 효과 145
민주 집중제 313, 315
민주사회를 위한 학생들 52, 53, 57, 58, 69, 70, 87, 88, 93, 95
민주적인 철학자 265, 268, 269
민주주의 19, 235, 273, 291, 294, 295, 311, 332, 366
믿음 61, 63~67, 71, 105, 126, 380, 394

ㅂ
바벨탑 27~31, 34, 75, 76, 78, 108, 125, 330, 405~407
반다수결주의 83
반복음주의 84
반본질주의 119, 157, 193
반서사 40
반세계화 운동 17, 18, 40, 41, 186, 229
'반예술' 운동 85

반율법주의 50, 61, 63, 64, 67, 84, 85, 101, 104, 291
반인문주의 197
반인반수 262
반자코뱅 33, 55, 236
반전체론 225
반헤게모니적 63, 84
『반혁명과 반란』 83
방언으로 말하기 34, 75, 78, 96~98, 103, 104, 109, 119, 125, 126, 132
백과전서파 29
백인 형제애 294
보편 정신 210
보편적 가치의 담지자 253
보편적 계급 352
복지국가 150
본질주의 99, 106, 107, 119, 126, 127, 157, 287, 353
볼셰비키당 56
부르주아적 코스모폴리타니즘 328
부르주아적 편향 354
부분과 전체 177, 255, 323
부분적 지식 158
부정을 부정하다 111, 208
불일치의 문화 33
브루스의 피터 추종자들 62
블랙팬서당 72, 91
비개입 정치이론 276
비규범적 주체성 형식 254
비밀목적론적인 서술 215
비판적 이론 16, 33, 34, 97, 125, 126, 141, 145, 165, 167, 183, 186, 215, 227, 229, 334, 372
비판적 행동 224
비환원주의적인 총체성 개념 355

ㅅ
『사랑받는 사람』 396
『사랑의 육체』 73, 79, 82, 97, 100, 108, 395
사물화 95, 114, 128, 132, 133, 140, 143, 153, 176, 203, 205, 209, 219, 227, 307, 308, 341, 355

사민주의자 307
사빠띠스따 운동 381
사용 가치 139, 141, 145, 151, 153, 154, 157, 160, 165, 170, 172, 179, 181, 184, 209, 237, 283, 372
사이보그를 위한 선언문 105, 107, 108, 110~113
『사이스』 156
사회 운동 16, 20, 22, 26, 34, 38, 44, 46, 67, 83, 85, 93, 95, 109, 134, 153, 163, 187, 206, 220, 223, 229, 231, 261, 276, 282, 283, 286, 288, 290, 332, 345, 348, 356, 357, 362, 363, 370, 379, 391, 397, 402, 410
『사회계약론』 296, 310
『사회계약론』 310
사회적 이상 134
사회적 전체 194, 362
사회적 케인즈주의 150
사회적·자연적 관계의 총체성 346
사회주의자의 능력 241
사회주의적 칸트철학 321
사회학적 상상력 177
산스크리트어 397
삶철학 42, 367, 370
삼각 관계 268
삼각 존재론 386
상대주의 236, 406
상상의 공동체 61, 305
상인 계급 295
상품 불신무의 20, 132, 133, 139, 164, 168
상품 차별화 167
상품 17, 20, 34, 38, 93, 94, 115, 116, 124, 126, 132, 133, 136, 139~142, 145, 151~154, 156, 159~174, 184, 217, 222, 289, 307, 357, 359, 371, 372, 411
상호 배타적 167
상호관계성 335
상호주관성 122, 258, 377, 393
새 예루살렘 30, 61
새 정치를 위한 전국 회의 70
새로운 규범적 질서 261, 262

새로운 사회주의 인간 89
새로운 삶의 형식의 전령 357
새로운 세계내존재 371, 411
새로운 영적 지식 394, 395
새로운 질서 21, 190, 244, 296
생체권력 206, 214, 219
생체정치적 214
생태존재론 398
생활권 216
생활세계 38, 44, 110, 133, 199, 200, 203, 208, 249, 258, 336, 337, 346, 348, 350, 361, 393, 394, 402
생활세계와의 만남 199
샤리아 321
『서구 맑스주의 고찰』 147
서구적 실천 34, 46
서사 23, 40, 100, 135, 136, 182, 275
성령 75, 125
성적인 약속 166
세계 정신의 주요 매개체 274, 298, 302, 346
세계관 38, 88, 247, 260, 266, 319, 326, 367, 369
세계변화 윤리학 368
세계사적 개인 299
세계정신 210, 211, 212, 214
세계체제론자 24
세계화 16~18, 31, 40, 41, 149, 186, 188, 229, 382
세속 도시 279
소극적인 자유 293
소여 277, 348, 349, 355
순수한 최초의 언어 76
숨겨진 상처 366
스타 시스템 164, 165
스펙터클의 사회 281
시간 지체 136
시대착오적 역설 406
식민 세계체제 43
식민시대 이후의 권위와 포스트모던 죄책감」 135, 136
식자의 낙관론 41
신사회운동 18, 182, 215, 221, 287

신실용주의 271
신역사주의 271
신오순절 신비주의 85
『신의 도시』 274, 279, 292
신자유주의적 자본주의 40
신좌파 34, 43~46, 50~52, 57, 58, 60~64, 67, 70, 80, 82, 83, 87, 89, 91, 94, 95, 105, 122, 126, 128, 178, 182, 215, 235, 287, 288, 291, 411
신화 · 군주 37, 74, 98, 100, 103, 104, 107, 111, 123, 131, 182, 193, 198, 207, 224, 236, 254, 271, 318, 327, 330, 386, 394, 406
실용적인 합의 33
실존적 성질 81
실천의 교리문답 219
심령주의 395
심바이오니스 해방군 89
심장의 외침 48
씨앗 말씀 23

ㅇ
아과스칼리엔테스 406, 407
아나키즘 44, 51, 60, 61, 81, 180, 275
아는 사람들 260, 284
아담의 자손 223, 255, 412
앙코마우스 116, 117
얀센주의적 62
양상 143, 199, 200, 222, 224, 245, 385, 394
양식 21, 46, 132, 137, 148, 155, 162, 174~177, 236, 316
억압된 지식 215, 216, 222, 236, 238, 251
언어 28, 30~32, 34, 44, 74~78, 84~86, 97~99, 101~104, 108, 109, 120, 123, 124, 126, 130~132, 153, 172, 173, 175, 180, 183, 192~194, 199, 200, 202, 205, 207, 208, 226, 234, 235, 251, 271, 278, 289, 290, 301, 325~330, 332, 395
에드메아(그람시, 안토니오 329
에로스 21, 74, 77, 79, 81, 391, 401, 402
에스페란토어 31, 75, 327~329
에피스테메 199, 236, 393

여성 중심 대학 154, 155
여성이 확인한 여성」 92
여성주의 22, 32, 33, 44, 88, 92, 98, 99, 101~110, 114, 120, 121, 126, 131, 148, 154~159, 166, 180, 186, 197, 203, 207, 214, 276, 281, 290, 354, 355, 374, 377, 381, 391~393
여우와 사자의 특성 262
여장을 한 아폴로 110
역사문헌학 98
『역사에서 벗어난 정치론』 276
『역사와 계급의식』 140, 176, 307, 309~311, 320
역사의 잠재적 주체-객체 353
연방주의 294
연합 농장 노동자 조합 338, 340
연합 32, 37, 41, 76, 333~335, 338, 340, 369, 379
영적 · 도덕 274
영지주의자들 29, 100, 327
영혼론 398
영혼의 노래 399, 400
예수 63, 125, 367, 368
오순절의 융합 75
오순절주의자 62
『옥중수고』 36, 37, 42, 238, 239, 243, 244, 246~261, 264,~266, 268, 272, 286, 297, 298, 305, 313, 314, 317, 320~323, 333, 342, 349, 351, 359, 367, 408, 411
『온 세상이 지켜보고 있다』 93
올바른 당 노선 321
운명의 인간 311
원격작용 346
웨더 언더그라운드 52, 88
위대한 거부 44, 64, 79, 250
위반 78, 110, 111, 117, 124, 126, 170
유기적 지식인 315, 316
유기적인 융합 334
유대교 신비주의자 29
유대교 신화 386
유대교-기독교 신화 98
유대교-기독교 존재신학 389

유럽 식민정책 25
유럽의 근대성 39
유물론 121, 189, 191, 194, 206, 217, 221,
　　242, 311, 347, 359, 401
유물론적 일원론 206
유물론적 틀 191
유연한 전문가 167
유적 유아론 388
유적 존재 386, 388, 389, 395
『유전/생태학』 98~101, 103, 121
유틀란트 해전 314
유형 143, 149, 165, 166, 172, 205, 246,
　　247, 249, 259, 268~290, 337, 344, 350,
　　351, 360, 364, 379, 410
육감적 조직화 165
육체 정신 400
융합 75, 77, 79, 82, 108, 111, 125, 210,
　　290, 296, 313, 322, 323, 334, 335, 395
의도적인 매트릭스 360
의식 고양 73, 98, 262, 266
의식적 형식 307
이란혁명 214, 275
이론과 실천 18, 33, 34, 44, 56, 86, 134,
　　142, 147, 148, 155, 178, 180, 184, 187,
　　230, 277, 279, 289, 290, 312, 367, 404
이론적 통합 392
이미지 78, 99, 129, 155, 174, 202, 288, 338,
　　361, 375
이산 132, 170, 171, 219
이싱의 초상 339
이상향 45, 101, 223, 225, 305, 340, 341,
　　352, 354, 366, 392
이성의 꿈 29, 405
이익단체 274
이종성((異種性) 225
이중성-통일성 274
이탈리아공산당 231
이해 가능성 76, 82, 95, 129, 131, 132, 170,
　　209, 303, 352
이형공간 130, 271
『인간 존엄에 관한 연설』 385
인간과 기계의 잡종화 117, 118

『인간기계론』 206
인간성의 새로운 '형상' 367
인간적 현상의 '외부성' 202, 299, 384
인간중심주의 371, 410
인권 19, 31, 354, 358
인권운동가 44, 70
인문주의 42, 107, 114, 136, 163, 179, 180,
　　182, 190, 194, 197, 254, 290, 352, 365,
　　370, 371, 382, 385, 386, 388, 390, 394,
　　395, 398, 399, 401, 402, 410
『인문주의와 테러』 352
인문주의적 종교 398
인민 32, 35, 37, 80, 83, 84, 86, 178, 213,
　　215, 225, 240, 241, 251, 252, 259~262,
　　265, 266, 268~273, 275, 284, 285,
　　294~298, 301, 305, 308, 320, 326, 327,
　　330, 333, 338, 342, 344, 349, 367, 376
인식 지도 357
인식론 107, 112, 113, 127, 158, 180, 184,
　　185, 188, 189, 191, 199, 199, 200, 210,
　　243, 249, 252, 309, 346, 347, 349, 377
인지 비교행동학 398
일괄생산 150
일반 의지 296, 310, 322
일차 195, 203, 377

ㅈ
자기성찰 298
자발성 36, 54, 66, 68, 71, 81, 86, 87, 196,
　　226, 237
『자본론』 167, 168, 195
자본주의 16, 20~22, 24, 27, 30, 39~42, 44,
　　51, 54, 58, 66, 80, 83, 93, 94, 111, 112,
　　126, 131~134, 136, 140, 142, 144, 147,
　　148, 161, 176, 181, 182, 190, 192, 193,
　　195, 208, 217, 219, 222, 228, 234, 236,
　　242, 247, 268, 275, 276, 280, 281, 287,
　　290, 302~304, 307, 314, 315, 341, 352,
　　354, 355, 357~360, 365, 366, 370, 375,
　　401, 402, 410
자아도취 166, 388, 389
자아도취적 예고 166, 388, 389

자연주의적 태도 245
자유 22, 51, 69, 129, 300, 386, 397
자유발언운동 52, 53, 58, 70
자유승차운동 70
자유의 도덕적 존재론 287
자유의지적 사회주의 59, 60, 64
자유주의 20, 24, 26, 39, 58, 68, 70, 79, 136, 144, 180, 189, 190, 235, 266, 281, 292~295, 301, 302, 325, 340, 356, 370, 388, 404
자코뱅 55, 236, 239, 296, 316
장군의 직무 244
『장식적인 무기』 141~143, 167
장식적인 16, 34, 35, 47, 133~135, 141~143, 145, 153, 167, 169, 170, 173, 175, 176, 181, 270, 332
저항세력의 통일성 287
적극적 전략 목표 314, 315
전국낙태권리행동동맹 98
전국여성조직 98
전략 17, 19, 21, 26, 32, 34, 35, 38, 40, 41, 45~47, 58, 59, 64, 68, 69~73, 82, 87, 90, 95, 101, 113, 120, 127, 139, 141~144, 146, 152, 153, 158, 162, 165, 169, 177, 178, 181, 186, 187, 196, 198, 220, 226, 228~230, 236~238, 243~247, 249~257, 259, 263, 264, 266, 275, 279~283, 287, 289, 291, 299, 302~304, 306, 312, 314, 315, 331, 332, 336, 341, 344, 346, 354, 356~358, 360, 374, 379, 383, 406, 408, 410, 411
전략가 238, 244~247, 249, 250, 253, 256, 264, 280, 341, 357, 374, 410
전복기도 세력 감시 프로그램 72
전위당 196, 220, 311, 313, 315
『전쟁론』 245, 256, 257, 279
전체주의 58, 177, 225, 281, 311, 320
전후 경제 호황 281
절대정신 214
절대주의 19, 294, 321
점잖은 두 번째 천년 목격자 115
접합적 242

정당 58, 122, 220, 246, 258, 261, 281, 282, 286, 305, 306, 314, 338, 342, 343
정당성 87, 101, 149, 161, 162, 180, 198, 281, 292, 307, 313, 332, 341, 342, 376, 381
정당화 104, 151, 156, 161, 275, 283, 373, 374
정신 22, 30, 38, 42, 45, 61, 66, 68, 75, 77, 79, 83, 90, 93, 110, 114, 123, 132, 133, 165, 186, 198, 206, 209~215, 227, 232~234, 247, 254, 256, 259, 260, 274, 299~301, 303, 311, 315, 317, 329, 331, 333, 340, 342, 351, 358, 364, 367, 368, 370, 379, 386, 387, 395, 398~400, 410, 411
정의 9, 25, 29, 32, 40, 47, 49, 63, 85, 88, 89, 92, 105, 119, 126, 127, 135, 140, 142, 147, 149, 150, 159, 191, 194, 215, 219, 235, 248, 254, 257, 258, 274, 287, 307, 317, 321, 351, 366, 369, 373, 380~382, 396
정체성 17, 32, 38, 42, 46, 57, 61, 71, 72, 91, 96, 97, 103~105, 107, 109, 111, 116, 118, 119, 122, 125, 127, 131, 135, 183, 195, 197, 216, 222, 224, 225, 238, 276, 288, 322, 327, 331, 334~336, 344, 353, 354, 359, 378
정치 생활 54, 235, 237, 241, 273, 275~277, 285, 286, 305, 374, 378
정치 행동 35, 46, 59, 179, 246, 252, 275, 283, 288, 353, 356, 370
「정치론과 도덕」 276
정치적 유효성 216
정치적 주체 126, 337
정치적 혁신 220, 281
정치적·도덕 327
정치적·정신적·도덕 317
정치-조직적 실천 44
제2의 물결 여성주의자 106, 157, 281
『제2의 성』 98
제3의 눈 377
『제국』 17~19, 25, 35, 55, 56, 62, 93, 109,

117, 118, 125, 126, 186, 188, 209, 214,
  218, 241, 247, 280, 305, 328, 359
『제트 매거진』 290
조합주의적 220, 306, 318, 319, 399
존재론적 범주 오류 394
존재론적·도덕 115
존재하지 않는 곳에서 본 관점 158, 163, 248,
  256, 260, 333, 388, 394
종교개혁 56, 62, 63, 84, 265, 268, 272, 273,
  305, 312, 313, 321, 325, 326, 344, 367,
  369, 399
종군 392
주변 환경 144, 205, 337
주석 달린 디오니소스 73
주체 의식의 파편화 176
주체-객체 307, 353
주체-결과 205
중간계급 126, 270, 281, 333
중간적 인자 316, 317
증진된 신진대사 95
지각 경험 203
지각·도덕 370
지각 27, 115, 191, 197, 203, 220, 263, 264,
  335, 345, 347~353, 355, 356, 359~361,
  363, 364, 370, 373, 374, 376~378, 390,
  394, 410
지각적 지식 203
지구 온난화 358, 404
지구적 위기 26
지도력 21, 24, 35, 36, 59, 71, 73, 86, 187,
  229, 236, 237, 241, 243, 244, 251, 252,
  257, 260~263, 267, 270, 275
지도자 32, 50, 58, 62, 68, 71, 72, 144, 210,
  212, 215, 236, 238~240, 242~244, 246,
  247, 250, 253, 256, 259, 260~262,
  264~267, 269, 273, 283, 297, 298, 301,
  306, 310, 315, 357, 367, 369
지방 근성 326
지배계급 24, 260, 302, 336, 343
지상명령 320
지식 7, 17, 19, 27, 33, 34, 36, 40, 44,
  47~49, 56, 60, 70, 71, 76, 84, 86, 104,

112, 122, 126~128, 134, 137, 139~142,
  145~149, 151~161, 163, 165~168, 170,
  176, 178~180, 182~185, 187~189, 191,
  197~203, 205, 207, 208, 211, 212, 215,
  216, 222~224, 226~232, 234, 236~239,
  245, 247, 249, 251~254, 256, 259~261,
  263, 268~270, 272~275, 277, 279, 280,
  282~284, 290, 292, 302, 315, 316, 325,
  326, 333, 338, 344, 346, 349, 350, 351,
  355, 367, 388, 394, 395, 406, 409,
지식의 도구화 152
지식의 상품화 152
지식인 19, 33, 34, 36, 44, 47, 56, 70, 71,
  126, 127, 141, 146, 147, 151, 153, 160,
  161, 165, 176, 178~180, 182~185,
  187~189, 198, 212, 215, 222, 228, 229,
  231, 232, 234, 236~239, 247, 251~253,
  256, 259~261, 268~270, 272, 280, 283,
  284, 290, 292, 302, 315, 316, 325, 333,
  338, 351, 355
지적·도덕 260, 263, 266, 378
지칠 줄 모르는 미학 혁명 169
진리 체제 198, 253, 269
진보노동당 87, 91
진지전 21, 26, 71, 236, 244, 315, 344
집단 지성 287
집단적 유기체 333, 334
집단적 의지 37, 58, 220, 241, 302, 310, 315,
  317, 318, 322~334, 336, 340
집단적 주체 38, 338, 346, 410
차이 26, 30, 32,~34, 41, 74, 79, 86, 102,
  106, 107, 109, 110, 114, 119, 125, 127,
  130, 141, 173, 216, 217, 223, 224, 226,
  227, 230, 234~237, 239, 249, 254, 255,
  261, 262, 272, 275, 282, 287~289, 308,
  321~ 328, 354, 355, 374, 399, 407, 410,
  411

ㅊ
참여민주주의 52, 366
참을 수 없는 가벼움 408
창세기 23, 28, 75, 100

창조자 65, 264
창조적 파괴 132
천년 왕국주의적 89, 130
청년국제당원 52, 89, 94
체험 133, 336
초기 기독교 신비주의 395
초능력 구원자 108
초월적 연대 318
총체적인 새 문화 313
최고선 288
추세 혁신 145, 153, 160, 167
충격과 공포 145
침묵 깨기 118~121

ㅋ
『카라마초프의 형제들』 28
카리스마 52, 70, 165, 171, 261, 381
캠프 미학 217
코민테른 314, 404
크론슈타트 수병들 375

ㅌ
타나토스 402, 74
타인과 더불어 있음 397
탈근대 군주 15, 35, 38, 40~42, 285~287, 291, 330, 334, 335, 337, 338, 340, 341, 344, 345, 359~362, 365, 366, 369, 370, 373, 379, 382, 399, 401, 410
탈승화 21, 81
탈식민주의 137, 165, 186, 216
탈인간 118, 372
『텔켈』 162, 168
투영적 해체 135
특이성 274, 356
특이화 237
특정 지역의 기억 211
틈새시장 94, 150, 160, 169

ㅍ
파시즘 43, 90, 91, 195, 235
파워포인트 136, 173~176
파편화 83, 85, 95, 97, 132, 135, 173~176,

271, 288, 293, 355, 357, 372, 379, 382, 410
패러다임 19, 22, 44, 56, 188, 221, 346, 350, 353~355, 358, 359
팽창적 체제 366
페다고지 266, 269, 270
페레스트로이카 23
포괄적인 인과론 283
포드주의 131, 132, 149, 150, 154, 167, 170, 222
포르투나 40, 239, 240
포스트구조주의 여성주의 197
포스트구조주의 17, 35, 38, 106, 107, 112, 114, 115, 117, 118, 122, 125, 131, 154, 155, 157, 158, 162~164, 166, 172, 173, 175, 177, 178, 181~183, 185, 186, 197, 203, 204, 208, 215, 221, 223, 237, 250, 270, 275, 288, 334, 346, 355, 372
포스트구조주의자 107, 122, 173, 177, 182, 215, 223, 270, 288
포스트구조주의적 기획 372
포스트모더니스트 105, 127, 188, 237, 270, 283, 284
『포스트모더니티의 조건』 39, 94, 107, 131, 186
『포스트모던의 조건』 151, 225
포에이시스 30, 50
「포트 휴런 선언」 53
폴리스 292, 311, 322, 323, 368
표현주의 34, 47, 50~53, 67, 68, 70, 72, 73, 80, 82, 83, 85, 90~94, 98~100, 102, 103, 105, 106, 108, 114, 117, 121, 122, 127, 128, 210, 211, 271, 301, 356
표현주의자 34, 68, 103, 121
풀뿌리 사회주의 197
『풀잎』 382
프랑스 구조주의 운동 193
프랑스-영국-미국의 강단 여성주의 154
프랑스혁명 140, 241, 265, 273, 295, 296
프랑크푸르트학파 140, 178
프롤레타리아트 22, 213, 275, 303, 306~308, 318, 336, 352

ㅎ

하나의 언어와 에스페란토어』(그람시) 327, 329
하위층 121, 122, 137, 207, 216, 221, 222, 244, 253, 257, 288, 325
하이브롯 118
학문자본 168
학생비폭력공동위원회 58, 68, 70, 72, 87
합법성 위기 26, 38
『해방 이론』(앨버트 등) 290, 330~332, 362
『해방론』(마르쿠제) 64, 80, 81, 83, 85, 230
해설자 270, 330, 390
해체주의 182, 183, 271
행위력 57, 95, 136, 215, 216, 283
행위의 프로퍼갠더 60, 89
행위자 114, 124, 151, 171, 182, 194, 197, 204, 209, 213, 215, 249, 273, 302, 303, 357
『허슬러』 270
헤게모니 블록 21, 86, 237, 265, 321~323, 331
『헤게모니와 권력』 268, 272,
『헤게모니와 사회주의 전략』 312, 331, 332
헤겔주의적 국가주의 320
『혁명 중의 혁명』 60
현상적 세계 346, 347, 361, 363
현상학 35, 122, 199, 200, 203, 204, 227, 234, 236, 245, 246, 248~251, 263, 303, 331, 335, 336, 347, 348, 350, 351, 353, 359~361, 368, 377, 379, 380, 383, 391, 393, 397, 398, 409
현상학석 환원 200
현실원칙 124
현존재 372
형상화한 윤리학 396
형식 내부의 형식 302
형식 15, 16, 17, 22, 24, 27, 28, 32, 34, 35, 37, 38, 40~42, 44, 47, 50, 54, 56~59, 63, 74, 80, 81, 88, 91, 94, 98, 101, 105, 106, 109, 119, 120, 123, 124, 127, 131, 132, 134, 136, 139, 142, 145, 147, 148, 151, 153, 160, 173~175, 187, 190, 192, 199, 201, 202, 207, 210, 211, 215, 216, 220~223, 226, 239, 241, 251, 254, 256, 261, 263, 268, 269, 274, 275, 288, 290~295, 297~302, 304~308, 311~313, 315, 317, 318, 323~325, 327, 328, 330, 332, 335~ 338, 340~342, 344, 346, 350, 354~360, 367, 370, 376, 384, 398, 399, 401, 404
형식적 변천 147
형이상학적 자만 346, 385, 388
형이상학적 중심 385
호전적 논쟁 252
화폐-상업 관계 192
활기 북돋우기 99
활동가-지식인 핵심인자 261
황홀경 34, 94, 100, 108~110, 197, 386, 397
황홀경적 과잉의 철학 197
획일성 223, 255, 324
후기포드주의 93, 131, 132, 149, 150, 154, 167, 170
후기포드주의적 합리화 167
'후속' 무기 체계 144, 160
흉악한 신학 393
흑인 민족주의 87
흑인의 힘 43, 68, 72, 87
희망의 탑 407, 408
희열 166

기타

5월운동 50, 53, 54, 58, 93
60년대의 감정 구조 67, 126, 226

갈무리 신서

1. 오늘의 세계경제 : 위기와 전망
크리스 하먼 지음 / 이원영 편역
1990년대에 자본주의 세계경제가 직면한 위기의 성격과 그 내적 동력을 이론적·실증적으로 해부한 경제 분석서.

2. 동유럽에서의 계급투쟁 : 1945~1983
크리스 하먼 지음 / 김형주 옮김
1945~1983년에 걸쳐 스딸린주의 관료정권에 대항하는 동유럽 노동자계급의 투쟁이 어떻게 전개되어 왔는가를 실증적으로 분석한 역사서.

7. 소련의 해체와 그 이후의 동유럽
크리스 하먼·마이크 헤인즈 지음 / 이원영 편역
소련 해체 과정의 저변에서 작용하고 있는 사회적 동력을 분석하고 그 이후 동유럽 사회가 처해 있는 심각한 위기와 그 성격을 해부한 역사 분석서.

8. 현대 철학의 두 가지 전통과 마르크스주의
알렉스 캘리니코스 지음 / 정남영 옮김
현대 철학의 역사에 대한 비판적 분석을 통해 철학에서 마르크스주의의 역할은 무엇인가를 집중적으로 탐구한 철학개론서.

9. 현대 프랑스 철학의 성격 논쟁
알렉스 캘리니코스 외 지음 / 이원영 편역·해제
알뛰세의 구조주의 철학과 포스트구조주의의 성격 문제를 둘러싸고 영국의 국제사회주의자들 내부에서 벌어졌던 논쟁을 묶은 책.

11. 안토니오 그람시의 단층들
페리 앤더슨·칼 보그 외 지음 / 김현우·신진욱·허준석 편역
마르크스주의 내에서 그리고 밖에서 그람시에게 미친 지적 영향의 다양성을 강조하면서 정치적 위기들과 대격변들, 숨가쁘게 변화하는 상황에 대한 그람시의 개입을 다각도로 탐구하고 있는 책.

12. 배반당한 혁명
레온 뜨로츠키 지음 / 김성훈 옮김
혁명적 마르크스주의의 입장에서 통계수치와 신문기사 등 구체적인 자료를 바탕으로 소련 사회와 스딸린주의 정치 체제의 성격을 파헤치고 그 미래를 전망한 뜨로츠키의 대표적 정치분석서.

14. 포스트모더니즘 이후의 정치와 문화
    마이클 라이언 지음 / 나병철·이경훈 옮김
    마르크스주의와 해체론의 연계문제를 다양한 현대사상의 문맥에서 보다 확장시키는 한편, 실제의 정치와 문화에 구체적으로 적용시키는 철학적 문화 분석서.

15. 디오니소스의 노동·I
    안토니오 네그리·마이클 하트 지음 / 이원영 옮김
    '시간에 의한 사물들의 형성'이자 '살아 있는 형식부여적 불'로서의 '디오니소스의 노동', 즉 '기쁨의 실천'을 서술한 책.

16. 디오니소스의 노동·II
    안토니오 네그리·마이클 하트 지음 / 이원영 옮김
    이딸리아 아우또노미아 운동의 지도적 이론가였으며 『제국』의 저자인 안토니오 네그리와 그의 제자이자 가장 긴밀한 협력자이면서 듀크대학 교수인 마이클 하트가 공동집필한 정치철학서.

17. 이딸리아 자율주의 정치철학·1
    쎄르지오 볼로냐·안토니오 네그리 외 지음 / 이원영 편역
    이딸리아 아우또노미아 운동의 이론적 표현물 중의 하나인 자율주의 정치철학이 형성된 역사적 배경과 맑스주의 전통 속에서 자율주의 철학의 독특성 및 그것의 발전적 성과를 집약한 책.

19. 사빠띠스따
    해리 클리버 지음 / 이원영·서창현 옮김
    미국의 대표적인 자율주의적 맑스주의자이며 사빠띠스따 행동위원회의 활동적 일원인 해리 클리버 교수(미국 텍사스 대학 정치경제학 교수)의 진지하면서도 읽기 쉬운 정치논문 모음집.

20. 신자유주의와 화폐의 정치
    워너 본펠드·존 홀러웨이 편저 / 이원영 옮김
    사회 관계의 한 형식으로서의, 계급투쟁의 한 형식으로서의 화폐에 대한 탐구, 이 책 전체에 중심적인 것은, 화폐적 불안정성의 이면은 노동의 불복종적 권력이라는 것을 이해하는 것이다.

21. 정보시대의 노동전략 : 슘페터 추종자의 자본선략을 넘어서
    이상락 지음
    슘페터 추종자들의 자본주의 발전전략을 정치적으로 해석하여 자본의 전략을 좀더 밀도있게 노동의 관점에서 분석하고 또 이로부터 자본주의를 넘어서려는 새로운 노동전략을 추출해 낸다.

22. 미래로 돌아가다
    안또니오 네그리·펠릭스 가따리 지음 / 조정환 편역
    1968년 이후 등장한 새로운 집단적 주체와 전복적 정치 그리고 연합의 새로운 노선을 제시한 철학·정치학 입문서.

23. 안토니오 그람시 옥중수고 이전
리처드 벨라미 엮음 / 김현우·장석준 옮김
『옥중수고』 이전에 씌어진 그람시의 초기저작. 평의회 운동, 파시즘 분석, 인간의 의지와 윤리에 대한 독특한 해석 등을 중심으로 그람시의 정치철학의 숨겨져 온 면모를 보여준다.

24. 리얼리즘과 그 너머 : 디킨즈 소설 연구
정남영 지음
디킨즈의 작품들에 대한 치밀한 분석을 통해 새로운 리얼리즘론의 가능성을 모색한 문학이론서.

31. 풀뿌리는 느리게 질주한다
시민자치정책센터
시민스스로가 공동체의 주체가 되고 공존하는 길을 모색한다.

32. 권력으로 세상을 바꿀 수 있는가
존 홀러웨이 지음 / 조정환 옮김
사빠띠스따 봉기 이후의 다양한 사회적 투쟁들에서, 특히 씨애틀 이후의 지구화에 대항하는 투쟁들에서 등장하고 있는 좌파 정치학의 새로운 경향을 정식화하고자 하는 책.

피닉스 문예

1. 시지프의 신화일기
석제연 지음
오늘날의 한 여성이 역사와 성 차별의 상처로부터 새살을 틔우는 미래적 '신화에세이'!

2. 숭어의 꿈
김하경 지음
미끼를 물지 않는 숭어의 눈, 노동자의 눈으로 바라본 세상! 민주노조운동의 주역들과 87년 세대, 그리고 우리 시대에 사랑과 희망의 꿈을 찾는 모든 이들에게 보내는 인간 존엄의 초대장!

3. 볼프
이 헌 지음
신예 작가 이헌이 1년여에 걸친 자료 수집과 하루 12시간씩 6개월간의 집필기간, 그리고 3개월간의 퇴고 기간을 거쳐 탈고한 '내 안의 히틀러와의 투쟁'을 긴장감 있게 써내려간 첫 장편소설!

4. 길 밖의 길
백무산 지음
1980년대의 '불꽃의 시간'에서 1990년대에 '대지의 시간'으로 나아갔던 백무산 시인이 '바람의 시간'을 통해 그의 시적 발전의 제3기를 보여주는 신작 시집.